U0145047

2023年最新版

刑法總則理論與運用

Theory and Practice of Criminal Law

張麗卿　著

五南圖書出版公司 印行

新版序

2023年，刑法的修正不少。本次改版的重點如下。

首先，鑑於網路發達，資訊傳播迅速，倘影像內容與性相關，經他人恣意攝錄、外流、散布，或以電腦合成製作他人不實之性影像，造成被害人心理無法抹滅傷害，增訂了性影像之定義及第28章之一「妨害性隱私及不實性影像罪」。

其次，有關強制治療部分，乃為符合司法院釋字第799號解釋意旨，保障受強制治療處分人權益與維護社會安全，於§91-1增訂強制治療處分之期間、延長期間、停止執行後再繼續施以強制治療及期間計算之規定；這是呼應2022年刑法的監護處分期間從原來的五年改為近乎無期，而有的新修正。

另外，由於詐欺犯罪朝向科技化、集團化、組織化等結構性犯罪發展，衍生出許多柬埔寨悲歌事件的犯罪，故增訂加重剝奪行動自由罪及其加重結果犯等規定。正因為此類犯罪層出不窮，許多被告（其實，有時是被害人）於參與組織犯罪期間，除了犯「參與犯罪組織罪」外，期間更多次犯下「洗錢罪」及「加重詐欺罪」；然由於適用「想像競合」，僅「從重」論「加重詐欺罪」結果，造成法院最後諭知之刑度及判決結果，不符合國民法感情期待的情形。

由於我擔任法務部刑法修正研修委員，知道實務上過度適用「想像競合犯的夾結（或涵攝Klammerwirkung）效果」，了解其缺失及修法的建議。未來，想像競合在量刑上「得加重其刑至二分之一」，期使法官於量刑及定應執行刑時，更加謹慎明確，以免遭到譏評。

這個版本的修正，主要是對於以上新規定的回應，但也針對其他內容做了增刪；例如，不能犯的認定，應考慮「重大無知」之判斷、牽連犯及連續犯刪除後之最新法律實務見解等等。

　　感謝五南劉靜芬副總編輯及責任編輯林佳瑩的費心。我的助理黃韻廷、高雄大學財經法律研究所沈佐錞、林咨穎；以及東海大學法律研究所陳宛汝、施丹淩、陳信維等人，協助校對及整理，一併致上最高謝意。

張麗卿

2023年7月

初版序

　　這本書是我多年來刑法總則授課的心得。刑法總則的重要性不待多言，但是學生卻視為畏途。拙書希望可以退怯初學者的恐懼感，甚至還能夠給人研讀的喜悅。創造快樂當然不是作者主要的任務，八卦新聞更可以給人短暫的官能上的雀躍，但終究不能提供知識上的進境。本書主要還是希望有助於建立讀者的刑法體系。

　　刑法體系主要有兩個部份，犯罪論與刑罰論。犯罪論探討在何種條件下，一個行為可以評價為犯罪。刑罰論處理構成犯罪的行為，該如何適用刑罰，並思索國家以刑罰對付犯罪人，究竟有何意義與目的。法律系的教學幾乎都以犯罪論為重心，刑罰論多三言兩語帶過。本書雖以犯罪論為核心，但仍用了不小的篇幅說明刑罰理論，亦即，報應、一般預防與特別預防。熟知刑罰理論，就能清楚掌握占刑法總則多數條文的刑罰論。在考場上，為數不少的人不能有條理的解答案例，因此也難以獲得理想的分數。本書在最後一篇列舉了十則案例說明理論與運用間之關係，應該可以幫助讀者解題的思維方式。

　　本書不是專論，所以沒有遵循嚴格的學術規範，在必要的地方附加註腳，若干議題也未鉅細靡遺的詳談。對於各有關主題的詳細討論，讀者可以循本書的建議，自行查閱。這類詳細引註各家意見的書，市面上已經很多。拙書只是希望讓讀者簡潔清楚的瞭解刑法體系的整個面貌，所以有關的爭點也不涉入。讀者如果太早踩在意見的爭執裡，只會增加負擔，不能歡喜的讀書。

我獲得傅爾布萊特（Fulbright）的獎助金，今夏將去史丹福大學法學院進行訪問研究半年，每週八小時的英文課及為了趕在行前完成本書，我真正嚐到什麼叫做心力交瘁。教學、趕稿、開會等等事情之外，我需用更多的時間和精力，與正值青春期的兒女相處，還要用盡心思去抵禦一股力量，避免兒女被誤導了人生的方向。我曾經徬徨外望，也曾內求自省，雖有時顯得悵惘恐懼、奇罕落寞，但我深知，我終將堅毅地不斷試探前行。

　　這本書最後的定稿，已是溽暑，與我一起揮汗為此書催生的人，包括：法律系助教陳美蘭與范薰方、東海法研所學隸李宛珍、吳彥鋒、詹東益、劉清彬、季凱群、東海法律系陳重安、蘇淑華、周志樺、黃麒勳，法研所碩丙組林義龍醫師、陳志宏醫師、陳世杰醫師不斷給我醫療上的諮詢與協助。沒有他們的幫忙與關懷，這本書很難如期面世。在此併致謝忱。

　　我要把這本書獻給我的刑法啟蒙恩師甘添貴教授，如果不是他啟迪我學習刑法的樂趣，在我從事教職後的鼓勵與提攜，我沒有勇氣把這本書拿出來。尤其，從他身上我見到生命原來是可以半懂的，他那種不屑於世人拘謹、小心翼翼，而是任情恣性、擔待包容，不露山峰卻處處是山的半半人生哲學，是我終生學習的榜樣。謹以本書祝他六十歲生日快樂！

張麗卿　於大度山
1999年7月

凡例

　　本書所使用的法律名稱，有的用略語，有的用全名。使用略語的方法
是，只寫上法條號，未冠以法條名稱，即為中華民國刑法。例如：第二十
一條或§21或（§21），均指中華民國刑法第二十一條。其中羅馬數字及阿
拉伯數字表示法條號數、項數及款數。舉例說明如下：

§10	中華民國刑法　第十條
§10 I	中華民國刑法　第十條第一項
§10 I ①	中華民國刑法　第十條第一項第一款
§185-3	中華民國刑法　第一百八十五條之三
§§10～30	中華民國刑法　第十條至第三十條

　　使用全名的情況，大都冠上法律名稱，主要是該段中有兩個以上的法
律名稱，為了避免混淆而冠上的。例如：槍砲彈藥刀械管制條例§3，指
槍砲彈藥管制條例第三條；少年事件處理法§3，指少年事件處理法第三
條；民法§3，指民法第三條等。

　　此外，本書也以略語引用司法院解釋及最高法院判例（107年12月7日
後，原選編之判例，不再有通案之效力回歸裁判之本質，以判決之形式呈
現）、判決及決議。舉例說明如下：

釋字569解釋：司法院大法官釋字第569號解釋

92台上215判決：最高法院92年度台上字第215號判決

目錄
CONTENTS

目錄 **CONTENTS**

目錄 CONTENTS

目錄 CONTENTS

目錄 CONTENTS

目錄 CONTENTS

第一篇

緒 論

刑法之沿革

第一章 刑法之沿革

【目次】

【圖次】

我國現行刑法法典，是民國成立之後，經數度制定與修正而成，茲分述如下：

壹、1912 年暫行新刑律

我國刑法的現代化，是從清末變法時（1902～1912 年）延聘日本學者岡田朝太郎所完成的《新刑律草案》開始的。亦即，從古老傳統中華法系的固有法，到繼受歐陸法系的體制，始於清朝末年。《新刑律草案》採當時歐陸法系的刑事立法例，並於 1910 年以《大清新刑律》公布，但因清廷被推翻而未施行[1]。

民國以後，政府以滿清未曾施行的《大清新刑律》為藍本，刪除一些與國民政府體制不符的罪名（如刪除侵犯皇室罪名等罪）後，於 1912 年公布施行《中華民國暫行新刑律》，冠以「暫行」兩字，是因當時未經國會通過，為權宜計，而由總統令暫准援用，實際上施行至 1928 年。

貳、1928 年的舊刑法

暫行新刑律完成於清末，並非理想的刑法，故於北京政府時期，就已開始著手修訂。1927 年國民政府定都南京後，認有刑法重修的必要，乃以北京政府的刑法草案為藍本，由法學大儒王寵惠提出《中華民國刑法草案》，經修正後於 1928 年以《中華民國刑法》為名公布施行，計分為總則與分則二編。總則 14 章，102 條；分則 34 章，285 條，總共合計 387 條。

---

[1] 黃源盛，民初法律變遷與裁判（1912-1928），犁齋阿致使研究（二），2000，頁 194 以下。

參、1935 年的中華民國刑法

　　1928 年所公布施行的刑法，仍有許多不完善之處，立法院於是在 1931 年成立「刑法起草委員會」，負責草擬刑法，亦分總則與分則二編，總則計 12 章，99 條；分則計 35 章，258 條，合計 357 條，仍定名為《中華民國刑法》，經立法院通過，於 1935 年公布施行。【圖 1】顯示中華法系解體後，邁入近代化新紀元的過程[2]：

圖 1：我國刑法現代化之進程圖

肆、2005 年的刑法修正

　　由於社會快速變遷，刑法暨刑法施行法部分條文修正草案於 2005 年 1 月 7 日經立法院三讀通過，同年 2 月 2 日經總統正式公布，於 2006 年 7 月 1 日起施行。此次修正條文，刑法總則部分，修正 61 條、刪除 4 條、增訂 2 條（共 67 條）；分則部分，配合總則廢除連續犯及心神喪失、精神耗弱的定義修正規定，對常業犯的規定併同檢討修正，及立法委員所提修正案，總計修正 15 條、刪除 7 條（共 22 條）；此外，刑法施行法則配合修正 1 條、增訂 4 條（共 5 條）。

　　值得注意的是，這次修法，刑法總則修正幅度達三分之二，可謂自

---

[2]　黃源盛，中國法制史導論，2012，頁 333。

1935 年的刑法制定公布以來，最大幅度的修正，由於涉及重要刑事政策的採行，以及諸多人民權利規範的變動，為刑事立法與司法史上的重要大事，對於我國刑法的影響至為深遠。

伍、2006 年至 2018 年的刑法修正

在 2005 年刑法修正之後，刑法持續進行修正。2006 至 2008 年，依次針對海盜罪、妨害投票正確罪、酒醉駕駛罪進行修正。

2009 年的修法，主要是針對易刑處分制度，如易科罰金、易服社會勞動等相關規定，另外針對緩刑的相關規定修正（§§ 41、42、44、74～75-1；增訂 § 42-1）。

2013 年，除了 § 50 數罪併罰的規定進行修正之外，其餘都是刑法分則的修正，例如：2010 年遺棄罪章的調整；2011 年參酌學界長期的建議，修正加重竊盜罪；2012 年修正妨害幼童發育罪等；2013 年修正肇事逃逸罪；2014 年修正妨害秘密罪；為了呼應民眾對於酒醉駕車的重視，又分別於 2011、2013 年二度修正酒醉駕駛罪。2014 年針對妨害販運農工物品罪、傳染花柳痲瘋病罪、擄人勒贖罪、贓物罪，以及詐欺背信及重利罪章進行修正與增訂，以期刑法合乎時宜。

2016 年，修正重新定位沒收制度的內涵與法律效果，並以第五章之一的獨立專章（§§ 38～40-2）的方式規範。立法者之所以修正沒收制度，主要是因為食安案件（如大統混油案）沒收執行的效果不彰，導致不肖業者得以保有絕大多數的不法所得。本次沒收專章的修正，將沒收由原本的從刑，改為兼具刑罰、保安處分以及類似不當得利性質的獨立法律效果，如此一來，沒收的功能，除了預防犯罪，更可剝奪不法行為所得。

2018 年為了配合沒收的新規定及廢除追徵的規定，相應修正 §§ 121、122、131、143。此外，新增修 § 190-1 的環境犯罪的相關規定。立法者基於環境犯罪採具體危險犯在環境污染犯罪上無法操作困境的特殊性，採取只要行為完成就可成立犯罪的「抽象危險構成要件」。

陸、2019 與 2020 年的刑法修正

　　由於中華人民共和國領域，實務上多稱之「大陸地區」，而非外患罪章相關規定的「外國」或是「敵國」，因此針對共諜案之爭議，在 2019 年 5 月 10 日修正公布 §113 之條文，並新增 §115-1 將「大陸地區、香港、澳門、境外敵對勢力或其派遣之人」納入本章適用範圍。接著在 2019 年 5 月 29 日又陸續修正許多條文，此次修正可說是自 2005 年以來最大幅度的刑法修正，內容大致可分為七個部分：

1. 修正 §§ 10 VII、286：對凌虐進行定義，並將保護之範圍從未滿十六歲提高為未滿十八歲（§286 I），新增 §286 III、IV 凌虐致死傷之規定。

2. 修正 §80 I：其中，犯最重本刑為死刑、無期徒刑或十年以上有期徒刑之罪者，追訴權時效為 30 年。本次修法新增但書「但發生死亡結果者，不在此限。」，並在刑法施行法增訂 §8-2，修法後其「追訴權時效已進行而未完成者，適用修正後之規定」。

3. 修正 §§ 272、274、275、282，對刑度與構成要件調整：§272 殺直系血親尊親屬罪之刑度改為「加重殺人罪之刑度至二分之一」。§274 生母殺嬰罪新增「因不得已之事由」之要件，主要在於本條屬特別寬減之規定，其要件應該受嚴格限制，以避免對於甫出生嬰兒之生命保護流於輕率。§275 加工自殺罪將「教唆或幫助他人使之自殺」，與「受他人囑託或得其承諾而殺之者」之刑度進行區分，前者刑度由原本的一年以上、七年以下有期徒刑，修正為五年以下有期徒刑，§282 加工自傷罪之修正亦同。

4. 修正 §§ 183、184、189、276～278、284：因難以說明從事業務之人有較高之避免發生危險期待，課以較高注意義務亦有違平等原則，因此刪去「業務」區分之方式，並調整整體傷害罪之刑度，給予法官空間裁量。

5. 修正 §283：首先因出於正當防衛自可適用阻卻違法之規定，因此刪去

「非出於正當防衛」之贅字；聚眾鬥毆罪之刑度由三年以下提高為五年以下有期徒刑；最後因本罪係處罰單純在場助勢者，若其下手實行傷害行為，本應依其主觀犯意及行為結果論罪，因此刪除後段「下手實施傷害者，仍依傷害各條之規定處斷」。

6. 刪除§§285、91，修正§287：將傳染花柳病罪回歸修正後之傷害罪處理，連帶刪除§91強制治療，修正§287刪去關於該罪之部分。

7. 修正§§183、184、189、315-2、321：部分罰金刑額數已不符時宜，因此進行調整。最高法定刑1年以下有期徒刑，罰金刑修正為10萬元以下；2年以下有期徒刑，罰金刑修正為20萬元以下；3年以下有期徒刑，罰金刑修正為30萬元以下；5年以下有期徒刑，罰金刑修正為50萬元以下。

此外，2019年6月19日單獨修正公布§185-3，主要就曾犯本條（酒醉駕車罪）經有罪判決確定或經緩起訴處分確定，於五年內再犯致死傷者，提高其刑度，以抑制酒駕等不能安全駕駛行為之社會危害性。同年12月25日則針對刑法規定中的罰金刑計算標準混雜之問題，將銀元、新台幣等不同演算法，統一換算為新台幣為準，並進行刑法典大範圍的文字（數字）修正。同年底12月31日修正§§83、85，將追訴權及行刑權時效停止期間，由原來之四分之一修正為三分之一，以利司法機關進行追訴，避免時效制度成為罪犯脫法之工具。

2020年1月修正§§149、150、251、313：將§§149、150「公然聚眾」之要件詳細化，並增訂危險行為態樣之加重處罰。§251則是擴大不法囤積商品之類型，新增「其他經行政院公告之生活必需用品」，並在§§251 IV、313新增「以廣播電視、電子通訊、網際網路或其他傳播工具」之方式散布不實資訊等刑責。

柒、最近的刑法修正

截至目前，立法院又陸續針對刑法之犯罪條文進行八次修正，依時序

分別說明如下：

　　首先，2021 年 1 月 20 日修正公布了四項條文，其一，修正公布§§240、241，主要修正理由是本罪之保護客體應為未成年人，為配合民法成年年齡將下修為十八歲，爰將「未滿二十歲」修正為「未成年」，俾與民法規範一致。另兩罪之保護對象應無區分男女之必要，一併予以修正為「人」，以杜爭議，同時也分別提高兩罪的罰金刑，以符合罰金刑級距之配置。其二，修正公布§§135、136，主要考量近年妨害公務案件數量逐年攀升，犯罪手段及結果益趨嚴重，導致公務員執行職務之風險及人身安全之威脅大幅增加，爰修正提高§135Ⅰ的罰金數額，另參酌我國常見妨害公務之危險行為態樣，於§135Ⅲ依序增列駕駛動力交通工具及意圖供行使之用而攜帶兇器或其他危險物品犯之的加重條款。再者，為「聚眾」人數認定的疑義，爰參酌組織犯罪防制條例之規定，§136 增訂「聚集三人以上犯前條之罪者」，明定聚眾人數為三人以上，就已對人民安寧造成影響及對公共秩序已有顯著危害，不受限於須隨時可以增加之情形，以臻明確。

　　再者，2021 年 5 月 28 日修正公布§185-4 修正緣於司法院釋字第 777 號解釋，認為舊法所謂「肇事」要件有違法律明確性原則，且現行刑度規定對情節輕微個案過苛而不符憲法罪刑相當原則。本次修正逐將「肇事」修正為「發生交通事故」，且縱使駕駛動力交通工具發生交通事故致人死傷係無過失，其逃逸者，亦予以處罰，課以交通事故當事人應停留在現場為必要處置的責任。法律效果則調整分別規定致人傷害而逃逸者，處 6 月以上 5 年以下有期徒刑，致人於死或重傷而逃逸者，處 1 年以上 7 年以下有期徒刑；另就駕駛人無過失之情形，設有減輕或免除其刑之規定，合於憲法罪刑相當原則之要求。

　　2021 年 6 月 9 日修正公布§222，本次修正是增訂§222Ⅰ第 9 款：「行為人犯強制性交罪，而對被害人為照相、錄音、錄影或散布、播送該影像、聲音、電磁紀錄之行為者，處 7 年以上有期徒刑。」增訂的主要考量是，鑑於網路傳播影響無遠弗屆，方式也日趨多元，行為人於犯強制性

交罪過程中，如對被害人為照相、錄音、錄影，或散布、播送該影像、聲音、電磁紀錄，恐使被害人遭受二度傷害，嚴重戕害被害人身心及渲染擴大網路性犯罪，故有加重處罰的必要。

2021年6月16日分別公告刪除§239並配合修正§245。本次修正主要配合司法院釋字第791號解釋宣示通姦除罪化的意旨，故立法配合刪除現行§239通姦罪之構成要件規定，並連帶修正調整其告訴乃論之§245之內容，完成通姦除罪化的法制程序。

2022年1月12日修正公布§§78、79有關假釋撤銷的規定。基於落實比例原則及司法院釋字第796號解釋意旨，除了假釋中因故意更犯罪並受超過6月有期徒刑之宣告，維持原規定應撤銷其假釋外，如受緩刑或6月以下有期徒刑之宣告者，增訂得裁量是否撤銷假釋之規定。

以及為維護公務員執行公務及確保國家公權力的正當行使，並兼顧人民言論自由的保障，刪除§140侮辱公署罪，但也將侮辱公務員的刑度提高。對於§140意圖侮辱公務員，而損壞、除去或污穢實貼公共場所的文告者，也調高罰則。

另外，在賭博罪部分，鑑於資訊科技進步，傳統賭博演變成不受地域及時間限制，任何人均可輕易參與賭博，為有效遏止各種賭博財物之手法或衍生犯罪情事發生，修正§266，提高在公共場所或公眾得出入之場所賭博財物罪的罰則，並增訂以電信設備、電子通訊、網際網路或其他相類似方法賭博的行為，杜絕任何形式之網路賭博。

2022年1月28日修正公§185-3，立法委員為了回應民眾質疑酒駕刑罰過輕的問題，以及希望提高刑責能更有效發揮嚇阻效果，針對§185-3提出修正動議。本次修法主要是配合立法委員所提之修正動議，將原本第一項最低法定刑修正為三年以下有期徒刑，得併科三十萬元以下罰金；第二項刪除得併科罰金之規定；第三項則修正為曾犯本條（酒醉駕車罪）經有罪判決確定或經緩起訴處分確定，於十年內再犯致死傷者，提高其刑度。

2022年2月18日修正公布§87，並配合修正§98。將原監護處分最

高五年上限，改為執行期間屆滿前，檢察官認為有延長之必要者，得聲請法院許可延長。以及除原條文規定「令入相當處所」施以監護之外，新增「以適當方式」為之。透過新增多元處遇制度和評估機制，在觸法者人權保障與社會安全網之間取得平衡。

最後，2023 年 2 月 8 日修正公布§10。在網路發達之時代，資訊傳播迅速，如影像內容與性相關，容易引人一窺究竟，倘經他人恣意攝錄，其性影像恐將快速外流、散布而難以遏止，造成被害人心理無法抹滅之傷害。另，以電腦合成方法製作他人不實之性影像，因該性影像內容真假難辨，對於被害人人格法益之侵害程度不亞於散布真實影像之犯罪。增訂第 10 條第 8 項性影像之定義及第 28 章之一「妨害性隱私及不實性影像罪」（§§319-1～319-6），為有效抑制製作、散布不實性影像相關行為，將犯罪行為區分各種樣態及侵害法益程度，明定加重處罰規定，以落實隱私權之保障。

有關強制治療部分，為符合司法院釋字第 799 號解釋意旨，保障受強制治療處分人之權益，並維護社會安全，於§91-1 增訂強制治療處分之期間、延長期間、停止執行後再繼續施以強制治療及期間計算之規定。

另外，鑑於近期詐欺犯罪朝向科技化、集團化、組織化等結構性犯罪發展，許多詐欺集團之犯罪型態亦從以往單純詐欺犯罪，衍生出對被害人有剝奪行動自由、施以凌虐等暴力性犯罪等複合犯罪型態，甚至有導致被害人受重傷或死亡事件發生，造成民眾傷亡及財物損失，對於社會治安危害甚鉅，亦使我國國際形象嚴重受創，增訂§302-1 加重剝奪行動自由罪及其加重結果犯規定、§303 配合增訂加重剝奪行動自由罪，修正對於直系血親尊親屬犯之加重處罰、§339-4 增訂加重詐欺罪之加重事由。

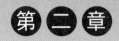

刑法總則在法律體系中之地位

第二章　刑法總則在法律體系中之地位

【圖次】

　　我國刑法，在清末變法時仿效歐陸法系（或稱大陸法系）新法時代的法律體系，特別是德國法，故屬於歐陸法系（大陸法系）刑法。

　　與其他主要的法律，如行政法、民商法等相較，刑法有最嚴屬的法律效果，因此刑法在法律制度中，扮演制裁者的地位；也因為刑法的嚴屬性，導致對於犯罪的成立與否（犯罪論）及是否處罰（刑罰論）的解釋，有最嚴格的推論過程。

　　由【圖 2】可知，刑事法屬於公法，而刑事法又分為刑法（刑事實體法）、刑事訴訟法（刑事程式法），刑事實體法的抽象規定，有賴刑事訴訟法的追訴途徑，方得具體實踐國家的刑罰權；而刑法總則僅是刑法的一部分。

　　我國刑法典的結構，總則規定在第 1 至 99 條；第 100 至 363 條是分則。分則是犯罪類型的規定。總則規定各犯罪類型有關的基本原理原則，例如：罪刑法定原則、故意、過失、不作為犯、阻卻違法事由、責任能力、共同正犯、教唆犯、幫助犯、未遂犯等。此外，有競合論以及法律效果部分的刑罰論，例如：刑罰的種類、累犯、自首、假釋、緩刑、時效保安處分以及沒收等等。【圖3】顯示，刑法總則主要內容規範的概梗。

圖2：刑法總則在整個法律體系之地位

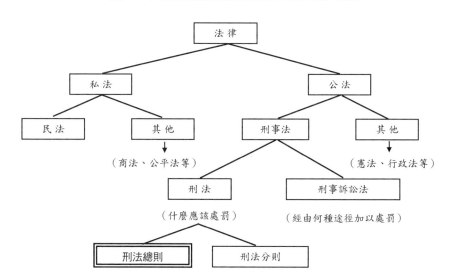

圖 3：刑法總則內容之鳥瞰

```
                          刑法總則

              ┌──────────────┴──────────────┐
           犯罪行為                        法律效果

    ┌────────┬────────┬────────┐    ┌────────┬────────┐
   不 法    罪 責    競 合    刑 罰  保安處分  沒收
                                      │
                                   刑罰理論

  ┌──────┐
構成要件  違法性  責任能力  法條競合  主刑或從刑  感化教育
該當性

作為犯或  法定阻卻  不法意識  想像競合   累 犯    監 護
不作為犯  違法事由

故意犯或  超法定阻卻 故意責任或 狹義之實   自 首    禁 戒
過失犯   違法事由  過失責任  質競合

既遂犯或         期待可能性           緩 刑    強制工作
未遂犯

正犯或共犯                          假 釋    強制治療

         故意或過失                           保護管束

            錯 誤                            驅逐出境
```

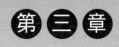

第三章

刑法之概念

第三章　刑法之概念

【目次】

第一節　刑法之基本概念

壹、定義

刑法規定「犯罪」與「刑罰」，也就是規定國家在何條件下，於何範圍內，得具體行使刑罰權的法律。簡言之，刑法是認定何人犯何罪，應如何刑罰的法律。

刑法對犯罪行為進行抽象的規定，並同時規定犯罪所生的法律效果，也就是刑罰。以§271為例：「殺（行為）人（客體）者（主體）」是抽象的規定（犯罪）；「處死刑、無期徒刑或十年以上有期徒刑」是國家具體行使刑罰權的法律效果（刑罰）。

由於刑法是規定犯罪和刑罰的法律（刑法＝犯罪＋刑罰），故犯罪是刑罰的前提，刑罰是犯罪的結果。刑法學的二個領域，就是犯罪論與刑罰論。

貳、犯罪與非犯罪

從形式上區分，有刑罰後果的不法行為，是犯罪；沒有刑罰後果的不法行為，不是犯罪，如交通違規、違反社會秩序維護法的行為、少年虞犯等。非犯罪的行為後果可能是罰鍰、拘留、訓誡、感化教育、保護管束、假日生活輔導等。

刑罰分主刑與從刑，用來對付一般犯罪人。主刑是指：死刑、無期徒刑、有期徒刑、拘役、罰金；從刑是指：褫奪公權。除了刑罰之外，另有保安處分。

保安處分與刑罰不同，其具有教育思想，用來對付特殊的犯罪人，例如§18無責任能力人、§19精神障礙或其他心智缺陷人、§20瘖啞人等。保安處分規定於§86以下，手段有感化教育、監護、禁戒、強制工作、保護管束等。

參、刑法和刑事訴訟法間之關係

　　刑法是規定「何種行為是犯罪，對於何種犯罪應科以何種刑罰」的法律，其必須有刑事訴訟法的配合，才能真正實現刑法的規範功能。刑事訴訟法將刑法所規定的犯罪行為，具體的加以追訴，而犯罪的追訴，一定要經過合法程式。下以【圖4】說明犯罪被追訴的流程。

圖4：犯罪追訴之流程

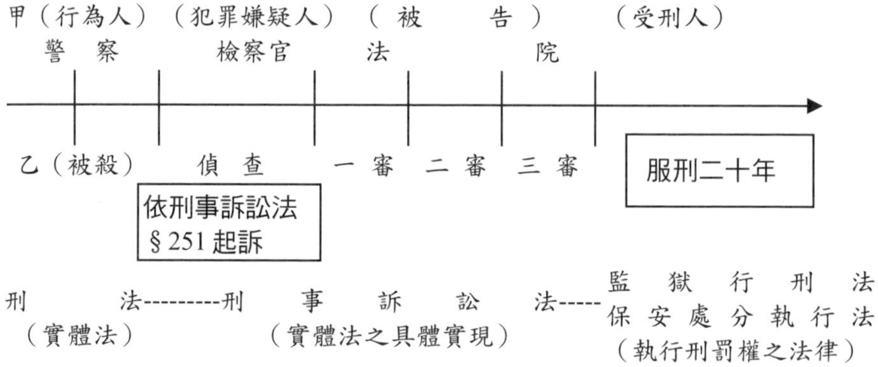

```
甲（行為人）  （犯罪嫌疑人）  （  被    告  ）    （受刑人）
   警　察      檢察官    法          院
 ────┼────────┼──────┼──────┼──────────────▶
乙（被殺）    偵　查    一　審  二　審  三　審   ┌──────────┐
         ┌──────────┐                        │服刑二十年│
         │依刑事訴訟法│                        └──────────┘
         │§251 起訴  │
         └──────────┘
刑　　　　法--------刑　事　訴　訟　法-----  監　獄　行　刑　法
（實體法）      （實體法之具體實現）       保 安 處 分 執 行 法
                                          （執行刑罰權之法律）
```

　　從【圖4】可知，與刑罰相關的法規，包括三階段。此三階段的法律組成，目的在於維持社會秩序。

1. 實體法：規定何種犯罪應科處何種刑罰的法律（普通刑法、特別刑法、附屬刑法）。

2. 程序法：使刑事實體法的刑罰權具體實現的程序法（刑事訴訟法、軍事審判法、少年事件處理法）。

3. 矯治法：實際執行刑罰權的法律（監獄行刑法、保安處分執行法、受刑人累進處遇條例、外役監條例）。

　　以上三者各有其特殊性，並互相關連、彼此合作，如此一來，國家的刑罰權才得以具體實行，故統稱為「刑事法」。

第二節　刑法之分類

壹、普通刑法與特別刑法

一、普通刑法

　　《中華民國刑法》是普通刑法，也就是原則法。在立法的體系上，可以分為刑法總則（§§1～99）與刑法分則（§§100～363）；學理的體系上則分為犯罪論與刑罰論。普通刑法的規定，原則上對任何人事時地均適用。

二、特別刑法

　　特別刑法是針對特定的人事時地而制定的刑法，特別刑法部分是對普通刑法已有規定的事項重複規定，且其處罰規定都很重，是為了威嚇犯罪而設。主要的特別刑法包括：陸海空軍刑法、洗錢防制法、貪汙治罪條例、毒品危害防制條例、槍砲彈藥刀械管制條例、組織犯罪防制條例、懲治走私條例等。

　　如《毒品危害防制條例》是對刑法的鴉片罪重複規定，《貪汙治罪條例》是對刑法的瀆職罪重複規定；此外，亦有基於特別需要而制定者，如《陸海空軍刑法》是針對軍人犯罪的特殊規定，《懲治走私條例》則規範特定的犯罪類型。在適用順序上，依據「特別法優於普通法」的原則，故特別刑法優於普通刑法。

貳、形式刑法與實質刑法

一、形式刑法

　　就體例而言，形式刑法是純屬刑罰規定的法規，從法律的名稱，就可知悉其為刑事法規範，普通刑法與特別刑法均屬之。通常形式刑法除犯罪

構成要件的規定之外，亦規定法律效果，例如《中華民國刑法》、《陸海空軍刑法》、《貪汙治罪條例》等。

二、實質刑法（附屬刑法）

實質刑法是，普通刑法及特別刑法以外，具有刑罰制裁規定的法律條款總數。這類刑罰制裁規定的數量相當繁多，例如：建築法§85是附屬刑法；但是《建築法》本身不是附屬刑法。其他如食品安全衛生管理法§49、水污染防治法§34、公平交易法§34[1]、證券交易法§171、銀行法§125、稅捐稽徵法§41、貿易法§27、公司法§9 I、保險法§167、野生動物保育法§40、森林法§51、水土保持法§32、文化資產保存法§103、國家公園法§24、著作權法§91、破產法§152、勞動基準法§75等。這些法規是披著其他法律的外衣，裡面卻蘊含有行為人違反某項規定時，附帶規定科以刑罰的條文。

附屬刑法的制定，通常並非保護個人法益，而是要保護抽象的制度或機能，所以被處罰對象，大多沒有反倫理色彩或社會危險性。在立法政策上，立法者較常用抽象危險的構成要件來保護法益，且欲以威嚇手段，阻止人民犯法，所以刑法的手段性，容易過分被強調。

此外，應注意的是，附屬刑法與特別刑法並不相同，二者的差別主要可以分為下列幾點：

1. 特別刑法本身就是刑法，例如《陸海空軍刑法》、《毒品危害防制條例》、《槍砲彈藥刀械管制條例》等。可是，附屬刑法所依附的法律並不是刑法。例如「破產刑法」依附在《破產法》裏，但《破產法》本身不是刑法。

2. 特別刑法的條文通常都非常簡略，主要是因為特別刑法只是疊床架屋的立法。若特別刑法是對於普通刑法的重複規定時，一個行為若符合特別刑法的描述，也會同時符合普通刑法的描述。相反的，附屬刑法所依附

---

[1] 張麗卿，禁止營業之誹謗，公平交易季刊，14卷2期，2006年12月，頁1-38。

的法律，則是自成體系的法律，有繁複的規範內涵。

3. 特別刑法的制定，明顯是為了一般預防目的，是心理強制說的極端表現。附屬刑法常常是為了保護某種特殊的文化、社會或經濟價值，也有一般預防的作用。不過，兩者基本上是有差異的：特別刑法主要在對應本體惡；而附屬刑法主要在對應禁止惡。所謂「本體惡」是指，行為人本身行為，是道德上所不能容忍的，大部分的刑事法規定，是本體惡的犯罪行為。另外，「禁止惡」則是指行為本身並不惡，有較低的反社會性，但因侵害國家所特別規定的事項而動之以刑，其保護的法益，通常沒有特定的被害人。

4. 立法政策上，特別刑法可以廢除不要，因為法秩序的建立，普通刑法已經足夠。反之，附屬刑法通常有保留必要，因為有些反社會倫理與社會危險性較低的犯罪行為，由於立法技術上的關係，無法全數移植到普通刑法裡面。

參、完備刑法與空白刑法

一、完備刑法

對於犯罪及刑罰的規定，在法條上已明白規定構成要件及其法律效果。刑法分則上的規定，大多是完備刑法。

二、空白刑法（不完備刑法）

對於犯罪及刑罰的規定，其構成要件中某一部分事項，須委諸其他法規加以補充規定，才能使刑法的空白部分得以完整。例如懲治走私條例§2 規定，「私運管制物品進口、出口逾公告數額者，處七年以下有期徒刑，得併科新台幣三百萬元以下罰金（Ⅰ）。」「第一項之管制物品，由行政院依下列各款規定公告其管製品項及管制方式（Ⅲ）。」本條的「管製品項及管制方式」，即是不完備的構成要件，有待行政院的公告補充才

能完整。

　　值得注意的是，刑法條文上，有些構成要件也是空白的，須藉由解釋加以填補，同樣是不完備的構成要件。例如褓姆照顧嬰兒，卻基於餓死小孩的故意而不餵食，導致小孩死亡。因為褓姆與小孩父母訂立契約，有照顧的義務，竟不餵食（不盡義務），故可能成立不作為殺人罪（§§15、271）。其中，§15Ⅱ不純正不作為犯的構成要件，涉及褓姆作為義務的範圍，以及是否成立保證人的地位，必須委由法官判斷加以充足，就是空白刑法。

肆、敵人刑法與市民刑法

　　敵人刑法的概念是 1985 年時，由德國刑法學者 Jakobs 教授所提出[2]，他將刑法區分為兩種，其一是一般犯罪者適用的「市民刑法」，以及適用於特殊犯罪者的「敵人刑法」。「市民刑法」是一直以來遵守比例原則、正當法律程式或無罪推定原則等的刑法或刑事訴訟法。但敵人刑法的目的在於預防犯罪、具有很濃的特別預防的意義。

　　Jakobs 稱一般人是市民，他們是守法的人，偶爾可能犯點小錯而遭到法律制裁，但並非不知悔改的人，因此只要透過法律將其導回正軌即可。但對付有如「敵人」特殊犯罪者，如吸食犯、性癖好犯罪人、經濟犯罪、組織犯罪等，則認為：敵人是冥頑不靈、反抗法治序的人，縱算透過一般法律制裁也無法導正，因此只能透過更強烈的手段加以處理，也就是事前的預防以及事後的隔離，避免其再危害社會。因此在刑事政策上，敵人刑法往往提前處罰的階段，在危險或實害尚未發生的階段就加以處罰。敵人刑法是以功能取向為考量的刑法，凡是有助於防範敵人危害社會之方法，均可為之，因此刑法成為排除風險的預防工具。例如，針對組織犯罪或恐

---

[2] Jakobs, Kriminalisierung im Vorfeld einer Rechtsgutsverletzung, ZStW 97 (1985), S.751ff.

怖犯罪者，都是社會的敵人，為了打擊犯罪，可以忽略處罰和法益侵害之間的關連性。

第三節　刑法學和其他刑事科學之關係

壹、犯罪學與刑法學

一、犯罪學

研究犯罪現象並加以解釋，並提出犯罪控制對策的學門，是價值中立的事實科學。觀察犯罪現象需要資料，尤其是官方統計，但官方統計不可盡信，因為有犯罪「黑數」存在。合理的解釋犯罪現象，需要借重其他學科，如精神醫學、社會學、心理學，並進而解釋為少年犯罪或老人犯罪、何時犯罪、可能犯何罪等問題。

二、刑法學

從事價值判斷的研究，研究某種行為是否構成要件該當，是否違法、是否有責任等問題，也就是評價行為人的行為是否構成犯罪。例如甲打傷乙，該行為具有構成要件該當（§277Ⅰ）；但是甲若是正當防衛（§23）：則構成要件該當，但不違法（不罰）；又如甲年僅 12 歲（§18）：則構成要件該當、違法、但無罪責（不罰）。判斷甲的行為是否成立犯罪的過程是刑法學研究的重點。

貳、犯罪偵查學與刑法學

一、犯罪偵查學

研究如何在法律行為的框架內，對已發生的犯罪行為加以偵查，從事事實判斷，如犯罪人的犯罪模式、勘查犯罪現場、犯罪證據，並如何佈線

逮捕犯罪人，也是價值中立的學科。因為，有效的犯罪偵查才可達到威嚇的目的；亦即，一般預防的目的。

二、刑法學

研究哪些不法行為應成立犯罪，對已成立的犯罪行為應如何處以刑罰或保安處分，是價值判斷的學科。

參、刑事政策與刑法學

一、刑事政策

因社會變遷快速，立法腳步緩慢，常不能制定因應社會需要的法律，故需要刑事政策，研究犯罪的應然。刑事政策是從事價值判斷及價值選擇的學科，選擇何種不法行為應加以除罪化或犯罪化的研究過程。

如何將已構成刑事不法程度，但未在刑法典中規範的行為納入刑法典，在刑事政策學上，稱為「犯罪化」或「入罪化」；相反的，將某種現行刑法有處罰的行為，因為時代的變遷、社會習慣改變或司法實務認定不同，而已經沒有處罰的必要時，透過刑事政策將之刪除，是「除罪化」。例如，環境犯罪行為，對社會已造成嚴重危害，但刑法典尚無處罰的規定，故刑事政策須從事價值選擇，或許可以考量將某些環境不法行為予以犯罪化。又如：1987 年以前，亂開空頭支票要處以刑罰，但後來認為此僅是民事不法行為，故加以除罪。由此可知，立法者對於某行為除罪或入罪的改變，會影響犯罪相關統計資料。

二、刑法學

研究犯罪行為，應接受何種刑罰或保安處分，此為研究犯罪的實然。例如，殺人犯在刑法上，應該受到如何的處罰，或有無保安處分適用的可能。

＊規範的應然與規範的實然

應然（sollen）：刑事政策是刑法的改個政策，研究犯罪的應然。因刑事政策研究不法行為是否應處罰，如何處罰，或除罪入罪的抉擇。

實然（sein）：刑法學研究犯罪的實然。因刑法學要研究已經存在的規範，依循該規範應如何處罰，是判斷與評價實際存在的行為。

肆、小結

最後以竊盜為例，說明刑法學與其他刑事科學之關係：

1. 刑法學：研究行為人的行為是否成立竊盜罪，若成立竊盜罪則應受如何的處罰，是否有受保安處分的可能。

2. 犯罪學：研究竊盜總體現象及客體現象的消長，為什麼某個時段的竊盜案件頻傳，竊盜罪發生的原因等。

3. 犯罪偵查學：研究如何勘察現場、搜集證據、佈線捉人、建立竊盜犯的檔案等。

4. 刑事政策：研究應該如何處罰竊盜犯才能夠防止再犯，而且希望能預防一般人去模仿竊盜犯；輕微的竊盜犯，是否有必要再加以處罰，如果沒有必要加以處罰，該如何處理，或者除罪化等。總之，就是思索立法上，如何對付竊盜犯是最恰當的方式。

第四節　刑法之功能

刑法的功能在於，規範人與人間的關係，用來確保社會共同生活的和平秩序。其功能如下：

壹、保護法益

　　以刑法的手段,對一定犯罪加以處罰,可遏阻犯罪,保護可能受到犯罪侵害或威脅的共同生活利益。刑法保護重要的生活利益(法益),如果沒有法益保護的必要,就沒有刑罰的需求。換言之,刑法是一部「法益保護法」[3]。重要生活利益,如生命、身體、自由、財產、社會交往的公正性、國家刑事司法權的有效運作等。刑法保護法益免受侵害,經由保護個人法益進而有維護社會秩序的功能,這是刑法的社會功能。

　　此外,隨著時代變遷,附屬刑法中所保護的各種生態利益的維護,例如:食品、水源、土壤、山林、海洋、野生動物等等,均能作為刑法直接保護的客體,只要該等所要保護的對象受到侵害,則無論有無具體的被害人的利益受到損害,均能發動刑罰加以對應。

　　總之,由於法益是法律所要保護的利益,是國家和社會公認應該用國家強制力加以保護的,社會共同生活不能或缺的利益或社會秩序中所想像的價值。刑法所保護的法益是每個刑法構成要件的核心。每個該當構成要件的行為,都有其所侵害的法益,因此法益有架構與解釋構成要件的功能。

貳、壓制與預防犯罪

　　刑法係規定「犯罪行為之法律要件」以及「對此等犯罪行為科處刑罰或保安處分等法律效果」之刑事制裁法。由於犯罪為最嚴重的不法行為,國家必須以最嚴厲的法律效果加以處罰。立法者藉刑罰之威嚇力,昭示社會大眾,法益與法律秩序之不可破壞性。藉著刑罰的威嚇力,產生壓制犯罪,進而有預防犯罪的功效。

---

[3]　蘇俊雄,刑法總論(Ⅰ),1998,頁6。

參、保障人權

　　明定應予刑事制裁的犯罪行為及法律效果，藉此限制刑罰權的濫用，以收保障人權之效。刑法一方面保證凡是未違反刑法規範者，均不受國家權力機關之干涉與侵犯；另方面保證「行為人不受超出法律規定以外之處罰，以及不受違反人道與藐視人性尊嚴之殘虐刑罰。因此，對人民而言，凡未違反刑法規範者，均不受國家權力機關的干涉侵犯；對犯罪人及受刑人而言，李斯特（Franz von Liszt, 1851～1919）曾說：「刑法是犯罪人的大憲章」，因為刑法保障犯罪人不受逾越刑法規定外的處罰，避免遭受違反人道及藐視人性尊嚴的殘虐刑罰對待，只需在其所犯罪的基礎程度中承擔刑罰的後果。刑法由於上述的保證功能，因而產生保障人權之效果。這也是「罪刑法定原則」的最重要貢獻。

肆、矯治犯罪人

　　以法律效果科處犯罪人應得的刑罰，並利用執行刑罰的機會矯治犯人，促使犯人再社會化。刑罰制裁，不但滿足犯罪人內心的贖罪需求，而且多少亦能衡平犯罪人的罪惡感。因此，刑法以其法律效果科處犯罪人應得之刑罰，而使其接受刑罰之執行後，能改過遷善，安份守己，不再犯罪，具有矯治犯罪人之功能。不過，此種功能僅對於一般罪犯而言，較有贖罪功能，而給予犯人贖罪之機會；對於習慣犯則較無贖罪功能。

第五節　刑法之特色

　　刑法與其他法律相較，具有一些其他法律所沒有的特色，分別是刑法的道德性、不完整性、高度政治性及最後手段性。

壹、刑法之道德性

法律淵源於道德規範，但兩者並不相同。法律是制約人外部的自由，有明顯的強制性、手段性，是一連串分析的過程，具有道德的政治外殼，即遵守法律，才能實現道德。相反的，道德是約束人內部的自由，是自願性、自發性的遵守，是綜合的觀念，形塑刑法規範的基礎。

刑法是最低標準的道德規範，因犯罪人的行為已經違反最低的道德標準，並且危及法益，故有必要加以處罰。然而刑法僅能維持最低程度的道德，不能期待其提高道德或倫理水準，例如刑法要求人民不偷不搶，這是低程度的道德規範；但無法要求人民不亂丟垃圾，這是相對較高程度的道德表現，不在刑法的規範之內。

貳、刑法之不完整性

刑法雖以保護人的生活利益為任務，但是人的生活利益極多，無法盡受刑法保護，刑法僅干涉對於侵害人類重大生活利益的行為。刑法的不完整性顯現在規範內容及規範功能上：

一、規範內容不完整

因犯罪實質內涵，會隨社會狀況及價值觀而改變。但立法效率緩慢，時常未能加以規範新興的犯罪型態，或不合時宜的犯罪未能適時除罪化，足見其規範內容的不完整。例如，許多環境犯罪尚欠缺相對應的刑罰法規；又如，通姦（1961 年德國已經將之除罪化，1974 年日本亦同）應只是民事糾紛，而不必以刑罰手段對付，但我國卻遲至 2020 年才由大法官宣告違憲，加以除罪。因此，由實質的犯罪內涵的檢驗，也可看出立法者是否盡職。

二、規範功能不完整

　　法律秩序的整體維護，有賴所有法律及其他非正式的社會控制手段，萬不能單靠刑法來建立法律秩序。與刑法相較，其他的社會控制手段，如民法、行政法、宗教信仰等，都顯得和緩，也因為刑法是最嚴厲的社會控制手段，所以具有「補充性格」與「寬容性格」，只能當作最後的手段，補充其他法律或非法律的社會控制手段的不足。由於刑法不能介入全部的不法行為，對於某些不法行為，刑法只能加以放任或寬容其存在，可見刑法有規範功能上的不完整性。

參、刑法之高度政治性

　　政治體制的改變，常會影響刑法的改變。改變的情況，例如：增新條款、廢除條款或加重原條款的刑度，藉此從事社會控制。例如希特勒執政後，改變政治體制為專制獨裁，並廢除罪刑法定原則，建立許多特別刑法，並且准許類推，取消法律救濟程式，大量簡化訴訟程式。希特勒時代的德國刑法相當混亂，可見政治制度與刑法關係密切[4]。此外，刑法亦因其最嚴厲性與強制性，時常淪為獨裁統治者的政治或統治工具。

肆、刑法之最後手段性

　　刑法是所有法律中最嚴厲、強制、痛苦的法律手段[5]，它以刑罰、保安處分的法律效果，為規範社會共同生活秩序的最後防線，若刑罰以外，尚有其他可以有效防制不法行為的社會控制手段時，應避免使用刑罰，因刑法具有最後手段性（ultima ratio），只有在其他法律效果皆未能有效防制不法行為時，才使用刑罰，所以也稱為刑罰的必要性（Strafwürdigkeit）。

---

[4]　林山田，刑法通論（上），2008，頁 58。
[5]　林山田，刑法通論（上），2008，頁 60。

換言之，刑法具有補充性格，用來補充其他法律效果之不足，此即「刑法的謙抑性」。

第六節　刑法之性質

刑法的性質，是指刑法在整個國家法律體系中的地位如何，可分為以下幾點說明：

壹、公法

刑法為規定行使刑罰權的國家與犯罪人之間的法律，是規範國家和個人間關係的法律，而非規範人民相互間權利義務關係的法律，故屬公法性質。

貳、司法法

依三權分立的法理，因刑法是國家裁判的規範，故基本上屬於司法。

參、實體法

刑法是規範權利與義務關係的本體法律，是規定發動刑罰權的實質法律，因其規定犯罪行為的要件及效果的實質內涵，故原則上屬於實體法。然而刑法典中亦有一些行政法及程式法的規定，例如，假釋規定屬於行政法的性質；告訴乃論的規定屬程式法上的性質。

肆、強行法

刑法具有絕對適用的效力，除告訴乃論及請求乃論之罪外，行為人或

被害人均無法左右或變更刑法的適用。故我國刑法中,除告訴乃論及請求乃論之罪為任意法外,任何人均受其拘束,若違反刑法中強行法的規定,則須依法科處刑罰。

伍、國內法

刑法是基於國家主權發動,所制定行使刑罰權的準據法,適用於國家主權所及的範圍,也就是適用於中華民國領域內的法律,故為國內法。

陸、繼受法

刑法的立法體系及其內容,大體是仿效外國的立法例制定而成,保留我國固有法內容者少,非直接根據我國固有文化、風俗民情等而制定,故我國現行刑法為繼受法,而非固有法。

❖ 實例講座 ❖

附屬刑法或特別刑法

　　甲經營雞排攤維持生計，未料知名連鎖店「好大雞排」在甲的雞排攤旁開業，造成甲生意嚴重虧損。甲的弟弟乙在第一土地銀行任職，負責辦理授信。甲商請乙無擔保授信放款。乙見兄長有難，立刻放款。

　　乙的同事丙知悉後，向乙表示「你對兄長無擔保授信放款，構成銀行法§127-1 I 對利害關係人無擔保授信罪，這是特別刑法要特別加重！」一旁的同事丁則說「應是附屬刑法才對！」乙聞之，驚問「不管是特別刑法或附屬刑法，為什麼犯罪行為沒有規範在刑法，卻規定在銀行法？」試問：丙丁所言，何者正確？

解析

一、丁所言正確，銀行法§127-1 I 為附屬刑法，而非特別刑法

　　特別刑法本身就是刑法，係針對特定的人事時地而制定的法律，原則上是對普通刑法已有規定的事項重複規定。特別刑法的規範主要應對本體惡，且條文架構通常較為簡略，因為尚有普通刑法可加以補充，在立法政策上，特別刑法可以選擇廢止而回歸普通刑法處理。

　　相反的，附屬刑法是將具刑罰制裁的規定，納入於其他法律的某條文之中，其所依附的法律並非刑法，而是自成體系的法律，本身可能就已經有相當繁複的規範。附屬刑法則主要針對禁止惡進行規定，這些較不具反社會倫理，與社會危險性較低的犯罪行為，礙於立法技術的有限，並無法全數移植到普通刑法，所以有制定的必要性。

　　綜上，銀行法§127-1 I 所附麗的法律非刑法，而是自成體系的銀行法規範，本身自存有相當複雜的規定；且違反無擔保授信放款相關規定的犯

罪行為，並不具有反倫理的色彩，故非本體惡，是禁止惡。由此可知，丁之言正確，銀行法§127-1 I 應是附屬刑法。

二、礙於立法技術的有限性，附屬刑法實難回歸普通刑法

　　對於本案，應先瞭解銀行法§32 規定，「銀行不得對其持有實收資本總額百分之三以上之企業，或本行負責人、職員、或主要股東，或對與本行負責人或辦理授信之職員有利害關係者，為無擔保授信。」所謂無擔保授信是指，無任何擔保品或信用保證的授信，在本案是指對客戶的資金支持。甲乙是兄弟，據銀行法§33-1 的規定，是利害關係人，故乙不得對甲無擔保授信。又銀行法§127-1 I 規定違反同法§32 者，處以刑事制裁，乙違反銀行法禁止對利害關係人無擔保授信的規定構成犯罪。

　　由此可知，銀行法本身是相當複雜的規範，用以維護銀行的運作及經濟秩序。對於部分違反銀行法規定的行為，其若破壞社會經濟或侵害銀行法益重大，達刑事不法的程度，且具應刑罰性、刑罰必要性時，立法者自得動之以刑。但是，這項違反銀行法的刑事制裁規定，與銀行法的內容非常密切，立法技術上實難脫離銀行法。是故，附屬刑法實難與的依附的法律，這也就是銀行法中為何會有刑罰規定的原因。

阿帕契直昇機

　　甲是軍事迷，明知戰鬥機基地是軍事要塞，禁止民眾入內，卻依舊潛入戰鬥機基地拍照打卡。試問：若檢察官依要塞堡壘地帶法起訴甲，但審判時，國防部發出新命令，認為該地並非要塞堡壘。關於本案之命令變更，有無刑法第2條之適用？

解析

　　本案有刑法第2條第1項之適用，法院應諭知無罪判決，分述如下：

一、關於違反要塞堡壘地帶法的刑罰規定，屬於空白刑法。所謂空白刑法是指，立法者將一定的構成要件，委由行政機關製作行政命令，或以其他法律補充之刑法構成要件。本案中，甲違反要塞堡壘地帶法

§§9、10 等規定，其條文本身並未直接規定要塞堡壘的意義，而是透過同法§§3、18 授權國防部核定公告，或以命令定之。由此可知，甲所違犯之法律屬空白刑法。

二、甲雖依要塞堡壘地帶法起訴，然於審判時，國防部發出新命令，認定該地並非要塞堡壘，甲的罪行有無§2 I 之適用？分述如下：

（一）補充空白刑法之行政命令變更的性質為何？

1.事實變更說：§2 I 之法律變更，係指經立法機關所制訂之「刑罰法律」本身有變更而言。作為補充之行政命令，其作用僅為認定空白構成要件所規範之事實的具體標準，而非犯罪構成要件之禁止規範，其變更僅為單純反應社會事實變遷之現象，並非§2 I 之法律觀念變更。最高法院判決與釋字第 103 號均採此見解。

2.法律變更說：補充空白構成要件之行政命令，雖然不具法律之形式且無刑法之實質內涵，但因其與空白構成要件結合，即成為空白構成要件之禁止內容，而影響可罰性的範圍。故此行政命令之變更應仍屬刑罰法律變更的一種，而有§2 I 的適用。

3.小結：本書認為應採法律變更說。當行政命令與該刑法構成要件結合之後，即為完整的刑法規範，命令之變更，必然造成刑罰權範圍的改變，因此，應屬於法律變更，而有§2 I 之適用。

（二）結論

綜上所述，由於行為後之行政命令變更結果對甲較為有利，有適用§2 I 從舊從輕原則之情形，甲原先屬於犯罪之行為變成非犯罪，因此，應依照但書「從輕」之規定，甲免罰。

罪刑法定原則

第四章　罪刑法定原則

【目次】

【圖次】

第一節　罪刑法定原則

§1：「行為之處罰，以行為時之法律有明文規定者為限。拘束人身自由之保安處分，亦同。」本條是罪刑法定原則的規定。此原則的存在，使刑法具有安定性，亦即，犯罪的法律要件及其法律效果，均須以法律明確加以規定；法律若未明文規定處罰者，則無犯罪、無刑罰。

壹、概說

1813 年德國刑法學家費爾巴哈以「無法律即無犯罪，無法律即無刑罰」（nullum crimen sine lege, nulla poena sine lege）來表示罪刑法定原則，並將此原則規定於巴伐利亞邦的刑法典中。其後，費爾巴哈提出的罪刑法定原則，逐漸成為歐陸法系各國刑法的重要原則。罪刑法定的精神，源於啟蒙思想，為尊重個人自由，乃對於中世紀以來封建制度下罪刑擅斷的反動，打破封建勢力，反對國家濫用刑罰權，保障人類最基本的權利。

此外，拘束人身自由之保安處分（如強制工作），以剝奪受處分人的人身自由為其內容，其性質具有濃厚的自由刑色彩，同樣應受罪刑法定原則約束，而以行為時的法律有明文規定者為限。是故，2005 年刑法修正時，§1 後段增訂「拘束人身自由之保安處分，亦同。」

由於「罪刑法定原則」是刑法的最高基本原則，所以特別說明其由來過程：

1. 英王約翰大憲章：1215 年的英國大憲章（Magna Carta）§39 規定：「任何自由人，非依其同僚的合法裁判，或非依國家法律及適法之裁判，不得逮捕、監禁、羈押、流放、剝奪領土或剝奪法律之保護。」該規定是文獻上最早規定罪刑法定原則精神的條文。

2. 美國憲法：1788 年美國憲法規定，事後法的禁止及禁止制定權利剝奪法與溯及處罰法等規定。1791 年美國憲法修正案§5 規定「正當法律程序」，也是罪刑法定原則的條文。

3. 法國人權宣言：1789 年法國大革命後，組成議會的法國人民代表決定將自然的、神聖不可侵犯的人權以宣言方式表達。法國人權宣言§8 即宣示「法律必須只規定絕對明白且必要的刑罰，任何人非依犯罪前已制定公布，且經合法適用之法律，不得處罰。」此時確立罪刑法定原則的意涵。其後，1810 年拿破崙刑法§4 更直接規定，「無論違警罪、輕罪或重罪，均不得使用犯罪前法律所未規定之刑罰予以科處。」使罪刑法定原則具有刑法條文之形式。

4. 二次大戰後，具有國際公約效力的聯合國世界人權宣言：1948 年的世界人權宣言§11Ⅱ提及，「行為時依國內法或國際法並非可罰者，任何人不得因其作為或不作為而被判有罪，對於犯罪不得科處較其違法時應受刑罰更重的處罰。」本條說明罪刑法定原則的內涵[1]。

5. 德國基本法與德國刑法：二次大戰之後，德國於 1949 年的基本法§103Ⅱ明訂具有憲法位階的罪刑法定原則：「行為之處罰，必須在行為前事先以法律有明定該行為之可罰性」，並於 1975 年的刑法§1 明文承認「罪刑法定原則」，並沿用至今[2]。

6. 我國刑法§1 明文規定：「行為之處罰，以行為時之法律有明文規定者，為限。拘束人身自由之保安處分，亦同。」可見我國刑法明白承認罪刑法定原則，且認拘束人身自由的保安處分亦應遵循本原則。

貳、根據

對於罪刑法定原則的理論根據有下列幾種說法：

一、民主主義的原理（權力分立原理）

基於法儒孟德斯鳩的觀點，權力分立是將國家權力分散，避免集中於

---

[1] 林山田，刑法通論（上），2008，頁 71。

[2] Roxin/ Greco, Strafrecht, AT/1, 5. Aufl., 2020, § 5, Rn. 2ff.

一處而產生獨裁，一般來說，「三權分立」是最普遍的權力分立類型，行政（政府部門）、立法（國會）與司法（法院）三權之間相互獨立對等且彼此牽制。代表司法權的法院，僅適用國會所預先制定的法律，法律所未規定的行為，法院不得加以處罰，否則就是侵害立法權和違反三權分立的原則[3]。

國會在三權分立的架構下，是立法權的展現。在現代民主國家裡，國會是由人民選舉而生的國會議員而組成，我國的國會就是立法院，由民選的立法委員組成。刑法由國會制定，也就是由國會劃定犯罪的範圍與刑罰的輕重，而國會議員是民主選舉而生，議員們在國會的意志就是人民意志的延伸，亦即民主的展現。

二、自由主義的原理

自由主義隨著時代一同前進，最早是對於言論自由與政治權利的追求，例如古希臘時期的自由意味著享有某種參與集體決策的權利。爾後，自由主義進入文化、經濟與社會等面向，自由表示在法治下得到保護而不受干涉。雖然在各領域的自由主義探討之中有分歧，但有共同特色是，講求個人都是平等及普遍自由的個體，認為國家社會制度或法律規章應以個人為基礎，並且會因改革而走向善的一面。國家的存在，是個人為了保障自己的基本權力與自由透過社會契約的締結而成立的。

不過，自由並非放任，許多人誤以為自由不受管束，但事實上自由是生長在秩序之中。在自由主義之下，人民要求法律明確地說明什麼行為是犯罪並且必須接受處罰，以便讓人民對於刑罰規定有預測可能性，並且禁止事後法。換言之，立法者先將犯罪與刑罰規定得很明確詳細，法官不能恣意擅斷，使人民不致犯罪，因人民知道什麼行為會遭刑罰制裁，為避免處罰乃於行為時將更謹慎行事，心理強制隨之形成。

---

[3] Roxin/ Greco, Strafrecht, AT/1, 5. Aufl., 2020, §5, Rn.20.

三、保障人權的法理

罪刑法定原則，是人民對抗國家權力濫用的堡壘，並且是犯罪人的大憲章。其能防止國家刑罰權的恣意行使，確實保障人民的基本權利與自由。

在罪刑法定的要求之下，構成犯罪行為的要件及其法律效果都必須先以法律明文規定，不許國家罪刑擅斷，任何莫須有的罪名或超度的制裁都將因罪刑法定原則而絕跡，以達到保障人權的功能。相對的，若立法不遵循罪刑法定原則，或司法未能實踐，都會造成人權的戕害，例如德國希特勒時期在立法上破壞罪刑法定原則，而使刑法成為統治工具。

參、內容

罪刑法定原則的內容計有：罪刑之安定性、罪刑之明確性、禁止溯及既往，以及禁止類推適用。前二項是對於「立法者的要求」；後二項是對於「司法者的要求」，也就是對法官的要求。

一、罪刑之安定性（習慣法禁止原則）

犯罪與刑罰均須法律明文規定，不能以行政法規或命令充任。因為刑罰權源自國家主權，且刑法的規定與人民權利關係重大，當然應經代表最高民意的國會循法定程式制定；同樣地，刑法若要修正，也必須由國會為之，萬不得單以行政機關的法規或命令而改變。

法律是立法機關依法律形式所制定的狹義法律，也就是成文法，故習慣法不包含在內。習慣法並未經立法程式，只是該習慣因長期的存在，且反覆被施行，使人民對之有法的確信。在罪刑法定原則下，習慣法不得作為刑事判決的依據，禁止以習慣法作為可罰性的基礎。不過，習慣法雖不得作為刑事判決的依據，主要在禁止惡化行為人的地位；但如果以習慣法

的認定可以作為有利行為人的解釋時，即不宜一律加以禁止[4]。

二、罪刑之明確性（構成要件之明確性）

在罪刑法定的原則下，立法者應力求構成要件及法律效果的明確。簡言之，法律規定何種行為成立犯罪（犯罪的明確性），犯罪行為應如何處罰（刑罰的明確性），必須是一般國民可以預測的，否則易造成司法擅斷。

例如《檢肅流氓條例》中的「欺壓善良、品行惡劣、遊蕩無賴」等用語均屬對個人社會危險性的描述，其所涵攝的行為過於空泛，非一般人民依其日常生活及語言經驗所能預見；亦即，法規的解釋應在可能日常生活的文義（umgangssprachlichen Wortsinn）[5]範圍內為之。若非司法審查所能確認，此基本構成要件所涵攝之內容既不明確，即與法律明確性原則不符（釋字 636）。刑度也必須明確，不可使用絕對不定期刑，因為絕對不定期刑不宣告刑期，法的安定性蕩然無存，是對受刑人或受保安處分者人權的侵害。

罪刑明確為罪刑法定原則能否維持的關鍵，若罪刑不明確，法官便可輕易地從模糊的規定中，單憑個人好惡判案；若罪刑明確，則法官自然依法裁判，而無任何模稜兩可的機會，也無比附援引的可能。

三、禁止溯及既往

法律只規範法律制定後所為的行為。這項原則在刑法以外的領域裡或許偶有例外，但在刑法中，絕不容許回溯適用發生。簡言之，某行為經法定程式入罪之前，縱然罪大惡極也不受刑罰制裁。

在禁止溯及既往之下，發展出刑法「從舊從輕」的原則。所謂從舊從輕是指，原則從舊：§2 I 本文規定「行為後法律有變更者，適用行為時

---

[4] Roxin/ Greco, Strafrecht, AT/1, 5. Aufl., 2020, § 5, Rn. 49.

[5] Roxin/ Greco, Strafrecht, AT/1, 5. Aufl., 2020, § 5, Rn. 28.

之法律。」例外從輕：§2Ⅰ但書規定「行為後之法律有利於行為人者，適用最有利於行為人之法律。」而由§2Ⅱ可知，拘束人身自由的保安處分，亦有從舊從輕原則的適用。

另外，依§2Ⅲ規定，若處罰或保安處分的裁判確定後，未執行或執行未完畢，而法律有變更，不處罰其行為或不施以保安處分者，則應免除刑罰或保安處分的執行。關於§2從舊從輕原則，見下述第五章第四節中之「時之效力」。

四、禁止類推適用

類推適用，也就是比附援引，意指對於法律所未規定的事項，類推於相似的法律規定，此乃法官造法，違反罪刑法定原則。刑法的制定或修正，是立法保留的事項，也就是只有立法者能決定何種行為是犯罪，應如何處罰；司法者只能依據法律定罪科刑，而不能擅自擴張或自創刑法所未有的規定。換言之，法官類推適用是侵害立法權的行為，違反權力分立的憲政原則。

此外，刑法本有其不完整性，因為社會變遷，自然會發生規範內容的欠缺，若允許法官以類推方式填補刑法可能產生的缺口，無異顛覆罪刑「法」定，而造成罪刑「法官」定的現象。總之，人民權利不應受國家公權力毫無限制地剝奪，縱然刑法在規範內容上有不完整性，仍不可以類推的方法加以填補。

肆、罪刑法定之於犯罪與刑罰

罪刑法定原則本於「無法律即無犯罪，無法律即無刑罰」的思想，節制國家權力的恣意發動，因為只有行為人做出「刑法規定是犯罪，且應以刑罰制裁的行為」時，國家才能對行為人施以刑事制裁。這樣的構想使得刑法具有「法的確實安定性」，並且讓刑法產生「刑罰威嚇」功能（一般預防思想），因而有保障人權的功能。

　　沿著罪刑法定原則的脈絡可以發現，與「犯罪」與「刑罰」相關的事項應嚴守法律保留原則，如此一來才能確實發揮刑法保護法益、保障人權、預防壓制犯罪以及矯治犯罪人的重要功能。

　　明白罪刑法定原則的意涵之後，應更進一步瞭解犯罪為何，刑罰及其目的為何，如此才能更深入掌握罪刑法定原則與犯罪、刑罰之間的關係。關於刑罰的意義與目的，詳述如後，至於犯罪的內容，則留待本書第二篇再詳細說明。

第二節　刑罰之意義與目的

　　刑罰的歷史淵遠流長，相關的議題已經反覆討論千百年，但是國家對於犯罪人動以刑罰，對於罪犯、被害人及其家屬乃至於整個國家社會，究竟存在何種意義與目的，依然是學習刑法者尚在追尋的疑惑。刑罰思想或理論，在探討刑罰對於犯罪人本身及對於社會大眾應該具有何種意義[6]。

　　歷來對於刑罰意義的主要見解有二：其一是，著眼於已發生的犯罪行為，衡量此一行為在客觀上所造成損害的大小，然後決定應以何種相對應的刑罰來均衡此一損害，此即「報應思想」；其二是，前瞻未來，考慮刑罰對於犯罪人與所有其他人的將來作用，亦即預防犯罪人再犯罪與防阻一般社會大眾仿傚犯罪人之作用，此即「預防思想」。

　　在預防思想之中，還有兩種不同的意見，認為刑罰主要是對於犯罪人的社會危險性出發者，屬於「特別預防思想」；認為刑罰主要在威嚇一般社會大眾者，屬於「一般預防思想」。簡言之，歷經長久的思索，刑罰理論大可以三個角度切入，分別是應報理論、一般預防理論及特別預防理論。當代的刑罰論，主要就是由這三個理論建構而成[7]。另外，關於我國刑

---

[6] Jescheck/ Weigend, Lehrbuch des Strafrechts, AT, 5. Aufl., 1996, S. 66.

[7] 張麗卿，刑罰理論與精神疾病犯罪人的處遇，臺大法學論叢，22 卷 1 期，1992 年

罰的相關規定，則留待第四篇＜刑罰與保安處分＞中說明。

壹、應報理論

一、應報理論的意義

　　「以眼還眼，以牙還牙」，是人類社會長久存在的觀念，也就是所謂應報思想的寫照，故刑罰的應報思想，已有相當長久的歷史背景。當然這種思想只是對於犯罪行為的消極反應，直至 18 世紀的啟蒙哲學以降，應報觀念才有重要意義上的轉變。

　　今日，人們對於應報思想的理解為「依照分配正義的原則，刑罰應該與有責的不法，相互均衡」。因此，應報並非復仇，亦非社會大眾攻擊慾望的宣洩。依照應報思想，已發生的犯罪行為，是決定刑罰的理由與尺度；刑罰的種類與尺度，應依照不法行為的惡害程度與責任的輕重，來加以決定，此即責任原則。

　　應報理論（Vergeltungstheorie），又被稱為「正義理論」（Gerechttigkeitstheorie）。因此，應報本身並不是一種工具或手段，應報並不是為了完成特殊的目的[8]。依照德國哲人康德（Immanuel Kant, 1724～1804）的看法，刑法是一種範疇上的無上命令，犯罪人因其實施的惡，必須得到該有的痛苦；正義必須實現，否則人類存活在世間，便沒有什麼意義。對於康德而言，即使國家與社會即將不復存在，如果監獄內還有殺人犯尚未處決，也必須先將之正法，再來解散國家與社會。由此可知，應報理論應建立在三個條件之上：

1. 國家對於有責任之人的處罰，應該建立在社會大眾對於犯罪人的倫理要求。
2. 必須有責任存在，而且此種責任的輕重，可以衡量。

---

12 月，頁 257 以下。

[8] Jescheck/ Weigend, Lehrbuch des Strafrechts, AT, 5. Aufl., 1996, S. 71.

3. 責任程度與刑罰輕重，應當相互合致，而且行為人本身與社會大眾都可以接受，刑罰的判決是公正的。

二、應報理論的優點及其批評

從應報理論的內涵可以發現，此理論的優點是：應報理論的發揚，使得刑罰的發動可以均衡，因為刑罰應與責任程度相當，不可以對輕微責任的行為，科以嚴厲的刑罰。應報理論為國家的刑罰權，劃了一道界線，因此應報思想有其自由保障的功能。雖然刑罰的發動，無法如同數學一般精確，給予與責任程度相當的處罰，但是藉由法律上刑罰裁量的規定（如§57），以及對於刑罰裁量有更精緻的學說，在相當程度上，刑罰的輕重，應可以得到合理的衡量。

應報理論雖有其不可忽略的功能，但亦有其短處。事實上，在社會上實現絕對的倫理，並不是國家的任務，且依國家的目的及其權力手段也無法達成，在現實之中，就有許多應受處罰者，但顯然未受處罰而逍遙法外。

現代國家的刑罰權發動，並不完全依照正義的誡命，而是為了保護社會利益，在不得不然時，才考慮運用刑罰。對於許多輕微犯罪，現代法治國家就有種種法律措施，例如刑事訴訟的緩起訴制度，使行為人不受刑罰制裁。應報的信念，在早先認為國家權力是經由神授的年代，或許有可能實現，但現代國家權力來自人民的現代社會，實在難以實現。而且，如果刑罰的執行，只考慮施予行為人痛苦，社會的損害永遠無法彌補，因此，應報並不是最恰當的抗制犯罪的手段。

貳、一般預防理論

與前述應報理論相對立的是預防理論。預防理論認為，刑罰只是為了達到特殊目的之手段，這些目的，或者是威嚇一般社會大眾，使其不敢仿傚犯罪人（一般預防）；或者是對於犯罪人的危險性格加以改造，使其重

新與法秩序言歸於好（特別預防）。

　　預防思想或理論，有三個內在的要件：1.對於人類的將來行為，應有可能充分確實的預測；2.刑罰可以精確地依據危險性而處罰，從而達到預防的效果；3.不論年輕人或成年人的犯罪傾向，均可以透過刑罰的威嚇、教育與矯治作用加以抗制，尤其刑罰執行的教育工作。

一、一般預防理論的意義

　　一般預防理論有兩種意義。其一是，任何人在著手犯罪之前，由於恐懼刑罰而怯步不敢施行，也就是消極的一般預防。其二是積極的一般預防，亦即經由法律上的刑罰規定與對於犯罪人的判決，顯示出國家嚴肅地實施刑罰，從而犯罪人的動機受到阻止，並且標舉出對抗不正行為的道德傾向，使社會大眾打消其潛在的犯罪意念[9]。

　　一般預防思想並非發端於近代，但是清楚地劃分一般預防與特別預防，建立一般預防的理論基礎，則是 19 世紀的德國刑事法學家費爾巴哈（Paul Johann Anselm von Feuerbach, 1775～1833），其被譽為德國現代刑事法學的創始人，一般預防理論的威嚇邏輯即為費爾巴哈所創。

　　依費氏的見解，人皆有權衡利害的能力，凡理性之人，皆知慾望不能滿足雖有痛苦，但如以犯罪方式滿足慾望，從而接受刑罰制裁，其痛苦必大於慾望不能滿足的痛苦。經由此種權衡，理性之人寧捨刑罰之痛苦，而忍受慾望不能滿足的痛苦。刑罰因此具有心理強制之作用，可以嚇阻一般社會大眾，使之在犯罪的邊緣懸崖勒馬。這個就是所謂的「心理強制說」。

二、一般預防理論的優點及其批評

　　一般預防理論固然有其優點，例如，為了使社會大眾形成心理強制的作用，必須對於刑法的構成要件有清楚的描述，使其知所規避，所謂罪刑

---

[9]　Roxin/ Greco, Strafrecht, AT/1, 5. Aufl., 2020, § 3, Rn. 27.

法定原則亦因而得以建立。但是，一般預防理論的威嚇邏輯，必須以市民對於刑法規範的認識為大前提，如果市民對於刑法規範無從認識，或根本無法理解，心理強制即無由形成。

由於現代國家的刑法，除了普通的刑法法典之外，還有無數的「附屬刑法」，這些附屬刑法往往已不含有社會倫理的非難色彩，一般市民難以憑藉其知識經驗去認識這些刑法規範，即使是法律人，恐怕也難以清楚掌握，如此一來，一般預防的功能將難發揮。

此外，若僅考慮威嚇邏輯，卻忽略責任原則，立法者可能為了喚起一般市民的警惕，以達到一般預防之目的，而制訂極其嚴苛的刑法。在此種背景之下，可能形成不顧對等應報的殘酷刑事政策，人變成可以被拿來作為警惕他人的工具，人性尊嚴將完全遭到踐踏，造成「殺雞儆猴」的現象。

迄今為止，有許多實證調查指出，只有部分有犯罪傾向的人，會因為刑罰的威嚇，而形成心理上的強制。有許多的犯罪人，可能不受一般預防理論威嚇邏輯的拘束。例如，精神疾病犯罪人、激情犯、偶發犯、確信犯、習慣犯、職業犯。在刑事政策上，可以做出一個結論：並非嚴厲的刑罰，而是有效的刑罰追訴（例如強化員警的特殊訓練），才能獲致一般預防的效果。

參、特別預防理論

應報理論與一般預防理論，對某些犯罪人，例如精神病犯，並無法提出有效的解決方策，在這樣的時空背景下，特別預防理論隨之誕生。

特別預防理論是以犯罪人的「再犯危險性」為立論的基礎，也就是犯罪人有再犯的危險性，刑罰才有發動的理由。如果刑罰無法發揮功效，則另起爐灶，以「保安處分」根除犯罪人的危險性。由於特別預防理論與特殊犯罪人的處遇有密切的關係，因此，值得做比較詳盡的探討。

一、特別預防理論之內涵

古希臘的柏拉圖（Plato，紀元前 427 至 347 年）曾指出，「智者不處罰已生之罪惡，處罰乃為防止罪惡之再生」。啟蒙哲學時期，特別預防思想已有獨立的理論內涵出現，只是應報理論所主張的刑罰均衡觀念，普遍受到讚揚，特別預防理論乃受隱沒。

19 世紀末，社會學刑法學派（soziologische Strafrechtsschule，又稱現代學派）興起，特別預防理論再度受到注意，而且影響越來越大。社會學刑法學派的核心人物，是德國最重要的刑事政策家李斯特（Franz von Liszt, 1851～1919）。李斯特的刑事政策基本見解，見之於 1882 年在德國馬堡（Marburg）大學的著名演講「刑法之目的思想」（Zweckgedanke im Strafrecht）。李氏認為刑罰的主要目的，是要去除犯罪人的危險性格，使之再社會化；如果犯罪人沒有再社會化的必要（如偶發犯），刑罰只要發揮警告的作用，即為已足；如果犯罪人沒有再社會化的可能（如習慣犯），則為了防衛社會，必須依其危險性格的大小，在不確定期間內，將之排除於社會之外，此時刑罰只具有保安的功能。

依特別預防理論的見解，「再社會化」才是刑罰的主要目的。這是一種因人而異的刑罰思想，故被稱為「行為人刑法」，與報應理論的「行為刑法」不同。其認為犯罪人所犯的罪，縱使情節輕微，但如果犯罪人的危險性格深重，為了再社會化的目的，刑罰不妨從重。

二、特別預防理論對於當代刑事政策的影響

19 世紀末所建立的特別預防理論，對於後來德國及歐陸的刑事政策，有極其深遠的影響。1966 年西德刑法學家發表的「刑法選擇草案」（Alternativ-Entwurf eine Strafgesetz-buches）的刑法學家，都是李斯特以及社會防衛思想的信徒。1969 年之後，德國的刑法改革，也可以發現特別預防理論造成多方面的影響，例如德國刑罰執行法 §2 關於執行目的的規定：「自由刑之執行，應以受刑人將來有能力承擔社會責任，不再犯罪

為目的。」對照我國監獄行刑法§1的規定：「徒刑拘役之執行，以使受刑人改悔向上，適於社會生活為目的。」均可顯然發現特別預防理論的精神。

為了更清楚說明特別預防理論，對於現代刑事政策的影響，茲就各點，再予分述如下：

（一）關於短期自由刑的運用

所謂短期自由刑，通常是指六個月以下的自由刑。一般認為短期自由刑，長不足教化犯罪人，短則足以使犯罪人在監獄感染不良習性，琢磨犯罪技巧，越變越壞。因此，從特別預防的觀點，短期自由刑的宣告，應盡可能以罰金刑來替代，因為短期自由刑無再社會化的功能，應盡可能不予採用。在立法改革與司法實務上，罰金刑用以替代短期自由刑被擴大運用，都是出於社會學刑法學派的影響。

（二）關於不定期刑的運用

不定期刑，有兩種型態，其一為絕對不定期刑，法官判決時，只宣告自由刑，而不宣告自由刑的期間；其二為相對不定期刑，法官僅宣告自由刑的高低度（如一年至四年），不宣告自由刑的確定期間。由於絕對不定期刑嚴重違反法律的安定性，故不為法治國家所採；相對不定期刑則必須嚴守法定刑的高度，有若干國家採用。

依特別預防的觀點，刑罰的發動，主要考慮行為人的「再社會化」的可能性，所以刑罰執行至何時，才能釋放犯罪人，當然亦應考慮犯罪人是否已有可能復歸社會。此種再社會化的可能性，實非法官在量刑時所能預知，乃待實際上執行自由刑時，由受刑人各方面的表現，才能加以認定。依照此種觀點，對於精神疾病犯罪人的刑罰宣告，應以不定期刑最為恰當。因為精神疾病犯罪人有無再社會化的可能，也就是治療的可能性，應依執行時醫療的效果來加以認定。

（三）關於保安處分的運用

刑罰的科處，必須受「責任原則」的支配，因此，責任輕微，但危險性重大的犯罪人，例如對於犯普通傷害罪的人格違常患者，或有強迫性竊盜行為的犯罪人，只能科以較輕的刑罰；但是，在此種情況之下，刑罰必無法發揮去除犯罪人危險性格的功能，也就是無法解決前述人格違常或強迫性竊盜的原因，因而有必要建立一個刑罰的替代或補充措施，即「保安處分」。

從保安處分可以清楚看到「社會防衛」與「再社會化」的色彩。從前比較激進的特別預防理論的支持者，如義大利的刑法學家費利（Ferri, 1856～1929），甚至主張以「社會防衛處分」代替傳統的刑罰。當然這種主張並不被現在的立法者所採，而且由於保安處分大多為剝奪自由的措施，因此，在運用上，仍應受「比例原則」的支配，不可漫無節制。

（四）其他的刑法制度

在特別預防理論的影響之下，刑罰可以有相當大的彈性：有罪可以不罰，無罪可以有罰（這裡所謂的罰，非指刑罰）；重罪可以輕罰，輕罪可以重罰（確切地說，係指從重量刑）。

所謂「有罪可以不罰」，例如輕罪（§61）法官可以裁判免刑；法官如不裁判免刑，亦可宣告緩刑；對於任何犯罪的中止犯，法官均得免除刑罰；甚至檢察官在偵查終結時，即可以不起訴或緩起訴處分。「無罪可以有罰」，例如對於十二歲以上未滿十八歲之人（少年事件處理法§2）均可以裁定保護處分（少年事件處理法§42）；另如對於實施刑法上構成要件的違法行為的精神病犯，則可以宣告監護處分。

另外，「重罪可以輕罰」乃指行為人客觀上所破壞的法益或許重大，但如果所顯示的再犯危險性或再社會化的必要，並非重大，刑罰的裁量即可從輕，如犯罪者自首或偵查審判中的自白，都是顯著的例子。「輕罪可以重罰」乃指行為人所破壞的法益也許輕微，但由於所顯示的危險性較為

重大，刑罰的裁量不妨從重，甚或立法者可以給法官較大的權限，加重刑罰，比如對於累犯的加重即是。

三、危險預測為特別預防之重要工具

「再社會化」是特別預防的基本理念。再社會化的目的在於去除犯罪人的「再犯危險性」，使之可以重新適應社會生活，並且被社會所接納。因此，在特別預防的考慮下，是否需要再社會化，也就是有無再犯的危險性，或者再社會化所需要的期間，也就是多長的時間才能去除犯罪人的再犯危險性等，成為是否宣告保安處分，以及宣告時間長短的基礎。

保安處分不以行為人的責任為基礎，而是以行為人的「危險性」以及「再社會化」的需要為基礎。關於危險的有無，必須進行「危險預測」，例如 §87 對於精神病犯的是否宣告監護處分，必須以該行為人將來仍有嚴重違法行為的可能為前提，若未來仍有可能嚴重違法，就是對社會大眾仍具危險性，則有宣告監護處分的必要。

由此可知，危險預測是必要且重要的工作，在概念上也就是犯罪學的「再犯預測」。再犯預測的目的，是要精確地預估犯罪人將來再犯罪的危險性，實務上，再犯預測具重要與多重的意義，然而也只有在特別預防的思想下，再犯預測才有研究的價值。

一般來說，危險預測有三種方法，分別是統計法、臨床法與直覺法。直覺法是由法官依據自己的專業知識與經驗，去判斷行為人將來有無再犯的可能性與危險性的大小，其預測不免主觀，而且不可靠，因此必須借助臨床法及統計法。臨床法是由心理學家及精神醫學家，負責調查可能再犯的因素，提供法官參考；統計法是依據專家所作成的再犯預測表，去評估再犯的危險性。

司法實務上，不論是借重臨床法或統計法，鑑定人都扮演一個相當重要的角色。例如，如何判斷一位精神病犯將來再犯罪可能性的高低，絕非只受過法學訓練的法官所能勝任。因此，如果重視危險預測，即不能不重

視鑑定人，也就是精神醫師或心理學家的意見。

四、對於特別預防理論之批評

特別預防理論對於現代刑事政策雖有深遠影響，但是如果偏執特別預防理論，同樣會形成種種缺失，不免遭致批評。因為特別預防理論強調犯罪人的再社會化，刑罰發動與否，保安處分與否，完全以犯罪人的再社會化的需要為準，如此一來，對於不需要再社會化的犯罪人，特別預防的說法，即有不圓滿之處。

特別預防重視犯罪人的再犯危險性與再社會化的需要，但是法官如果單純就此宣告刑罰，不免與社會大眾的法意識扞格不入。例如，對於重罪的行為人，因其缺乏再犯的危險性，而科處輕刑，必將造成民怨。此外，太重視再社會化的功能，可能使整個刑事政策走向極端，因為只要行為人有再犯可能性或社會危險性，不管有無現實侵害的發生，即有理由以國家的刑罰手段介入。

為了達到有效的特別預防的目的，立法者可能建立虞犯的處分措施，不待犯罪發生，只需有犯罪的可能，國家即以預防的理由，採取防衛的手段。此一防衛手段，應非法治國家所許可[10]。此外，危險預測是特別的重要工具。所有保安處分措施的應用，都涉及對於行為人將來危險性的預測。但是對於社會危險性的認定，實際上卻非常不容易，這也是反對特別預防思想的人所常批評者。

在充分明瞭應報理論與預防理論的內涵後，最後再以【圖 5】簡單說明這兩個理論主要的區別。

---

[10] Roxin/ Greco, Strafrecht, AT/1, 5. Aufl., 2020, § 3, Rn. 17.

圖 5：刑罰理論之結構

（參照 Haft, AT, 8. Aufl., S. 125）

	應　報	預　防
關鍵點	罪責	社會危險性
著眼方向	過去	未來
概念	威嚇	預防
理論內容 與 主要代表人	報應理論：「人不能被當成是單純工具，去威嚇別人（康德）」「……如同對狗舉起棍棒一般（黑格爾）」。犯罪人應更有理性被尊重。	1. 一般預防：心理強制說（費爾巴哈） 2. 特別預防：再社會化（李斯特）
實行	強制賦予痛苦	教育，處遇
目標	贖罪（對社會懺悔）視為自律的風俗上表現	社會與個人的生活免受犯罪行為的威脅

肆、刑罰的綜合理論

　　綜合理論（Vereinigungstheorie），係將應報思想及預防思想，加以綜合觀察的見解，是目前學界的主流看法[11]。

一、應報的綜合理論

　　最初的「應報的綜合理論」，是指應報、一般預防及特別預防均為刑罰之目的，但是應報思想必須做第一順位的考慮。這種應報的綜合理論，早期佔有支配性的地位。然而此種應報的綜合理論，實際上只是應報理論的修正，德國刑法學家 Roxin 認為不足採取。

　　較新的綜合理論之看法，是把應報，特別與一般預防當作同等重要的刑罰目的。此種綜合理論固然言之成理，因為單是應報理論或預防理論都不能恰當的指出刑罰的內涵與界限。但是，這樣的綜合理論缺乏理論基礎，而只是把責任平衡，特別與一般預防全當做是刑罰目的，將之平行排

---

[11] Roxin/ Greco, Strafrecht, AT/1, 5. Aufl., 2020, § 3, Rn. 33ff.

列而已。這樣的「並列綜合理論」，仍然沒有排除各別的不同刑罰理論的缺陷，而只是將這些缺陷加起來，並且遊移在各個不同的刑罰目的之間，成為一項缺乏立足點，無可無不可的說法。

二、預防之綜合理論與犯罪人之處遇

　　預防的綜合理論，認為刑罰目的唯有預防而已，所以主要是以預防的目的為考慮方向，因為刑罰存在的理由是為了保護個人自由及社會秩序，具體的刑罰只有在預防犯罪的考慮下，才可以達到保護個人自由與社會秩序之目的。在這樣的觀點下，一般預防與特別預防必須相互並存，因為藉由對個人與對社會的作用，犯罪行為可以受到防止。

　　預防的綜合理論，比較可能形成的爭執是，究竟對於具體個案，應以特別預防或一般預防為優先的考慮。例如，對於一位普通傷害致人於死的少年，科處七年有期徒刑，雖可符合一般預防的要求，但如此重刑，將使該名少年的再社會化發生困難；如果基於特別預防的觀點，可以科處較短的徒刑並宣告緩刑，該少年的再社會化則較無問題。

　　對於這樣的案例，發生特別預防與一般預防在抉擇上的困難時，依 Roxin 之見，應對一般預防及特別預防的目的間相互衡量，再定其優先順序。前例之中，當應以特別預防為優先考慮，對於少年宣告三年以下的有期徒刑並予以緩刑。Roxin 採特別預防的理由：1.再社會化是德國憲法上的要求；2.此種具體案例目的的選擇，如果採一般預防的見解，將使特別預防之目的受到影響；反之，若以特別預防為優先考慮，則不致排除一般預防的刑罰作用，因為即使是輕微的刑罰，也有一般預防的作用，只是作用減弱而已。但應注意的是，不能只有考慮特別預防而對於刑罰過分折扣，因為這樣會使社會大眾輕視刑罰，進而人民對於法律秩序的信賴會受到動搖，而且可能引發他人對於犯罪行為的模仿。

　　從預防的綜合理論出發，得知特別預防理論在刑罰理論中有其支配性的地位。特別預防理論以犯人的「再社會化」為核心，對於普通犯罪人的

再社會化，則有賴於刑罰的教育功能。不過，預防的綜合理論也不能完全放棄應報的理論，因為所有預防理論均有缺失，亦即忽略法治國家刑罰權必要的節制，此種缺失只有應報理論所強調的罪刑均衡，禁止責任超量的觀念，方可以補救。

三、小結

現在的刑事政策大多走向「綜合理論」。因為立法者制定刑法時，將具有刑罰規定的構成要件明確，使人民明瞭刑法規定並且懼於其威嚇，可以達到一般預防目的。法官的判決定讞後，刑罰的執行須符合社會正義及罪責均衡，這是應報理論的展現；而保安處分著眼於行為人的危險性與再社會化可能，是特別預防理論的表現。最後，請參照【圖 6】刑罰綜合理論的結構，可以得到印證。

圖 6：刑罰綜合理論之結構
（參照 Haft, AT, 8. Aufl., S. 126）

刑罰對於個人所展現的			
功　效	威　嚇	宣　告	執　行
主要支配理論	一般預防	應報	特別預防
關鍵點	保護社會	行為人之罪責	初步及再社會化之必要性
界限在於	刑法不完整特性，補充原則（刑罰最後手段：其他手段優先）	認知問題（何謂罪責？）	人性尊嚴不可侵犯

❖ 實例講座 ❖

引人遐想的廣告

　　某些報紙的分類廣告欄，常有一些意甚撩人的廣告刊登。此類廣告顯然在提供色情服務。某位立法委員有感於此種行業可能助長道德敗類，遂與其他立法委員連署，提出一名為「妨害善良風俗處罰條例」的草案。該草案中，有如下之條文，例如：「事業以妨害善良風俗之廣告，招攬生意者，處負責人三年以下有期徒刑，或科或併科五十萬元以下罰金。」「新聞媒體明知或應知事業之廣告違反善良風俗，予刊登者，處負責人五年以下有期徒刑，或科或併科一百萬元以下罰金。」試問：對於此法案，請從刑事立法的觀點加以評論，有何看法？

解析

一、就刑法的道德性而言

　　刑法乃是最低標準的道德規範，本於刑法的謙抑思想，除非社會大眾普遍認為張貼色情廣告已經違反了當時社會最低道德標準，則立法者才可使用刑事手段制裁。

二、就刑法之不完整性而言

　　犯罪之實質內涵，會隨社會狀況及價值觀而改變。但立法效率之緩慢常使新興的犯罪形態，未能加以規範；刑法僅為依社會控制手段之一而已，但為最嚴屬、最強制之手段。同時也因刑法必須當作最後手段，只能補充其他法律手段的不足，張貼色情廣告的行為，如果得以行政罰的手段制裁就不須用刑事手段。況且與刑法妨害風化罪章條文相較，法定刑有過重之嫌，有違比例原則。

三、就罪刑法定原則而言

　　犯罪與刑罰均須由法律明文規定，習慣法不得作為刑事判決的依據，本例中立法者尚能達到罪刑安定性的要求。但是何謂「妨害善良風俗」，構成要件並不夠明確，亦未採空白刑法的立法模式，易流於執法者擅斷，實屬不當立法。

各有所執

　　二位甫進法律系就讀的甲乙用餐時，看到電視正在報導一則刑事案件的新聞，新聞畫面裡，被害人哭天喊地，加害人頭戴安全帽一語不發，員警則在阻擋被害人家屬追打加害人，場面十分混亂。甲氣憤地說「這些罪犯實在太可惡了，法官應該要重判他們，因為有罪必罰是正義的表現，是刑罰存在的目的。」乙卻不以為然地說「刑罰存在的目的，應該是預防犯罪的發生，利用嚴酷的刑罰讓壞人都不敢輕舉妄動。」試問：甲乙對於刑罰存在的看法，何人較有道理？原因為何？

解析

　　甲乙對於刑罰目的的看法均有道理，但因各執一方而不周全，而皆有不足之處。不過，當前刑罰理論走向「綜合理論」，是綜合應報、一般預防與特別預防的觀點。綜合理論的落實，可以分為三個面向：1.在犯罪發生之前，以一般預防理論為主，藉由刑罰威嚇罪犯，用以保護社會安全；2.犯罪發生之後，對於刑罰的宣告採應報理論，衡量行為人的罪責加以制裁，已合乎社會正義的期待；3.刑罰執行時，則採取特別預防理論的觀點，審酌行為人再社會化的可能性，用以決定執行的程度。在綜合理論的框架下，刑罰的功能較得以全面發揮。總之，甲乙所言，雖各有道理，但從當前刑罰執行的趨勢言，仍以綜合理論為依據，較為妥適。

　　刑罰理論，主要分有應報、一般預防與特別預防的論點。這些理論的內涵，如下：

一、應報理論：「以牙還牙」是應報思想為基礎，此認為應報本身並不是

一種工具或手段，也不是報復的藉口，而是為了實現正義。刑罰的種類與尺度，應依照不法行為的惡害程度與責任的輕重加以決定，此即責任原則。甲的論點是應報理論的表現。

二、一般預防理論：基於心理強制說，認為理性之人寧捨刑罰的痛苦，而忍受慾望不能滿足的痛苦，因此達到威嚇之效果。故刑罰的目的在於威嚇社會大眾，藉此產生嚇阻犯罪的預防功能。乙的看法是一般預防理論的體現。

三、特別預防理論：以犯罪人的「再犯危險性」為立論的基礎，亦即當犯罪人有再犯的危險性，刑罰才有發動的理由，亦即再社會化才是刑罰的主要目的。因此，縱使犯罪人所犯的罪情節輕微，但如果犯罪人的危險性仍重，基於再社會化之目的，刑罰不妨從重。

刑法法典

第五章　刑法法典

【目次】

第一節　刑法之解釋

　　法律不是生硬的記誦，而是透過法律的解釋，讓白紙黑字上的法律文句活過來。掌握法律的解釋，不僅有助於學習，更能真正活用法律。在所有法律之中，刑法最為嚴厲，故在進行刑法解釋的時候，應該更為嚴謹，在罪刑法定原則之下，適切地闡釋刑法的規範。

壹、解釋之方法

　　刑法的解釋主要分為文義解釋與論理解釋，而論理解釋又區分為體系、歷史、目的、合憲等解釋方法，關於這些內容，分別說明如下。

一、文義解釋

　　對條文文字或語句的文字意義進行解釋，用以闡釋法條的意義。文義解釋通常是法律解釋的起點，同時也是解釋的界限，所有的解釋都不可以超出文義的範圍，否則將違背罪刑法定原則的精神。

二、體系解釋

　　就法條在整個法律體系的關係，以及法條與其他有關法條關係的脈絡，藉此闡明法條的法律意義。體系解釋的目的，在於維持刑法體系與整個法體系文字、用語及概念的一致性。

三、歷史解釋

　　從法制史及刑法在立法歷程的相關資料，例如，立法當時的政經情勢與社會情狀，以及草案研議、刑事立法理由與立法記錄等，藉此探求立法當時的法律意義；此種解釋，由來於探求立法者的主觀意志，因為當法律文義有不清楚時，應探求立法者當時立法的真意。

四、目的解釋

　　就法條的目的與價值闡釋法條的意義，解釋時不只顧及法律所保護的法益，亦包括立法當時法律對於某行為在社會倫理上的非難重點，從事刑法的解釋。此種解釋，探求法的客觀意志，亦即，探求刑法制訂時的立法目的為基準，再以文義解釋加以補充[1]。

五、合憲性解釋

　　任何法律的規定都不可以與憲法相抵觸，否則就是無效，刑法的立法與解釋當然也不例外。刑法的議題容易涉及憲法，因為刑法的法律效果，無論是刑罰或保安處分都會剝奪或限制人民權利，當刑法條文存在多種意義時，應選擇與憲法精神－自由民主憲政的價值觀－相符者解釋。

貳、解釋之原則

一、符合目的論解釋

　　刑法是為了實現一定的目的所制定的規範，因此必須依其法規的目的作解釋，解釋時除了保護法益的目的之外，同時必須兼顧倫理秩序。為達到解釋的客觀性與目的，可以文義或論理解釋為方法，或參考外國立法例。

二、容許擴張解釋

　　法律是社會科學的一種，是社會環境的產物，必須與現實社會生活相配合，才能成為人民遵守的規範。不過，當前社會變遷飛快，很容易造成法律與社會生活逐漸脫節的現象，然而法律重視安定，不宜朝令夕改，要彌補法律與現實社會脫節的缺陷，在來不及修法時，只能仰賴法律的解

---

[1]　Schönke/ Schröder, Strafgesetzbuch, 30. Aufl., 2019, § 1, Rn. 41ff.

釋，允許在「法律文義內」，本於立法意旨與目的，對法條用語進行目的性的限縮或擴張解釋。

目的性限縮解釋，是把法律文字意義縮小；目的性擴張解釋，把法律文義擴張。但應注意的是，均必須在「法律文義內」依照客觀立法的意旨與目的進行解釋。這兩種解釋方法是目的解釋的延伸，也就是論理解釋延伸。

限縮解釋並無踰越文義解釋的問題[2]，因為限縮解釋是限縮法條文字的範圍，使之比日常用語為狹，以符合立法者的本意。例如§271 殺人罪規定，「殺人者」意指殺人的人，法條中的「人」就不包含自己，所以殺自己的人並不會構成殺人罪，這就是典型的合目的限縮解釋。

相反的，為了避免超出法條文義而違反罪刑法定原則，擴張解釋必須在法律文義的預測可能範圍內進行，如果不能預測，人民無法從法律文義可能理解的範圍內加以瞭解時，就不是擴張解釋，而屬於禁止的類推適用。因此解釋如果在「可能的日常生活文義」範圍內做解釋，當不違反罪刑法定原則之要求[3]。例如甲路過乙家視窗，見窗戶未關，則逕自將手伸入窗內，拿走屋內靠窗桌子上所放置的錄音機一台。甲的行為可依§321 Ⅰ②所規定「毀越門扇……而犯之者」的構成要件，處以加重竊盜罪。甲雖未「毀」亦未「越」，但手已伸入，此種越過伸入的行為，已使門扇設備失去效用，由於此款目的乃在處罰行為使門窗無法發揮效果，故「毀越」可擴張解釋為使門窗無法發揮效果，構成§321 Ⅰ②加重竊盜罪。

三、原則上禁止類推解釋

基於罪刑法定原則，為了保護行為人的權益，避免國家濫用刑罰權。在刑法的解釋中，類推解釋應予禁止，因為不當擴大刑罰權有壓迫基本人權的疑慮。

---

[2] Jescheck/ Weigend, Lehrbuch des Strafrecht, AT, 5. Aufl., S. 158.
[3] Roxin/ Greco, Strafrecht, AT/1, 5. Aufl., 2020, §5, Rn. 28.

　　類推適用與擴張解釋並不相同。誠如前文所述，擴張解釋是因法律條文內容與社會脫節，為彌補此缺陷，在不超出原來文義可能意思的範圍為前提，加以擴大解釋以資適用。相反的，類推適用，是法官把未犯罪化的不法行為，比附援引現行刑法類似的法律效果加以處罰。亦即，刑法根本不處罰此行為，不可以認為它「類似」何罪而加以處罰，以致損及罪刑法定的精神。

　　在嚴守罪刑法定原則的刑法領域中，刑法應規定而未規定的事項，是立法者的疏忽，或未預見的社會變遷所致，是一種法律漏洞，要解決漏洞所造成的犯罪問題，應靠立法者積極修法解決，而非藉由法官類推適用法律。不過，刑法禁止類推解釋，主要是避免解釋結果會惡化行為人的法律地位，若類推解釋對於行為人是有利者，則不在此限。

第二節　刑法之用語

　　§10 就以上、以下、以內、公務員、公文書、重傷、性交、電磁紀錄之意義，做立法上的解釋，以下分別說明。

壹、以上、以下、以內

一、以上

　　例如，§7 所定最輕本刑為三年以上有期徒刑，包含本數三年有期徒刑。

二、以下

　　例如，§33 ③規定，有期徒刑：二月以上十五年以下。包含本數十五年。

三、以內

例如，§47規定，……五年以內故意再犯有期徒刑以上之罪者……。包含本數五年。

四、本刑

例如，§47後段所規定，……再犯有期徒刑以上之罪者，為累犯，加重本刑至二分之一。包含有期徒刑之本刑計算。

五、刑法條文中如僅用內字

例如，§§162Ⅴ、167規定，五親等內之血親，或三親等內之姻親，雖只用「內」字解釋上應與「以內」相同；「以外」、「未滿」、「超過」均不含本數計算。

貳、公務員

2005年修法前有關於公務員之定義，其規定極為抽象、模糊，於具體適用上，經常造成不合理現象。如：司法院釋字第8號、第73號解釋，政府股權占百分之五十以上之股份有限公司或銀行，即屬公營事業機構，其從事於該公司職務之人員，應認為係刑法上之公務員。然何以同屬股份有限公司，而卻因政府股權占百分之五十以上或未滿之不同，使其從事於公司職務之人員，有刑法上公務員與非刑法上公務員之別？究其根源，實為公務員定義之立法不當結果，經由2005年刑法的修正終於獲得解決。

現行法§10Ⅱ：「稱公務員者，謂下列人員：一、依法令服務於國家、地方自治團體所屬機關而具有法定職務權限，以及其他依法令從事於公共事務，而具有法定職務權限者。二、受國家、地方自治團體所屬機關依法委託，從事與委託機關權限有關之公共事務者。」

一、公務員之分類

刑法將公務員的概念分為三類,即身分公務員、授權公務員以及委託公務員。身分公務員,屬於「組織上的公務員」;授權公務員和委託公務員,原無公務員身分,只因參與了某種公共事務,針對所參與的公共事務而被認為公務員,屬於「功能性的公務員」。這三類公務員的要件,均有不同(參照,101 台上 489 判決),分別說明如下:

1.身分公務員

§10 II ①前段:「依法令服務於國家、地方自治團體所屬機關而具有法定職務權限者。」是身分公務員,與行政法上的公務員相近。身分的取得,可能是經由考試、選舉、聘任或特任而來。依法令服務於國家、地方自治團體所屬機關而具有法定職務權限。此類公務員之任用不外乎透過國家考試或依法銓敘合格、派用、聘用、僱用、機要人員或是因為選舉而生等。

中央機關、地方政府機關或各級議會,所有經由考試、選舉、聘任或特任而來的公務員,都是身分公務員。總統、五院院長、各部會首長、縣市長、立法委員、縣市議員、縣市政府、鄉鎮公所的公務員、鄉鎮公所代表,以及法官、檢察官、員警等等,都是身分公務員。

至於公立醫院、公立學校或公營事業都不具有公權力,所以公立醫院醫師、公立學校教師或公營事業員工,都不是刑法上的身分公務員。但是,公立醫院的醫師如果被聘任,擔任縣市政府的衛生局長或其他行政主管,則屬於身分公務員,其在概念上與行政法上的公務員可謂之概念相通,與一般人民的認知亦相符。

2.授權公務員

§10 II ①後段:「其他依法令從事於公共事務,而具有法定職務權限者。」這是授權公務員的立法定義。這些人並不服務於國家機關或地方自治團體所屬機關,但是依照法令,從事於公共事務,而具有法定職務權

限。此類型的公務員採「職務公務員」的認定，需有法令授權的依據。

　　法令有規定將公共事務處理的權限交由某特定團體成員為之，而使其享有法定之職務權限。由於，此類公務員與身分公務員不同，判斷應該由「事務之性質」上著手，若該事務屬於公共事務且有法令授權者，在處理這些事務時就是公務員，如依政府採購法規定之公立學校採購人員等；反之，僅是處理私人間事務則非授權公務員。

　　值得注意者，公私立大學教授都沒有公務員身分，但是可能參與公共事務，這項公共事務涉及公權力的行使時，參與的大學教授就成為授權公務員。

　　此外，曾經鬧的沸沸揚揚的「主持研究案的大學教授（主持教授）從事學術研究，是否具備授權公務員的身分」事件，最高法院 100 台上 459 判決先認為，接受政府委託從事研究案的主持教授，在經費的申報請領上，涉及政府採購法的規定，所以屬於授權公務員，如果不依照規定請領研究經費，成立貪汙治罪條例的「利用職權詐取財物罪」。其後則認為主持教授並非授權公務員，主要的理由是，請領研究經費固然都依循「政府採購法」的規定，但教授的本職不是總務或會計，只有總務或會計等專業人員的採購行為才可能攸關國計民生，並因而與授權公務員發生關係（參照，102 台上 1448 判決、103 年度第 10 次刑庭決議）。

　　實際上，主持教授任務主要係在於提出學術研究之成果，政府或公立研究機關（構）對於主持教授，並無上下從屬或監督之對內性關係，人民對於主持教授學術研究之成果，亦毫無直接、實質的依賴性及順從性，遑論照料義務。因此主持教授雖有辦理採購，仍不符合公務員有關公共事務、法定職務權限等要件，自非刑法上之公務員。因此不依規定請領研究費用之主持教授，不成立「利用職權詐取財物罪」既非總務、會計人員，採購物品，並非其法定職務權限，實際上，其任務主要係在於提出學術研究之成果，政府或公立研究機關（構）對於主持教授，並無上下從屬或監督之對內性關係，人民對於主持教授學術研究之成果，亦毫無直接、實質的依賴性及順從性，遑論照料義務。是主持教授雖有辦理採購，仍不符合

公務員有關公共事務、法定職務權限等要件，自非刑法上之公務員。」，因此不依規定請領研究費用之主持教授，不成立「利用職權詐取財物罪」[4]。

由於主持教授不是授權公務員，故即使不依規定請領研究費用，也不會成立「利用職權詐取財物罪」。但是，假如在經費的申報請領上，以請領研究費名義卻拿去添購家裡的用具等（如冰箱、洗衣機），仍可依照詐欺罪加以處罰。

3.委託公務員

§10Ⅱ項第 2 款：「受國家、地方自治團體所屬機關依法委託，從事與委託機關權限有關之公共事務者。」是有關委託公務員的描述。其與授權公務員有相通之處，即皆須判斷事務之性質是否為公共事務。依照行政程序法§16Ⅰ規定，行政機關得依法規將其權限之一部分，委託民間團體或個人辦理。其委託的方式，應依據行政程序法§16Ⅱ，將委託的事項以及法規依據公告之，並且刊登在政府公報或是新聞紙上。

其較特別的的是：委託公務員係由國家、地方自治團體所屬機關依法委託，委託的內容當然必須於委託機關的權限內。例如，政府部門拆除違建可能委託民間業者執行，此時民間業者具有行政助手的性質，此時業者屬於委託公務員。民眾如果毆打拆除違建的業者，將成立§135 之妨害公務罪。但是委託民間業者，針對路邊停車填單計費，這種雖屬於公共事務，但並沒有公權力行使的性質，類似租賃的計費工作，性質上屬於私經濟行為，不能算是公務的執行。

---

[4] 有關刑法上公務員及授權公務員的認定，張麗卿，刑法上公務員受賄犯罪之研究，輔仁法學，44 期，2012 年 12 月，頁 1 以下。

二、公務員犯罪

因公務身分而成立的犯罪，以具有特定職務或特定地位者，始得犯之，一般公務員或無公務員身分之人，均不得為犯罪主體，如公務員收受賄賂§§121Ⅰ、122Ⅰ；如濫用職權而犯罪，依§§124～127處罰。對於一般公務員，若濫用職權而犯罪的非純粹瀆職罪，應注意刑法§134加重其刑至二分之一的規定。但是，並非與身分公務員有關的行為，就一定成立公務員相應的犯罪。例如，縣市議員在與議事無關的情況，向民眾詐取財物，並不成立貪污治罪條例中的利用職務詐取財物罪，而是成立處罰較輕的普通刑法的§339詐欺罪。

參、公文書

公務人員基於職務上所製作的文書。故雖以公文用箋寫私人信件，仍非公文書。本項規定之主要實益在§210偽造私文書罪與§211偽造公文書之刑責相異，且§§213、214對公文書登載不實有特別處罰之規定。

肆、重傷

§10Ⅳ：「稱重傷者，謂下列傷害：一、毀敗或嚴重減損一目或二目之視能。二、毀敗或嚴重減損一耳或二耳之聽能。三、毀敗或嚴重減損語能、味能或嗅能。四、毀敗或嚴重減損一肢以上之機能。五、毀敗或嚴重減損生殖之機能。六、其他於身體或健康，有重大不治或難治之傷害。」對於重傷的內容，詳述如下：

一、毀敗或嚴重減損

「毀敗」，是指完全喪失效用且永遠無恢復可能，外型損壞的程度並非決定是否毀敗的關鍵。若僅是效用減衰，但未達完全喪失機能的程度，

縱然有不治或難治的情況，仍不能稱毀敗，只是「嚴重減損」。因此，立法者不以身軀的「組織」評價重傷，而以身體的「功能」作為評價基礎。

另外，由於過去實務認為，關於視能、聽能等機能，須完全喪失機能，始符合各重傷要件，如僅減損甚或嚴重減損效能並未完全喪失機能者，縱有不治或難治情形，仍屬普通傷害的範圍（參照，40 台上 73 判決）。實務這樣的看法與一般社會觀念有所出入。例如，被害人左眼遭人揮擊受傷後，視力僅存〇點一，僅能視及眼前五十公分內之景物，若於遮住右眼後，更難以分辨前方物件，以目前醫學技術，其左眼視力無回復之可能，已達嚴重減損一目視能之重傷害程度認為（參照，101 台上 3522 判決）。

此外，如果斷人四肢之一或手掌，則為重傷害。至於斷人手指是否重傷害，要看什麼手指被斷。依實務見解，斷拇指、食指與中指三根，由於手的作用幾乎喪盡，成立重傷罪（參照，29 上 135 判決），這屬於嚴重減損機能的情形。

二、重大不治或難治

重大不治，是指終身無法治癒恢復，是重傷。難治，是指難以治療，一時之間無法痊癒，或治療雖有希望，但是礙於醫療技術困難而難達成，而與重大不治相去不遠。例如，朝人臉部潑硫酸，無論面容因硫酸灼傷而重大不治或難治，均是重傷。

實務亦認為：「用硫酸潑灑被害人之面部，顯有使其受重傷之故意，雖被害人及時逃避，僅面部胸部灼傷，疤痕不能消失，雙目未致失明，自亦無解於使人受重傷未遂之罪責。」（參照，51 台上 600 判決）。

三、普通傷害和重傷之區別

普通傷害和重傷之區別，主要依行為人的故意來認定。行為時有重傷故意，卻只造成普通傷害：為重傷未遂，非傷害既遂；行為時只有普通傷

害之故意，結果致重傷或致死，若此結果為行為人可預見而未預見：負普通傷害的結果加重犯。

至於傷害方式，受傷的部位或多寡，犯人持什麼兇器，雖可作為認定事實的資料，惟不能為區別重傷與普通傷害的絕對標準。

伍、性交

性交之定義，是於 1999 年因妨害性自主罪章之修正而加以增訂。2005 年修法又將性交定義增列「正當目的」與「或使之接合」。§ 10 V 定義性交為：「謂非基於正當目的所為之下列性侵入行為：一、以性器進入他人之性器、肛門或口腔，或使之接合之行為。二、以性器以外之其他身體部位或器物進入他人之性器、肛門，或使之接合之行為。」

由於「正當目的」的性侵入行為，乃因為要與基於醫療或其他正當目的所為的進入性器行為有所區隔，因此對於因正當目的的性侵入行為非性交的定義。另外，除了男女性器接合之外，為顧及女對男之「性交」及其他難以涵括於性侵入的概念，如利用其他人體部位或工具的性侵入，所以法律明文「或使之接合」之行為，以資涵括。

陸、電磁紀錄

§ 10 VI：「稱電磁紀錄者，謂以電子、磁性、光學或其他相類之方式所製成，而供電腦處理之紀錄。」有關電磁紀錄的定義，除了適用於刑法第 13 章偽造有價證券罪、第 15 章偽造文書印文罪與第 28 章妨害秘密罪章之外，《刑事訴訟法》§ § 122、128，《陸海空軍刑法》§ § 20、31、63、78 以及《軍事審判法》§ 111 等，均有涉及電磁紀錄的相關規定，故將有關電磁紀錄之定義增列的必要。

柒、凌虐

　　基於凌虐幼童案件時常發生，引發民眾對於凌虐案件的憤慨。為了讓「凌虐」的定義更加明確、統一，因此 2019 年在§10 Ⅶ增訂了「凌虐」的要件：「稱凌虐者，謂以強暴、脅迫或其他違反人道之方法，對他人施以凌辱虐待行為。」除新增凌虐之定義，並擴展§286 妨害兒少身心發展罪至未滿十八歲之人，若因而致死，為無期徒刑或十年以上有期徒刑之罪。

　　刑法涉及凌虐的犯罪有：凌虐人犯罪（第 126 條）、加重強制性交罪（第 222 條第 1 項第 5 款），以及妨害幼童發育罪（第 286 條）。

捌、性影像

　　近年來，不論在交友軟體的情色詐騙、情侶間分手後的復仇等，頻繁發生性影像遭散布之案件，又或者透過「深度偽造」（Deepface）技術，製作不實色情影片，嚴重侵害被害人之隱私權及人格權。

　　因此，2023 年在§10 Ⅷ增訂了「性影像」之定義：「稱性影像者，謂內容有下列各款之一之影像或電磁紀錄：一、第五項第一款或第二款之行為。二、性器或客觀上足以引起性慾或羞恥之身體隱私部位。三、以身體或器物接觸前款部位，而客觀上足以引起性慾或羞恥之行為。四、其他與性相關而客觀上足以引起性慾或羞恥之行為。」另外，更在第 28 章之一增訂「妨害性隱私及不實性影像罪章」，以落實性隱私權及人格權之保護。

第三節　刑法總則之適用範圍

　　我國具有刑罰的法律體系有普通刑法、特別刑法及為數眾多的附屬刑法，在此之中，普通刑法的法典規定最為完備，有完整的刑法總則與分則

規定，但其他的刑罰法規大都針對個案所為的規定，因此較為簡略。其中總則的規定，除了陸海空軍刑法有總則編之外，其他的刑罰法規幾乎都沒有總則的規定，因此，有關總則的規定，除非另有排除規定之外，均援引普通刑法的總則規定。所以，刑法總則為刑事實體法的通則，其適用範圍除了刑法分則外，也及其他刑事實體法，即特別刑法或附屬刑法。

　　§11：「本法總則於其他法律有刑罰或保安處分之規定者，亦適用之。但其他法律有特別規定者，不在此限。」其情形如下：

1. 其他刑罰或保安處分之法律，無總則規定，應適用刑法總則。例如，《懲治走私條例》等。

2. 其他刑罰或保安處分之法律有獨立的總則者，得於不牴觸的範圍內，適用刑法總則。如《陸海空軍刑法》§13 規定，刑法總則之規定，與本法不相牴觸者，適用之。故該法未規定的事項，仍許適用刑法總則之規定，例如，軍人犯罪若其情可憫恕，仍得依刑法§59 的規定，酌減其刑。

3. 其他法律有特別規定者，不適用之。例如刑法§37Ⅱ雖規定，褫奪公權其宣告刑需在一年以上之有期徒刑，方得宣告，但是《貪污治罪條例》§17 規定，只要宣告刑在有期徒刑以上者，就宣告褫奪公權，因為《貪污治罪條例》是特別刑法，應當優先適用。

第四節　刑法之效力

壹、時之效力

　　刑法規定明令施行之日起，發生效力，至廢止之日，喪失效力。不過，刑法修正變更某一刑法條款的法律效果規定，或改變法定刑的刑度，如加重或減輕其刑，或賦予或免除保安處分措施等，致發生行為時與行為後（裁判時）有不同的法律效果規定，究竟應該是用行為時，抑或適用行

為後（裁判時）的法律效果，或應該從輕的規定抑或從重的規定而為判決，即發生刑法關於「時的效力」問題。

一、時之效力的種類

關於法律變更時，法律適用的時點，有下列幾種原則：

（一）從舊原則

依罪刑法定原則，不論法律的新舊輕重，一律適用行為當時的法律，亦即舊法。

（二）從新原則

依裁判時的法律為準據，亦即讓新法溯及既往的加以適用，此為不溯及既往之例外。本說認為行為後法律既有變更，則舊法已不符合時代社會需求，故應以新法作為審判的依據。

（三）從輕原則

不論是那一個階段的法律，只要該階段的法律對於行為人較有利，即適用該階段的法律。此說建立在保護行為人的立場，採取寧輕勿重原則，講究刑罰經濟的目的。

（四）折衷原則

1.從新從輕原則

原則上採裁判時法，唯若行為時法對行為人有利，則採用最有利於行為人的法律，也就是最輕的法律。我國舊刑法即採此原則。

2.從舊從輕原則

原則上適用行為時之法律，惟若裁判時法對行為人有利，則採用最輕的法律。我國現行刑法採此原則。

二、我國現行刑法時之效力的內容

（一）刑法適用從舊從輕原則

§2 I 規定，「行為後法律有變更者，適用行為時之法律。但行為後之法律有利於行為人者，適用最有利於行為人之法律。」就是採取「折衷從舊從輕原則」。

2005 年刑法修正之前的舊刑法採「從新從輕原則」，雖然「從新原則」雖長久以來為實務及學界所認同，然難與罪刑法定原則契合，而有悖於法律禁止溯及既往的疑慮。為貫徹上開原則精神，修法時乃配合§1 修正為「適用行為時之法律」，並兼採有利行為人之立場，爰將過去§2 I「從新從輕」原則改採「從舊從輕」原則。

一般情況下，並沒有跨越新舊法的問題，故較無§2 I 的適用問題。而「行為後法律有變更」，應係指刑法本來有處罰的行為，在該行為「結束終了之後」發生法律變更。「行為時」，係指犯罪行為發生至行為完成時，亦即行為人開始著手於犯罪構成要件之實行，以至於行為結束終了之前的整個行為階段，不以結果發生時當作標準[5]。

由罪刑法定原則所延伸的法律不溯既往原則，是刑法時之效力的重要原則，也就是說，行為應否處罰，應以「行為時」的法律有無規定處罰為斷，若行為時與行為後的法律皆有處罰規定，始有§2 比較新舊法之適用。亦即，§2 I 的適用，乃以新法（裁判時法）與舊法（行為時法）均有處罰規定為前提。

此外，「行為後法律有變更」，其中所稱之「法律有變更」是否包含**「補充空白刑法之法律或命令的變更」**？實務見解認為：空白刑法補充規範之變更，僅能認係事實變更，不屬於刑罰法律之變更或廢止之範疇，無刑法第 2 條第 1 項法律變更之比較適用問題，仍應依行為時空白刑法填補之事實以適用法律（參照，97 台上 4022、94 台上 771 判決），換言

---

[5] Schönke/ Schröder, Strafgesetzbuch, 30. Aufl., 2019, §8. Rn. 4.

之，最高法院與大法官解釋（釋字 103）均認為，因法律變更係指刑罰法律變更，不含補充空白刑法之法令的變更，並以中央法規標準法§2 所制定公布者為限，故屬「事實上變更」，並非「刑罰法律有變更」，且基於法律所授權的行政法令縱可認為具有法律同等效力，但因其本身無刑罰規定，究難解為刑罰法律，故事實變更及刑罰法律以外的法令變更，均不屬於法律變更範圍。

不過，本書認為所謂「法律有變更」，除了刑罰法規外，尚包括填補規範的行政命令的變更，也就是「當作禁止內容之法律、行政規章或行政命令」發生變更時，亦屬於法律變更，有「從舊從輕原則」之適用。申言之，刑罰法律的變更固屬法律有變更並無疑問，然刑罰法律以外的法律或行政機關頒佈的命令，倘足以影響行為的可罰性者，諸如填補空白刑法的法令等，若發生變更，亦應認屬§2Ⅰ的「法律有變更」，因此行政命令變更若有利於行為人，應適用較有利於行為人的條款[6]。

（二）沒收及非拘束人身自由之保安處分適用從新原則

§2Ⅱ：「沒收、非拘束人身自由之保安處分適用裁判時之法律。」由此可知，非拘束人身自由的保安處分成為刑法時之效力適用從舊從輕原則的例外，對於非拘束人身自由的保安處分採從新原則。

因為，保安處分可區分為拘束人身自由的保安處分與非拘束人身自由的保安處分，前者與刑罰中的自由刑相近，所以仍適用§2Ⅰ的規定。保安處分是否拘束人身自由，應由是否屬於「機構性」的處遇或矯治判斷，若受處分人不能任意行動，便是屬於拘束人身自由的保安處分，例如：對於毒癮者的禁戒處分要在勒戒所執行。反之，則屬於非拘束人身自由的保安處分，例如：假釋中的保護管束。

---

[6] 林山田，刑法通論（上），2008，頁 127；柯耀程，刑法的思與辯，2003，頁 13。

貳、地之效力

　　刑法關於「地之效力」與歐陸法系多數國家的刑法同，採屬地原則為主，並輔以屬人原則、保護原則、世界法原則。

一、屬地原則（領土原則）

　　凡在本國領域內發生的犯罪，不論行為人或被害人為何國籍人士，亦不問犯何罪、侵害何法益，均適用本國刑法處斷。

　　§3 規定，「本法於在中華民國領域內犯罪者，適用之。在中華民國領域外之中華民國船艦或航空器內犯罪者，以在中華民國領域內犯罪論。」所謂領域：包括領土、領空、領海；本國之船艦、航空機，無論國有、私有均屬之。

　　較有爭議者是，裁判權所及的領域，如駐外使館能否以在我國領域內犯罪論。對此，實務見解認為，假如駐在國同意放棄其刑事管轄權者，則在我國駐外使館中的犯罪，即得以在我國領域內犯罪論。但是，刑法總則並無規定，在我國駐外使館內犯罪者，以在本國領域內犯罪論的相關明文，為免違背類推禁止原則，自不得比附援引§3 後段，而逕自認為在駐外使館內犯罪以在我國領域內犯罪論。

　　另外，如行為地與結果地均在本國領域內者，適用屬地原則，不生問題。假如行為地與結果地有一在本國領域者，依§4 規定，「犯罪之行為或結果，有一在中華民國領域內者，為在中華民國領域內犯罪」而應適用本法處斷。

二、屬人原則

　　凡本國人違犯本國刑法者，無論該行為人係在本國領域內或領域外均應適用本法處斷，是以行為人的「國籍」作為適用刑法的基準，這是國家

主權對於人民的人事治理的高權法理[7]。刑法針對公務員及一般國民屬人原則之規定如下：

（一）公務員之屬人原則

本國公務員在本國領域外犯特定之罪，依刑法§6 的規定，本法於本國公務員在本國領域外犯下列各罪者，適用之：1.§§121～123、125、126、129、131、132 及 134 之瀆職罪；2.§163 之脫逃罪；3.§213 之偽造文書罪；4.§336 I 之侵占罪。

（二）一般國民之屬人原則

本國人在本國領域外犯特定之罪，依刑法§7 規定，必須具備以下三個要件：

1. 行為人必須為本國人，而於本國領域外犯罪。
2. 行為人所犯之罪必須為§§5、6 以外之罪，且依本法之法定刑最低度為三年以上有期徒刑。近年來，多數跨境詐欺案件已重創我國的司法形象，並讓外界有台灣「司法不願嚴打詐騙、動輒輕判縱放、有如詐欺犯天堂」等的負面觀感，恐讓台灣淪為培育世界詐欺犯的溫床及輸出地，因此，修正§5⑪，將§339-4 之加重詐欺罪，納入國外犯罪之適用。
3. 行為人所違犯之行為，必須犯罪地之法律，亦認為犯罪而設有處罰規定。

三、保護原則

凡侵害本國國家法益或本國人民法益的犯罪，無論行為人國籍為何，亦不問犯罪發生於本國領域內或外，均適用本法處斷。若犯罪地既在國外，行為人又非本國人，依屬地、屬人原則均無法適用，故採保護原則以資補救。

---

[7] 蘇俊雄，刑法總論（I），1998，頁 304。

1. **保護本國之國家法益（超個人法益之保護原則）**：為保護本國之國家法益，依§5①～⑦規定，本法於凡在我國領域外，犯下列之罪者，適用之：內亂罪、外患罪、妨害公務罪（§§135、136、138）、飛航公共危險罪（§185-1）、偽造貨幣罪、§§201、202偽造有價證券罪、（行使）偽造文書印文罪（§§211、214、218，以及§216行使§§211、213、214的偽造文書罪）、加重詐欺罪（§339-4）。

　　其中，針對跨境電信詐騙案件的新興犯罪，造成民眾財產鉅大損害與危害國家形象，故為維護本國之國際形象，並對於該類跨境加重詐欺案件，賦予我國司法機關有優先的刑事管轄權，以符合民眾對司法之期待，2016年時特將「加重詐欺罪」納入中華民國刑法第五條國外犯罪之適用。例如，橫跨大陸、東南亞的電信詐騙集團，可依據我國刑法加以審判。

2. **保護本國人民之法益（個人法益之保護原則）**：§8規定「前條之規定，於在中華民國領域外對中華民國人民犯罪之外國人，準用之」為保護原則之概括規定。

四、世界法原則

　　出於世界法秩序整體性的觀點，認為凡屬該類犯罪，不論行為人國籍、犯罪地，亦不論犯罪侵害何種法益，任何文明國家刑法均有適用的效力。但因侵犯他國主權，故適用範圍應嚴加限制。例如，§5④、⑧～⑩規定，危害飛航安全罪（§185-2）、毒品罪（但施用毒品及持有毒品、種子、施用毒品器具罪，不在此限）、使人為奴隸、販賣質押人口等妨害自由罪（§§296、296-1）、海盜罪（§§333、334）均為世界法原則。

參、人之效力

　　我國刑法採屬地原則為主，§3前段規定「本法於在中華民國領域內犯罪者，適用之。」故凡在本國領域內犯罪，不論行為人的性別、國籍、

種族、地位，對任何人均適用。而「人之效力」則是前述地之效力的例外：

一、國內法上之例外

（一）總統

憲法§52 規定，「總統除犯內亂或外患罪外，非經罷免或解職，不受刑事上之訴究。」依釋字第 627 號解釋，此種免受特定追訴之特權，僅為程式法上之訴訟障礙事由，故總統在其任內所為之犯罪，在其被罷免或辭職後，仍得對其追訴犯罪，非總統就其犯罪行為享有實體之免責權。

（二）立委及地方議會議員

憲法§73 以及地方制度法§50 規定，立法委員與地方議會議員在會議時或院內所為之言論及表決，對外不負責任。但應注意的是，釋字第 435 號認為，若與言論及表決無關之行為，顯然不符合意見表達之情節，至侵害他人法益者，則不在憲法保障之列。

二、國際法上之例外

（一）外國元首

若係正式應邀來訪者，其滯留本國期間，元首本人及同行家屬與隨從，皆享有外交豁免權。

（二）外國使節

依國際慣例，享有外交豁免權。

（三）外國軍隊

受本國允許而滯留於本國者。例如清末租界地、相當於外國勢力範

圍，法律亦採該國的法律，面對這種情況，致生我國有識之士萌生變法維新的想法。

肆、外國法院裁判之效力

每個國家都有自主的司法權，也因為每個國家的國情環境文化不同，而使得法律有所差異。然而國際社會往來日益頻繁，人類犯罪已趨國際化，假如本國人到外國犯罪，又或者外國人民到我國境內犯罪，又或外國人民在外國境內破壞我國國家法益，此等犯罪行為雖外國法院裁判確定，並加以執行，但這些犯罪行為，我國法院可否再加以追訴審判呢？這涉及外國法院裁判效力的問題。

一、承認外國法院裁判的效力

尊重一事不再理原則。如同一個犯罪行為已經外國法院裁判確定，本國法院不再予以處罰，此又稱為「終結原則」。

二、否認外國法院裁判的效力

§9 前段即採此種見解，因各國主權完全獨立，當然包括司法裁判權的行使，且各國法律制度不同，刑罰輕重亦不相同，故外國裁判對本國無拘束力。換言之，外國法院裁判僅是一種「事實狀態」，不具法律效力，不能拘束我國刑事法官的獨立審判（參照，94 台上 6074 判決）。

三、折衷見解

折衷見解以為，外國法院之判決只是裁判的事實而已，不可拘束影響本國法院，故仍得依本國法處斷，但該裁判事實仍需顧及人權的維護，因而對於在外國已受刑之執行者，可酌量免除該刑之執行，以免造成二度刑

罰，此為「複勘原則」[8]。

　　§9 規定「同一行為雖經外國確定裁判，仍得依本法處斷。但在外國已受刑之全部或一部執行者，得免其刑之全部或一部之執行。」也就是容許法官決定在外國已受刑之執行部分是否併入計算，很明顯的該條文但書是採折衷見解。

---

[8]　蘇俊雄，刑法總論（Ⅰ），1998，頁 312。

❖ 實例講座 ❖

空白刑法的變更

　　懲治走私條例§2：「私運管制物品進口、出口逾公告數額者，處七年以下有期徒刑，得併科新臺幣三百萬元以下罰金。前項之未遂犯罰之。第一項所稱管制物品及其數額，由行政院公告之。」試問：懲治走私條例§2Ⅲ之公告變更，有無刑法§2Ⅰ之適用？並說明何謂空白刑法與完備刑法？

解析

一、空白刑法的意義

　　空白刑法乃條款中僅規定有「罪名」、「法律效果」，而將構成要件中的具體內容委諸其他法律或行政規章或命令的刑法條款；完備刑法則是「罪名」、「構成要件」「法律效果」皆齊備的刑法條款。現行刑法大多是完備刑法，只有少數條文係空白刑法，如§117違背局外中立命令罪，§192Ⅰ違背預防傳染病法令罪，以及懲治走私條例§2Ⅲ走私罪。

二、如果補充空白刑法之行政法規或命令有變更，可否視為法律變
　　更？有以下兩種見解：

（一）事實變更說

　　依釋字第103號解釋，行政院依懲治走私條例§2Ⅱ（現行法修改為同條的第3項）專案指定管制物品及其數額之公告，其內容之變更，對於變更前走私行為之處罰，不能認為有§2之適用。最高法院亦認為，行政院關於管制物品之公告變更，屬行政上為適應當時情形所為之「事實變更」，並非有關刑罰之法律有所變更（參照，93台上70判決）。故行政院依懲治走私條例§2Ⅲ規定，專案指定管制物品，及其數額之公告，其內

容之變更，對於變更前走私行為的處罰，與§2 所謂法律變更不符，自無該條之適用。

（二）法律變更說

從法律理論言，應有§2 所謂法律變更的適用。因補充刑罰構成要件之行政命令非一般行政命令可以比擬，雖不具刑法實質內涵，但與空白刑法結合後即成為空白刑法之構成要件，此種變更具有刑法效力，直接影響可罰性的內容。所以法律有變更的法律，應包括禁止內容有變更之行政法規或命令。

公務員的宿命

甲是政府股權逾 50% 的某銀行襄理，和西海營建公司老闆乙是多年好友。近來，乙為中部某塊土地大型開發計畫案，急需巨額資金週轉，但一時之間沒有銀行願意貸款給乙。乙與甲私下談妥，願給予其 50 萬酬勞，甲透過職權，不嚴格審查即可放貸予乙。

本案中，違背職務受賄罪屬於身分犯罪的類型，成立前提須構成要件主體為擁有公務員身分。換言之，若甲是公務員，則可能成立違背職務受賄罪。試問：甲該當何罪？

解析

一、刑法公務員的定義

關於刑法上公務員的定義，是以§10Ⅱ為規範依據。刑法特別就公務員的定義作出規範，是為了在廣泛從事國家任務的工作人員中，劃定一個特定範圍，該範圍內之公務員，必須在執行職務或行為舉止不法時承擔刑責。

刑法上公務員的類型分為下列三類：1.身分公務員：依法令服務國家、地方自治團體所屬機關而具有法定職務權限。其在概念上與行政法上的公務員可謂之概念相同。2.授權公務員：依法令從事於公共事務，而具有法定職務權限者。此類型公務員在判斷上，就是觀察有無法令授權為依

據，由「事務之性質」著手，若該事務屬於公共事務且有法令授權者，在處理這些事務時就是公務員。3.委託公務員：受國家、地方自治團體所屬機關依法委託，從事與委託機關權限有關之公共事務者。此類公務員由於是國家、地方自治團體所屬機關依法委託，內容必須於委託機關的權限範圍內。

二、甲為公營事業人員，並非刑法意義上的公務員

在 2005 年刑法修正之前，刑法對於公務員的定義，極為模糊，使得具體適用上，時常發生不合理的現象。例如：司法院釋字第 8 號、第 73 號，認定政府股權占 50%以上之股份有限公司，屬於公營事業機構，該公司職務人員即被納入刑法上公務員的範疇。

然而，單就股權百分比作為刑法公務員範圍的分界點，可能沒有足夠的理論基礎得以支持。因為這樣的區分方式，並未考慮公司的業務是否代行國家公權力，與國家公務有無關係；此外，又無法解釋何以公司的員工，受政府持股 51%時是公務員，政府持股 49%則非公務員。所幸，刑法修正時，將刑法公務員概念的範圍，限縮至需與公權力行使有關的國家事務，也就是上述的三種類型公務員。

三、回到本案

甲任職的銀行，雖屬官股公司，惟就職務屬性判斷，甲所從事業務，皆屬民間私法放貸商業行為，毫無公權力色彩，亦無公務性質。換言之，甲雖具官股銀行襄理的身分，但非§10Ⅱ刑法意義上的公務員，亦不會有成立違背職務受賄罪的可能。

韓國殺人事件

甲為我國國民，至韓國遊學期間，心儀同從台灣至韓國發展演藝事業的小模乙，並向其表達愛慕之意，但遭拒絕。甲羞愧無比，竟持刀將乙殺死。甲行兇後立即搭機返台。試問：我國刑法效力是否擴及甲在韓國的犯行？

解析

一、甲持刀殺乙，可能成立§271 I 殺人既遂罪

（一）甲之行為地在中華民國境外，不適用屬地原則，其所為亦非屬世界
法原則之犯罪類型，又其非公務員，但被害法益為本國之個人法
益，故可能涉及一般人的屬人原則及個人法益之保護原則。

　1.「屬人原則」是指一國的刑法對於其國民在國外犯罪者，仍得適用。
法理基礎是國家對國民的主權，以及國民對國家法秩序的遵從。是
以，國民雖然不在本國領域，但仍應遵守本國法，不得從事重大違反
刑法的行為。由於甲為我國國民、行為地在中華民國領域外、所犯之
罪非§§5、6之罪、最輕法定本刑為三年以上有期徒刑、該行為依犯
罪地（韓國）之法律亦須處罰。

　2.「保護原則」是指侵害到我國人民之個人法益或整體法益之特定犯
罪，不問行為人國籍、犯罪地之國家為何，一律有我國刑法之適用。
法理基礎在是，國家有保護法益的基本任務，當犯罪屬於重大法益的
侵害時，應擴張刑法的效力，以周全對法益之保護。

二、結論

　　甲在韓國殺人，與被害人乙同屬我國國民，其所犯普通殺人罪是最輕
法定本刑三年以上有期徒刑之罪，且是§§5、6以外之罪，而韓國亦有處
罰殺人罪，甲同時符合§7一般人屬人原則，以及§8保護原則之規定，故
我國刑法可適用甲在韓國的犯行。

第二篇

犯罪論

犯罪之意義與犯罪成立
之階層理論

第一章 犯罪之意義與犯罪成立 之階層理論

【目次】

【圖次】

第一節　概說

　　行為是否構成犯罪，必須經過嚴密的思維邏輯，而非天馬行空的想像。犯罪是否成立，首須掌握案件事實，才能就事實進行刑法的適用與解釋，例如殺人罪，必須先釐清死者非命喪於意外或自殺，再鎖定嫌疑犯，並有足夠的證據，待事實完全掌握之後，才對殺人行為進行法律的判斷。

　　判斷犯罪是否成立，有一套體系嚴密的分析思考方式，學理上稱為「犯罪論」，是指行為事實經過體系化的評價後，才能獲得行為究竟有無成立犯罪的答案。

　　犯罪論的體系建構並非一夕完成，而是自 19 世紀末葉，經過無數刑法學者苦思而得。藉由犯罪論的輔助，刑法問題的思考更為透徹清晰，法院的判決也可被人民預測。受過刑法專業訓練者，面對相同案件可獲得較為穩固一致的判斷結果，如此一來，不僅避免刑事判決浮動，更可昭司法公信。

　　學習犯罪論的過程中，首先應須瞭解何謂犯罪，進而探究犯罪理論的意義內涵的脈絡演進。在對犯罪有基本認識後，必須切實掌握三階層的犯罪理論，是判斷犯罪是否成立的通說，簡稱「三階論」。三階論是由：「構成要件該當性」、「違法性」及「罪責」三者所構成。透過本理論，可以逐層檢驗某行為是否成立犯罪。熟悉犯罪階層理論的操作後，犯罪論更具體的內容，則是須從犯罪行為階段來理解預備犯、未遂犯與既遂犯；從行為模式來思索作為犯與不作為犯；從行為人對犯罪行為的認知與欲望來區分故意犯與過失犯；多數人參與犯罪時，確實理解正犯與共犯的概念與類型等，如此方能對犯罪論有通盤的掌握。

第二節　犯罪之意義

犯罪，可以分別從形式或實質上觀察。簡單來說，形式的犯罪是指，明文規定於刑法典中，應以刑罰制裁的行為就是犯罪；實質犯罪則是從犯罪的實際內涵說明犯罪的意義。

壹、形式之犯罪定義

社會中的各種偏差行為，必須經由立法程序，明確規定於刑事實體法中才能稱為犯罪行為。若無刑事實體法的處罰明文，即非犯罪行為，此即「罪刑法定原則」揭示的「無法律即無犯罪」。任何不是刑法條文規定的內容，縱然在倫理道德上值得社會非難，但本於罪刑法定原則的精神，仍非形式上的犯罪行為。

例如，忌妒同學成績優異，將其上課筆記偷藏起來，使其無法用功讀書；與他人競爭樂團首席小提琴手的位置，乃將其他樂手慣用的小提琴藏在工具間，使之無法正常發揮；欲與人共乘機車前往市區，但缺一頂安全帽，見路邊機車上掛著安全帽，乃自行取用，打算自市區返家再歸還（使用竊盜，德國有處罰使用竊盜，我國並無明文）。這些社會中的偏差行為並非刑法條文中的可罰行為，就算值得社會大眾非難，本於罪刑法定原則，也不是刑法上的犯罪。

從刑法條文來定義偏差行為的不法與犯罪性格，就是形式的犯罪定義。形式犯罪的主要功能是標識國家刑罰權的範圍與界線，讓犯罪的可非難性能被人民所預測；透過刑法條文明確規定何者才是犯罪，也能避免國家刑罰權的恣意發動。同時，刑事司法機關從事犯罪的追訴與審判時，均須以實定法的規範為其法律依據，具有保障人民權利功能。但是，刑事實體法規定處罰的犯罪行為，本質上究應具備何種要件，才能與其他的不法或偏差行為有所區別，無法從形式犯罪的概念來回答這個問題，故仍須從

實質內涵加以觀察，稱為實質的犯罪定義[1]。

貳、實質之犯罪定義

　　犯罪從實質內涵觀察，是具有不法、罪責、應刑罰性及刑罰必要性等要素的刑事不法行為。必須先釐清的是，形式犯罪與實質犯罪，兩者並非截然不同的概念，只是著眼的角度有所不同。形式的犯罪定義，主要是遵循罪刑法定原則的指導下，強調犯罪必須披上法律的外衣，國家才有資格論斷處罰。而實質犯罪的定義，則是回到概念的本質，設法說明犯罪的具體內涵究竟為何，與其他社會的偏差或違法行為間有何區別。邏輯思維上，一個合理正當的犯罪定義，必須先從實質的犯罪意義來檢驗，某一偏差行為能否視為犯罪；同時，國家透過立法程序，確保這個具有實質犯罪定義的行為，能以條文形式展現，成為形式的犯罪定義。

一、不法

　　不法（Unrecht）行為中具有較高不法內涵的行為，始屬刑事不法的犯罪。按不法行為的程度可以區分為，民事不法、行政不法、刑事不法。
1. 民事不法：程度最輕，以損害賠償或回復原狀為法律效果。例如民事侵權行為、債務不履行。
2. 行政不法：程度居中，使用罰鍰、沒入或其他種類的行政罰（行政罰法§2）為法律效果。例如闖紅燈、深夜喧嘩妨害公眾安寧、不符合放流水標準的排放污水行為。
3. 刑事不法：程度最高，以刑罰或保安處分為法律效果。例如殺人、傷害、放火、強盜。
　　應注意的是，不法與違法不同，不法具有程度之別，而違法並無程度之分。例如，闖紅燈是違法行為，是行政不法行為，而非民事或刑事的不

---

[1] 林山田，刑法通論（上），2008，頁171。

法行為；殺人是違法行為，是刑事不法行為，不是民事或行政的不法行為。

二、罪責

犯罪是一種具有「罪責」（Schuld 又稱有責性）的不法行為，罪責是犯罪的一個本質要素。屬於犯罪的不法行為，較其他不屬於犯罪的不法行為，具有較高的罪責內涵，故法律規範必須使用具有社會倫理非難性的刑罰手段，方足以平衡犯罪在社會倫理上的高度譴責性。

罪責原則的基本內涵為「無責任即無刑罰」，是源自刑罰理論中的應報思想。應報理論認為，施用刑罰的前提，必須是針對「有理性的人」為之。主要原因是，凡是理性之人，都有能力衡量利弊得失，選擇是否要從事一個不法行為，故能為自己行為負責的情況下，刑罰手段才會有效；假如，行為人不具理性，諸如未滿十四歲的孩童或是具有精神障礙問題的病人，當下沒有遵守法律與思考自己行為對錯的能力，國家在其身上施加刑罰的應報將沒有任何意義。一般會將此情況視為責任能力的欠缺，按罪責原則的標準，不能發動刑事處罰。

三、應刑罰性（可加刑罰制裁的條件）

不法行為的不法程度各不相同，某些不法行為具有較高的不法與罪責程度，對社會共同生活秩序有較高的破壞性與危險性，為大眾所不能忍，故具有應刑罰性（Strafwürdigkeit）。至於，如何看出某行為具有較高的社會損害性，也就是應刑罰性的判斷標準，有以下幾種方法[2]：

（一）不法行為所破壞法益的價值與程度重大

考慮不法行為所破壞法益的價值與程度，此乃不法行為的「結果非

---

[2] Jescheck/ Weigend, Strafrecht, AT, 1996, S.50ff; 林山田，刑法通論（上），2008，頁 175 以下。

價」，又稱「結果的無價值判斷」。所謂的法益價值，必須依據所破壞法益在社會秩序與共同生活中的地位來決定。破壞重大法益是具有重大危險性的不法行為，具有應刑罰性。簡單來說，必須從不法行為所造成的損害結果，具體評估損害的嚴重性是否重大，有無必要藉由刑罰來予以應對。

（二）不法行為的無可忍受程度

既然可透過行為引發法益侵害結果的非價來獲得應刑罰性的基礎，自然也能對不法行為方式可以進行評價。對於行為本身的價值判斷，一般稱為「行為非價」或「行為之無價值判斷」。針對某行為若不科處刑罰，則該行為所侵害的行為客體，將有繼續被侵害的危險，甚至於進而危及整個法律秩序，故該行為即具應罰性。

（三）行為人良知的可譴責性

對不法行為人的「良知非價」，是指行為人由其主觀惡性及其客觀惡害，表露其良知上具有特別程度的可譴責性，致其所為的不法行為具有應罰性，可經由刑罰手段，對行為人良知作道德上嚴重的貶抑與責難。

四、刑罰之必要性（價值的選擇）

不法行為，若已經具備應刑罰性的程度時，國家基於維護法秩序的職責，即可選擇最嚴厲的強制刑罰手段來給予制裁。但是，仍須另外考慮是否有其他方式可以運用，或有無其他社會控制手段更能有效地解決問題。如果，以其他方式都無法解決問題時才使用刑罰，所以具有刑罰之必要性（Strafbedürftigkeit）。

一般稱為刑法的最後手段性（ultima ratio），只有在彌補其他法律手段不足的需要下，才不得已來動用刑罰（也有稱為刑法補充性格）。畢竟，全體法秩序的穩固與安定社會的維持，不可能端賴刑罰就能有效解決，應有其他法律或制度外的社會控制手段加以合作才能達成。

第三節　犯罪成立之階層理論

　　犯罪成立的階層理論，是將有無成立犯罪的判斷過程，建立體系化的適用標準，目的是為維持犯罪判斷的穩定性，避免司法者的恣意解釋。階層理論在眾多犯罪情狀中，透過事實關係的解構與重構，分析歸納出所有犯罪類型的共通成立要素；同時，將這些要素歸納擇定先後的判斷順序，就是本理論顧名思義的階層化意義。判斷一個行為是否犯罪，必須符合第一個階層的標準時，才進入下一個階層。若行為符合所有階層內的要素時，就會構成犯罪；相反的，當行為不符合某個階層的要素時，則無庸進入下一個階層的判斷，將不會成立犯罪。

　　當前犯罪階層理論，主要可分為：二階論、三階論、四階論及五階論；其中三階論是最主要的階層理論。必須注意的是，犯罪階層理論並非放諸四海皆準的犯罪判斷方式。例如，大陸仍有延續俄羅斯刑法理論採取的「四要件說」來作為判斷犯罪的成立方式；英美法國家立足於雙層控辯模式，也非採行犯罪階層理論。總之，犯罪階層理論是經過嚴謹邏輯辯證下的思維產物，作為理解與判斷犯罪的一種系統工具，是思考刑法問題與解決爭議的重要方式。

壹、三階論

　　三階論的內容依序為：構成要件該當性、違法性、有責性。三階論是目前我國通說，其理論架構如下【圖7】：

圖 7：三階論的體系架構

構成要件該當性：法律上直接描述犯罪行為的要件，稱為構成要件。若某
　　　　　　　　一個特定行為滿足了刑法上的構成要件，該行為即有
　　　　　　　　「構成要件該當性」。

違　　法　　性：行為符合構成要件該當性之後，若具備應受刑法所定之
　　　　　　　　價值判斷之條件，則稱該行為具有「違法性」。

有　　責　　性：指行為人藉行為表達於外部的內在意思，應受到非難，
　　　　　　　　行為人因此該對行為負責。「有責性」應具備責任能
　　　　　　　　力、責任型態、不法意識與期待可能性四個要素。

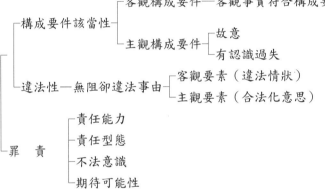

構成要件該當性 ─── 客觀構成要件 ── 客觀事實符合構成要件
　　　　　　　　└── 主觀構成要件 ┬ 故意
　　　　　　　　　　　　　　　　　└ 有認識過失

違法性 ─ 無阻卻違法事由 ┬ 客觀要素（違法情狀）
　　　　　　　　　　　　└ 主觀要素（合法化意思）

罪　責 ┬ 責任能力
　　　　├ 責任型態
　　　　├ 不法意識
　　　　└ 期待可能性

例　甲與乙在大學時期因細故結下仇恨，兩人畢業後某日狹路相逢，甲見機不可失，便拔刀殺乙。甲是否成立§271的殺人罪，必須檢驗：

→1.甲的行為可能構成§271殺人罪
　(1)構成要件是否該當：「殺人者」是§271殺人罪的構成要件，甲殺乙
　　　構成要件該當。
　(2)有無阻卻違法事由：甲殺乙並無正當防衛等阻卻違法的情形，故行為
　　　具有違法性。
　(3)是否具備有責性：甲是成年人又無精神障礙，故有責任能力。
　2.結論：甲的行為構成§271殺人罪

貳、二階論

二階論又稱為「消極構成要件理論」，內容依序為：不法（整體不法構成要件該當）、罪責。

主張二階層犯罪理論者，認為犯罪是該當於綜合不法構成要件的有責行為；亦即，將構成要件該當性與違法性合成為「不法構成要件」，以單一的整體看待，不視為各自獨立的層次。

不法構成要件的內涵，除了構成要件的該當性的審查外，亦將行為有無具備違法性的價值判斷納入。此處形成了二階論與三階論間最主要的區別，主要在於二階論的架構下，不法構成要件尚須審查「阻卻違法事由不存在」始為完整，也就是「消極（或負面）的構成要件要素」。消極構成要件理論的支持者，對於犯罪的判斷採二階理論。依消極構成要件理論，構成要件與阻卻違法事由合為一個「完整的構成要件」。一般所認為的構成要件是「積極的構成要件」，阻卻違法事由則是「消極的構成要件」[3]。

此說主張，三階論所說的犯罪構成要件和違法性的作用都是在確定犯罪的不法內涵，二者性質上並無差異，差別僅是他們對不法內涵的描述形式，一個是從正面的方式去描述，一個是從反面的方式去描述而已。二階論的體系如下【圖8】：

---

[3]　Roxin/ Greco, Strafrecht, AT/1, 5. Aufl., 2020, § 10, Rn. 16ff.

圖8：二階論的體系架構

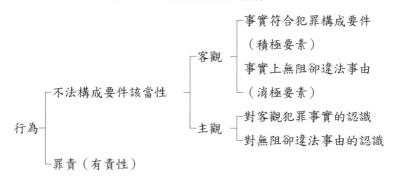

二階論的第一步驟，在判斷不法構成要件是否該當，除了要檢驗正面的構成要件外，還要檢驗負面的構成要件是否存在，只有確定有阻卻違法事由（§§21～24）存在時，才能終局判斷是否係「合法的行為」；若沒有阻卻違法事由，則是「不法的行為」。

若以傷害罪的禁止內容為例，若採三階論判斷，第一階層是「你不能傷人」，至於是否有正當防衛等情，則是第二階層違法性的判斷；但是二階論的說法則是「你不能故意傷人，除非你有正當防衛的情形」，在第一階層中已經揉合違法性的判斷，所以只要具備正當防衛的事由，傷害才是自始不禁止的行為，也就無整體不法構成要件的該當。

二階論的第一步驟，在判斷不法構成要件是否該當，除了要檢驗正面的構成要件外，還要檢驗負面的構成要件是否存在，只有確定有阻卻違法事由（§§21～24）存在時，才能終局判斷是否是「合法的行為」；若沒有阻卻違法事由，則是「不法的行為」。

若以傷害罪的禁止內容為例，若採三階論判斷，第一階層是「你不能傷人」，至於是否有正當防衛等阻卻違法事由，則是第二階層違法性的判斷；但是二階論的說法則是「你不能故意傷人，除非你有正當防衛的情形」，在第一階層中已經揉合違法性的判斷，所以只要具備正當防衛的事由，傷害才是自始合法的行為，也就是整體不法構成要件不該當。

> **例**
>
> 甲看似年幼可欺，乙伸手揮拳打甲的同時，甲奮力將乙推開，
> 乙跌倒受傷。甲是否成立§277的傷害罪必須檢驗：
> →1.甲的行為可能構成§277傷害罪
> 　(1)不法構成要件該當：甲故意傷害乙，但能主張正當防衛（具備消極
> 　　的構成要件），故傷害的整體構成要件並不該當。
> 　(2)有責性：第一階層排除後，無須檢驗。
> 　2.甲不該當§277傷害罪。

參、四階論與五階論

　　四階論的內容依序為：行為、構成要件該當、違法、罪責。

　　「四階論」是在通說的三階論檢驗前，先就行為人的「外在舉動」，是否為刑法意義上的行為加以判斷。例如：甲的外在舉止造成他人死亡，是否成立犯罪，必須先行檢驗甲：1.行為，也就甲的舉止是否為刑法意義上的行為，例如，物理反射動作、睡眠中的舉動，因欠缺意思支配的可能性，所以並非為刑法意義上的行為[4]；緊接著才是 2.構成要件該當，判斷甲的行為是否該當§271的構成要件；3.違法性，判斷是否有阻卻違法事由存在，如正當防衛；4.罪責，如甲是否已成年且精神健康。

　　至於所謂「五階論」的內容依序為：行為、構成要件該當、違法、罪責、客觀處罰要件。除了通說的三階檢驗外，另外須檢驗行為是否為刑法意義上的行為，以及客觀處罰條件是否具備，如§283聚眾鬥毆罪之成立，要有「致人於死或重傷」之客觀處罰條件具備[5]。

4　詳細的刑法意義上的行為，見本篇第二章〈行為理論〉。
5　詳細說明，請參照本篇第九章〈錯誤〉。

肆、小結

　　關於犯罪成立的要件，刑法解釋學上比較有爭執的是二階論與三階論的不同觀點。不過，一個犯罪事實是否構成犯罪，無論採取二階論或三階論來檢驗，獲得的答案原則上都是相同的。唯獨在「容許構成要件錯誤」，如誤想防衛；「反面容許構成要件錯誤」，如假象防衛，才會有所不同[6]。

　　主張三階論的通說認為犯罪結構應將「構成要件該當性」與「違法性」分開的主要原因是，一個行為如果沒有構成要件該當，那就沒有侵害到任何法益；如果行為已有構成要件該當，就算有阻卻違法的事由存在，仍然已經侵害別人的法益，只不過因有阻卻違法事由而不成立犯罪。

　　簡言之，在價值判斷上「構成要件不該當」與「構成要件該當不違法」是不同的，所以將「構成要件該當」與「違法性」分開，對於刑法的目的來說，具有保障法益的宣示性訴求作用。亦即，警告行為人即使在有阻卻違法事由的情況存在，他的行為仍然侵害到他人法益，行為人必須更加小心謹慎，特別注意他侵害法益的行為，是否可以阻卻違法。相反的，二階論的整體不法構成要件說，卻將「構成要件不該當」與「構成要件該當不違法」的評價視為一體，忽略了阻卻違法事由的評價功能，故不被通說所採。

---

[6] 詳細說明，請參照本篇第九章＜錯誤＞。

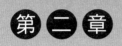

第二章

行為理論

第二章　行為理論

【目次】

【圖次】

第一節　行為之理論

　　犯罪的判斷，無論是採取三階論，是對該當犯罪構成要件的違法且有責行為的判斷，或採取二階論，對於不法的有責行為的判斷，抑或採取其他階層理論或犯罪判斷理論，判斷對象的共同前提，就是要具有「刑法意義上的行為」性格。是故，刑法學者欲提出能涵括解釋所有犯罪現象的行為理論。由於學者對於行為概念看法迥異，進而產生諸多不同的行為理論，目前主要的行為理論有：因果行為論、目的行為論、社會行為論以及人格行為論，關於這些理論分別說明如下。

壹、因果行為論

　　因果行為論（Kausale Handlungslehre）主張行為是依內在意思引起外界變化之因果現象，行為是一種意思表現的外顯動作，包括動、靜。因果行為論是 19 世紀以來，行為理論之中的重要看法。因果行為論認為，行為是因果歷程，是行為人實現內在意思（原因），形諸於外的動作，使外界發生變化之（結果），但內在意思是價值中立的，因此是一種自然主義的行為理論[1]。

　　不過，因果行為論，無法說明不作為犯，因為不作為沒有表現於外可見的行止。由於因果行為論注重外表可見行為與結果之關係，所以認為反射動作與受到直接絕對強制的動作，也是行為。

　　因果行為論的特徵，主要有以下幾點：1.行為是有外在動作，引起一定結果的因果自然現象；2.因為因果行為論只關心外在的舉動，故不問行為人意思決定的內容為何，行為人的內在意思不是行為的範疇，而是罪責的內容；3.在因果行為論之下，排除了刑法意義以外的行為，因為行為必須是出於意思支配下，表現於身體動作而引起外界變化的行為，所以故

---

[1]　Roxin/ Greco, Strafrecht, AT/1, 5. Aufl., 2020, § 8, Rn. 10.

意、過失也包括於刑法意義行為內，只是因故意、過失的程度不同，而責任有異。

貳、目的行為論

目的行為論（finale Handlungslehre）是二次大戰前，德國學者魏采爾（Welzel）所提倡，其主張所謂的人類的行為，是在遂行一種具目的性的活動[2]。行為是整個目的活動的歷程，行為不僅是意思支配的因果現象而已，是人在具有目的意思的活動中，由行為人意思所主宰、操縱的舉止，亦即行為之始，即具有一現象目的、方向，而朝此目的前進，這也才是刑法意義上的行為。

目的行為論，能清楚說明故意犯，因故意犯具有一定目的，且不達目的決不終止；雖然不能完全解釋過失犯，但仍認「有認識的過失犯」具有潛在的目的實施之方向，只是無法說明「無認識的過失犯」。

參、社會行為論

社會行為論（soziale Handlungslehre）以「社會重要性」的舉止，判斷行為是否為刑法意義上的行為，是新古典學派的德國學者所提倡，二次世界大戰後漸成為通說[3]。簡言之，社會行為論認為「行為」是：

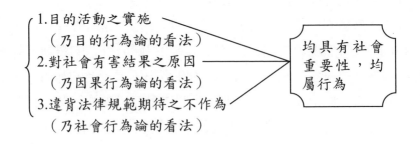

---

[2] 林山田，刑法通論（上），2008，頁 202。
[3] Roxin/ Greco, Strafrecht, AT/1, 5. Aufl., 2020, § 8, Rn. 27.

　　社會行為論注重行為的社會意義，亦即行為是具有社會意義之人的一種態度或身體的一種動作。這樣的看法，不僅可補充因果行為論無法解釋不作為的缺點，也可以排除欠缺意思的非刑法意義行為。由此可知，不論作為、不作為、故意或過失，只要有危害社會之結果，具「社會重要性」之行為均屬於刑法意義行為。

肆、人格行為論

　　如同社會行為論一樣，人格行為論（personale Handlungslehre）將行為定義為「個人人格的表現」[4]，適合來涵蓋所有的犯罪型態。主張應從評價觀點來決定是否是行為。故意行為、過失行為與不作為都是一種人格表現。即使是無認識過失之不作為也可算是人格的表現。Roxin 認為，行為是表顯在外的心理與精神活動的總稱。因此不具有人格品質的身體動作，如純粹生理強制、物理反射動作、夢遊，因為欠缺可得支配的性質，無法表彰人格者都不是行為[5]。

　　換言之，行為並非偶然，行為是行為主體人格意識的表現，絕對人格的現實化。人格行為論也能說明故意、過失、作為、不作為，因為都是人類表現在外的心理及精神活動的過程。

伍、小結

　　對於行為理論的不同見解，最後以小結內容及【圖 9】的各種行為理論之界定與批判加以清楚的呈現出來。

---

[4]　Wessels/ Beulke/ Satzger, Strafrecht, AT, 52. Aufl., 2022, § 3, Rn. 142.
[5]　Roxin/ Greco, Strafrecht, AT/1, 5. Aufl., 2020, § 8, Rn. 27.

一、因果行為論

1. 意思—任何意思均屬刑法上之意思。
2. 舉止—所造成任何舉動，故意、過失均為刑法意義上舉動之概念。
3. 效果—具有任何效果均可。
4. 可說明過失犯觀念，但無法說明不作為犯。

二、目的行為論

1. 意思—在意思上先認識到結果的目的意思。
2. 舉止—由意思操控的舉止。
3. 效果—朝目標努力達成結果。
4. 最能說明故意作為犯或未遂犯。

三、社會行為論

1. 意思—任何意思均可。
2. 舉止—由意思所操控或可操控的舉止均可。
3. 效果—必須為具有特定社會重要性之效果。
4. 最能說明不純正不作為犯。

四、人格行為論

1. 意思—具意思支配可能。
2. 舉止—須具備人格表現的行為。
3. 效果—必須是刑法上的行為。
4. 能說明故意、過失、作為、不作為，先排除非刑法上行為的現象。

圖9：各種行為理論之界定與批判
（參照 Haft, AT, 8. Aufl., S. 32）

	行　　為		
	意志	身體動作	結果
因果行為論的界定	意志的決定	產生一動作	因此發生結果
目的行為論對因果行為論的批判	思想上先認識結果	動作被意志操控	朝目標努力達成
目的行為論的界定	決定性的意志才屬確切意志	動作非盲目產生，是可被操控的	結果可事先預見
社會行為論對目的行為論與因果行為論的批判	意志所支配	人類行為（作為或不作為）	具有社會重大意義
社會行為論的界定	一個由意志所支配的……	人類行為（作為或不作為）	具有社會重大意義的
人格行為論	行為主體人格意識的表現	刑法上有意義的行為	人格展現的結果

第二節　刑法之行為

　　人的行為，包括作為與不作為。何種行為是刑法所要過問的，即何種行為具有刑法上的意義。例如：裸奔、吹牛、打人耳光、伸出中指向上、把人關在狗籠、見死不救、製造噪音、偷窺洗澡等，都是人格的表現，有意思決定的成分，可能是刑法所要過問的行為，至於是否成立犯罪，要經過犯罪階層理論的檢驗。

　　相對的，單純反射動作（被驚嚇的反射動作）、睡夢中的反應、動物的行為、絕對強制下的行為，都不是刑法所要過問的，不必進入犯罪階層理論檢驗。

　　單純反射動作，例如，汽車駕駛人經過迎神的隊伍，突然有香客燃放的鞭炮落入駕駛座，駕駛人驚嚇亂打方向盤，撞死迎神隊伍的其他香客；亂打方向盤的舉動，不具備刑法有意義行為的品質，不應受刑法的評價。關於睡夢中的反應，例如，母親與嬰兒同睡一床，一翻身將手臂壓在

嬰兒的口鼻之上，嬰兒因此窒息死亡。

壹、刑法意義之行為

　　犯罪判斷階層理論中，一般通說將犯罪的成立透過三階段檢驗，也就是三階論，而行為是在構成要件之中檢驗；而四階段的犯罪成立檢驗中，則將「行為」當作第一階段之檢驗，主要是認為如能先對一些不屬於刑法意義的行為概念，排除在刑法領域之外，先經過濾後，不具刑法意義的行為就不必進入構成要件該當、違法、有責中檢驗；有刑法意義的行為才進入犯罪是否成立的階層理論中進行判斷。

一、「行為」是否有優先檢驗之必要

　　檢驗行為是否屬於「刑法意義之行為」的必要性，在學說上有二見解：肯定見解認為，未進入三階段檢驗之前，排除一些與刑法規範不相干的現象，犯罪判斷上，具有過濾功能與澄清作用，可省去不必要的困擾。否定說則主張，檢驗行為有無刑法上的意義是多餘無必要的。通說的三階段檢驗要排除非刑法意義上之行為其實很容易，不需在構成要件該當性前即檢驗是否屬於刑法意義的行為。

二、刑法意義的行為

（一）定義

　　刑法意義上的行為是指，出於行為人內在意思發動，表現於身體的動（作為）與靜（不作為），且此動靜引起外界發生具有刑法重要性的結果的行為，如果一個行為被認為不具有刑法意義的行為，就不必進入犯罪階層的體系的檢驗。

（二）要件

1.行為受行為人意思主宰

　　行為須出於行為人內在意思之決定的意思活動，也就是基於人類思想而發動，具有意思支配可能性。換言之，若是動物或植物自然表現出的動態或靜態，因為人對於動植物的自然表現不具有控制力，故非刑法意義上的行為[6]。相反的，若動植物的表現是由人的意志所造成者，例如狗主人喝令受過訓練的狗去咬人，咬人的狗成為主人傷害他人的工具，這樣的行為則有刑法上的意義。

　　行為人只有內心意思活動，而無身體力行，仍不可認為是行為，例如某人「欲」搶銀行，但沒有行動，仍不為犯罪；但是有些決定，可讓人由外表上看出有犯罪跡象，且刑法有明文處罰的規定時，則仍可處罰，如預備殺人罪。相反地，有時外觀上是人的行為，但實際上行為人並無意思支配能力，如物理反射動作、單純的直覺驚嚇、睡夢中的反應等，亦非刑法意義的行為。若行為是行為人可支配的，縱然是瞬間決定的行為、激情下的行為，均具有刑法上的意義。若行為是行為人意思可支配的，縱然是瞬間決定的行為、激情下的行為或是機械自動化的動作舉止，均具有刑法上的意義。例如，走路或用手轉筆等行為。

2.行為引發具有社會重要性的外界變化

　　行為除意思、動作之外，仍必須發生外界一定的結果，假如法益並沒有因行為而被侵害或遭到危險，義務也沒有被違反，則這些行為均非刑法意義的行為。因刑法意義的行為必須引起刑法上重要後果，行為必須是外界可見之動（作為）或靜（不作為）。是故，如轉動眼球，或兇神惡煞的態度，其中可能蘊含教唆或支配他人犯罪的意思，而可能是刑法意義上的行為。

---

[6] Roxin/ Greco, Strafrecht, AT/1, 5. Aufl., 2020, § 8, Rn. 59.

3.作為與不作為均屬刑法意義上的行為

作為是行為人在意思主宰下的積極行動，做出法律所禁止的行為並導致法益被破壞；相對地，不作為是行為人在意思主宰下消極不行動，是不為法律命令所期待行為人應為的行為，而造成法益破壞或義務違反。不作為在其被評價與作為有同等意義時，不作為雖無身體的發動，但仍為具有刑法意義之行為。

貳、行為檢驗在刑法上的實益

檢驗行為在刑法上的實益，學說上一般會從行為的三大機能要素來說明。其一，行為是構成犯罪的基本要素，無論是作為或不作為、故意或過失、構成要件該當性、違法性與罪責的判斷等，都須在行為的基礎上進行評價。其二，行為是結合每一個犯罪判斷階層的對象要素。各種犯罪類型都須藉由「行為」的串聯來進行評價。例如，確定為刑法意義的行為後，才能進一步判斷該行為是否同時具備不法與罪責，成為一個犯罪行為。其三，行為是限界要素，是檢驗行為最具實益的功能。所謂的限界就是預先排除不具行為品質的外在動靜舉止，如同前述的物理反射動作、單純直覺驚嚇等，在犯罪判斷上具有邏輯思維的經濟效益。

由於行為概念的最大作用就是在於犯罪成立要件檢驗中，可先快速過濾與刑法規範毫不相干的現象。整個刑法體系在規範人類的行為，也就是什麼該作為，什麼不該作為，以藉此達到構成要件具有預防訴求與警告懲罰犯罪的功能。一般來說，人類在有意識的狀態下，能透過意識的指揮，去避免侵害結果的發生，所以人的行為是在意識支配下進行法益侵害，就有可能構成犯罪。相對地，若行為人無法依意識支配作為或不作為，如抽搐或反射動作等，刑法就沒有理由要求行為人對該作為或不作為負責。故所謂的行為應該是指，行為人有意識支配的作為或不作為。

行為理論最重要的實益，就是提供各種判斷標準去決定，人類有意識的行為是否屬於刑法規範的範圍之內，而藉由行為階層過濾與刑法上完

全無關的現象；不過，在這一個層次所能過濾剔除的情形相當有限，因此，犯罪階層體系當中，沒有將「行為」視為一個獨立的階層加以檢驗。所以，無庸對行為階層的過濾功能有過高期待，以避免導致許多行為被摒除在刑法規範之外，斷卻刑法預防與懲罰的功能。

❖ 實例講座 ❖

甲的行為

試問：下列甲的行為，何者具有刑法上的意義？

（一）友人躲在路角驚嚇甲，甲驚呼大叫並舞動雙手，不慎將民宅門口的花盆給打破。

（二）甲返家睡覺，睡夢中竟起身夢遊，家人見狀欲拉住甲，卻被甲推倒受傷。

（三）甲與同事發生爭執，二人爭得面紅耳赤，甲沉不住氣，揮拳將同事毆傷。

（四）甲把同事打傷後，老闆大怒，將甲解雇。返家後，甲想到失業在家，開始怨恨老闆，並萌生殺死老闆的想法，但是並未採取任何行動。

（五）甲賦閒在家，某日與右邊鄰居因細故發生爭執，甲的愛犬波波，見主人與鄰人爭執，乃撲向鄰人並將其咬傷。

（六）翌日，甲與左邊鄰居也因細故發生爭執，甲大聲喝令受有專業訓練的愛犬波波攻擊鄰人，造成鄰人身上多處咬傷。

解析

　　刑法意義的行為，是出於行為人內在的意思發動，進而表現於身體的動與靜，並引發具有刑法重要性的結果。申言之，刑法意義的行為，必是受行為人意思主宰的行為，此等行為可能是作為或不作為，且造成法益被侵害或遭受的情形。

　　甲的行為具有刑法上意義者：為案例之（三）、（六）情形。在（三）的案例中，甲揮拳攻擊同事，是出自於內在意思的行為，且造成同

事受傷，同事的身體法益受侵害，是具有刑法意義的重要性結果。在
（六）的情形中，甲的犬波波攻擊鄰居的行為，是出於甲的命令，同是出
於人的內在意思，所以有受過專業訓練的波波犬，是傷人工具，故具有刑
法上意義。

　　至於案例中之（一）、（二）、（四）、（五）均非刑法意義上的行
為。（一）與（二）均屬單純的反射動作，無任何行為人的內在意思參雜
其中。（四）的情形中，甲雖萌生殺死老闆的想法，但僅停留在內心意思
活動，並無身體力行，不能認為是行為。（五）的情形中，甲與鄰居爭
執，甲的愛犬波波自行攻擊鄰人，是動物的自然表現，無任何行為人的意
思，並非行為，自非屬刑法意義的行為。

第三章
犯罪論體系之演進及內容

第三章　犯罪論體系之演進及內容

【目次】

【圖次】

第一節　概說

　　刑法的二個重要範疇為刑罰論及犯罪論，前者的研究已有三千多年歷史，源自古希臘時代；後者的研究則只約有二百多年歷史。亦即，犯罪論的體系創發於 19 世紀末，比起刑罰論慢得多。

　　犯罪理論的研究，是在探討所有可罰行為的一般共通法律要件，換言之，犯罪理論所研究者，並非各個不同犯罪的個別要件，而是所有犯罪均需具備的共同要件，有體系的犯罪判斷，是思考一個行為是否構成犯罪的體系性的檢驗過程，經過嚴格的檢驗過程，具有符合裁判公平性的結果，確保法律的安定性。不過，過度追求形式裁判的公平性，也有可能忽略個案實質正義的危險。

　　犯罪理論是以行為、構成要件該當性、違法性及有責性等概念所建構的理論，犯罪理論的研究歷史，雖然不如刑罰理論久遠，但其內容也是相當豐富，在演進過程中比較重要的學說，大致上有：古典犯罪理論、新古典犯罪理論及目的犯罪理論（包含有以 Welzel 為主的 final System「新古典目的論體系」及以 Roxin 為主的「目的理性體系」）。而且依 Roxin 的說法，他的目的理性體系是新康德哲學的徹底實踐[1]。為方便瞭解，先以【圖 10】至【圖 12】說明古典犯罪理論的結構、對古典犯罪理論的批判及改革，及各別犯罪理論及理論演進的過程與內容。

---

[1] Roxin/ Greco, Strafrecht, AT/1, 5. Aufl., 2020, § 7, Rn. 27.

圖 10：古典犯罪理論之結構
（參照 Haft, AT, 8. Aufl., S. 20）

犯　罪　行　為			
不　　法			罪　　責
行　為	構成要件該當性	違法性	
任意的身體移動（狹義行為）及改變外部世界（＝結果）	行為是指外在世界的自然因果變動，具有純粹客觀、價值中立的描述性格，不須給予任何價值意義與主觀評價	依法秩序標準對行為做法的評價（對法規範形式上的違犯：客觀的不法，法定阻卻違法事由）	行為人內心所有內在心理狀態及精神歷程的總評（主觀特徵），主觀要素在此判斷

圖 11：對古典犯罪理論之批判及改革
（參照 Haft, AT, 8. Aufl., S. 22）

犯　罪　行　為			
不　　法			罪　　責
行　　為	構成要件該當性	違法性	
行為的意義應加以考量不作為（與古典理論不相容），不作為並非是一種實體，而是一種社會價值的判斷	規範及主觀的描述特徵，亦是構成要件要素的內涵	違法性應就實質上優先確定（構成要件只是一種形式輔助手段）	罪責不是心理因素，而須依據可歸責性的規範標準加以認定（規範罪責概念）

圖 12：犯罪理論之演變
（參照 Wessels/Beulke, AT, 36. Aufl., 2006）

理論區別	古典犯罪理論	新古典犯罪理論	目的犯罪理論（目的行為論）
代表人	v. Liszt, Beling	Bammann, Weber	Welzel, Maurach
構成要件該當性	與實定法規定要件相符，僅屬價值中立之客觀要件	除客觀要件外，仍須就行為人主觀意思判斷（主觀不法要素）	行為目的（行為人意欲、故意：知與欲）屬主觀要素，非罪責
違法性	形式上與法秩序之絕對服從命令相矛盾（客觀不法）	須實質上具社會損害性	與新古典犯罪論同
罪責	責任能力、責任條件（故意、過失罪責方式）	規範罪責—責任能力、責任條件並加上期待可能性	規範責任論

第二節　古典犯罪理論

古典犯罪理論誕生時，正處於自然科學蓬勃發展的年代，奠基在經驗與實證的自然科學在當時獲得巨大的成就，將人類的文明生活引領至一個新的境界。自然科學的發展，讓許多人文與社會科學的學者欽佩，也促使人文與社會科學的學者們試圖朝著與自然科學相同的研究方法努力，刑法學的研究在此時也同受自然科學影響。

19 世紀末，德國刑法學家李斯特與貝林以經驗主義為基礎，講求法實證，相信知識來自於經驗，並一如自然科學家從物質中發現元素般，開始細分犯罪的組成。他們認為犯罪是由不法與罪責組成，不法是客觀的，罪責是主觀的，其中不法又包含行為、構成要件該當性與違法性，奠定三階論犯罪結構的基礎，此又稱為「李斯特—貝林理論」，現今刑法解釋學上所稱的犯罪三階層理論，就是創發於古典犯罪理論[2]。

壹、行為

古典犯罪理論採因果行為論，認為行為是任意的身體動作，行為人為實現其內在意思，而形諸於外之行止，此行為使外界發生變動。行為人的內在意思視為原因，導致外界的變動視為結果，行為乃指此等原因與結果之間因果關係的完整歷程。

簡言之，行為是引起客觀世界變化的身體動作。行為的理解，被視為有如自然現象的觀察，其認為人的內在意思應為價值中立而無色彩，行為應由外表純粹作描述性、客觀性的觀察，此也稱為「自然行為論」，是一種狹義的行為觀。

2　Roxin/ Greco, Strafrecht, AT/1, 5. Aufl., 2020, § 7, Rn. 15.

貳、構成要件該當性

立足於經驗主義的古典犯罪理論，只接受經驗上可以掌握的事實，所以只討論客觀構成要件，對於行為的外觀表現作純粹性的描述，不作任何評價，是價值中立的描述構成要件。換言之，只承認有描述性的構成要件要素，不接受規範性的構成要件要素，因為這種要素必須法官在裁判上做價值的補充；在因果關係的判斷上，只接受經驗的條件說。

參、違法性

李斯特與貝林是法實證主義的信徒，重視法的安定性。反映在古典犯罪論上的就是，他們認為違法性是和實證法衝突的狀態，行為是否違法，端視法律是否有規定而決定，而不承認有超法定的阻卻違法事由存在，僅就法規內容做形式上的檢驗。

肆、罪責

古典犯罪理論採心理責任論，認為責任是容易驗證的故意過失心理關係。換言之，行為人內在的心理及精神歷程的檢驗，可以從其行為及結果的關係加以判斷。行為人有無責任的心理狀態，也可經由實證加以清楚判斷。由行為與結果的關係判斷其為故意或過失，故意是對於客觀世界的知與欲，過失則是沒有此種認識與願望。「不法意識」的定位，採「故意理論」，認為其屬故意的要素之一，而非獨立的罪責要素。因此，故意是構成罪責階層的要素之一，故意內涵中則尚具有不法意識的要素。

＊實證的意義

　　「實證」的意義是注重邏輯與經驗，是一種以「實際驗證」為中心的哲學思想。實證的目的，在希望建立知識的客觀性。以科學方法建立經驗性的知識。法實證主義否定自然法，超越經驗或不是經驗可以觀察到的知識，不是真的知識，因而基本上是否定人類社會正義的存在，只有形式的實質法及成文法才是法律，如此可維護法律的安定性及國家權利的恣意發動，進而實踐法治國的理念。

　　古典犯罪理論是典型的法實證主義的產物。故非意志可控制之行為，須從犯罪的範圍內加以排除，凡是犯罪行為都可以實證。例如，東德邊界軍官槍殺逃離東德人民，在古典犯罪論的思維下，是可以阻卻違法的。因為主張法實證主義者認為，殺人行為雖有構成要件該當，但具法定阻卻違法事由（上級的命令），其行為並不違法（惡法亦法）。

　　相反的，如果依照新古典犯罪理論在判斷犯罪行為時，乃以行為人的行為是否符合人類自然正義原則，不認為惡法亦法，槍殺的行為仍要處罰。因為，不是所有依法令的行為均屬正當，有時可以用人類的正義來否定依法令的行為。

第三節　新古典犯罪理論

　　1920 年左右，新古典犯罪理論興起。本理論保留古典的基本架構，但是以新康德學派的價值哲學為思想基礎。新古典以新康德的價值哲學為思想根源。試圖扭轉自然主義或實證主義的風潮，要回歸人文學科的獨立風貌，強調人文學科有其獨特性。

　　新古典犯罪理論認為「認識與評價」、「手段與目的」、「理想與實踐」均應分別觀察。價值是相對而非絕對，否定絕對客觀的真理，因為新康德學派認為法律也必須檢驗它的價值，法律中的惡法不能適用，惡法必須去除，以人類的自然正義對抗有害的實定法。本理論認為經驗的現象都有其背後的思想價值，不法的本質應是具判斷「行為」有無「社會損害

性」，罪責的本質則是求諸於「行為人」本身對於違反法規範的「可非難性」。

壹、行為

新古典犯罪理論認為，行為不一定要顯現於外，承認「不作為」的觀念。古典犯罪論中無法說清楚不作為，因為不作為不是個實然，無法以經驗的角度來實證，應該從社會評價的觀點去詮釋，所以提出「社會行為論」的見解。

貳、構成要件該當性

構成要件並不是價值中立且不加評價的客觀構成要件，必須做價值上的補充，故包括主觀及規範的構成要件要素。例如，新古典犯罪論在主觀構成要件中，注意到「不法意圖」規範的構成要件要素，是否達到不法意圖的程度，須由法官加以判斷，因而具有評價色彩，也顯現行為的不法[3]。

參、違法性

新古典犯罪論認為，違法性應進行實質上的判斷，所以除了法定阻卻違法事由外，承認亦有超法定阻卻違法事由。構成要件該當的行為若無社會損害，或損害極其幽微，可以評價為不違法。這是「實質違法性」的概念。

超法定的阻卻違法事由的創造，是認為一個構成要件該當的行為，如果沒有社會損害性或損害性極其輕微時，那麼這個行為並不違法，亦即不具有實質的違法性。以「社會損害性」為主導觀念，並以「利多於弊」的

---

[3] Roxin/ Greco, Strafrecht, AT/1, 5. Aufl., 2020, § 7, Rn. 16.

原則作為判斷基礎。藉由社會損害性的價值思考，阻卻違法事由可以被創造。

肆、責任

罪責的觀念應由非難的標準加以評價，亦即，譴責行為人對自己不法行為的決定，因為行為人必須對於他自己所做的不法行為負責。行為人要負責，是因為他有機會不為不法行為，卻一意孤行執意為惡，所以必須加以譴責；如果對行為人無法期待有合乎規範的行為（他行為之可能性）時，就不能譴責，所以是一種「規範責任論」，罪責是一種「可非難性」的概念。不過，新古典犯罪理論仍認為故意過失是罪責要素，不法意識為故意的要素。

伍、新古典犯罪理論對古典犯罪理論的批判

古典犯罪理論講求法的安定性，認為一切行為可實證，實則不然，這樣的堅持反而造成犯罪判斷上的疏漏。例如，不作為非實然，故無法用實證加以判斷，古典犯罪理論，就沒有考慮到不作為犯。

在構成要件方面，古典犯罪理論主張是一種非價值判斷的中立構成要件，所以不研究主觀或規範的構成要件要素；新古典犯罪理論則不然，他們主張構成要件要素的檢驗應注意主觀及規範的構成要件要素，而此二項構成要件要素，須經法官的評價才可說清楚。

簡言之，古典犯罪理論雖明確規定客觀構成要件要素，但構成要件要素，並非只有客觀上的而已，另有主觀的、規範的層面。古典犯罪理論卻不注意這些，僅以描述性構成要件要素來判斷犯罪，排除一切評價標準，事實上這樣難以維持法秩序的安定。

第四節　目的犯罪理論

　　1930 年代，以「目的行為論」為基礎的目的犯罪理論，開始支配德國的刑法學界，這個體系的創始人是德國波昂大學 Welzel 教授。這時的目的犯罪理論是受到「目的行為論」影響所建立的理論。不過，目的行為論與刑法的價值之間有不相容之處，使得學者們開始接受新古典犯罪理論中的「社會行為論」，進而修正目的犯罪理論。

　　目前，新古典與目的犯罪理論的融合，也就是以「社會行為論」為基礎的目的犯罪理論，是目前德國學界的通說[4]。在這段犯罪理論的演進過程中，較具代表性的人物有：Welzel, Armin Kaufmann, Hirsch, Stratenwert, Kramer, Rudolphi, Lackner, Jescheck, Gallas, Wessels 等。

　　雖然以社會行為論為基礎的目的犯罪論已是通說，但學者們並沒有放棄發現更完善的犯罪論體系，所以不斷有新的犯罪論體系被提出，在此之中，最值得介紹的是，1970 年代德國慕尼黑大學 Roxin 教授所提出的「目的理性的犯罪理論」（Zweckrationale System）。值得注意的是，犯罪論體系的研究並未結束，相信在刑法學者們的共同努力下，未來可能會產生更為精確細緻的犯罪判斷方式。

壹、以目的行為論為基礎的目的犯罪理論

　　以目的行為論為基礎的目的犯罪理論，又被稱為新古典目的論之綜合體系（final System），是新古典犯罪理論受到目的行為論的影響，所建構的理論體系，簡稱為「目的體系」。關於本理論的內容，說明如下：

一、行為

　　最初 Welzel 教授的目的犯罪理論，是採「目的行為論」。目的行為

---

[4] Roxin/ Greco, Strafrecht, AT/1, 5. Aufl., 2020, § 7, Rn. 23.

論認為，人類的行為均有一定目的，並非只是因果關係的整個過程，行為不是盲目的，行為的基礎在於行為的目的性。因此只能針對故意的正犯加以幫助或教唆。對於過失犯，不可能幫助或教唆。共同正犯是指，對於因果流程有特定目的加以操控的多數人，所以操控者之間有意見的交換；過失犯無法共同對因果流程做有目的操控，所以不承認有過失的共同正犯。

二、構成要件該當性

在以目的行為論為基礎的目的犯罪論體系中，將「故意」置於主觀的構成要件要素中，是最突出之處。換言之，構成要件的判斷，必須思考行為人是否能對結果，做有目的性的操縱。故意是一般的主觀不法要素，不法意圖亦為特殊的主觀不法要素，故意只要有事實的認識，不必有不法意識。

三、違法性

對於違法性的認定與新古典犯罪理論相同，認同實質違法性的概念及超法定的阻卻違法事由。不過，特別考量主觀的阻卻違法要素。

四、罪責

罪責的認定承襲新古典犯罪論的見解，承認規範責任論。另外，「不法意識」成為罪責的範疇，不是屬於故意成立的要素，成為獨立的罪責要素。

五、客觀處罰條件

犯罪經過三階段檢驗後，有可能不被處罰或無法成立，因為有時仍然要考慮有無「客觀處罰條件」的問題。客觀處罰條件並非取決於不法行為本身或罪責，例如§238 詐術結婚罪的成立與否，非決定於行為人本身，而是取決於是否「因而致婚姻無效之裁判或撤銷婚姻之裁判確定」，這就

是客觀處罰條件。

貳、以社會行為論為基礎的目的犯罪理論

這是目前德國的通說，同樣是受新古典犯罪理論的影響，可說是新古典與目的體系的結合[5]。不過與最初的目的犯罪理論不同的是，此是以社會行為論為基礎的目的犯罪理論。

一、行為

以目的行為論為基礎的目的犯罪理論，因為採納重視人類行為目的的目的行為論，造成無法解釋過失與不作為。這項理論的缺憾，促使後起的學者們接受新古典犯罪論的「社會行為說」，改以社會評價觀點去判斷行為，如此過失與不作為將可被說明，也使得目的犯罪理論更加周全。

二、構成要件該當性

目的犯罪論改以社會行為論為基礎之後，故意屬於主觀構成要件要素的看法，仍被採納。因為，要掌握構成要件行為的社會意義，勢必不能忽略行為人的主觀故意。

更進一步地，故意、過失開始具備雙重評價功能，也就是先在構成要件該當中檢驗故意、過失一次，再於罪責階段檢驗一次。不過，能精確說明具有雙重評價功能的案例並不多，比較典型的案例是「容許構成要件錯誤」，如誤想防衛。

三、違法性、罪責、客觀處罰條件

以社會行為論為基礎的目的犯罪理論體系，就違法性、罪責與客觀處

---

[5]　Roxin/ Greco, Strafrecht, AT/1, 5. Aufl., 2020, § 7, Rn. 23.

罰條件上，維持著與以目的行為論為基礎的目的犯罪理論體系相同的看法，同樣承襲著新古典犯罪論的見解。

參、目的理性的犯罪理論

1970 年代，Roxin 認為刑法體系的建構，應該根植於刑法的目的，由刑法的目的作為建構犯罪體系的指引，也就是從刑罰的目的功能理論開始思考[6]。這也就是所謂的目的理性的犯罪理論（zweckrationale System）。換言之，目的理性體系以新康德學派的觀點為基礎，把新古典犯罪論未曾徹底發揚的新康德思想，再加以精緻化，並增添其內涵。Roxin 的刑罰目的觀是以特別預防理論為核心，所以目的理性的犯罪理論也就是以此為基礎開展的犯罪理論。

基本上，目的理性的犯罪理論持續目的犯罪理論的架構，其較為特殊之處在於「客觀歸責理論」及「罪責的負責性概念」。前者對於德國的學說與實務均產生重大影響，後者則較富爭論。對於這二項重要的見解，分別說明如下。

一、客觀歸責理論

無論是古典、新古典或目的犯罪理論，對於因果關係的判斷，都重視純粹因果律的「條件說」，僅就事實經驗上的因果觀察，而沒有任何的價值判斷。Roxin 創設的客觀歸責理論，為客觀構成要件的因果關係判斷開啟一扇窗，在事實經驗的因果關係之後，加入價值判斷。

二、罪責的負責性概念

關於違法性、罪責及客觀處罰條件的看法，均與目的犯罪理論相同；但是，Roxin 將罪責的概念擴大到「負責性」，亦即罪責的內涵不僅是意

---

[6] Roxin/ Greco, Strafrecht, AT/1, 5. Aufl., 2020, § 7, Rn. 26.

思形成的可非難性，應包括「預防的必要性」。換言之，行為人要負責，是因為有預防的必要，如果沒有一般預防或特別預防的必要，可能就不必負責。由此可知，Roxin 認為罪責的概念應從刑罰目的理解，也就是以預防思想為重心的刑罰目的觀。

　　最後，在充分掌握各別犯罪理論演進的過程與內容後，以綜合鳥瞰的結構【圖13】說明各個犯罪理論的代表人物與精要內涵。

圖 13：犯罪理論演進之鳥瞰
（參照 Wessels/Beulke, AT, 36. Aufl., 2006, § 19 II）

	古典犯罪理論 （法實證主義）	新古典犯罪理論 （新康德學派二元論）
代表人物	v.Liszt, Beling, Binding	Radbruch, Baumann, Weber, Mitsch Kienapfel
行為	因果行為論	社會行為論
構成要件 該當性	客觀構成要件 ├ 行為主體 ├ 行為客體 ├ 構成要件的行為 ├ 行為與結果的關係（因果關係） ├ 結果 └ 特別行為情狀	主觀構成要件（要素）┬ 不法意圖(§320) 　　　　　　　　　　└ 營利意圖(§241 II) 客觀構成要件┬ 行為主體 ├ 行為客體 ├ 構成要件的行為 └ 行為與結果的關係
違法性	法定阻卻違法事由 （如：正當防衛）	┬ 法定阻卻違法事由 └ 超法定阻卻違法事由 　（如：被害人承諾）
有責性	故意、過失（心理責任論）	┬ 責任能力 ├ 責任要素：故意、過失 └ 無阻卻責任事由：期待可能（規範責任論）

目　的　犯　罪　理　論		
故意犯的犯罪構造(一)(final system) Welzel, Maurach, Gössel, Schroeder, Zipf, Armin Kaufmann, Hirsch Stratenwerth（新古典目的論體系）	故意犯的犯罪構造(二)(teleologisches system) Beulke, Haft Eser, Jescheck, Gallas, Wessels, Kramer, Rudophi, Wolter, Lackner.（通說）	過失犯的犯罪構造
目的行為論	社會行為論	社會行為論
┌主觀構成要件 ├┌一般主觀構成要件要素：構 │｜　成要件故意 │└特別主觀構成要件要素：不 │　法意圖 │ └客觀構成要件 　┌行為主體 　├行為客體 　├構成要件的行為 　├構成要件的結果 　└行為與結果的關係	┌主觀構成要件 ├┌一般主觀構成要件要素： │｜　構成要件故意 │└特別主觀構成要件要素： │　不法意圖 └客觀構成要件 　┌行為主體 　├行為客體 　├構成要件的行為 　├構成要件的結果 　├行為與結果的關係 　└客觀歸責（Roxin/Greco, 　　目的理性的犯罪理論※）	┌主觀構成要件：過失 └客觀構成要件 　┌行為主體 　├行為客體 　├構成要件的行為 　├行為與結果的關係 　├結果客觀預見可能 　└結果客觀避免可能
┌法定阻卻違法事由 └超法定阻卻違法事由	┌法定阻卻違法事由 └超法定阻卻違法事由	┌法定阻卻違法事由 └超法定阻卻違法事由
┌責任能力 └無阻卻責任事由 　┌不法意識 　└期待可能 　（規範責任論）	┌責任能力 ├責任型態：故意、過失 └無阻卻責任事由 　┌不法意識 　└期待可能	┌一般責任能力 ├特別責任能力：特別認 │　識能力、特別履行能力 └無阻卻責任事由 　┌不法意識 　└期待可能
客觀處罰條件	客觀處罰條件	

※嚴格來說，Roxin 教授的「目的理性的犯罪理論（又稱目的理性體系）」與「以社會行為論為基礎的目的犯罪理論」並不相同，惟當前客觀歸責理論多數德國實務與學者接受，故將之列入。如此一來，應有利於讀者銜接本書對於構成要件（第二篇第五章）中＜因果關係與客觀歸責＞的理解。

犯罪類型

第四章　犯罪類型

【目次】

第一節　概說

　　刑法總則對於犯罪類型的分類，是以「規範」為標準，是規範上的分類，其與刑法分則或犯罪學的犯罪類型相較之下，顯得較為抽象。例如，刑法分則原則上以「被侵害的法益」進行區分，可粗分為侵害個人法益及侵害非個人法益的犯罪，前者又分為侵害個人財產法益、侵害個人非財產法益（生命、身體、自由、名譽等）的犯罪，後者則分為侵害國家法益、侵害社會法益的犯罪。至於犯罪學，則以「現象」為標準，如經濟犯罪、少年犯罪、白領犯罪、交通犯罪、環境犯罪等。

　　以規範為標準的刑法總則犯罪類型，是由法條所描述的情狀，也就是構成要件本身規範的差異進行分類，例如構成要件的內容是以作為或不作為規範，而分為作為犯、不作為犯。以行為人主觀犯意不同，區分為故意犯、過失犯。又如構成要件對於行為人的資格有無特別規定，若無特別規定，是一般犯，任何人均可能構成某類犯罪，若有特別規定，則是特別犯，符合特定資格者才有可能構成某類犯罪，如公務員才有可能構成受賄罪。關於刑法總則的犯罪類型，詳細說明如下。

第二節　種類

壹、作為犯與不作為犯

一、作為犯

　　作為犯（Begehungsdelikte）的犯罪構成要件之內容，以作為的形式來規定。行為乃於意思主宰支配下，朝向特定目的，運用力量移動五官四肢，導致法益的破壞或義務之違反。例：§271 殺人罪中所謂「殺人者」的「禁止規範（Verbotsnorm）」，原則須以積極的動作來完成，才會成立作為殺人罪。

二、不作為犯

不作為犯（Unterlassungsdelikte）的構成犯罪，是指行為人的身體在客觀世界中未有任何舉止或變動，但基於法律的明文「誡命規範（Gebotsnorm）」或社會的期待（刑法第§15條：保證人地位）而仍會構成犯罪。不作為犯罪以法律有命令行為人履行積極作為義務為前提，當行為人違反這個作為義務，冷眼旁觀法益遭受破壞時，就會成立不作為犯罪。不作為犯又可分為：

1. 純正不作為犯：法條以不作為模式所規定的犯罪。由於行為人的犯罪手段為不作為，對應同樣是以不作為才會成立犯罪的刑法規定，因此稱為「純正」不作為犯。判斷一個犯罪是否為純正不作為犯，只須觀察法條規定對行為模式的描述，若法條明文描述犯罪必須透過不作為的方式實現時，即屬純正不作為犯。例如§149聚眾不解散罪「意圖……，而不解散者……」只要有三次以上不解散；§294 I後段消極遺棄罪「對於無自救力人，……或不為其生存所必要……」；§306 II後段的侵入住宅罪「無故……，或受退去之要求而留滯者」。
2. 不純正不作為犯：行為人以不作為的手段，違反法條規定以作為犯為行為型式的犯罪。由於行為人的手段是不作為，但所違反者本是作為犯的規定，因此稱為不純正不作為犯。例：保姆欲將嬰孩餓死，故消極不餵食（不作為），構成§271殺人罪的不純正不作為犯（§15），保姆作為義務的來源是與嬰孩父母所訂的「民事契約」。

貳、故意犯、過失犯與意圖犯

犯罪構成要件之中，依行為人主觀犯意不同，而區分為故意犯、過失犯與意圖犯。

一、故意犯

犯罪構成要件對於行為人主觀的描述，原則上以故意犯為主，當法律條文未特別針對行為人主觀進行描述時，就是故意犯。例如§271 I 規定「殺人者」，就是指故意殺人之人，是故意殺人罪；§277 I 規定「傷害人之身體或健康者」，就是指故意傷害他人的身體或健康之人，是故意傷害罪。

二、過失犯

行為人因過失行為而成立之犯罪，如§276 過失致死罪或§284 過失致傷罪。應注意的是，依§12 II 的規定，過失行為的處罰，是以有特別規定者為限，也就是若刑法無處罰過失犯的規定，縱因行為人的過失行為造成他人法益的侵害，亦不成立犯罪，例如不慎摔破他人的英瓷花瓶，不成立§354 之罪，因毀損器物罪並無處罰過失的規定。

三、意圖犯

意圖犯（Absichtsdelikte）為特殊的故意犯，刑事立法採用意圖犯之立法方式，透過特定不法意圖之限制規定，將欠缺不法意圖的故意行為，排除於可罰行為之外。關於意圖與犯罪動機的關係，實務對此曾有表示，「犯罪之動機，係決定犯罪意思間接之原動力，屬於犯罪之遠因，雖為科刑時應審酌事項之一，除有特別規定外，並非犯罪之構成要件。」（參照，94 台上 1209 判決）。

實則，動機是故意內涵之外，決定為其行為實施的遠因，且動機與犯罪的成立通常無必然關係，法律若無特別規定，動機就不屬於犯罪構成要件的內涵，僅可能是科刑應斟酌的事項或刑期加減的條件。不過，若刑法分則有規定以「意圖」為犯罪構成要件，則動機已成犯罪內容的一部分，不得再視為一般動機，故意圖犯在主觀上除須具備故意之構成要件外，尚須具備法定之不法意圖，否則其犯罪即無以成立（參照，93 台上 4798 判

決），例如§231，意圖使男女與他人為性交或猥褻之行為，而引誘、容留或媒介以營利；又如§320Ⅰ竊盜罪，行為人之故意行為必須出於竊盜之故意，並「意圖為自己或第三人不法之所有」。簡言之，這類犯罪的行為人，除故意之外，尚有特殊不法意圖。

參、舉動犯、結果犯與加重結果犯

一、舉動犯

舉動犯（schlichtes Tätigkeitsdelikt）又稱為『行為犯』，乃指行為人只單純具備構成要件所描述的犯罪事實，不須發生任何結果，就成立犯罪。不以實害發生為必要，只要有特定的行為方式出現，構成要件即已該當，不必有任何結果，例如：重婚、誣告等。

舉動犯當中，抽象危險犯是最重要的類型。抽象危險犯是指，立法上基於經驗上的推測，凡是客觀上有特定行為的出現，損害法益的結果幾乎就會伴隨實現，故一旦實施該特定行為，不論有無造成實際侵害，刑法皆會提前進行處罰。易言之，特定行為方式，因其帶有典型的危險性，而被處罰；這種危險是立法上的推測，不容許用反證推翻。抽象危險犯的刑法規定，例如§§154、168、190Ⅰ、195等。又舉動犯原則上沒有未遂，但理論上應可想像，例：誣告他人的信已寄出，但半途遺失。

二、結果犯

結果犯（Erfolgsdelikte）是指，行為人除實行構成要件該當的行為外，尚須發生構成要件該當的結果，始能視為犯罪既遂。如何掌握結果犯的判斷方式，必須從結果犯與舉動犯（行為犯）間的差異來說明。所謂的結果犯，是能從構成件所描述的外在客觀世界，將將行為與結果的時空關係切割區隔。反之，如構成要件所描述的犯罪事實，無法區隔行為與結果的時空關連時，則屬舉動犯的類型。

　　例如，開槍殺人時，客觀世界中除了扣板機的行為外，緊接著必然有子彈射出、射入被害人身體，直到失血過多死亡的結果發生，可明顯切割出行為與結果的時空區隔，是結果犯罪類型。相反的，舉動犯的犯罪類型中，例如重婚罪的情況是，一旦重複登記的行為完成，犯罪結果隨之出現，客觀上難以想像如何切割「登記行為」與「重婚結果」間的時空關聯。由此可知，在結果犯中，行為是因，結果是果，兩者的連結性會有時空上的間隔，故結果犯會有因果關係判斷的問題；舉動犯或抽象危險犯，則沒有因果關係的判斷問題。

　　結果犯包括：實害犯、具體危險犯。實害犯是指，行為造成現實的侵害，其又可分為普通結果犯與加重結果犯，一般的犯罪，均屬普通結果犯，如§271，只有少數特殊情形才有加重結果的發生。具體危險犯則是指，行為雖未造成現實的侵害，但是已經惹起危險狀態，在法條尚具體危險犯時常會出現「致生危害於安全」的字語，例如§§305、185Ⅰ、174Ⅱ、175Ⅱ等。應注意的是，實害犯與具體危險犯，行為必須發生構成要件中所預定之結果，或惹起危險狀態，始能成立既遂的犯罪。

三、加重結果犯

　　加重結果犯（erfolgsqualifizierte Delikte）是指，行為人出於基本構成要件故意，而實行基本構成要件該當的行為，竟超出基本構成要件之加重結果，致該當加重構成要件，而成立犯罪，因此可謂為是「故意犯與過失犯的結合犯」[1]。如§277Ⅱ傷害致人於死或重傷、§290Ⅱ圖利加工墮胎致婦女於死亡結果。加重結果犯之立法理由乃在平衡刑罰與責任，避免刑罰失衡。

　　我國加重結果犯是，綜合「故意和過失」的特殊犯罪類型。雖然過失犯同樣會造成加重結果，如德國刑法§309Ⅳ規定「行為人因其濫用放射線的行為，於至少是重大過失而導致他人死亡」的加重結果犯，但特別要

---

[1] Wessels/ Beulke/ Satzger, Strafrecht, AT, 52. Aufl., 2022, §18, Rn. 1147.

求對其輕率（Leichtfertigkeit）的行為要詳加檢驗[2]。

　　不過，我國刑法並無過失犯加重結果的規定。關於加重結果犯，有幾點特別應注意的內容，分別說明如下：

1. 行為人以犯輕罪的意思為行為，竟生加重結果。

2. 須法律明文規定處罰加重結果犯，亦即，行為實施基本構成要件行為確生加重之結果，且必須法有明文處罰。若法無明文，只能以數罪併罰、想像競合（§§50、55）來處理。

3. 加重結果和基本行為，必須有直接因果關係，加重結果必須是直接由基礎行為所造成，因而其間如有第三人或被害人的原因加入時，即沒有直接因果關係[3]。其目的在限縮防止加重結果犯之過度成立，以及應成立的罪名為何（參照，107 台上 1836 判決）。

4. 由§17，「因犯罪致發生一定之結果，而有加重其刑之規定者，如行為人不能預見其發生時，不適用之。」的規定可知，行為人必須能預見其結果發生，行為人如不能預見結果發生，則不構成加重結果犯。所謂能預見，依照 47 年台上 920 判決之見解乃指客觀情形而言，與主觀上有無預見之情形不同，若主觀上有預見，而結果之發生又不違其本意時，則屬故意範圍，無復論以加重結果犯之餘地（參照，106 台上 3447 判決）。

　　因此§17 所謂能預見係指客觀上預見而言，亦即對於加重結果之發生若依一般人之知識經驗可得預見，則屬§17 的能預見。故能否預見以一般人就當時客觀的存在情狀，以及行為的結果客觀事實上能否預見加以認定（參照，102 台上 5274 判決）。

5. 行為人對於加重結果必須無故意，否則成立故意犯罪。因此，對於加重結果部分有下列三種可能：

　(1)能預見而沒有預見：此種情形限於有高度預見可能性，而未預見的

---

[2]　Roxin/ Greco, Strafrecht, AT/1, 5. Aufl., 2020, §11, Rn. 108.

[3]　Schönke/ Schröder, StGB, 30. Aufl., 2019, §18, Rn. 4.

輕率過失。換言之，行為人應注意，卻未注意，足見其對於他人法益嚴重的輕忽漠視，故須加重處罰。而且立法者也希望加重結果犯，不要漫無限制的擴大。

(2)能預見且有預見：屬於有意或容忍其發生，乃§13故意犯。

(3)不能預見時：不適用§17的規定。

6. 刑法對於加重結果設有處罰規定，行為人只要實行基本構成要件該當的行為，而生加重結果者，即足以成立結果加重犯，而不以基本構成要件該當的行為既遂為必要。

肆、實害犯與危險犯

一、實害犯

實害犯（Verletzungsdelikte）的行為必須造成客觀可預見的實害結果始能既遂的犯罪。必須注意的是，所謂的實害結果，是指「法益」已遭不法行為的實際損害為判斷標準。例如，將殺人罪歸類為實害犯罪類型，是指生命法益已遭抹煞的實際損害。

二、危險犯

不同於實害犯，但同樣是以法益有無遭到實際侵害為標準，危險犯（Gefährdungsdelikte）是指行為一旦讓法益陷於一種危險狀態時，即可成立犯罪。易言之，行為只要對於法益已構成危險，而無待實害之發生，即能成立犯罪。危險犯就危險狀態的不同理解，可區分為抽象危險犯、具體危險犯之分。

（一）抽象危險犯

行為符合構成要件中所預定的抽象危險即可成立犯罪，是具體危險的先前階段，因抽象危險具高度危險，無待法官就具體案情作認定，是立法

者依其生活經驗大量觀察，認為某一類型行為對於特定法益帶有典型危險性[4]，只要特定的行為方式出現，法益的危險就跟隨出現，例如：§185-3酒醉駕車、§173 I 放火燒他人住宅。因此預估該類行為具有高度危險，行為只要符合構成要件所描述的行為事實，就被認為有抽象危險，無待法官就具體個案審酌危險結果是否存在。縱然實際上並無危險，只要有構成要件行為存在，仍會成立犯罪。故抽象危險犯，大部分是行為犯，行為符合構成要件即成立犯罪，條文中並未規定有任何危險發生。

最為典型者，為了維護食品安全，行為人只要在食品裡有攙偽或假冒、或添加未經中央主管機關許可之添加物的行為，就構成犯罪[5]。最高法院 105 年度第 18 次刑事庭會議決議，支持本書的見解。認為：「祇要行為人有食品安全衛生管理法同法第 15 條第 1 項第 7 款所定『攙偽或假冒』行為或第 7 款之『添加未經中央主管機關許可之添加物』行為，即成立犯罪，不論其行為是否確有致生危害人體健康之危險存在。祇要在食品中攙偽或假冒或添加未經中央主管機關許可之添加物，即有立法者擬制之危險，法院毋庸為實質判斷。」

值得注意的是，近年來，為了節制抽象危險犯的過度羅織之嫌疑，學說上將特定的行為方式出現，還強調法官還要進一步判斷，行為方式對於法益的侵害是否存有危險性。此種抽象危險犯，有稱之為「抽象—具體危險犯」[6]；有稱之為「潛在的危險犯」[7]；更多的人則稱為「適性犯」

---

[4] Roxin/ Greco, Strafrecht, AT/1, 5. Aufl., 2020, § 11, Rn. 154.

[5] 詳參，張麗卿，食品攙偽或假冒的抽象危險犯辯證，月旦法學雜誌，261 期，2017年 2 月，頁 76 以下。

[6] 我在 1998 年 10 月，就已經詳細介紹這個名詞及概念。參照，張麗卿，交通刑法中的抽象危險犯—以德國刑法第三百十六條為例，收錄於：林山田教授六十歲生日祝賀論文集，頁 224 以下。其實最早提出這個名詞的是德國學者Schröder。參照，Schröder, Abstrakt-konkrete Gefährdungsdelikte?, JZ (1967), S. 523 ff.

[7] Fischer 稱為「潛在的危險犯」（potenzielle Gefährdungsdelikt）。Fischer, StGB, 70. Aufl., 2023, vor § 19, Rn. 19.

（Eignungsdelikte）。不過，無論是適性犯、潛在危險犯、或抽象具體危險犯，都是抽象危險犯的下位概念[8]，是介於「典型抽象危險犯」與「具體危險犯」之間的規範類型而已。

例如 §210 偽造、變造私文書，足以生損害於公眾或他人者，處五年以下有期徒刑。依照該條，偽造、變造私文書的事件（偽造、變造行為），「足以」生損害於公眾或他人者，構成要件才該當。因為構成要件上有「足以」這個用語，所以被稱為「適性犯」，亦即，某種程度上是留有解釋餘地的抽象危險犯，因為如果偽造或變造的文書，非常簡略粗糙，很容易被識破，根本沒有以假亂真的作用，就不「足以」生損害於公眾或他人。

雖然刑罰應當慎重使用。尤其在侵害尚未出現時，立法者創設抽象危險構成要件，在特殊情況下，例如食品犯罪中的攙偽假冒、交通犯罪中酒醉駕車、環境犯罪中的破壞水土保持等等，為了更周延的保護法益，也是不得已的手段。

（二）具體危險犯

具體危險犯（是結果犯之一種）將危險狀態作為構成要件要素，而規定於刑法條款中，法官必須就具體案情，逐一審酌判斷，認定構成要件所保護之法益果真存有具體危險時，始能成立犯罪。立法者設計具體危險犯，將特定行為是否引起危險，委由法官判斷，比較符合個案正義。具體危險行為雖未造成現實的侵害，但是已經惹起危險狀態。例：§§ 174Ⅱ、174Ⅲ後段、175Ⅰ、Ⅱ、Ⅲ，法條中多有「致生公共危險」的規定，須由法官就實情審酌才能決定是否成立犯罪。

---

[8] Roxin/ Greco, Strafrecht, AT/1, 5. Aufl., 2020, §11, Rn. 135.

伍、狀態犯與繼續犯

一、狀態犯

　　狀態犯（Zustandsdelikt）又稱為即成犯（delit instantance）。行為一旦造成法條明定的違法情況，即屬完成犯罪。有特定情況的引發，犯罪就已結束，故又稱「情況犯」。犯罪是否已經結束，與行為人的意志不再有關係；犯罪狀態不能被持續的實現，如殺人、傷害、毀損、重婚，皆屬情況犯。例如，殺人後，被害人死亡，犯罪狀態即已結束，行為人不可能對於一個死人，持續性地再加以殺害，所以兇手的意志不能左右犯罪狀態是否持續；同樣的，重婚者也不需要反覆實施重婚的行為，行為人只要有重婚行為，其違法狀態行為已經完成，也就是行為一旦造成法條明定的違法情況，就已完成犯罪。不過，我國婚姻改採登記制後，重婚犯罪的機會勢必大幅降低。但就學理的探討來說，行為人一旦已有婚姻登記的存續關係時，另為結婚登記時，仍有可能成立重婚罪。

二、繼續犯

　　繼續犯（Dauerdelikte）是指，構成要件的實現，並不代表犯罪結束；若行為人的犯罪意思沒有改變，犯罪行為持續沒有放棄，其所引發的犯罪狀態就會一直持續下去，整個犯罪等同尚未終了結束，因此，繼續犯經常出現「犯罪既遂」與「行為終了」先後不同時間的情形[9]。例如，§306 無故侵入住宅罪，當行為人無故潛入他人的家中，雖然已是犯罪既遂，但這種犯罪狀態在行為人沒有離去前，都會一直持續下去，行為等同沒有完成，還沒有終了；又如§302 I 私行拘禁罪，當行為人沒有改變意思，放出被害人之前，犯罪狀態會一直持續存在，也就是違法狀態持續被實現。應注意的是，繼續犯可能是單純的舉動犯，也可能是結果犯。

---

[9]　Wessels/ Beulke/ Satzger, Strafrecht, AT, 52. Aufl., 2022, § 1, Rn. 47.

行為人意思，足以決定行為所造成違法情狀的久暫。行為人的行為只要發生構成要件該當結果，犯罪即屬既遂；惟行為人假如未放棄犯罪的實施者，則犯罪違法情狀即繼續進行，而法定構成要件不斷的繼續實現。

對於狀態犯與繼續犯的區分如下：

1.是否可成立幫助犯、共同正犯

繼續犯：當犯罪狀態還在繼續中，雖然犯罪已經既遂，但是，參與者仍有可能成立共同正犯或幫助犯。狀態犯：犯罪既遂同時終了後的參與者，只可能成立贓物犯，或藏匿人犯罪，或湮滅證據罪，不可能成立共同正犯或幫助犯。

2.是否為現在侵害而主張正當防衛

繼續犯：行為人之行為未停止前，仍屬現在不法侵害，可主張正當防衛。狀態犯：由於行為完成，犯罪便告成立，已無「現在」不法侵害，因此，原則不得主當正當防衛；例外的情形是，竊盜後攜帶贓物逃逸，由於行為人尚未對於該遭破壞持有的財產法益形成新的穩固持有關係，屬犯罪行為尚未終了之階段，仍能視為現在不法侵害，而得以主張正當防衛。

3.決定追訴權時效之計算

繼續犯：其於行為終了時，始起算追訴權時效進行（§80Ⅱ）。狀態犯：其則是於犯罪成立之日起算。

陸、自然犯與法定犯

一、自然犯

自然犯通常和道德、倫理有關的犯罪，屬於「本體惡」，例如殺人、放火、竊盜等犯罪。

二、法定犯

法定犯通常為附屬刑法上所規定之犯罪，是「禁止惡」，例如獵殺保育類動物。

柒、一般犯、特別犯與親手犯

一、一般犯

在法定構成要件中，對於行為人的資格或條件，未做任何限制，任何人均可適格。刑法中絕大部分的犯罪都是一般犯。

二、特別犯

特別犯為身分犯，只有具備特定資格或條件的人，才屬適格的行為人。刑法中對於特定資格或條件的要求，例如公務員、從事業務之人、特定親屬身分等。其又區分為：

1. **純正特別犯**（echten Sonderdelikte）：指行為人的身分資格作為刑罰創設的條件，若無此等特定資格，即無法成立犯罪。此處的身分是一種與法益侵害密切相關的不法構成要件。例如，一般人民收受他人不法酬庸或利益，最多於民間商業活動往來中損害他人利益，可能成立背信罪；但，唯獨具公務員身分者，一旦收受賄賂而從事公務上違背職務之行為，將會損害政府的廉潔性與公信力等國家法益，故才有可能該當§§121、122 受賄罪的處罰規定，此外，如§124 枉法裁判罪，也必須要有審判職務之公務員或仲裁人，為枉法之裁判或仲裁者，才能構成犯罪[10]。

2. **不純正特別犯**（unechten Sonderdelikte）：指行為人之資格，乃在於加重、減輕、免除刑罰之意義，若無此等資格之人，只能成立基本構成要

---

[10] Roxin/ Greco, Strafrecht, AT/1, 5. Aufl., 2020, § 11, Rn. 130.

件之犯罪，不能適用加重、減輕或免除刑罰之規定，而加重、減輕或免除其刑。因此該特定資格、條件，只是當成刑罰加重或減輕的理由，例如，§271 殺人罪是一般犯，但行為人若殺害直系血親尊親屬，如子殺父，則將依§272 I 加重刑罰。

三、親手犯

親手犯（eigenhändige Delikte），又稱「己手犯」，是指行為人必須親自直接實行刑法規定的禁止行為，始成立犯罪；第三人雖可透過教唆或幫助他人實現犯罪，從屬於親手犯的不法，成立教唆犯或幫助犯，但本身絕不可能成為間接正犯或共同正犯[11]。親手犯原則上均非結果犯，而屬行為犯。例如重婚罪§237，只有行為人有配偶而重為結婚，或同時與二人以上結婚方才成立，他人不可能成為正犯，是典型的親手犯。又如酒醉駕車罪§185-3，僅處罰飲酒後親自駕駛動力交通工具者，事先勸酒或鼓勵其酒後開車之行為人最多僅能視個案情況成立該罪的教唆犯或幫助犯[12]。

捌、單一犯與結合犯

一、單一犯

實現一個獨立構成要件之罪。刑法規定處罰的犯罪，絕大部分皆是單一犯。例如，殺人罪、竊盜罪。必須注意的，學說上有所謂單行為犯與複行為犯的類型區分，概念理解上容易與此處單一犯與結合犯的類型混淆。就單一犯與單行為犯的差異來說，單一犯強調的是，違反單一刑法規定的不法構成要件；單行為犯則是指，依據不法構成要件的要求，行為人僅要實施單一行為就會成立犯罪。例如，§221 的強制性交罪，行為人必定先有一個強制行為，再與被害人性交，故構成要件中是描述了兩個行為，但

---

[11] Wessels/ Beulke/ Satzger, Strafrecht, AT, 52. Aufl., 2022, §1, Rn. 56.
[12] 張麗卿，交通刑法，2002，頁91。

本罪同時也是刑法規範中單一不法構成要件的規定。因此，強制性交罪雖然屬於單一犯，但非單行為犯。

二、結合犯

結合犯係因法律規定，將二個獨立的故意犯合成一罪，加重其處罰的犯罪類型。事實上，結合犯中本來獨立的犯罪，得依數罪併罰予以處斷，但是因犯罪時間具有銜接性，犯罪地點具有關連性，量以其間一同出現機率頗大，危害尤鉅，惡性更深，為達防患目的，乃由法律規定而合成一罪，以收懲儆之效（參照，91 台上 5849 判決）。簡言之，結合犯就是，行為結合兩個獨立構成要件，而在法律上評價成立一罪的犯罪。

結合犯依其性質，又可區分為形式結合犯與實質結合犯。前者乃由法律規定，諸如§§226-1、249、332、334、348；後者則是本質上有數個獨立之犯罪，經由解釋的方式而成為結合犯，例如強盜罪§328。

另外，相對於單行為犯的概念，所謂的複行為犯（又稱雙行為犯），係指在一個不法構成要件中，兼含兩個以上行為的犯罪，例如§328 I 強盜罪，包括強暴、脅迫等強制行為，以及違反他人同意取得財物的竊取行為；或是強制性交罪中，強暴脅迫的強制行為以及與他人性交的行為。由此可知，凡是刑法規定中有兩個以上的複數行為，就是複行為犯。因此，複行為犯可能是實質結合犯，如強盜罪；也可能是單一犯，如強制性交罪。

玖、著手犯

著手犯又稱為企行犯（Unternehmungsdelikte），指刑法的構成要件中，將既遂與未遂視為一體的犯罪類型[13]。凡經著手於實行，無論其為既遂或僅止於未遂，均應一律加以處罰。著手犯的規定，完全基於主觀說的

---

[13] Roxin/ Greco, Strafrecht, AT/1, 5. Aufl., 2020, §10, Rn. 125.

見解，以有表現犯意之著手為處罰之標準。如§100 I普通內亂罪規定，「意圖破壞國體，竊據國土，或以非法之方式變更國憲，顛覆政府，而以強暴或脅迫『著手』」實行者，處七年以上有期徒刑」，普通內亂罪沒有規定未遂犯，但§100 II有預備犯的處罰規定，因此構成要件所描述的「著手」，兼指既遂與未遂。

創設著手犯的理由是，行為人雖仍在未遂階段，但已經不能控制因此而生的危險，且未遂行為已經明顯破壞法益，有必要將未遂與既遂的情形，等同視之。

❖ 實例講座 ❖

假設命題之判斷

　　下列命題，有些是正確的，有些是不正確的。請指出不正確的命題，並詳附理由解釋。正確的命題，如有必要，亦得附理由解釋：

一、構成要件類型上，行為犯（或稱舉動犯）與結果犯是對立的概念，實害犯與危險犯是對立的概念。

二、具體危險犯與抽象危險犯，都屬於結果犯。

解析

一、正確的命題

（一）行為犯（或稱舉動犯）與結果犯為對立之概念乃正確之命題

　　所謂行為犯即行為人只單純具備構成要件所描述的犯罪事實，不須有任何犯罪結果發生，就成立犯罪。亦即，不以實害之發生為必要，只要特定的行為方式出現，構成要件即已該當，抽象危險犯是其最重要的範疇。結果犯則係除了行為之外，必須有結果的出現，構成要件才會該當，包括實害犯與具體危險犯。

（二）實害犯與危險犯為對立的概念乃正確之命題

　　實害犯是行為必須造成可見的實害結果始能既遂之犯罪。危險犯只須行為對法益或為客體造成危險結果，即可成立犯罪。可分為抽象危險犯、具體危險犯或是「抽象具體危險犯」。

二、錯誤的命題

　　應修正為：具體危險犯與抽象危險犯，並非都屬於結果犯具體危險犯是將危險狀態作為構成要件要素，而規定於刑法條款中，法官必須就具體案情，逐一審酌，認定構成要件所保護之法益果真存有具體危險時，始能

成立犯罪。由於行為必須發生構成要件中所預定之結果，始能既遂之犯罪，所以必是結果犯。而抽象危險犯乃是符合構成要件中所預定之抽象危險即可成立犯罪，大部分屬於行為犯。

構成要件

第五章　構成要件

【目次】

第一節　概說

壹、定義

　　構成要件（Tatbestand）是立法者將各個犯罪行為之構成犯罪事實，把它類型化、條文化而規定於刑法分則或其他具有刑罰法律效果的條款項目中，是處罰犯罪行為之前提要件，但構成要件該當不一定會被處罰。

　　構成要件、犯罪構成事實、構成要件該當三者是不同的概念。「構成要件」是判斷構成要件該當之基本要件，是法律所規定抽象的一種條件，明文於刑法分則、附屬刑法或特別刑法中，是評價之基準。「犯罪構成事實」，乃符合構成要件之現實事實，是依照構成要件評價之對象。構成要件事實與構成要件符合，即為「構成要件該當」，指某一行為符合刑法分則、特別刑法或附屬刑法所規定的構成要件。

貳、功能

　　關於構成要件所具備的功能，主要有保障人民自由，推定行為人的行為違法性，將犯罪加以類型化，以及具有刑事訴訟法的功能。對於這些功能，分別說明如下。

一、自由保障之功能

　　由於構成要件規定明確，可以防止刑事司法人員恣意地認定犯罪，因而確保國民之自由權益。自由保障功能，乃罪刑法定原則之具體展現。

二、違法性推定之功能

　　依照通說見解構成要件該當，乃犯罪成立之第一要件，只有該當於構成要件之行為，始有再評價違法性及罪責的必要，故犯罪事實符合構成要件時，大體上可推定此行為具有形式上的違法性。除非有法定阻卻違法

事由或超法定阻卻違法事由，才可以反面推翻該行為之違法性[1]。

三、犯罪個別化之功能

　　構成要件將各個行為予以抽象化、定型化，使得犯罪之間有所區別。由構成要件判斷可知某行為是否成立犯罪，是否該罰。另外，從是否符合構成要件該當，也可判斷行為結果是既遂或未遂。

四、訴訟法上之功能

　　刑事訴訟法上有所謂「犯罪事實」的規定，檢察官依刑訴§264Ⅱ②規定要對犯罪嫌疑人提起公訴時，該當構成要件的事實，即為「犯罪構成事實」的概念，故構成要件在訴訟法上具有判斷是否起訴的功能。

參、種類

一、基本構成要件與變體構成要件

1. 基本構成要件：針對各種犯罪行為之基本型態而規定之構成要件。例：普通殺人罪之構成要件、普通竊盜罪之構成要件。
2. 變體構成要件：就基本構成要件加以修正變化而成之構成要件。有加重、減輕二類。例：§§272、273、274均為普通殺人罪之變體。

二、完全構成要件與不完全構成要件

1. 完全構成要件：將架構構成要件的構成要件要素非常完整的規定於構成要件，刑法中大多數的構成要件均屬此類，又稱「閉鎖性構成要件」。
2. 不完全構成要件：待補充之構成要件，只有構成要件要素之一部分，其他部分須要法官、行政法規或行政命令加以補充，又稱「開放性構成要件」。

---

[1]　Wessels/ Beulke/ Satzger, Strafrecht, AT, 52. Aufl., 2022,　§ 8, Rn. 397.

三、單一構成要件與綜合構成要件

1. 單一構成要件：規定單一罪行、破壞單一法益之構成要件，大多數的構成要件屬單一的構成要件。
2. 綜合構成要件：包括數個罪行、破壞數法益之構成要件，例：§332Ⅱ強盜結合放火、強制性交、擄人勒贖、使人受重傷罪（明示結合犯）；§328Ⅰ強盜罪（實質結合犯）。

肆、構成要件的要素

一、意義

　　構成要件的要素（Tatbestandsmerkmale）建構構成要件內容的各種要素，立法者藉由構成要件要素的安排，清楚地指述可罰行為的法律條件。

二、種類

（一）描述性構成要件要素與規範性構成要件要素

1. 描述性構成要件要素（deskriptive Tatbestandsmerkmale）：係指以日常生活用語描述客觀的事實狀態。例：殺人罪之「殺」（動作）、「人」（客體）……是對事實現象之描述。此乃客觀、無規範價值判斷的事實情況，所以稱為描述性或記述性之構成要件要素。
2. 規範性構成要件要素（normative Tatbestandsmerkmale）：本身與法律專業或與價值有關的概念，無法簡單從客觀世界的觀察，就能理解條文描述的意義。一般皆須透過司法解釋者的價值判斷後，才能明瞭立法者所欲表達的涵意，是具評價必要性的構成要件要素。例如公然猥褻罪之「猥褻」：只要有足以引起別人性慾感覺的行為即可構成猥褻，但這種觀念會隨時代改變而有不同，故有評價之必要。

（二）客觀構成要件要素與主觀構成要件要素

1. 客觀構成要件要素（objektive Tatbestandsmerkmale）：描述客觀可見之構成犯罪事實之要素。例：行為客體、行為時之特別情況。其描述之情況，原則上可由外表行為察知，不必推敲行為人主觀心意。客觀之構成要件要素，包含有描述性與規範性之構成要件要素。而描述性之構成要件要素之「描述」並非一成不變，且描述性構成要件要素和規範性構成要件要素之間也彼此流動，沒有一定界限，我們可以竊盜罪的案例，用【圖 14】來說明描述性與規範性構成要件要素及客觀的與主觀的構成要件要素間之結構。

2. 主觀之構成要件要素（subjektive Tatbestandsmerkmale）：行為人有實現客觀構成要件要素的心理狀態，這種心理狀態雖無法由外表得知，但可以推敲此種描述行為人主觀心理狀態的內在要素，通常是指故意或意圖。但是，故意和意圖的概念顯然有別：「意圖」乃指行為人出於特定犯罪目的，努力謀求構成要件之實現或希望構成要件預定之結果發生，希望達到犯罪目的主觀上之心態，通常規定於財產犯罪，除故意外須另有為自己或他人不法所有之意圖。亦即，行為人在主觀上必須具有法定的特定心意趨向，始能成立意圖犯，故有無此不法意圖，事關犯罪成立與否的問題。

圖 14：構成要件要素之結構
（參照 Haft, AT, 8. Aufl., S. 44）

	客觀的構成要件要素	主觀的構成要件要素
描述性的構成要件要素	如：物、竊取	如：故意
規範性的構成要件要素	如：他人	如：不法所有意圖

（三）成文構成要件要素與不成文構成要件要素

1. 成文的構成要件要素：明文規定在構成要件中之各種構成要件的要素，

例如竊盜罪的「動產」。

2. 不成文之構成要件要素：未經明文規定於構成要件中之構成要件要素，但因學說或實務見解所形成，有些構成要件要素是在構成要件中必須檢驗的要素，例如，因果關係的判斷，乃屬「不成文之構成要件要素」[2]。開放性構成要件，以不成文的構成要件要素居多。閉鎖性構成要件，其不成文之構成要件要素則較少。

> **例1**　普通殺人罪中之構成要件要素只規定「殺人」，並未規定「有人被殺」，而學說及判決均承認殺人罪之構成要件要素中，必須有「有人被殺」之概念，故「有人被殺」即為「不成文之構成要件要素」。

> **例2**　詐欺罪中，「被害人財產受有損害與被害人被詐欺之間應有因果關係」，法律雖無明文，但此因果關係的判斷，仍屬「不成文之構成要件要素」。

第二節　客觀之構成要件

壹、行為主體

適格的行為主體（Tatsubjekt）是指，能出於自己意思而作為或不作為之人，亦即每一個具有意思能力之人，因此刑法適格之行為人應該只有「自然人」。除了自然人外，法人能否成為犯罪之主體，值得討論？

歐陸法系國家的傳統見解認為，法人不能自己做意思決定，不能自己有人格的表現，所以，法人不能從事犯罪行為，不能作為行為主體，而

---

[2] 林山田，刑法通論（上），2008，頁278。

是負責人等擔任行為主體。例如，我國 2018 年新增修的§190-1 II規定：「廠商或事業場所之負責人、監督策劃人員、代理人、受僱人或其他從業人員，因事業活動而犯前項之罪者，處七年以下有期徒刑，得併科一千五百萬元以下罰金。」即於普通刑法典中不認為法人具有犯罪能力，不是行為的主體，最主要的原因即是法人無法接受除了罰金以外的刑罰。

值得注意的是，近年來，隨著社會的發展，經濟犯罪與環境犯罪日益增多，例如，企業排放有毒廢棄物或是攙偽假冒食品或製造有毒物質之食品，此類的犯罪皆由法人從中扮演重要的角色。法人的活動同樣會造成社會或個人法益的侵害，所以對於法人侵害社會或反社會的活動，社會自然需要應對防衛的方法，針對法人的處罰有「獨立處罰論」和「企業組織體責任論」等處罰法人的新理論提出，確認法人有獨立作為刑罰對象的可能。

相反地，英美法系認為，法人可以從事犯罪行為。我國的附屬刑法，亦有處罰法人的規定，例如，公平交易法、水污染防治法；換言之，附屬刑法承認，法人可以從事犯罪行為，例如，圍標、破壞環境的刑事不法行為。說明如下：

一、原則否定

法人僅為法律所擬制之人格，非實際存在，因此法人無固有意思，無法為意思與行為，就不會產生所謂故意、過失之問題。

法人無固有之行為，法人之人格乃法律所擬制的，是私法所創設之組織體，所以刑罰根本無法對它加以非難，因它不具倫理性、道德性，故無刑罰之適應性。最有效的方法，不是處徒刑、拘役；而是勒令停工、歇業或解散，現行刑法之刑罰，如生命刑、自由刑的對象均為自然人，不適於法人。

二、例外承認

因為法人是存在於社會的有機體，與自然人同在。法人的代表乃法人的機關，故法人與自然人相同，可實施犯罪，有犯罪能力。

我國現行法例採折衷之立法例，原則上認為法人無犯罪能力，因為在普通刑法法典中，無法人處罰的規定，例如前述所提的§ 190-1 II 規定，並無處罰法人而是處罰法人之負責人，但在各種附屬刑法的罰則中有處罰法人之規定。

其實，對法人科以罰金（刑罰）或罰鍰（行政罰），但以科處罰鍰（因刑罰之科處必須起訴、審判⋯⋯）可收較快速效果。對法人之制裁，除科以罰鍰外，仍可給予警告、勒令歇業、停工等。現在附屬刑法中對法人的代表人科處刑罰，且法人科處罰金罰金之模式，目的乃在除了藉助刑罰之效果來威嚇法人之代表人，也希望藉助罰金刑威嚇法人；換言之，同時處罰個人責任與法人責任所採取的「兩罰模式」，較能遏止法人的犯罪。

更加值得注意的是，隨著互聯網和大數據的發展，人工智慧逐漸成為各國政府部門、科技公司和科研機構關注的重點。人工智慧的發展也與法律有直接關係。例如，人工智慧載具的自駕車，經過深度學習後，有獨立的自我決定能力。如果自駕車自己失控發生傷亡，如果不能追究程式設計者或自駕車製造商時，應否承認自駕車具有法律人格可以有犯罪能力？學說上有兩種討論[3]：

承認人工智慧載具有法律人格者認為，如果自駕車具有法律上的人格，則可能享有權利，並負擔義務。在刑法上，便具有犯罪能力，而成為犯罪行為主體。一旦構成犯罪，將會接受相應的制裁。這個看法應該建立在一個基礎上，那就是，自駕車屬於完全的自主，無須人力的監督或配合。**否定人工智慧載具有法律人格者認為**，自駕車不具有人格，即使自

---

[3] 張麗卿，人工智慧時代的刑法挑戰與對應─以自動駕駛車為例，月旦法學雜誌，286 期，2019 年 3 月，頁 87-103。

駕車造成死傷或其他侵害，也不需要負責，也不可能負責。換句話說，自駕車不具有法律上人格，自駕車由人所造，只是輔助人類的工具。縱然是完全自主的自駕車，人類也不需要擔憂或高估，因為最高端的自駕車也只是機器，最終要承擔法律責任者，都是人類；只是在個案上可能要討論，是使用者或生產者的責任。

本書認為應「**回歸以人為本的思考**」，即使人工智慧機器與人類相當，資訊處理能力超越人類，人工智慧機器依然不是法律上的人。即使人工智慧機器可以在邏輯上超越人類的思辨能力，但真正的人類不是只有邏輯，而是具有自由意志，在相對為難的處境可以自由抉擇，具有誠實、憐憫等感情本質，做出恰當的價值思考。人工智慧機器是大數據、運算法與程式設計等的組合，縱使在這種組合裡，人工智慧機器可以深度學習，但很難想像其可以產生誠實、憐憫或其他細微的感情，甚至價值判斷。因此，人工智慧是人類創造發明，用來輔助人類生活或工作的工具，該工具為人所造、為人所用，不可能取代人。

貳、行為客體

行為客體（Tatobjekt），指犯罪被侵害的對象。其內容有二：其一為行為客體：可能是人身、物、機關組織。其二則是，被害法益：法益（Rechtsgut）可能是犯罪行為侵害之客體，法益即法律所要保護之利益，它是一個保護客體。故，保護客體（法益）和行為客體必須嚴加區別：

1. 行為客體是行為的對象。例：殺人罪，行為客體為「人」，保護客體為「生命法益」。行為客體是一個感覺的對象。例：竊盜罪、行為客體是「動產」，保護客體是財產安全。保護客體，是一個觀念的對象。
2. 法益對於一切犯罪行為均存在，而行為客體並非存在於一切之犯罪。例如，聚眾不解散罪並無確切的行為客體。
3. 法益是法律所保護之對象，行為客體是犯罪直接實施之對象。
4. 法益無法由構成要件的規定中看出，行為客體通常規定在構成要件中。

一般而言，依照法益持有者的不同，大抵可分為個人法益、社會法益及國家法益三種。但是，學理上也有將法益分類為：「法益一元論」和「法益二元論」。「法益一元論」認為，刑法的保護具有單一性，刑法只有在保護個人法以才有意義。「法益二元論」則認為個人法益與國家、社會法益不同，因此應分為「個人法益」及「超個人法益」[4]。不過，無論其區分何種類型，法益基本上具有以下的功能：

(1)犯罪體系確立之機能

刑法分則各種罪名之分類與排比，是依照法益性質來決定，因此法益是刑事立法上的重要依據，例：形式上依照國家法益、社會法益、個人法益之不同而加以區分，此外，法益也是「實質犯罪概念的核心」，因為刑法條文的保護，必須以法益保護為宗旨，否則刑法的存在就不具有正當性[5]。

(2)刑法解釋指導之機能

法益對於刑法解釋具有方法論之機能，從法益之觀點來解釋該法條所要保護之目的，法益是「構成要件目的解釋的標準」。

(3)罪數認定之功能

侵害個人之專屬法益，依法益之主體數來計算其罪數。例如殺二人，即二個人之生命法益被侵害。非個人專屬法益通常用一種包括的方法來計算法益個數。因此，偷了整個曬衣場的衣服，應只犯一個竊盜罪，以包括的方法來計算其罪數。但侵害個人專屬法益時，依法益主體數目來計算，因此法益具有罪數認定之機能。

---

[4]　陳志龍，*法益與刑事立法*，1997，頁 139。
[5]　Roxin/ Greco, Strafrecht, AT/1, 5. Aufl., 2020, §2, Rn. 1.

參、行為

行為亦即實行行為（Ausführungshandlung），乃客觀構成要件之核心。行為之方式、手段、時間、地點通常規定於客觀構成要件中。例：「殺」之方式。「竊盜」之方式，但是，「竊取」並不一定要秘密進行，只要違背持有人之意思，取其之物即為竊取，祕密的、公開的均有可能。

肆、行為結果

行為人之行為引發法益破壞、法益危險狀態及義務違反之變動，此時外界之變動即為行為結果（Taterfolge）。行為之結果：

1. 實害的結果，又分：普通的結果（基本構成要件該當之結果，如殺人之死亡結果）與加重結果（非行為人所能控制，較基本構成要件該當之實害或危險結果更嚴重之實害結果）。
2. 危險的結果：只對刑法所保護之法益構成危險，但尚未造成客觀可見之實害。

第三節　因果關係與客觀歸責

壹、前言

因果之判斷，以具體結果發生為前提，行為犯（舉動犯）並無因果關係之問題。主要的理由是，只有在結果犯的類型，行為與後來結果間會有時空的間隔，此間隔內的因果關係才有可能發生異常，故就會有判斷因果關係的必要性。因此，因果關係是在確認何者行為才是導致結果發生的主要原因，若在行為實施後的空窗期間，確認是另有特定因素的介入，才

會導致結果發生時，可能就要否定最初行為與結果間的因果關係[6]。

因果關係（Kausalität）是對客觀存在的事實加以判斷，與行為人主觀內在對外界的認識沒有關係，故因果關係的認定在過失犯、故意犯間沒有差別。

因果關係之判斷，乃在構成要件該當性中加以評價與檢驗，屬於一種不成文構成要件要素，檢驗順序上是先於違法性與有責性加以判斷。故因果關係是否存在，不受到違法性、有責性的影響，縱使欠缺違法性或罪責，因果關係仍有檢驗之必要。

因果關係的研究，為刑法上之因果關係，是構成要件該當性之行為與構成要件該當結果之聯絡關係，是具體行為和結果間之關係；所以行為必須是人類具有社會意義之行為，才是刑法上因果關係要判斷的對象，與一般之因果關係概念不同，故論理上之因果關係，並非刑法上所要研究之重點，因果關係的判斷不能脫離自然科學與經驗法則之事實檢驗，但仍不能逕將所有一般概念之因果關係，皆視為刑法意義上之因果關係。

貳、因果關係之學說及評價

一、條件說

1870 年間，奧地利有一位訴訟法學家 Glaser 創立了「條件說」，直到今日仍是德國學說與實務上重要的主流。條件說即為條件理論（Bedingungstheorie），又稱「等價理論」（Äquivalenztheorie）。由於刑法意義上之原因，是指「任何一種不可加以忽略的條件（condition-sine-qua-non），如果沒有此一條件，具體的結果就不致於出現」，藉此可以很容易判斷出因果關係[7]。

---

[6] 因果關係與客觀歸責理論的詳細說明，可參張麗卿，廢弛職務致釀災害的客觀歸責，東海大學法學研究，9 期，1995 年 9 月，頁 253-280。

[7] 林山田，刑法通論（上），2008，頁 213。

條件說的基礎係植基於具體結果之出現，故先有結果，才有條件。缺陷：太強調「如無前者，即無後者」之觀念，亦即以「假設的消除過程」（hypothetisches Eliminierungsvergehren）加以判斷，如果沒有該行為，法益侵害的結果就不會發生，那麼行為與結果間就具有條件的因果關係[8]，形成導致漫無節制之可能性，因為，所有條件都是同等價值的，故依照條件說來判斷因果關係時，為了節制其漫無限制之可能，須依「故意或過失之理論」來糾正條件說運用太寬的缺陷。德國至今實務上仍支持條件說，因依故意或過失之理論，方可排除一些「事實上之因果」關係（相對於刑法上之因果關係）。簡言之，將事實上之因果關係，再用故意過失理論加以節制、排除後，則可解決條件說過分廣用的缺點。

> **例** 五金行老板賣刀給兇手，兇手持刀殺死被害人。五金行老板賣刀與被害人之死，不一定有因果關係，因如為單純消費買賣，則無因果關係；如老板明知兇手要拿刀殺人，則可能是幫助犯。

由於，事實上因果關係的認定，以條件說為基礎，其歸責的基礎是建立在條件說的因果關係上，不過，此種因果關係之運用有過份擴張的缺點。此外，若事實未明，經驗判斷即有困難。另外，假想因果與擇一因果，無法用條件說的原型加以處理。故，為了節制條件說過分擴張之缺陷，必須強調「充分且必要條件」才能被認定為原因[9]，而在學說上有相當理論及客觀歸責理論。以下分別說明。

二、相當理論（相當因果關係說）

相當因果關係理論（Adäquanztheorie）是節制條件說之一種補充理

---

[8] Jescheck/ Weigend, Lehrbuch des Strafrecht, AT, 5. Aufl., 1996, S. 280.

[9] Roxin/ Greco, Strafrecht, AT/1, 5. Aufl., 2020, §11, Rn. 6 ff., 35 ff., 39 ff.

論，是由，德國邏輯家兼醫學家馮‧克里斯（von Kries）於 1889 年所提出。主要是指只有那些對於具體結果引起之條件，就一般經驗法則來看，必須具有一定程度的蓋然率的適當條件，必須這些適當的條件和結果間，才有因果關係。這是一種客觀的事後的修正理論，以行為人事後的立場來看當時的情狀，條件的出現對一般的經驗法則而言是適當的，才可說這些條件和結果有因果關係。

　　簡言之，相當因果關係說，指一個行為有普遍的傾向，會導致結果的發生，這個行為才是刑法意義上的原因；至於只是偶然或異常情形造成結果發生的條件，就不是刑法意義上的原因，應該以不具相當性排除其因果關係[10]。

　　我國實務上係採相當因果關係說，此由 76 年台上 192 號判決可知：「刑法上之過失，其過失行為與結果間，在客觀上有相當因果關係始得成立。所謂相當因果關係，係指依經驗法則，綜合行為當時所存在之一切事實，為客觀之事後審查，認為在一般情形下，有此環境、有此行為之同一條件，均可發生同一之結果者，則該條件即為發生結果之相當條件，行為與結果即有相當之因果關係。反之，若在一般情形下，有此同一條件存在，而依客觀之審查，認為不必皆發生此結果者，則該條件與結果不相當，不過為偶然之事實而已，其行為與結果間即無相當因果關係。」

　　此外，相當因果關係說有下述無法解決因果關係的問題：

1. 相當因果關係中所稱之「條件」指每一個條件，依一般生活經驗法則均足以造成一定的結果，把具有法律上意義之原因定位在導致具體結果的相當性條件，由於行為和結果間之因果關係判斷，必須經相當可能性之判斷，故經常將「欠缺條件因果關係」與「欠缺相當因果關係」的內涵，視為相同，混淆了「無相當因果關係」與「無因果關係」的內涵。
2. 相當可能性之判斷，雖可迴避條件說之擴張運用，但在可能性判斷之前提下因「可能」是個不確定之概念，故在「可能性判斷」之前提下，因

---

[10] Jescheck/ Weigend, Lehrbuch des Strafrecht, AT, 5. Aufl., 1996, S. 286.

果關係之明確性將陷於浮游不定。在浮游不定之情形下，何謂「相當」？何謂「不相當」？界限是不固定的。例如經常。

3. 採相當因果關係說，以事後客觀的判斷做基礎，將造成不確定性。因為相當因果關係說雖可解決典型的因果關係歷程，但無法解決有問題的因果歷程，尤其是，無法排除過濾異常的因果關係。原因在於相當因果關係說未把最後結果的肇因與歸責加以區分，故仍有其缺陷。

　　例如，甲欲槍擊乙的心臟，丙見狀，趕忙拉開甲的手，結果乙的肩膀遭到槍擊受傷。也就是，丙對於乙既存的被打中心臟的危險，在程度上修正為更輕微。若按相當因果關係說，奮勇推人與造成他人受傷之間的具有相當性，是造成傷害的重要條件，所以傷害的構成要件該當；但這個舉動屬於緊急避難，不違法。

　　相反地，如果依照客觀歸責理論，降低風險的舉動等於沒有製造不受容許的風險，所以傷害的結果不能歸咎於降低風險的舉動，也就是說，丙的搭救使得損害發生在比較不嚴重的部位，並未製造不被容許的風險，所以客觀的傷害構成要件不該當，乙肩膀受傷的結果，不能歸責於丙的相救行為。由此可知，相當因果關係說與客觀歸責理論的不同，前者是先認為搭救行為構成要件該當，因為有緊急避難的事由而不違法；後者則是直接認定構成要件並不該當。

　　值得注意的是，我國刑法學說自 1990 年代開始，介紹客觀歸責理論，因此雖然司法實務由於長期受相當因果關係的影響，但該理論的運用從各級法院的第一審開始。已經突破以往相當因果關係說的束縛，大膽採用下述的「客觀歸責理論」的運用了[11]。

---

[11] 更詳細內容，可參張麗卿，客觀歸責理論對實務判斷因果關係的影響—兼評最高法院九十六年度台上字第五九九二號判決，法學新論，13 期，2009 年 8 月，頁 1-29。

三、客觀歸責理論

客觀歸責理論（objektive Zurechnungstheorie）是由德國慕尼黑大學刑法教授羅克新（Claus Roxin）所創發和集大成的理論。該理論認為是否可以歸責，必須從規範上來考慮，是從重要性理論與條件說發展出來，對於因果關係加以限制之學說。德國現今的通說將相當理論與重要性理論歸屬於「歸責理論」，且認為因果關係是以經驗的觀點來判斷「結果原因」，客觀可歸責則是以規範的觀點來判斷「結果歸責」。也就是說，在確定某一行為是造成某一結果的原因之後，還必須再以規範的觀點加以檢驗。

值得注意的是，傳統上都認客觀歸責理論適用於殺人或傷害的情景，比較常見。但是在 Roxin 新版（第五版）的刑法總則中，也認為客觀歸責理論在德國刑法§§303 毀損、231 聚眾鬥毆、323a 麻醉狀態的違法行為、263 詐欺等的運用情況，展現該理論對於德國刑法學說理論及實務的深遠影響[12]。

客觀歸責理論的基礎仍然在於條件說，亦即，任何條件對結果言，均有因果關係，但不一定可歸責，必須結果的發生可以視為是行為人所支配後的作品，才能要行為人負責。詳言之：

（一）首先依條件說檢驗

依照條件說，行為人的行為是否為引起結果的條件，必須依「如果無前者（行為）即無後者（結果）」的觀念判斷，此種經驗上的判斷是第一個要檢驗的條件。

結果的發生，是否由行為所引起，是一種經驗上的考慮。條件說的判斷是：刑法上的原因，指任何不可忽略的條件，如果沒有此一條件，具體的結果就不致於發生（condition sine qua non）。這也就是「如無前者，即無後者」的公式，行為與結果間必須有關聯，是因為依照經驗可認為該

---

[12] 這個轉變，在作者的新版書中有詳細的說明。Vgl., Roxin/ Greco, Strafrecht, AT/1, 5. Aufl., 2020, §11, Rn. 52.

條件對於具體結果的發生，有其事實上的影響力。

（二）接著判斷是否客觀可歸責

客觀上是否可以歸責，主要判斷的內容有：(1)行為人製造法不容許的風險；(2)該風險行為導致結果發生；(3)因果歷程在構成要件的效力範圍內。若行為人的行為與結果之間具有條件說的「經驗上的因果關係」，又滿足上述三點的內容，則具備「歸責上的因果關係」，如此一來，我們便可以稱該行為與結果之間，具有因果關係與客觀可歸責性。對於客觀歸責理論的三點主要內容，分別說明如下。

1.行為人製造法不容許的風險

行為人的行為具有風險性，且行為的風險性是法律所不容許的；換言之，沒有製造風險的行為，法律所容許的風險行為，以及降低風險的行為，因為其沒有製造法律所不容許的風險，可排除行為不法。

(1)沒有製造風險的行為

如果行為人的行為，只是一般社會通常發生的正常行為，是一般生活上的風險（Lebensrisiko），屬於沒有製造風險的行為，縱然因為這些行為造成結果的發生，也只是意外。例如，慫恿別人風雨天出去散步可能被雷打死或慫恿人去登山，可能發生山難。這些都是社會一般正常行為，並未在法所重視的範圍內提高風險。又如，小姐穿著迷你短裙在大街上散步，路經的汽車駕駛因貪看小姐美腿而釀成車禍，此時並不可將車禍的發生歸責於小姐穿著短裙的行為，因為穿著短裙是合乎當前社會觀念且法不禁止的正常行為，並無製造任何風險。

(2)法律容許的風險行為

日常生活中，有許多行為雖然含有危險因素，但卻可能是法律所容許的風險（erlaubtes Risiko），例如法律禁止人民相互傷害，但若是合法的拳擊比賽，拳擊手可以在擂臺上與人格鬥；又如，防腐劑具有弱毒性，法律禁止人民任意使用，以免釀成死傷，但是若是合乎食品法標準的防腐劑

劑量則是法律所允許的,諸如此類。事實上,人類社會存有許多法律允許的危險,而法律之所以允許這些危險存在,是因為這些危險可能帶給人類更多的便利或樂趣。此外,行為如屬於正常的經濟活動,雖帶有一定程度的危險,例如:賣汽油、賣火柴、賣刀械等。依經濟交易慣例與對於消費者的合理信賴,這些危險都受到容許。

(3)風險減少或降低的行為

風險減少(Risikoverringerrung)的行為,也是法律所允許的風險。所謂風險減少(或稱**風險降低**)的行為是,表面上有因果關係,但實際上並非引起構成要件相關的危險行為。也就是說,行為人改變已存在的因果關係,對於已存在的風險用其他的方式、較輕微的方式或較慢的時間來使結果發生。換言之,降低危險的行為並沒有製造危險,縱然結果發生,也不能歸責於行為人。至於風險減少的情形大致有:

A. 結果用其他方式出現。例如:山崩時,火車司機把火車由一號鐵軌移到二號鐵軌,結果火車仍被山崩壓倒。這樣的情形,結果仍會出現,只是以其他方式出現罷了。

B. 結果用較輕微的方式出現。例如:甲將被殺之際,乙見情況危急,拉甲一把,使原應射中心臟之子彈僅打中手臂。乙的行為雖然沒有使危險消失,但確實使風險降低。

C. 結果以較慢的時間出現。例如:甲要拆除定時炸彈,因該炸彈未能拆除成功,只是讓該炸彈較慢爆炸。

值得注意的是,學說上所質疑風險降低「**實際出現的結果嚴重性被削弱,並不是沒有出現結果**」,因此不應以風險降低作為排除歸責的理由的說法。不過,因為風險降低的判斷視角是「事前的」,因而不可能從「事後的觀點」來比較,實際發生的結果與原來風險造成的結果的嚴重程度。例如:「**飛石擊中手指案**」。甲故意地揮開了正以一種極其危險的方式向乙飛來、即將打在乙頭的一塊石頭,使石頭的軌跡發生偏轉,落在乙的手上,乙雖因而受傷,依照客觀歸責理論,甲不應被歸責。進一步探討,假設很不幸的乙是一位「**鋼琴家**」,也是一樣不可歸責。亦即,甲

的舉動雖然損害了乙從事職業的能力，但是甲的確將乙的「高度生命身體的風險」替代為「低度風險的手指頭受傷」。簡言之，風險降低與風險替代仍有微量區別，即前者只包含純粹的數量上的考量，而後者則與行為性質相關[13]。

2.風險行為導致結果的發生

在確定行為人的風險行為是法律所不容許之後，就要判斷結果的發生與危險行為之間，是否屬於常態關係，是否有升高風險。若危險行為與結果之間具有常態關係，或風險行為造成風險實現的可能升高，則結果的發生將可能可歸責於行為人。此外，如果結果發生「不在規範的保護目的」之內，仍然不可歸責危險的行為。

(1)風險與結果之間是常態流程

行為與結果之間是否具有常態的關係，應從條件說觀察，判斷「經驗上的因果」中，行為與結果之間是不是存有疑問。若無疑問，則可判定屬於常態關係，一般的因果關係都會呈現這樣的現象；相反地，若是因果歷程已經超出一般生活可預見之範圍，則可能屬於是「反常的因果歷程」（atypischer Kausalverlauf）[14]，則應進一步判斷是怎樣的有疑問的因果關係[15]。

(2)必須在規範的保護目的範圍內

危險行為即使與結果的發生有關，但是，假使這個結果「不在規範的保護目的」範圍內，依然不可歸責。例如，在隧道裡面，甲、乙騎乘腳踏車一前一後，均未點燈。甲與迎面而來的丙機車騎士對撞，丙受傷。如果行駛在甲後方的乙點燈，丙可以及早發現有單車正在向前行進，應該可以閃躲而不致互撞。丙因為互撞而受傷的結果，不能歸責乙行車不點燈的

---

[13] Roxin/ Greco, Strafrecht, AT/1, 5. Aufl., 2020, §11, Rn. 54a.

[14] Wessels/ Beulke/ Satzger, Strafrecht, AT, 52. Aufl., 2022, §6, Rn. 296.

[15] 關於因果關係的歷程，是否有疑問，留待本節＜參、有疑問的因果關係之類型＞中再行說明。

危險行為。因為要求車輛進入隧道必須點燈，規範目的是為了避免行車者自己與人對撞，而不是要求行車者去照亮別人，保護別人，避免別人發生事故。所以，騎在後頭的乙沒有點燈，雖然製造不被容許的危險，但基於「規範目的不相關」的理由，不能將結果算在乙的頭上，此稱為「保護目的關連性」的審查。

　　保護目的關連性的審查，主要是要判斷行為人違反義務之行為必須造成結果發生。因此即便行為人有了「合乎注意義務之替代行為」，亦即，即使有「合法的替代行為」，結果仍「幾近確定」可能會發生（**結果發生不具迴避可能性**）時，則行為人違反義務之行為所造成的風險，即沒有實現法所不容許的風險，這就所謂的「欠缺違反義務的關聯性[16]」。因為不法行為所導致的結果被追究責任，必須該行為具有「不法」，如果該行為沒有不法，那麼也只能說是「不幸」，既是不幸，就是宿命，僅是無法歸責的結果。

(3)風險升高的行為

　　風險升高（Risikoerhöhung），也就是行為人本來要排除風險，卻變造出更高的風險，依照 Roxin 的說法，風險升高有實現風險。其情形如下：

> **例1**　槍手欲殺甲、但是槍手瞄準度很差，本來只會射到甲的手臂，但是因乙見狀一拉，反而射中心臟致甲死亡。

> **例2**　火車進站本應駛入 A 軌道，但切換鐵道工人乙，見有一卡車停在 A 軌道上，迅速將鐵道切往 B 軌道，不過，原本停在 B 軌的火車載滿乘客，導致兩列火車發生更嚴重的傷亡。

---

[16] Schönke/ Schröder, StGB, 30. Aufl., 2019, § 15, Rn. 177.

　　上述二案例行為人乙的行為，均造成構成要件危險結果發生，構成要件該當結果實現。不過，此種情形可以進入違法性（緊急避難）之中檢驗，就算構成要件該當，也可能在違法性加以排除。

　　要注意的是，依照 Roxin 所提出的見解「**風險升高理論**」認為，因為前述所說的結果「幾近確定」可能會發生的標準；亦即，「結果發生不具迴避可能性」的理論，過於嚴格。因此，只要行為人的行為遵守義務，死亡結果就可能加以避免，那麼此一沒有遵守義務的行為，就有提高發生結果的風險，且該風險超越容許風險的界限時，發生的結果都可以歸責於行為人[17]。**其中二個著名案例：**(1)醫生未使用較好的麻醉劑致病人死亡。不過依病人體質檢驗，即使用好的麻醉劑也會死亡；(2)貨車司機未保持安全距離，致喝的泥醉之腳踏車騎士跌倒被捲入後輪輾死。不過，事後依鑑定結果顯示，即使有保持安全間距，但在喝的爛醉的情況下，結果仍然會發生。

　　德國聯邦最高法院認為，貨車司機不成立過失致死罪。因為：「如可以確定，遵守交通規則的行為不會發生事故，那麼才可以判斷，不遵守交通規則是發生事故的原因。」換言之，在特殊個案上，即使遵守交通規則，也很可能發生事故，那麼對於未遵守交通規則的行為，也不應該被歸責。亦即，「結果必須有避免可能」，因為行為人無論做何種行為選擇，結果都會發生時，刑罰就失去處罰的基礎，故應不必負責。這是依照「罪疑唯輕」（in dubio pro reo）原則的法理處理，由於事實之發生是客觀上無法避免的，因此不可歸責於行為人[18]。

　　但是，依照 Roxin 的風險升高理論，上述行為人已經提高發生風險的結果，且該風險超出容許風險的界限，因此，醫生及貨車司機仍不能免責，可以成立過失致死罪。

---

[17] Roxin/ Greco, Strafrecht, AT/1, 5. Aufl., 2020, § 11, Rn. 89.

[18] Wessels/ Beulke/ Satzger, Strafrecht, AT, 52. Aufl., 2022, § 7, Rn. 1132.

3.因果歷程在構成要件的效力範疇內

若行為人的危險行為非法律容許，且該危險行為導致結果發生，最後要判斷的是因果歷程（結果發生）是否在構成要件規範的目的之內，若是肯定的，則可歸責於行為人。

相反的，若因果歷程與規範目的不相干，則不在構成要件的效力範圍中，就不可歸責於行為人。例如，甲車闖紅燈，乙車亦跟隨闖紅燈，此時乙車被橫向的丙車撞上，則此情形，無法歸責甲車。對於不在構成要件效力射程範圍的情況，有必須特別說明的是，被害人自我負責的風險行為，以及專業人員的自我負責範疇，這些情形都不能夠歸責於他人。

(1)被害人「自我危害」與「自陷風險」的風險行為

被害人自我負責的風險行為，是被害人清楚知悉可能發生的危險，且出於自由意願，決定自己的危險行為，並且自行掌握因果歷程，也就是自己願意負責的風險行為，當然不可歸責於他人。例如，藥房賣安眠藥（屬參與他人的危險行為）給顧客甲，甲服用自殺，藥房老闆無須負責，因為甲是出於自己的自由意志，所做的危險行為，結果的發生並非刑法上殺人的構成要件的射程範圍。

另外，被害人自陷風險的情形，亦即，「**同意他人危害行為的風險**」，是否不可歸責，較富爭議。例如，乘客要求司機超速肇事，結果造成意外，造成乘客受傷。有論者言，乘客受傷不可歸責於司機，因屬同意他人的危害，是自我負責的危險行為；另有認為，這並非典型的自我負責的危險行為，因為危險行為並非由被害人自行為之，客觀上依舊是他人（司機）法律不容許的危險行為造成結果發生，仍應可歸責，所以司機開快車，仍屬超越容許的風險，對於乘客受傷的結果，仍應負責。換言之，被害人雖自陷風險，行為人仍有遵守義務的責任。

較新的「**飆車超車案**」，有更清楚的說明[19]。A、B 兩車在道路上違規超速追逐競駛。超速行駛中，A、B 兩車違反超車的規定，試圖超越前方的

---

[19] Roxin/ Greco, Strafrecht, AT/1, 5. Aufl., 2020，§ 11, Rn. 134a.

一輛正常行駛的 C 車。超車時，其中 A 車因打滑傾覆，造成乘客的死亡。

這裡應該區分「自我危害」和「他人危害」的標準，亦即，直接導致結果的危險究竟來自於誰。本案中的危險並不掌握在共同乘車人的被害人手中，而是掌握在開車的駕駛之手，因此這是一個有關同意他人危害的案件。不過，本案中的 A、B 車司機二人，並不適用排除歸責的同意他人危害。理由在於，產生結果的原因並不是超速駕駛，而是特別危險的超車行為。簡言之，本案中存在兩個不容許的風險，只有第一個「超速駕駛的風險」，可以視為和自我危險等同的他人危險。但是第二個「超車的風險」，行為人和被害人並不承擔相同的責任。被害人（乘客）對此也缺乏風險認知。因此，應當肯定 A、B 車司機的過失致死責任。

(2)專業人員的專業行為（營救者損害的歸責）

同樣的道理，專業人員從事專業行為而造成結果發生，亦不在構成要件的效力範圍內，而是屬於專業人員的自我負責範疇。**Roxin 先前認為**，職業風險是從業者自願承擔的風險。救援者在選擇職業時，就基於自由的意思決定而承擔了這樣的風險，並且他們通常還因為這個風險而獲得了報酬。例如，有人縱火，消防隊員聞訊前往救火時受傷，放火的人對消防人員的受傷結果，無須負責[20]。

不過，**上述見解，Roxin 新版書中卻完全否定先前的見解**[21]，他強調：因為法秩序在列舉救援義務時也並非是自由的，而是受到約束的，亦即法秩序應當承擔對公民身體、生命和財產的保護義務。在這種情況下，**唯一完全自由的，實際上僅僅是那個放火的人，因而他應當為他的自由決定的後果承擔責任。**

但是，本書認為，Roxin 的新見解反而不合理。如果放火者必須對於消防員的死亡負責，那麼以此推衍，員警發現犯罪嫌疑人追車，結果自撞死亡，嫌疑犯也應該被歸責，成立過失致死罪。這種判斷會讓結果的歸責

---

[20] Roxin/ Greco, Strafrecht, AT/1, 5. Aufl., 2020, § 11, Rn. 137f.
[21] Roxin/ Greco, Strafrecht, AT/1, 5. Aufl., 2020, § 11, Rn. 139.

漫無節制。例如，救難人員搜尋登山迷路的人，結果自己跌落山谷死亡，是否也要把死亡結果歸責於登山迷路者？消防員救火，固然有法秩序的要求，但是消防員本就有職業風險的認知，正如員警追逐嫌疑犯有其風險。此外，消防員有專業訓練與配備，有救火時的團隊合作，有救火的戰略與戰術，消防員執行勤務不是一般人的遊戲！消防員在救火時不慎死亡，只能認為是勤務上的意外。既然是意外，就不能把消防員的死傷結果歸責給放火者。這正如員警追逐嫌犯自撞死亡，不能把結果歸責於嫌犯。

（三）小結

綜上，因果關係與客觀歸責的判斷，基本的流程是：首先，從條件說出發，就因果關係的行為開始考慮，即依經驗法則之觀念來判斷有無因果關係，此判斷從行為開始考慮，設想結果的發生是否由行為所引起，是自然科學、經驗法則上的考慮，此為「事實上的判斷」。這是依照古典犯罪理論的觀念來檢驗，因果關係的有無是可加以檢驗的，故因果關係的觀念乃依照古典犯罪理論實證的觀念來判斷。

再者，是否可歸責，必須從結果加以考慮，探究結果的發生，可否歸咎於行為，是一種規範上、評價上的考慮，此為「評價上的判斷」。是否可歸責，是現代刑法解釋學上的產物，是直到 1970 年代德國 Roxin 教授提出目的理性體系之後才創發的觀念。

在條件說所承認的任何條件，對結果而言都具有因果關係，即每一個條件均為等值。但並非任何條件，均具有客觀可歸責性，必須排除不具客觀可歸責性的條件，諸如：異常結果的事件流程；危險減少的情況；行為人沒有支配可能性的損害結果出現時；結果要讓第三人完全負責時；結果非為規範所要保護的範圍內；行為本身若不是引起法律所要加以非難的構成要件危險行為時等，不具有客觀可歸責性。

上述情形之所以需要排除是因為，因果關係是一種支配關係，法律不能對行為人所無法支配發生與否的結果，要求行為人負責，所以，若行為人採取任何方法都不會改變結果時，法律自然也沒有理由處罰行為人當

時是選擇了怎麼樣的「作為」。

　　至於「不作為」的思考是，如果行為人去做法律所期待的行為，並不能避免結果的發生，則法律便喪失要求行為人作為的理由，那麼該行為也就沒有任何意義。由此可知，客觀歸責理論的功能在於使刑罰合理化，可以拒絕刑法上許多沒有實益的處罰。

　　客觀歸責理論創造客觀構成要件必須詳細檢驗的內容，故將判斷重心由主觀構成要件移到客觀構成要件。客觀歸責理論認為，凡客觀上有引起結果且可以歸責的行為，至少就成立過失犯罪，只在有故意時才成立故意犯罪。總之，客觀歸責理論為犯罪判斷注入一劑新的、更嚴謹的判斷的方式，這也是該理論的重大貢獻。

參、因果關係之類型

　　「某甲殺乙，乙因而死亡。」這樣一個簡單的案例中，乙的死亡，與甲的行為之間具有相當因果關係，也可以說是具有因果關係與客觀歸責，在因果關係的判斷上，並不困難。但是，現實生活的因果關係，有各種變化的可能，並非單純明瞭，所以在學理上，視因果關係是否合乎常軌，區分因果關係有無疑問，一般來說，因果關係都無疑問，能夠直接且明顯的判別，然而部分因果關係存有疑問，則有進一步深究的必要。以下先簡述一般沒有疑問的因果關係類型，再說明有疑問的因果關係種類。

一、沒有疑問的因果關係

　　行為和結果之間有直接而明顯可判斷之因果關係，一般的因果關係都是如此。

> **例**　甲欲毒死乙，於乙飯中下毒，乙食後身亡（甲之行為和乙之死亡因果關係密切），此一案例，在因果關係及客觀可歸責性的論述，均為此一危險行為導致結果發生，毫無疑問。

二、有疑問的因果關係

對於有疑問的因果關係，有下列幾種：擇一的因果關係、累積的因果關係、偏離的因果關係、中斷的因果關係、以及假想的因果關係。以下以各種有疑問之因果關係結構圖【圖 15 系列】[22]，說明有疑問的因果關係類型：

（一）擇一的因果關係（圖 15.1）

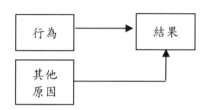

擇一因果關係（Alternative Kausalität）又稱為雙重因果關係（Doppekausalität），係指數個獨立條件共同發生作用而各條件均可獨立造成結果的產生。

例1

　　甲用足以致人於死之毒藥置於丙之飯中，乙也用足以致人於死之毒藥置於丙之飯中（甲、乙間無犯意聯絡）因二毒共同作用，丙食後立即毒發身亡。

→ 1. 本案例中，條件說之看法要有所修正，亦即無法用條件說的原型加以整理，依條件說，如果沒有甲下毒行為，丙仍會死亡，甲的行為與丙的死亡間沒有因果關係；反之，乙的行為與丙的死亡亦無因果關係，如此甲與乙成立殺人未遂罪（§271Ⅱ）？但是丙確實死亡，此不合理的情形應依擇一因果關係說解讀。

2. 將這些條件要做擇一的考慮而非累積的考慮，因如無個別擇一的條件結果就不會發生。多數的條件，均是造成結果之原因。即當其中擇一條件不存在，結果仍會發生時，則每一個條件均為造成結果之原因。

3. 引起一個值得非難的行為，而此危險也造成具體結果發生（因客觀的構成要件被實現），故甲、乙各別負殺人既遂之罪責。

4. 特別應注意的是，擇一的因果關係在判斷上有疑慮時，對行為人採「罪疑唯輕」原則。

---

[22] Haft, Strafrecht, AT, 8. Aufl., 1998, S. 61f.

例2

二個獵人「幾乎同時」開槍，打中林務官（一槍打中心臟、一槍打中腦幹），因二人幾乎同時開槍，前後不易判斷，後開槍的人可能只是殺人未遂不能與毀損屍體既遂想像競合，只好依罪疑唯輕原則，做有利於行為人之解釋，兩人皆負殺人未遂之責任，此乃因果關係上舉證困難所適用的結果（擇一因果無法用條件說的原型加以處理）。

（二）累積的因果關係（圖 15.2）

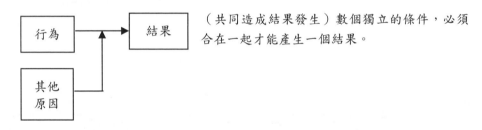

（共同造成結果發生）數個獨立的條件，必須合在一起才能產生一個結果。

例

甲、乙各用二分之一不足以致人於死之毒放入丙的飯中。且二人均不知其所放二分之一之藥性，均不足致人於死，丙飯後因二毒共同作用而亡。

→甲、乙之行為與丙之死有因果關係，此行為亦具有客觀可歸責性，但甲、乙之行為是否造成具體結果發生，必須從規範上、生活經驗法則加以認定：

1.甲、乙間無犯意連絡，卻如此湊巧各於丙飯中加二分之一的毒，實屬異常例外情形。因丙死亡之最後結果，不可單獨歸責給甲或乙，故，甲、乙各負殺人未遂之責。

2.甲、乙如有犯意聯絡為共同正犯，均負殺人既遂之責。

（三）偏離（偏離常軌）的因果關係（圖 15.3）

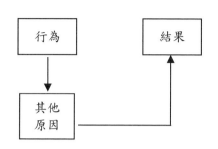

行為加上其他原因導致結果發生。一個行為連接其他原因，才造成結果發生。

例

甲打傷乙，乙受傷後送醫，因醫生之誤診致死。

→ 1.依條件說，甲打傷乙和乙死亡，有因果關係。

2.打傷之行為，引起法律上非難之危險。

3.此危險有無導致具體結果發生？必須做規範上評價之認定，必須依事務常態的發展判斷。此死亡結果顯然是不尋常的，發生重要的偏離，故沒有造成最後的具體結果的發生。甲負傷害既遂之責。

如甲懷有殺乙之意圖而舉槍，只射傷乙，但乙為血友病患者結果流血過多死亡，甲負殺人未遂之責。有人主張血友病患者占總人口數有一定比例，故仍須負殺人既遂之責，然這畢竟較不尋常。

　　其他例子，如：甲毒乙，乙肚痛難忍上吊死亡；甲傷乙，乙亂服藥而亡，均屬偏離常軌的因果歷程。詳言之，倘若因果歷程發生重要偏離時，亦即超越一般生活經驗可預見的範圍，那麼就不具備客觀可歸責性，只能成立未遂犯[23]。設若該因果歷程的偏離，並未超出一般生活經驗可預見的範圍所導致構成要件結果的發生，行為人仍然無法排除既遂的責任。

---

[23] Haft, Strafrecht, AT, 8. Aufl., 1998, S. 250f.

（四）中斷的（超越的）因果關係（圖 15.4）

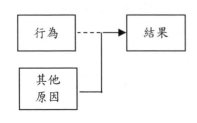

行為因其他原因（第三人行為）之介入，使結果迅速發生。其他條件先於前行為而獨立地造成結果之發生，後行為「超越」先前條件而造成結果。先前的條件因後來條件之介入而中斷了其所持續之作用，此即「回溯禁止」之原則，應屬於由「第三人負責之領域」。例如，甲傷乙，送醫途中，被闖紅燈的丙撞上，乙當場死亡。乙的死亡結果應由丙負責，甲僅負傷害既遂的責任。

> **例**
>
> 　　甲對乙下致命毒，乙亦吃下，但在毒效發作前，乙之仇人丙舉槍射殺乙，乙被丙槍殺立刻死亡。
>
> ➔ 甲下毒和乙死亡無因果關係，因為因果關係被丙中斷，具體結果未發生，屬於出乎甲預料的意外，槍殺開啟一個獨立的因果關係。甲只負殺人未遂之責。

（五）假想的因果關係（圖 15.5）

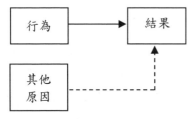

行為直接導致結果發生，其他原因只是假想的，因而對於結果沒有任何影響。行為以外的原因，可能在同一時間內造成結果之產生，但事實上並無關係，這是未來的假設性因果流程[24]。

---

[24] Roxin/ Greco, Strafrecht, AT/1, 5. Aufl., 2020, §11, Rn. 23.

> **例**　甲毒乙，乙即使不因為毒發而身亡，也可能因為其他原因（如乙稍後所欲搭乘之飛機失事，無一生還者）而死亡。在經驗因果的聯繫上，甲的下毒不能因為假想的條件而受到排除。如果可以拿假想的條件而排除行為與結果的關連，則一切殺人行為都無法被歸責，因此，甲為殺人既遂。

三、小結

對於「有疑問的因果歷程」的解決：首先要找出行為與結果之間，經驗上的關連（事實上的判斷），其次再判斷，結果的發生可否歸算在行為上（評價上的判斷）。詳述如下：

（一）行為結果間有關聯

除「中斷的因果關係」外，其餘類型的因果關係都符合第一要件，即行為與結果間有關聯。

（二）行為違反行為規範，且造成結果是法律所譴責的

在有無引起構成要件有關的危險上，大部分時候在「偏離的因果關係」的判斷上會有疑問。也就是行為對於偏離的結果不相當，也不引起法律上可衡量的風險時，就不是引起構成要件有關的危險。

（三）此危險導致構成要件結果之發生

危險是否有實現結果，和擇一的因果關係、累積的因果關係、偏離常軌之因果歷程有關，和中斷之因果關係無關。

在掌握了前述「作為犯的因果關係」的判斷及類型後，以下再針對「不作為犯因果關係」的思維，及現代社會所中不易認定的新興犯罪，如環境犯罪等的「疫學之因果關係」加以介紹。

肆、不作為犯之因果關係

雖然，古典犯罪理論認為，不作為犯在外觀上並不具有客觀可見之舉止，由於無中不能生有，而否定不作為之因果關係。但後來演進的犯罪論體系仍試圖說明不作為之因果關係，理論依據有：

一、他行為說

認為行為人在其不作為的同時，一定在做其他行為，而沒有履行其義務。例：褓姆應餵小孩，卻沒有餵，反而一直在看電視。看電視之行為是發生結果之原因，此種說法不合理。

二、先行為說

行為人在不作為之前，原來應有積極的作為，此積極作為和不作為相結合後，即為發生結果的原因。例：看守平交道之工人，因事前喝醉，而忘記放柵欄，致發生事故，事前飲酒為先行行為（積極的作為）和不作為相結合，造成結果發生。

三、準因果關係說

從評價的觀點，評價因果關係之存在。認為不作為產生之結果，雖不像作為犯所產生結果，有自然的物理性之因果關係存在那樣容易判斷，但不作為犯如有違反作為義務時，應有防止結果發生之義務，行為人利用或放任原來因果流程進行而不加以防止，其實行為人是有「防止可能性」的[25]，而且這種因果關係，是假想的一種因果關係（hypothetische Kausalität），因此稱為準因果關係（quasi-Kausalität），這種因果關係已經跳脫自然科學上的條件因果關係，而是從法律規範評價的觀點，評價因果

---

[25] 蔡墩銘，刑法精義，2007，頁130。

關係之存在[26]。

　　在法理上應和以積極行為發生結果做相同認定，亦即，不作為與作為，具有等價性，可以準用作為犯因果關係之法理來加以處理。

四、小結

　　對於不作為犯的判斷，其不作為與結果的發生之間，仍應有因果關係才是。準因果關係說的見解為可採，因為從評價的觀點，應和以積極行為發生結果做相同認定，準用作為犯因果關係之法理來加以處理。

伍、疫學之因果關係

　　疫學（流行病學）的因果關係理論，又稱「統計學的因果關係」（statistische Kausalität）。由於現代社會公害、生物科技、藥害、環境犯罪等，其因果關係的認定上十分困難，如果堅守現有刑法的因果關係學說，容易因為舉證的困難導致法律上產生諸多的漏洞與問題。此時，必須透過「疫學的因果關係」加以解決現代生活中所發生的因果關係特殊性所形成之問題[27]。

　　疫學（Epidemiology）是以公眾為對象加以研究，對於人的健康以及引起異常的原因、環境……等，做一個包括的研究，來講求增進預防的一種學問。例：有毒鎘米、魚群暴斃，雖無法對直接的因果關係，做明確之認定，但仍希望能透過醫學、生理學、病理學之方法來加以說明其中的因果關係。是故，疫學因果關係和一般因果關係必須做不同的看法，亦即：
1. 疫學上疾病的起因，必須和發病之間有一定期間之關聯性，病因的作用
　　程度愈顯著，疾病的罹患率愈高，依病因消長之情形觀察得到高度可能

---

[26] Lackner/ Kühl, Strafgesetzbuch mit Eerläuterungen, Kommentar, 30. Aufl., 2023, vor § 13, Rn. 12.

[27] 甘添貴、謝庭晃，捷徑刑法總論，2006，頁 88。

性時，即可認為具有疫學上之因果關係。

2. 疫學因果關係乃純粹對於現代環境犯罪、公害犯罪、流行病……而創出的觀念，必須透過生物、生理、病理學的方法取得實證之研究，才可做出具體的認定。

　　關於疫學因果關係，實務上最早運用的是「彰化油脂公司案」。由於彰化油脂公司，在製造米糠油的脫臭過程中，使用多氯聯苯為熱交媒介，使米糠油遭多氯聯苯污染，並銷往包括臺中縣豐香食品油行等地，因為多氯聯苯不易排出體外，積存在人體脂肪組織，造成數千人慢性中毒，數十人因而死亡，甚至於影響到後代。當時第一審法院則運用數千人同時食用該油品，且都有多氯聯苯中毒症狀，並依此歸納出一定的行為與結果間的規則性，進而認定該彰化油脂公司負責人的過失行為與被害人死亡之間的因果關係（參照，台中高等 77 重上更（六）4 判決）。現在，疫學因果關係的重要性，隨著現代新興的犯罪類型更為彰顯，例如近年來發生多起的食安犯罪，或高雄日月光環境公害犯罪等等。

第四節　主觀之構成要件

壹、前言

　　主觀構成要件是指，行為人對於構成要件的認識狀況，以及實現構成要件的意願。主觀構成要件包括故意與過失。

　　由於古典犯罪理論體系建立於實證哲學上，即知識論上的經驗主義之上。因此，依照過去古典犯罪體系，主觀構成要件之檢驗屬於犯罪判斷的第三階段（有責性）的範疇。

　　依照目的犯罪理論（主要是以社會行為論為基礎的目的犯罪論），則認為故意、過失一方面是行為型態，即屬於構成要件中的故意或過失之問題；一方面是罪責型態，即屬於應負故意責任或過失責任之問題。

貳、故意

此處要研究者，為構成要件中所要檢驗「主觀構成要件」中「故意」的問題，其又稱「構成要件故意」，簡稱「故意」（Vorsatz），亦即：行為人對於客觀不法構成要件之認知，有此「認知」後，並「決意」實現法律所規定構成要件之情況，此即一般所說的「意欲理論」。

值得注意的是，故意與動機不同，動機是犯罪之遠因，是行為人決定犯罪的一個間接原動力。例：迫於飢寒而行竊，「飢寒」即為犯罪之動機。又例：同一個殺人行為，動機可能為財、為情、為仇等，但不管殺人動機為何，均成立殺人罪，故動機與犯罪之成立無關。由§57①可知，動機如何只能當作量刑標準。

＊動機和故意之區別

動機：開啟犯罪故意的是動機，是故意之原動力，因動機而生故意，因故意而生行為。

- 故意──在刑法上之規定，乃做一般抽象之觀察，即規定於§13。
- 動機──只是裁判上一個量刑的標準而已。
- 故意──是法律上的構成犯罪之要件，亦即故意是主觀之不法構成要件。
- 動機──只是裁判上一個量刑的標準而已。
- 故意──故意的內容在各個犯罪類型中，都有一定之標準及一定之共通性可以加以檢驗。
- 動機──則因人而異，無一定之標準。

依照意欲理論的見解，故意是指，對於構成要件所描述的情狀有認識，並且有實現構成要件的意願。其分為認知要素以及決意要素，分別詳述如下：

一、故意之要素

（一）認知要素（知）

1.行為人必須認識者

行為人必須認識構成要件之一切客觀行為情狀。如行為之主體、客體，行為當時之情狀，結果等。此外，對於加重或減輕刑罰之行為情狀也應有所認識，始具有加重構成要件故意或減輕構成要件故意，否則只成立基本構成要件故意。如：§271 殺人罪為基本的殺人構成要件之規定（基本的構成要件），§272 殺害直系血親尊親屬罪為加重的殺人構成要件（修正的、變體的構成要件），如果行為人對於加重、減輕刑罰之行為情狀不認識，只能構成基本構成要件該當。

> **例** 甲父、乙子失散 20 年，兩人互不相識，甲乙均為地方角頭老大，為爭奪地盤，乙將甲殺死。
>
> ➔乙的行為情狀符合§272 的構成要件，但乙並無認知，不具§272 之構成要件，則不可用§272 殺害直系血親尊親屬加以處罰，只可用§271 處罰。

2.行為人無須認知者

(1)行為人對於其所犯之罪的客觀事實，究竟為刑法哪一條規定所要處罰之行為，無認識必要。例：不知自己的竊盜行為，是依據§320 條規定所處罰者，並不影響竊盜罪的成立。相對的，行為人只對自己竊取他人物品的客觀事實有所認識，就有竊盜罪的構成要件故意。

(2)對於行為之「違法性」也無認識之必要。關於違法性之認識，屬於罪責要素，違法性之認識與否只會影響罪責，而不會影響構成要件故意之成立。

(3)行為人是否有責任能力、有無客觀處罰條件之問題，均無須認識。例：子偷父之物，父子關係為阻卻刑罰事由之原因，不過，子是否

認知其可以減輕其刑或不罰無關緊要。

(4)不知與單純的願望不同。例：在下雨天找人談判，心中希望對方在途中遭雷擊斃。由於行為人不能控制此種外在因素，所以僅屬單純的願望，並不具備故意。

（二）決意要素（欲）

行為人必須有實現整個構成要件全部情狀之欲望，有此欲望才具備故意中「欲」的要素。即行為人認識整個不法構成要件之情狀，認識之後又有欲望要實現要件，此即「欲」之要素。

二、故意之種類

故意的種類有：意圖、直接故意（§13 I）、間接故意（§13 II；或稱：未必故意、條件故意）；擇一故意、概括故意（不確定故意）；事前故意、事後故意。

（一）意圖、直接故意與間接故意

```
┌ 意圖➡一級故意（最強烈之故意）
┤ 直接故意➡二級故意
└ 間接故意➡三級故意
```

1.意圖

犯罪人出於特定目的，努力積極實現構成要件，希望構成要件預定的結果發生，以達犯罪目的之主觀心態。有些犯罪類型，如財產犯罪中的竊盜罪、搶奪罪、強盜罪、侵占罪等。此類犯罪類型中除故意之主觀構成要件要素外，尚有所謂的「意圖」（Absicht）的「特殊主觀構成要件要素」存在，也就是於同一犯罪構成要件中同時含有兩個主觀要件要素。

意圖主要在強調犯罪人除了預見構成要件事實外，對於實現犯罪結果有很強烈渴望的意欲。原則上，意圖的意欲程度遠高於直接故意，當犯

罪人的主觀心態已達到間接故意或意圖的程度時，原則就有主觀構成要件合致。

2.直接故意

直接故意（direker Vorsatz）可從§13Ⅰ的規定可知，「行為人對於構成犯罪之事實，明知並有意使其發生者，為故意。」行為人對於構成犯罪事實的發生有認知，並決意要讓其認識的事實發生，具有積極實現構成要件的決意。簡言之，行為人對於構成要件事實「明知」，且有積極實現的「決意」。

3.間接故意（未必故意、附條件故意）

間接故意，又稱「未必故意」（dolus eventualis）或「附條件故意」（bedingter Vorsatz）或「不確定故意」（dolus indeterminatus），規定在§13Ⅱ：行為人對於構成犯罪之事實，預見其發生而其發生並不違背其本意者，以故意論。從條文規定可知，行為人主觀上對於構成要件之實現已有預見，並且聽任其自由發展，最終發生構成要件結果。此種心態不像意圖是努力謀求構成要件該當結果發生如此強烈；也非直接故意欲促成構成要件結果發生之的意思，只是行為人「聽任結果發生」、「不在乎結果發生」的心理狀態。

關於意圖、直接故意及間接故意，以下進一步說明各種故意的法條用語，知欲內涵及其重點所在：

(1)意圖

意圖是行為人致力於某種結果之實現，有非達結果，決不罷休之欲望，有使結果出現之堅強意志；知、欲之內涵：

> 知—行為人對於結果之出現，認為必然且有高度可能性。
> 欲—行為人無論如何，均蓄意致力於結果出現，有讓結果付諸實現的強烈欲望。

(2)直接故意

直接故意為行為人確實明知犯罪事件之發生，而以其行為促其發

生。易言之，即行為人對於構成要件該當結果之發生，卻有預見，並決意以其行為促使預見結果之發生。此等明知而故犯之心態，即為「直接故意」。例如，甲預謀殺害乙，明知後果並決意將乙殺害，此等明知而故犯為「直接故意」。

①法條用語：「明知」（§13 I 參照）

> 知─行為人對於結果之出現，認為必然且有高度可能性。
> 欲─行為人有意使結果發生，但並未有更積極強烈的欲望。

②刑法分則中也有部分規定特別限定行為人必須具備直接故意才會該當該罪的主觀不法構成要件，例如§§213、214、215（皆以明知為不實之事項為前提，加以登載於文書）。

(3)未必故意

行為人對一定結果之發生，預見其可能，但又以未必即發生之意思，加以實行，終致發生該結果者，為未必故意。例如，甲將下了毒藥的飲料放置冰箱，同住的妻子乙，開冰箱後將放了毒藥的飲料喝下，導致中毒死亡。

①法條用語：「以故意論」（刑法§13 II 參照）

> 知─行為人對於結果之出現，認為有可能。
> 欲─認為有可能出現結果且任其結果發生，也不阻止。

②大部分故意犯之情形具有未必故意。例：§271 殺人罪，只要具備未必故意，即可成立殺人罪。

（二）故意的特殊情形

1.概括故意與擇一故意

概括故意（Generalvorsatz）是指，行為人欲為一特定行為，並預見可能會有多種構成犯罪事實同時發生，沒有確定的認識但亦同意之，此種情形又稱為「累積故意」（dolus comulativas）。如向人群擲手榴彈，可能造成死傷無數或毀損多人衣物，至於死傷結果數目為何均不置問，只要有死、有傷就不違背行為人的意思。

　　擇一故意（alternative Vorsatz）是指，行為人對數個目的物中，何者發生一定的結果並無確切的認識，但只要對其中任何一個法益造成損害，即與行為人之本意相符合並加以容忍[28]。如甲拿手槍對二人開槍，甲知道只剩一顆子彈，但只要其中有死一個人就行了，所以也稱為「選擇故意」（Dolus aternativas）。

2.事前故意與事後故意

　　事前故意是指，行為之前行為人有主觀上的知與欲，但是在行為當時，已經不再存在此種故意。例：夫原想殺妻，但在擦槍時，槍枝走火剛好殺死妻。夫負「過失致死」之責，雖事前一直具有殺妻之故意，但事前故意並非此犯罪結果檢驗中之重要因素，必須以行為當時的過失心態，成立§276 I 過失致死罪。

　　事後故意是指，行為時並沒有存在的故意，在行為之後才萌生故意。例：開車撞傷人，下車一看竟是仇人，而生殺意（事後萌生之故意），心想「撞得好」、「踏破鐵鞋無覓處，得來全不費工夫」，仍然依§284 I 過失致傷處罰。

　　簡言之，事前故意與事後故意都非刑法意義的故意。事前故意，指行為當時，行為人主觀上所具有的知、欲，已不存在故意而言，非刑法意義上之故意。事後故意，指行為當時，並沒有存在的故意，而是在行為之後才有故意，亦非刑法意義上之故意。

　　最後，以【圖 16】說明故意作為犯的主觀構成要件中的故意內容所呈現的面貌，由於事前故意與事後故意不具有刑法意義，因此未包括在內。

---

[28] Wessels/ Beulke/ Satzger, Strafrecht, AT, 52. Aufl., 2022, §7, Rn. 348.

圖 16：故意作為犯的主觀構成要件中之故意體系

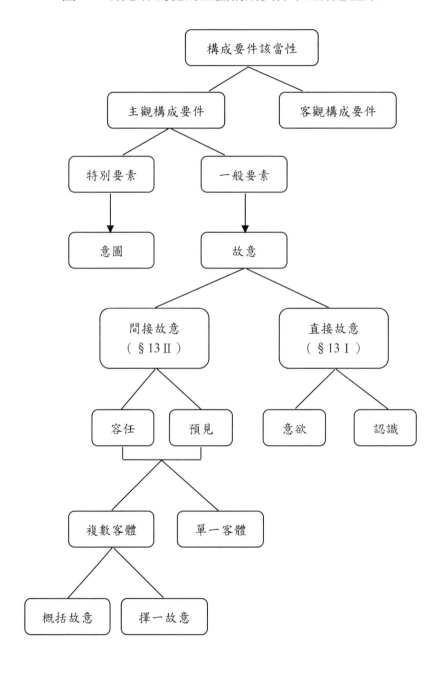

參、過失

構成要件中的過失行為，認為過失是一種行為型態：行為破壞了客觀上應該遵守的注意義務（製造了不被容許的危險），但行為人並無意實現構成要件。立法上將過失區分為：無認識過失（§14 I）、有認識過失（§14 II）。

一、無認識過失與有認識之過失

（一）無認識之過失

行為人在客觀情況及其個人情況下負有注意義務，且有注意能力，但竟不注意，而在主觀心態上毫無認識之情狀下，實現不法構成要件。

無認識過失，乃是「行為破壞了客觀上應該遵守的注意義務」，純屬客觀的現象面，與行為人之主觀無涉。無認識過失，應該屬於客觀構成要件的檢驗。例：夜深，甲認為路上無人，從樓上拋物而下，擊傷行人。甲製造了不被容許的危險，則應由客觀構成要件中的因果關係檢驗。

（二）有認識之過失

行為人有預見結果發生之可能性，可是相信結果不會發生，終致實現不法構成要件之主觀心態。亦即，只有「認識」，但欠缺希望或容任發生之「意欲」要素。

詳言之，有認識過失，必須在主觀構成要件上作判斷，判斷行為人有無注意能力與注意可能。亦即，除了必須過問行為是否製造了不被容許的危險外（破壞了客觀上應該遵守的注意義務），還要追問行為人主觀的認知能力與注意可能。

認知能力與注意可能，以一般小心謹慎的理性主體為標準。如果行為人有比較高的認知能力與注意可能，則以行為人較高的能力為主。例如，專精的外科醫生，在手術時只是遵守醫療規則是不夠的，還要以其專

精的醫術，更提高警覺，若不能做到這一點，就是製造了不被容許的危險。

過失與故意之區別，若從行為人心態被譴責的程度輕重言，是由過失到故意漸次加重。【圖 17】乃在比較無認識過失→有認識過失→未必故意→直接故意→意圖的不同。

圖 17：故意與過失之結構

（參照 Schwind/Hassenpflug, Strafrecht leicht gemacht, 2008）

	本　　質	行為人之想法	關鍵語
無認識過失	行為人沒有預見結果	行為人根本沒有想到結果	無所知、輕率
有認識過失	行為人有預見結果之可能性，但相信結果不會發生	事情會往好的方面發展	有所知、輕率
未必故意（間接故意）	行為人有預見結果可能性，但想發生了也無所謂	發生了又如何（聽天由命）	有所知、無所謂、不在乎
直接故意	行為人知道要實現所有的構成要件要素、有明知	我要這樣做的	有所知、依計畫
意圖	行為人期待結果會發生，此結果發生為行為人所期待	這就是我要的，為達目的不擇手段	有所知、依計畫、決意實現結果

二、有認識過失與未必故意（間接故意）之區別

關於間接故意與有認識過失應如何予以區別劃分，始終是刑法學說上的難題。Roxin 說，其實故意與過失的界限不在於對個別心理事實的描述，而在於對一系列主客觀事實從整體上的規範評價與正反衡量。這可謂是一種綜合的、整體性的論斷式故意認定模式。而間接故意是行為人對於可能的法益侵害所作出的決定。將此種「決定」作為一個法概念，不僅僅是一個赤裸裸的心理事實，而必須依賴一系列規範標準進行判斷[29]。

---

[29] Roxin/ Greco, Strafrecht, AT/1, 5. Aufl., 2020, § 12, Rn. 33.

Philipps 則從「**多準則電腦輔助決策分析模型**」[30]出發，認為：間接故意可視為風險的決定，尤其是『行為的認知』。行為是個體行為選擇的決定，個人行為的判斷必然附隨著選擇性，何種行為不會導致風險實現，何種行為不應實現風險，決之於行為的認知與選擇。換言之，「行為即選擇」。此選擇一方面顯露個體的價值觀，另方面顯現風險評估的概念。因此，間接故意是行為的傾向，當行為人有意識的決定一行為，而此行為所隱含的風險，已經超越法秩序可以容忍的界限了[31]。

相較於德國學說的看法，我國早期實務認為：關於犯罪之故意，係採希望主義。直接故意，須犯人對於構成犯罪之事實具備明知及有意使其發生之兩個要件。間接故意，須犯人對於構成犯罪之事實預見其發生，且其發生不違背犯人本意始成立，若對於構成犯罪之事實，雖預見其能發生，而在犯人主觀上確信其不致發生者，仍應以過失論（參照，22 上4229 判決）。近期實務的看法也認為，二者皆是行為人有認識，必且預見行為可能引發結果；但是，間接故意是「容任其發生」，有認識過失是「確信不致發生」（參照，100 台上 3890 判決）。

簡言之，間接故意與有認識過失犯之間，顯然無法只以有無預見之標準進行區隔。因為，間接故意和有認識過失之行為人對於構成要件事實同樣有所預見，因此，區分標準係以「意欲」要素之有無為準。尤其，針對間接故意，刑法學說上更提出「容忍理論」，亦即，行為人明知其行為

---

[30] Lothar Philipps 是我德國博士論文的指導教授。現實生活中，多準則決策（Multiple Criteria Decision Making, MCDM）的應用非常廣泛，人們經常面臨各種抉擇。Philipps 教授以「多準則電腦輔助決策」分析故意與過失行為人的模型。他是使用個人電腦程式結合「人工神經網路（Artificial Neural Network，ANN）」處理法律問題的先驅者。近年來，我對於人工智慧法律相關議題的研究，就是他當年的啟發。我在 2019 年 3 月發表的「人工智慧時代的刑法挑戰與對應」（月旦法學雜誌，286 期，2019 年 3 月，頁 87-103），有詳細的論述。

[31] Philipps, An der Grenze von Vorsatz und Fahrlässigkeit – Ein Modell multikriterieller computergestützter Entscheidungen, in: Festschrift für Claus Roxin zum 70. Geburtstag, 2001, S. 365ff.

可能引起某種危害法益的結果，但是**有意放任**這種結果的發生。質言之，預見結果發生的可能性而加以放任，就是間接故意。此外，也有提出所謂「漠視理論」者，亦即，行為人不以意欲（希望）結果之發生為必要，僅要認識犯罪事實，並抱持無所謂不在乎犯罪事實發生的態度，就是「間接故意」。

簡言之，行為究竟要被歸入上述哪一個類型，並非機械性地套公式，仍必須考慮其他可能存在的、足以影響行為危險性的事實情況加以決定。例如，刀刺的次數、被害人喪失防禦或躲避能力、攻擊是否發生在高速移動因而難以控制的場合、射擊的方向、用拳頭打擊的強度等，都會成為影響認定危險性的重要事實。

有認識過失與未必故意的區別，的確不易，【圖 18】的結構圖即在說明此種區別的難度。

圖 18：有認識過失與間接故意之區別
（參照 Haft, AT, 8.Aufl., S. 160）

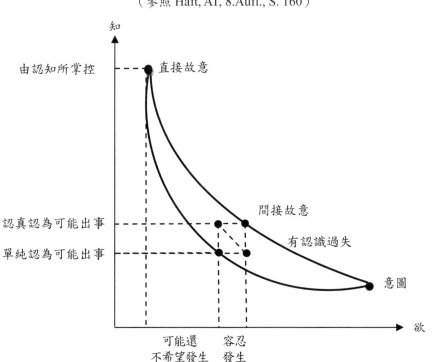

　　在掌握了客觀構成要件與主觀構成要件後，最後以綜合體系【圖19】呈現構成要件該當性中所有必須檢驗的要素及思考順序。

圖 19：構成要件該當性之檢驗

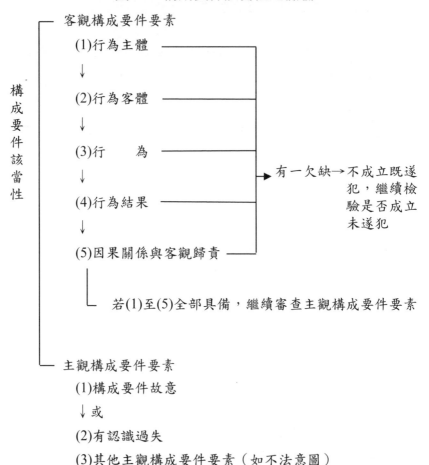

構成要件該當性

客觀構成要件要素
(1)行為主體
↓
(2)行為客體
↓
(3)行　　為
↓
(4)行為結果
↓
(5)因果關係與客觀歸責

有一欠缺→不成立既遂犯，繼續檢驗是否成立未遂犯

└ 若(1)至(5)全部具備，繼續審查主觀構成要件要素

主觀構成要件要素
(1)構成要件故意
↓ 或
(2)有認識過失
(3)其他主觀構成要件要素（如不法意圖）
→若具備構成要件該當性，繼續審查有無違法性及罪責

【圖 20】說明構成要件該當性檢驗後，犯罪成立所仍須思考違法性及罪責的內涵。

圖20：犯罪成立要件之檢驗流程

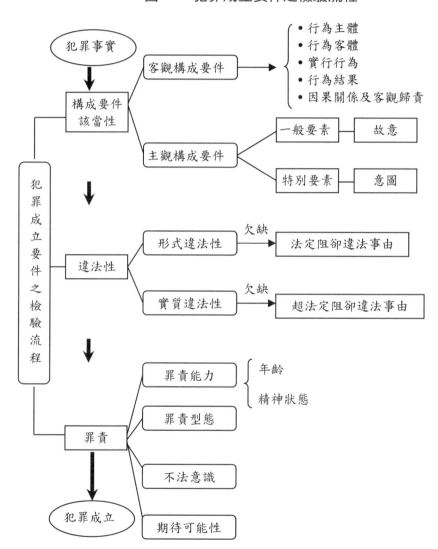

第五節　構成要件錯誤

　　行為人主觀之認識與客觀存在或發生之事實不一致,亦即意思和事實的不一致。不一致的現象,包括有全部的不一致,部分的不一致,或不知之現象,行為人主觀面的想像與客觀事實面產生不一致之現象。錯誤之發生與行為之認識、意欲有關,只有在「故意」時,才會發生所謂錯誤之問題,過失則無。

　　錯誤的發生與行為人之故意有相當關係。有錯誤發生時,行為人之故意並不一定受到阻卻,有時錯誤可能阻卻責任。刑法上研究錯誤主要乃在檢討:何種錯誤可阻卻構成要件故意或阻卻罪責。構成要件錯誤的重點置於「構成要件錯誤可否阻卻故意」[32]。

---

[32] 有關錯誤的類型及其法律效果,參照第二篇第九章的〈錯誤〉專章。

❖ 實例講座 ❖

結婚紀念日

明天是甲與妻子的結婚十周年紀念日，甲打算送愛妻 Swarovski 的水晶手鐲，但口袋沒錢，正在苦惱時，路經珠寶展示會場，見到璀璨的水晶手鐲就在其中，突然，心生歹念，想將該水晶手鐲據為己有，乃趁人不注意時，將該手鐲偷走。試問：甲之可罰性如何？

解析

一、甲的行為可能構成§320竊盜罪。
（一）構成要件該當性：客觀上，甲的行為乃竊取他人動產。主觀上，甲知道自己的行為是竊取，並有意使其發生，故具有竊盜罪的故意。此外，甲想將珠寶據為己有，也就是打算剝奪別人的持有並建立自己的持有，有為自己不法所有的意圖。據上所述，甲具有§320的構成要件該當性。
（二）甲無阻卻違法與阻卻罪責事由。
二、結語：甲成立§320竊盜罪。

迷你裙風波

試問：依「客觀歸責理論」判斷下列的因果關係：
（一）A 小姐穿著迷你裙，風吹起衣裙，B 先生騎車，由於貪看 A 小姐身材，撞及電線桿，身受重傷，問 A 小姐之行為，可罰性如何？
（二）甲欲毒殺死乙，在乙的茶杯中下致命毒素，乙喝下有毒的茶，在毒發之前，丙將乙殺死。問甲的行為，可罰性如何？

（三）X 持刀欲殺 Y，在 Y 的頭部將被砍到之際，Z 為救 Y，以棍擊 X
之手，Y 的肩部因而受到刀傷。Z 如果不以棍擊 X 之手，Y 可能
被殺死，而不只是只受肩傷。問 Z 的行為，可罰性如何？（注
意：本案例無須進入違法性的判斷）

（四）甲持刀殺乙，乙受傷就醫，由於手術錯誤，乙因而死亡。問甲的行
為，可罰性如何？

解析

（一）依照客觀歸責理論的第一點內涵，就是該行為必須是「製造了法
律所不被容許的危險」，A 小姐穿著迷你裙與 B 先生騎車因為貪看
A 小姐身材，撞及電線桿間，依照條件理論雖具有因果關係，但
是穿著迷你裙是法律所允許的，所以依客觀歸責理論，A 小姐的
行為不具可罰性。

（二）甲在乙的茶杯中下致命毒素，顯然製造法律所不被容許的危險，
但就乙之死亡不能令甲負殺人既遂之責，因為在毒發之前丙將乙
殺死，即行為與結果間具有「中斷的因果關係」。依客觀歸責理
論，由於該危險行為未導致結果的發生，因此只能令甲負殺人未
遂之責。

（三）Z 為救 Y，以棍擊 X 之手，Y 的肩部因而受到刀傷，Z 只是改變
已存在之因果關係，以較輕微的方式使結果發生。因 Z 降低風險
的行為並沒有製造危險，結果的發生不可歸責這個行為。

（四）甲持刀殺乙，雖然在客觀上製造一個法律所不被容許的危險，但
是危險與結果間產生了偏離常軌之因果歷程。亦即，甲持刀殺
乙，和乙死亡，雖有因果關係，然此死亡結果顯然是不尋常的，
不能令甲負殺人既遂之責，應論以殺人未遂。

龜速行車

　　甲駕駛跑車騁馳於公路，仗著跑車的高性能，任意高速超車。甲行駛在龜速的乙車後面，對乙狂按喇叭並由外線超車。乙對甲超車的行為感到十分憤怒，掏出手槍朝甲車射擊。乙開槍時，心想「這段距離開槍，可能會打中開車的小子。不過，他這麼囂張，死了也是活該！」乙開槍果然擊中甲，造成甲當場死亡。試問：乙的行為應如何論處？

[解析]

一、乙的行為可能成立§271殺人罪

（一）構成要件該當性：客觀上，乙開槍行為與甲死亡結果之間有因果關係。主觀上，故意朝甲車射擊的乙，是否有殺人的故意，或甲的死亡是因過失而造成，容有討論必要。

　　　所謂故意，是行為人對於客觀的構成犯罪事實有所認識或預見，基於此等認識或預見（知，認知要素），進而決意或容認結果發生的內心情狀（欲，決意要素）。§13將故意分為直接故意與間接故意，前者是行為人明知犯罪並有意使之發生，後者則是行為人明知可能會發生犯罪結果，且結果發生不違背行為人本意，並放任結果發生。另外，與間接故意概念相近的是§14Ⅱ有認識過失。有認識過失是指，行為人雖預見結果可能發生，但相信結果不會發生，也就是行為人雖有認識，但不具決意要素。

　　　本案乙在開槍時，有預見到可能打到甲，其內心認為就算打到甲，也無所謂。因此，主觀上，乙不但具備故意的認知要素，且同時容認犯罪結果的發生，即具備決意要素。是故，乙主觀上應為間接故意，而非有認識的過失。

（二）乙無阻卻違法事由，亦無免除罪責事由。

二、結語：乙的行為成立§271Ⅰ殺人罪。

違法性

第六章　違法性

【目次】

犯罪論

第一節　違法性之概念

　　構成要件該當的行為，是一種「可能違法」的標記。由於立法上無法從正面描述何種情況下，一個構成要件該當的行為是違法的；只能從反面去舉出，如果行為沒有正當理由，便是違法。故違法是指，不法行為與法秩序對立、衝突、矛盾的現象。簡言之，構成要件該當之行為，我們大致推定它是違法，如果此構成要件該當之行為有阻卻違法的事由（又稱正當化事由），則此構成要件該當行為在第二個階段的檢驗中就被排除，而不成立犯罪（這是通說三階論的檢驗方式），也不需要再進入罪責的檢驗。

> **例**
>
> 　　目睹兩人於推拉之際，槍響，其中有一人倒下死亡，是否就是有人犯罪成立，應如何處理？
>
> ➡ 1. 有人被殺，構成要件該當，可能構成§271之殺人罪。
> 　2. 有無阻卻違法事由？假如被殺者為強盜，則可能因正當防衛而不成立犯罪。故我們必須判斷，該犯罪事件中，槍殺他人之行為人是否有阻卻違法事由存在。亦即，雖實現了構成要件該當之殺人行為，但如有阻卻違法事由存在時，仍然是不成立犯罪。

　　【圖21】在說明違法性體系的思考流程。【圖22】在說明構成要件與阻卻違法事由間的簡易區別及指導原則。

圖21：違法性體系之思考流程

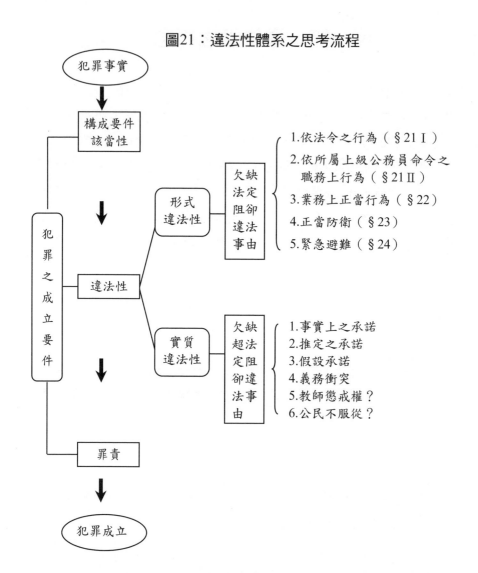

犯罪事實

構成要件該當性

犯罪之成立要件

違法性

形式違法性 ── 欠缺法定阻卻違法事由

1.依法令之行為（§21 I）
2.依所屬上級公務員命令之職務上行為（§21 II）
3.業務上正當行為（§22）
4.正當防衛（§23）
5.緊急避難（§24）

實質違法性 ── 欠缺超法定阻卻違法事由

1.事實上之承諾
2.推定之承諾
3.假設承諾
4.義務衝突
5.教師懲戒權？
6.公民不服從？

罪責

犯罪成立

圖22：構成要件與阻卻違法事由之功能結構
（參照Haft, AT, 8.Aufl., S. 76）

構成要件	阻卻違法事由
禁止文句 （行為是禁止的）	容許文句 （行為是容許的）
刑法的規則 （指示違法性）	整體法秩序的例外 （對指示的反駁）
指導原則：構成要件的訴求功能	指導原則：法秩序的一致性

壹、違法性之意義

　　由於構成要件的本身是違法行為的一個類型，故如行為該當構成要件的類型時，我們大致推定此行為具違法性（構成要件違法性推定之機能）。但是構成要件是一種抽象的類型，該當構成要件的各個行為，在具體的情況下可能有阻卻違法的事由，此時是否具有違法性就必須進一步加以檢討。故判斷「違法與否」是相當必要的。

　　違法是行為與規範間之對立衝突關係，法規範希望人民不要有殺人、搶劫、偷竊等行為，故侵害別人權利的行為是違法的行為。但是，阻卻違法事由的存在卻是整體法秩序一致的例外，因為一旦有阻卻違法事由存在，其行為是被允許的。

　　違法與否的觀念只有二種：違法、不違法（合法），違法是「有無的問題」。違法和不法的觀念是不同的，因為不法有層升的觀念而違法則無，因不法有刑事不法、行政不法，民事不法的程度區別。

貳、違法性之判斷

　　如前所述，構成要件該當的行為是否違法，應從整體法秩序判斷。其他法律領域所許之事，刑法亦不禁止。違法與否，不能只從形式上觀察。亦即，仍應依「社會損害性」此一價值思考作為判斷基礎。不具法定阻卻違法事由的構成要件該當行為，雖形式違法，但如實際上並未形成社會損害，仍不應稱作違法。違法與否，應依「利多於害」的原則判斷。這是「實質違法性」的觀念。在實質違法性的觀念底下，「超法定阻卻違法事由」才可能被創造。由於構成要件該當的行為必須經過評價後才能認為「不法」，也因此這個階層所應評價的重點為何？就牽涉到「行為非價或結果非價」及「形式違法性或實質違法性」的不同看法[1]。

1　張麗卿，被害人承諾的法律效力—高等法院102年度上訴字第261號刑事判決評　析，台灣法學雜誌，327期，2017年9月，頁39以下。

一、行為非價或結果非價

德國刑法學者Hans Welzel以目的行為論為基礎，為了解決過失犯的缺陷提倡「人的不法」概念，主張作為犯罪要素的不法，除應考慮結果反價值（結果非價）之法益侵害外，尚須考慮與行為人相關聯之人的不法之行為反價值（行為非價），從而展開所謂結果反價值與行為反價值的爭辯。

簡言之，違法性的本質究竟在於法益侵害的結果（結果非價、或稱結果不法）或違反規範的行為（行為非價、或稱行為不法）有不同的評價結果。因為「結果非價說」將評價重點放在客觀上所造成之法益侵害或危險，忽略行為人主觀上的違法認識；「行為非價說」則認違法性的判斷，從主觀立場出發，必須考慮行為人的主觀意思。

現今通說傾向折衷的觀點，亦即，犯罪行為的不法內涵是由行為反價值與結果反價值所構成，行為非價係「法律規範之違反」，係行為實行方式之違法；結果非價係「法益之破壞」，係行為對保護客體所造成之侵害或危險，行為非價必須以結果非價為前提，並考慮結果非價所顯現情狀之刑法意義之折衷觀點，此即所謂「二元行為無價值論」，係現今臺灣、德國及日本的通說。

值得注意的是，主張「消極構成要件理論」的二階層論者認為，這種對於不法構成要件做分類的理解方式對於犯罪結構的理解，並不清楚。因為就犯罪的構成而言，要件全部具備就是構成犯罪，要件沒有全部具備，就是不構成犯罪。至於某一個特別要件到底是屬於結果不法或是屬於行為不法，對於犯罪的構成言，並不重要。其次，把「行為不法」或「行為負價值」理解為就是故意或過失，理解亦有偏差，因為如果不是寄託在利益侵害結果的認知（或預見可能性）上，那麼行為人的故意或過失並無任何非價可言。

二、形式違法性或實質違法性

　　此外，關於違法性本質的另一個爭點是「形式違法性」與「實質違法性」。「形式違法性」是指，法律上禁止規範和命令規範之違反，行為違反法律上禁止或命令規範，且無阻卻違法事由存在，則推定該行為違法。亦即，行為人的行為若符合這個目錄中明文規定的任何一個不法構成要件，而不具有法定阻卻違法事由時，該行為即具形式的違法性。這是從客觀上觀察，單純依法律明定的條文來認定違法性質之有無，乃古典犯罪理論的代表人v. Liszt最初的說法。

　　新古典體系受新康德哲學影響，認為不法行為的意義，應依「社會損害性」此一價值思考作為判斷基礎。不具法定阻卻違法事由的構成要件該當行為，雖形式違法，但如實際上並未形成社會損害，仍不應稱作違法。違法與否，應依「利多於害」的原則判斷。這是「實質違法性」的觀念。在實質違法性的觀念底下，「超法定阻卻違法事由」可以被創造發明。

　　由於形式的違法性與實質的違法性並非彼此對立的概念，實質的違法性在違法性的判斷上，可以補充形式的違法性的不足，故兩者相輔相成，不相互牴觸，實質違法性以形式違法為前提，並使違法的內容更為具體明確。因行為雖然符合構成要件該當性，且無阻卻違法事由時，僅屬形式上違法的檢驗，但在形式上違法的檢驗之外，尚須進入實質上違法之檢驗。實質上違法檢驗之著眼點在於「縱然行為符合構成要件，但是如能符合社會相當性時，亦即行為沒有造成社會損害性時，仍可認為它不具違法性」。因此，犯罪行為必須要違反刑罰法規，且必須是具有社會損害之行為。

　　由於承認實質違法性才比較可能接受「超法定阻卻違法事由」。不過，如前所述，犯罪論體系的古典犯罪論，並不接受「超法定阻卻違法事由」，因為他們認為「超法定阻卻違法事由」可以經由價值上的判斷被任意創造而無法被檢驗，這隱含著法律的安定性可能遭到破壞。不過新古典犯罪論後，實質違法性的觀點及超法定阻卻違法事由的承認，已經是不爭

的事實。目前學說與實務,均接受實質違法性的觀念。其中得被害人承諾與義務衝突(用於否定不作為犯的成立)是較無爭議的。

參、可罰之違法性

由於承認實質違法性的觀點,因此有可罰違法性的理論提出。理論上,違法性應該是沒有層升概念的,但日本學者提出「可罰的違法性」就是認為違法性有層升概念[2]。在形式違法與實質違法的概念下,如果只檢驗形式違法,將造成人民法感與法意識扞格不入,所以藉著實質違法中「社會相當性」的觀念,來排除輕微的違法行為,以消弭形式違法的過份嚴厲。

因為形式上違法的行為,實際上可能沒有侵害任何生活利益或侵害非常輕微。所以,行為是否違法,不能單從形式上去評價。以下說明可罰的違法性的相關問題:

一、意義

針對輕微的違法行為,而發展出來的學說。認為犯罪行為的成立,不僅該行為的構成要件要該當,而且形式上違法,但違法的程度必須達到足以科處刑罰程度的違法,才具有可罰的違法性。亦即,行為違法性的程度,須適合於用刑罰的手段來加以對應才屬違法。在這個理論下違法是有程度之區別,亦即,可罰的違法和不可罰的違法,因為犯罪行為的成立,不僅該行為符合構成要件該當性,具形式上違法,且違法的程度必須達到足以科處刑罰程度之違法,才具有可罰的違法性。主要係避免刑罰的動用和人民的法感扞格不入。

---

[2]　甘添貴、謝庭晃,捷徑刑法總論,2006,頁132以下。

二、理論的形成

此理論的形成發端於刑法專業上的判斷和一般民眾的法感，可能會產生不相符合之現象時所提出之理論，故形式上雖然符合構成要件該當之行為，但如果用刑罰制裁可能會產生上述的缺憾，故提出可罰的違法性來解決。

可罰的違法性之主要理論根據是「刑法之最後手段性」。因為國家的強制力及刑罰權的行使可能剝奪人民之自由，所以運作應嚴謹，也就是考慮刑法「謙抑思想」所形成之理論。

三、判斷基準

（一）法益之輕微性

如行為的結果對法益所造成的侵害及危險非常輕微，不須以刑法的手段介入，不具有可罰的違法性。法益輕微與否的判斷等於是把違法性加以量化。例：偷信紙一張，偷摘花一朵皆屬於侵害輕微的法益。

（二）行為的逸脫性（偏差性）

從行為本身之方法、樣態是否違反社會倫理規範或社會相當性來判斷，如果行為本身的偏差性很輕微，則不具行為之逸脫。不過，假如法益的侵害雖屬輕微，但是行為的方式卻讓人無法容忍，則此違法仍是可罰的違法。例如：以脅迫方法取得信紙二張，侵害法益雖屬輕微，但行為方式無可忍受，仍成立強盜罪。亦即，法益受輕微的侵害，且行為的逸脫不會太離譜，才屬不具可罰性之違法行為。

四、評價

對於「可罰的違法性」在我國法下有無適用，有正反意見：

（一）否定說：認為可罰的違法性不應存在，其理由如下

1.造成刑事立法理論與刑事司法理論的混淆

在構成要件該當、違法、有責之外，在違法與否的認定上，尚加一「可罰違法性」的判斷，事實上，它不但沒有解決問題反而造成犯罪理論判斷的混淆。好像提出四階段犯罪判斷之理論一樣，故不足採。且在論述可罰的違法性時，必須顧及違法的質與量，同一行為在每個國家處罰的情況不同，在認定一個行為是否具可罰的違法性時，可能因為立法者與執法者的看法不同而做出不同判斷，並且造成刑事立法理論和刑事司法理論概念上的混淆。

2.不確定的法律概念，極易流於主觀、恣意的判斷

是否要加以處罰或者予以犯罪化、除罪化是刑事立法上的問題並非刑事司法上所考慮之對象。因此，容易造成刑法的適用上流於主觀的看法（此點為最受批評之焦點）。因為可罰性的理論是以法益的輕微與否或行為逸脫的程度等抽象的價值觀念為判斷基準，而此基準是一種非常不確定的觀念，在不確定的情況下，極易流於主觀、恣意的判斷，而可能遭致濫用的狀況。

3.破壞構成要件的違法性推定機能

法官的價值觀因人而異，輕微與否的認定可能不同，致認事用法無法達到一致的現象。並且，此說對於構成要件違法性之推定機能，破壞殆盡，與構成要件的違法性推定機能不能配合。

4.造成阻卻違法事由的規定形同虛設

刑法規定的阻卻違法事由（§§21～24）都有嚴格的成立要件，才可成立，如僅以可罰或不可罰的違法性之簡單觀念，來認定某行為具阻卻違法之情況，會造成阻卻違法事由之規定形同虛設。

5.透過程序運作解決輕微案件的問題

　　微罪行為其實可透過刑事訴訟法§253的相對不起訴處分，§253-1的緩起訴處分（檢察官為之）解決；或是透過輕微犯罪依§§59、60規定，予以「酌量減刑」（法官為之）來解決，因此「可罰違法性」理論存在之必要性，即值得商榷。

（二）肯定說：認為可罰的違法性應存在，其理由如下

1. 理論面：對於現行刑法的犯罪理論體系發生調和之效果，可避免刑法之適用流於僵化及形式化，並且可顧及社會大眾之法感。
2. 實踐面：可使法院之判決和社會的觀念發生共鳴的效果，可與社會通念趨於一致。
3. 訴訟面：如檢察官所提之公訴，欠缺妥當性時，可發生救濟的效果。

（三）本書傾向採否定說

　　過去，因74年台上4225號判決謂：「行為雖適合於犯罪構成要件之規定，但如無實質之違法性時，仍難成立犯罪。行為人擅用他人之空白信紙一張，雖其行為適合刑法§335Ⅰ之侵占罪構成要件，但該信紙一張所值無幾，其侵害之法益及行為均極輕微，在一般社會倫理觀念上尚難認有科以刑罰之必要。且此項行為，不予追訴處罰，亦不違反社會共同生活之法律秩序，**自得視為無實質之違法性**，而不應繩之以法。」，因而有認為我國實務有採行可罰違法性的說詞[3]。其實該判決為實質違法性的判斷（即不造成社會損害性），並非可罰違法性之論證，兩者不可混淆。

　　簡言之，可罰的違法性，主要是針對輕微的犯罪案件所提出之理論，此理論其實會造成犯罪成立判斷上之混淆，因為構成要件該當之後要進入違法性之檢驗，而違法應該只有違法或不違法的概念，並無所謂相對性或質與量區別的問題。

---

[3] 甘添貴、謝庭晃，捷徑刑法總論，2006，頁135。

第二節　法定阻卻違法事由

　　構成要件該當行為之違法性，可能因有某些特定的容許事由（合法化事由）阻卻其違法性。阻卻違法的事由可以區分為「法定阻卻違法事由」及「超法定阻卻違法事由」。特別注意的是，阻卻違法的事由與構成要件相同，都必須具備「客觀要素」與「主觀要素」。因此，任何阻卻違法的事由要成立，都必須同時具備有「客觀的違法情狀」以及「主觀的合法化意思」。例如，正當防衛的成立，必須在客觀上有防衛情狀，以及主觀上有防衛意思。

　　法定阻卻違法事由有：§23正當防衛；§24緊急避難；§21 I 依法令行為（依法令行為涵蓋之範圍：①民§1085懲戒權；②刑事訴訟法§88對現行犯之逮捕；③民法§§151、152自救行為；④優生保健法§9人工流產）；§22業務上之正當行為；§21 II 依上級公務員命令之職務行為。以下分別詳細說明。

壹、正當防衛

　　§23：「對於現在不法之侵害，而出於防衛自己或他人權利之行為，不罰。但防衛行為過當者，得減輕或免除其刑。」

一、意義

　　針對現在正在進行中之不法侵害或攻擊行為，在無法立即獲得公權力保護之危急情況下，基於人類自衛之本能使用私力所為之必要的防衛。有為自己法益的正當防衛，及為他人法益之正當防衛兩種類型。

二、要件

（一）正當防衛之客觀要件（防衛情狀）

客觀要件包含有現時侵害的存在、不法的侵害、以及實施防衛的行為。

1.現時侵害之存在

侵害，指以幾近確定之可能性認為將會造成法益損害之行為。

(1)侵害的型態包括作為與不作為

侵害通常以積極的作為出現，但消極的不作為也可以是侵害的型態。換言之，侵害乃指他人之一切足以破壞法益或妨害權利之行使之積極作為或消極不作為，亦不論其是否故意或過失。消極不作為何以屬於侵害行為，因其有一積極的作為義務而不作為，行為違反此義務即侵害他人之法益。如：§306Ⅱ，侵入住宅，受退去之要求而仍滯留不退去罪。

> **例**　設有一屋主甲要求乙離開其住宅，乙不離開，甲因一時氣憤乃將其打傷—甲之傷害罪可主張正當防衛，因為§306Ⅱ是乙退去義務之根據，乙不離開即構成侵害甲之居住自由權利。

惟，應注意基於契約而來的積極作為義務不在此限。例：承租人甲於契約期限屆滿後，拒絕交屋，屋主乙強制驅離使其受傷，因債權並不具備正當防衛之權利情況，而債權之保護可依民法規定而為救濟，所以乙之傷害行為不可主張正當防衛。亦即出租人此時（間接占有人）負有容忍義務，即使契約期滿，仍不得用武力強制驅離別人，應以民事訴訟程序救濟之。

(2)必須是人的侵害

侵害必須是人所造成。動物所造成之侵害，為一單純自然界的事實，而不可主張正當防衛。

例1

甲被乙之狗攻擊，甲用木棍打狗。

➔甲不能主張正當防衛，成立毀損他人之物之毀損罪。甲頂多可主張緊急避難（§24），如成立緊急避難，也不構成毀損罪。

例2

如上例，狗之攻擊甲乃乙之教唆，而甲打死狗。

➔甲就可主張正當防衛，因此時狗是乙實施傷害甲之工具，不成立毀損罪。

例3

甲之狗撲向乙，甲本可制止卻置之不理，結果狗咬傷乙，乙打死狗。

➔因為甲消極的不作為侵害乙之權利，乙可主張正當防衛。

例4

如上例，狗咬傷乙，丙（第三人）路見不平，要甲把狗叫回，甲不從，丙乃因此打傷甲。

➔因為緊急避難所保護的法益的可以是自己的或他人的，故丙應成立緊急避難而不違法。

(3)必須權利受到侵害（防衛的適格）

　　何種權利被侵害得以反擊，§23條並未做規定。基本上，任何權利遭侵害，皆可反擊。但必須權利有真正受到侵害，受侵害之法益，不以自己之權益為限，他人之權益原則上也可加以防衛，這稱為「第三人的防衛」（又稱緊急救助）；不過，第三人的防衛，必須尊重法益擁有者（被侵害者）的意思。因為正當防衛保護的是法益擁有者，如果遭受不法侵害的人拒絕他人防衛時，他人就不應該防衛。簡言之，屬於自己或他人之法益，均為法律上所承認之利益，其中包括其他法律所承認的利益，只要受到侵

害，都有防衛的適格。

> **例**
>
> 　　乙、丙分別開車到停車場，丙先看到有一空出的停車位，但乙請他的朋友甲迅速下車，為其幫忙占停車位，甲因此站在車位內，以身體占車位，丙不服，以車漸逼退甲之際撞傷甲，丙可否主張正當防衛？
>
> ➜ 不可以。雖其權利有遭受現時之不法侵害（因為每個人均有使用公共設施之權益，是主觀公法上的權利，而且也有所謂的優先原則），在上述例子中擁有最先優先權的是丙，甲應讓位較妥。雖然不能說丙的之利益沒有受到侵害，但是停車權和生命身體權相較，其法益顯然較輕微，如丙因此可以成立正當防衛，可也能造成權利之濫用。因此，公法上之使用權利仍為法律所保護之對象，但在行使防衛的過程中必須不能過當。

　　另外，在沒有具體侵害人的公共秩序利益時，亦必須有所限制，因為任何人不得假借公共秩序保護的名義行使「正當防衛」。因此，不法侵害如果是針對抽象的社會利益，由於並無具體的被害者，不能主張正當防衛。公共秩序的維護應專屬於國家的任務，否則每人都以國家警察自居，對於公共秩序的維護反而是一種亂源[4]。

> **例**
>
> 　　警察對於示威的群眾，以警棍加以強制驅離，此時路人甲見狀心起不平之念，而拾起地上之木棍，加入驅離行列，若因此打傷乙，甲不得主張正當防衛，亦非依法令之行為，仍成立傷害罪。

(4)侵害的現在性

　　指現時的不法侵害，即侵害正在進行，方可反擊；侵害若已結束，則不得反擊。而現在的不法侵害必須是直接在眼前，已經開始或尚在繼續進

---

[4] 林山田，刑法通論（上），2008，頁319。

行中的攻擊,更精確地說,應該是侵害者之行為已經達到防衛者最後有效之防衛時間點,因為超過這個時點,防衛者無法達到防衛目的,或必須開始承擔風險或付出額外代價,這是「有效防衛說」的看法。但是,實務的見解對於現在不法的侵害,採取比較嚴格的說法,例如:行為人僅是欲毆打被害人,而被害人尚未被傷害,此時不法侵害尚未發生,即無防衛之現在性(參照,84台上1057判決)。

例1
　　甲以刀欲刺乙,乙將刀奪下,反手刺死甲。
→不算現在之侵害。因奪下刀之後,侵害已消失,故此行為非正當防衛之行為。

例2
　　甲於路上遇敵人乙,乙伸手入口袋欲拿槍,乙尚未拿出槍前,甲查覺有危險,便將乙以刀刺死。
→甲所面臨者,屬於現在之侵害,因甲之生命,身體已面臨危險階段。

例3
　　乙偷甲之物,甲追了二十公尺把乙打傷,奪回己物。
→乙之竊盜已既遂但行為未終了,故此侵害仍繼續存在,仍屬於現在之不法侵害。此時財產所有人甲仍有追捕取回自己財產的權利,仍有自我防衛的權利。此從民法§960Ⅱ:占有物被侵奪者,如係動產,占有人得就地或追蹤向加害人取回之。得到印證。

　　實務見解亦認為謂:「若侵害已過去,或預料有侵害而侵害尚屬未來,則其加害行為,自無正當防衛可言。」也就是說,如果「現在的不法侵害」不存在,行為人就不可主張「現在受不法之侵害」(參照,19上1174判決)。故,對於過去的侵害已經無法挽救,實施所謂的防衛行為當然也沒有意義。

例　乙偷甲物，甲當時追不到乙。第二天，甲在路上遇到乙，為搶回其物而打傷乙，甲不得主張正當防衛，因為這不是防衛行為，可能是一種報復的舉動而已，但可能主張民法上之自力救濟。

若主觀上假想將受侵害屬「未來之侵害」，而預作防備，致生傷害事件時，結果如何？亦即，用「預防的措施」來對抗非現在的侵害是否能主張正當防衛呢？

例　甲之果園屢次遭竊，乃於果園外加電網，數日後電死不相關的路人乙。

→　電死不相關的乙，甲不可主張正當防衛，因為此種侵害尚屬未來，侵害僅為主觀上之想像，仍成立過失致死罪。因其不能認為這是對於侵害行為所採取的最後一個有效防衛的行為，且合乎正當防衛的規範目的，故仍應考慮此防衛措施的正當性與必要性，並須注意該設備的手段是否違背公序良俗。

不過，上述的例子之中，甲如果正好反擊到侵害者，一般通說認為是現在的侵害，應可主張正當防衛，因其在形成現時不法侵害時，才有防衛行為，並不是對於未來的侵害防衛防盜或保全設施雖針對未來侵害，但此設施唯於侵害實際出現時，始發揮反擊功能，因此實際上屬針對現時不法侵害，設施者不違法。但是，實務見解有採否定看法，認為正當防衛是針對現在不法侵害的防衛行為，故若侵害如果已成過去，或預料有侵害而侵害尚屬於未來，仍不得主張正當防衛（參照，101台上3827判決）。

- -

＊持續性危險

持續性危險係處在持續性的危險狀態中，隨時有遭受侵害之危險可能。例如德國有名的「子以平底鍋擊父事件」，德國學者以為，由於小孩身處危險境地，隨時都有遭到侵害的危險，因此認為是屬於「現在的

侵害」的一種延伸。

不過，是否有持續性危險的認定必須基於保護法益目的而為思考，如法益有隨時遭受侵害之危險存在，且已經沒有其他有效的方法可以使用時，於有可能遭受侵害之時，可否認為該侵害係「現在之侵害」而主張正當防衛，有不同的見解：

案例：甲女的丈夫乙在喝酒後會長期習慣性的對甲施暴，由於甲害怕丈夫喝酒後再次施暴，於是趁丈夫乙熟睡時將其殺害，則甲可否依在婚姻存續期間因丈夫喝酒後的施暴行為，甲隨時有遭受侵害的危險而認定是現在之侵害而主張正當防衛？

➔ 有認為持續性的危險對於甲長期處於被施暴的情況下，有理由認為醒來後的丈夫乙喝酒後仍會有施暴的可能性，且甲於丈夫乙施暴時並無法對之反擊，對於當時的甲而言，長期被施暴的情況，在其婚姻存續期間是處於危險狀態中，並隨時有遭受侵害之危險存在，此應該是屬於現在之侵害，甲如另有符合正當防衛其他要件，則可主張正當防衛。

➔ 有認為甲雖處於持續性的危險狀態中，並有隨時遭受侵害之危險存在，對於無力反擊丈夫的甲而言，丈夫乙雖在熟睡，但是醒來後如又喝酒會有施暴的情況，因此甲在丈夫乙熟睡時將其殺害，由於該持續性危險屬於緊急危難的情形，且甲出於不得已之下，只能將丈夫殺害，否則有被再次施暴的可能性，所以甲在符合緊急避難之其他要件下，應可主張緊急避難。

2.須是不法的侵害

不法是指侵害的行為違背法秩序，例如：任何人或警察逮捕現行犯時，現行犯不能主張正當防衛，因為對於現行犯加以逮捕，是依法令的行為（§21 I、刑訴§88），並非不法之侵害，所以是否受到不法的侵害或攻擊，須視被害人有無容忍義務而定，當無容忍義務時，才可採取防衛行為，反制別人。

不法侵害是指，一切足以破壞法益或妨害權利的行為，並不限於刑事的不法侵害，民事上之不法亦包含之，且對當事人言，無須忍受此種侵害，所以若是合法的侵害，則不可主張正當防衛。且被侵害的權利種類並

無限制,縱為人格權、隱私權、羞恥感受侵害,也可以反擊。

另外,不法的侵害是否必須是「有責的侵害」呢?例如,對於幼兒或精神病患的攻擊可否主張正當防衛,通說以為可主張正當防衛,例如,孩童闖進果園,偷摘蘋果,以強制手段將之驅離。精神病患持自己製造的火焰炸彈,闖進小學並挾孩童揚言殺死孩童,被警察射殺,警察可以主張正當防衛[5]。但是對於幼兒或精神病患的攻擊,防衛行為必須受到限制,換言之,防衛者必須先採取迴避措施或最溫和的方法回應之,而且不能過當。

例1

甲與其女友兩人於公園樹下陰暗處親熱,偷窺狂乙偷窺該情侶的親熱舉動,甲發覺後命乙離開,乙拒絕,甲乃毆傷乙,甲之行為如何評價?

→甲之行為該當刑法§277之傷害罪,問題是甲之行為可否主張正當防衛?「討論重點在於是否有不法侵害?」此牽涉隱私權之定義,如符合隱私權的概念應可主張正當防衛。本案在公園親熱應不能主張隱私權被侵害,因為公園為公開場合,縱於樹下陰暗處,亦屬於第三人得以共見共聞的狀態。

例2

甲女散步時,遇見一位暴露狂乙,乙當甲之面脫下褲子,甲一時羞愧將乙之褲子拉上,不料因使力過度,對乙造成傷害,甲之行為如何評價?

→甲主張「羞恥權」受侵害,主張正當防衛阻卻違法,不成立傷害罪。
【德國刑法§183 I,處罰以露陰行為,騷擾他人的男性,處一年以下的徒刑。】

---

5 Wessels/ Beulke/ Satzger, Strafrecht, AT, 52. Aufl., 2022, §10, Rn. 497.

例3

　　甲未經朋友乙同意而開走乙之車，乙為追回己車而打傷甲，甲認為其行為僅屬於借用，或最嚴重也是不處罰的「使用竊盜」，而對乙提出傷害罪之告訴？

➜甲可以提出傷害之告訴，但是，乙可主張正當防衛而阻卻違法，因為其車子的所有權已受到不法之侵害，乙對甲之行為並無容忍義務。

3.實行防衛的行為

　　主張正當防衛，實行正當防衛行為時，應注意必要性原則，且不能濫用權利。且防衛行為不以出於不得已為要件，是否有其他方法可以規避緊急防衛的情狀，在所不問。

(1)防衛行為的必要性

　　必要性，是指防衛手段必須是適當的手段。亦即，注意比例原則，不要用大砲打小鳥。防衛是否過當，應視具體情況而做評價。例如：對於小孩與精神病犯的攻擊，或對於價值比較微小的法益侵害，防衛手段需要比較慎重，必須考量防衛手段與欲維護的利益間，是否極度失衡，不宜採取足以讓侵害者可能足以致死或攻擊性的防衛手段[6]。

　　必要的防衛行為是指實施反擊之後，可立即停止侵害，並確保危險永遠終止，而確保法益，但防衛法益與侵害法益間，無須進行利益衡量。故，並非每種防衛之方式及程度均被允許，對於防衛行為必須考慮：「防衛是否客觀必要，防衛行為不可過當」。防衛行為必須必要，如非必要可能造成過當防衛，就不能阻卻違法，而係阻卻責任或減輕責任之事由。亦即，若在具體防衛狀況中，無法期待其為適當行為，則其過當之違法防衛行為，不能加以非難，應免除其刑責。但若是可期待其不過當，則非難性較一般侵害行為為低，故應減輕責任。

　　過當防衛就非正當防衛，不可阻卻違法，過當防衛既非適法之行為，

---

[6]　Wessels/ Beulke/ Satzger, Strafrecht, AT, 52. Aufl., 2022,　§ 10, Rn. 509ff.

自應為其行為負責，惟該過當防衛之行為人，原係現在面臨不法侵害之被害人，在猝遭不法之恐怖、激憤、驚愕等亢奮情緒支配下而為過當防衛之行為，係屬情理之常。任何人處於同一狀態下，亦不能期待不為被害人所為之行為，故過當防衛，雖不能阻卻違法，但卻可能阻卻責任。

此外，防衛是否過當應視其侵害情狀是否急迫，防衛行為是否有必要，再依公序良俗之觀念來決定。至於法益之輕重如何，並不是最必要的考慮因素，應就行為之全部及客觀上注意侵害之程度，反擊的方法，周圍的情況，作具體的考慮，侵害與防衛間應有一均衡的比例。

基本上，防衛者所保護的利益，其價值無須大於反擊後所破壞的利益。簡言之，正當防衛無須在保全與破壞的兩個法益間，做利益衡量。防衛過當，通常指防衛手段顯然超越「相當性」及「必要性」，參照最高法院100年台上字第4939號判決：「防衛過當係指為排除現在不法侵害之全部防衛行為欠缺必要性及相當性要件而言，必係防衛行為，始生是否過當，倘非防衛行為，即無過當與否之問題。」；學說上將過當防衛之類型，依防衛者是否對於賦予過當性的基礎事實，具有認識，區分為「故意的過當防衛」與「過失的過當防衛」。

①**故意的過當防衛（有知覺的適當防衛）**，係指防衛者對於超過防衛程度之事實（過當性的基礎事實）具有認識的清況，此種過當防衛類型，乃用於行為人並不是出於恐慌驚嚇致超過了防衛之必要性，而是出於其他心理因素（如給予攻擊者教訓），而有意選擇侵害程度較重的防衛手段。例如：防衛者面對他人的拳擊，卻拿斧頭反擊，將他人砍死。此時，行為人之行為該當故意殺人罪（§271 I）之構成要件，又因防衛行為逾越必要性之程度的「擴展的防衛過當」，通說認為是不符合減免罪責的正當防衛。

②**過失的過當防衛（不知覺的適當防衛）**，係指防衛者對於超過防衛程度之事實（過當性的基礎事實）沒有認識的情況。此種過當防衛類型，乃比較典型的過當防衛類型，其發生多係因防衛者乍遇他人之攻擊的緊急狀態，行為人由於弱勢衝動（如惶惑、恐懼或驚嚇）而減免罪責，由於內

心的緊張、恐懼而舉止失措,未能正確判斷必要的防衛行為(包括未能選擇適合的防衛行為及最小侵害的有效手段),因而採取侵害程度較重的「密集防衛過當行為」。例如:防衛者面對他人的拳擊,原想拿木棍反擊,卻誤拿斧頭反擊,致砍死他人。此時,因行為人主觀上並無殺害他人之故意,而該當過失致死罪(§276 I)之構成要件,又因防衛行為逾越必要性之程度,不得阻卻違法,而具有違法性,惟行為人係因情急之下,始拿起斧頭砍死他人,故應依§23但書之規定,減免其所犯過失致死罪之刑責,亦即,於過失的過當防衛,即應按過失行為的規定減免其刑。

例1

用槍打死,一個五歲偷摘芭樂的「小」小偷。

➜ 從人數、力量加以評量顯然過當,沒有必要。此等輕微的侵害,應先用鳴槍方式阻止,非立即用獵槍射殺。

例2

小偷一人,是否有必要由十名壯丁來反擊。

➜ 此須就個案認定。須視防衛是否出於急迫之情形,可以不論法益之輕重。

例3

有一女子為逃脫甲之性侵害,在甲與其扭打間,拾刀刺傷甲。

➜ 就貞操權和生命、身體相較,似嫌過當,但因情勢急迫,非刺傷甲別無他法。可見過當與否,有時法益之輕重,並非考量的重要因素。

例4

夜行單身女子遇上搶匪,以噴霧器對抗搶匪,使搶匪雙目失明。

➜ 該女子之行為不能說有過當。因為,我們不能要求該女子先喊叫或用皮包打搶匪無效後,才能用噴霧器。

(2)防衛行為非屬濫用

防衛行為是否為權利濫用，取決於規範與社會道德的權衡。對於正當防衛的權利行使須有所保留，不可濫用。檢視防衛行為是否濫用，學說上提出「防衛三階段理論」（Drei-Stufen-Theorie）進行審查。首先，防衛者面臨不法侵害時，應先選擇「迴避」（ausweichen）；其次，當不可能迴避時，再進行防禦型的保護防衛（defensive Schutzwehr），例如：阻擋他人攻擊已然自我保護，就不需要採用強烈的攻擊防衛行為；最後，當防禦型保護防衛仍然無法有效維護法益時，才得以進一步採用更為強烈的抵禦型防衛（Trutzwehr），例如：用攻擊方式抵禦他人的不法侵害[7]。以下說明，防衛行為可能會形成濫用的情形：

①對於一個小孩或明顯是精神病犯或一個爛醉如泥者的攻擊：不可輕易主張正當防衛，因此為被害人之不法侵害，若可以輕易迴避時，卻以反擊的方式解決，就是防衛權之濫用。所以，對於小孩或精神病犯的攻擊雖可以主張正當防衛，但應採取迴避或較輕微之方式，不能因對方攻擊，便立刻以激烈的方式加以反擊[8]。

②社會通念所容忍之範圍：例如，搶奪公共設施之使用對於被侵害的法益和防衛者所反擊所造成的法益侵害，如欠缺比例原則時，不能主張正當防衛。

③親近親屬間之不法侵害行為：父母、夫妻、子女間，應負有相當程度之容忍態度，不論任何一方，對他方不法的現時侵害時，另一方應採取迴避態度，迴避不法侵害，只有在迴避不了之情況，必須實施必要防衛行為時，才可加以防衛，不過也必須採取溫和手段，不可過激。否則破壞家庭倫理親情至鉅，並不是正當防衛規範的目的。

---

[7] Wessels/ Beulke/ Satzger, Strafrecht, AT, 52. Aufl., 2022, §10, Rn. 522.
[8] Roxin/ Greco, Strafrecht, AT/1, 5. Aufl., 2020, §15, Rn. 73ff.

> **例**
>
> 　　父親因其子偷竊，用棍棒打子，子奪其棍棒，加以反擊。
>
> → § 281，施強暴於直系血親尊親屬，未成傷仍成罪，子不得主張正當防衛，加以反擊。因民法 § 1085規定，父母對子女有懲戒權。其父適度體罰打子，依然是依法令之行為可阻卻違法。

　　④對於自己「瑕疵原因行為」（過失的挑起事端）或非意圖式的挑撥行為，所引致的不法侵害，防衛者可主張正當防衛權的行使，但必須有所限制。依照實務見解（參照，高院94上易597判決）認為，私下侮辱雖不成立犯罪，但私下侮辱也是屬於一種侵害名譽的行為，被侮辱者可以反擊，成立正當防衛；不過仍然不能過度。換言之，防衛者宜採取較溫和的手段或迴避攻擊，不能馬上採取攻擊式的反擊[9]。

> **例**
>
> 　　甲譏笑乙是大笨牛，乙氣急敗壞，狀似惡牛地衝向甲，甲迅速拾起地上尖銳木條刺向乙，加以防衛。
>
> → 甲的行為符合殺人或傷害的構成要件。乙的攻擊對甲而言，顯屬現在不法的侵害，但甲應採取較溫和的手段或迴避攻擊。乙的攻擊，雖可歸咎於甲的非意圖式的瑕疵原因行為所致，但甲未採取較溫和的手段或迴避攻擊，仍然是防衛權的濫用。

（二）正當防衛之主觀要件（防衛意思）

　　防衛意思，為「主觀的阻卻違法要素」。實行防衛之人除了須認識現在有一不法之侵害存在之外，亦必須有為排除侵害而實施防衛行為之意思。所以行為人欠缺主觀上阻卻違法要素，就不可構成正當防衛。

　　過去，在古典犯罪理論中是不承認有「主觀的不法要素」，因其主張「不法是客觀，罪責是主觀」的原則。但是，現代刑法通說則認為，主張

9　Roxin/ Greco, Strafrecht, AT/1, 5. Aufl., 2020, § 15, Rn. 66.

正當防衛的行為人，其主觀上須具有防衛的意思是指行為人主觀上若非出於防衛意思，即使實際上存有緊急防衛之情狀仍不能阻卻違法。欠缺防衛意思的情形如下：

1.假象防衛（偶然防衛）

客觀上有侵害的發生，但是行為人主觀上不知有侵害出現，故無防衛意思。惟，在陰錯陽差之下，造成防衛的外觀，但是實際上並不構成正當防衛，這是假象的防衛（偶然防衛；Putativnotwehr），不具備主觀的阻卻違法要素，行為人應依其犯之構成要件該當行為加以處罰[10]。此種情形又稱「反面的容許構成要件錯誤」。

> **例1**
>
> 　　甲、乙係死敵，互欲置對方於死地，某日甲匿藏於樹上，欲用槍瞄準乙準備射殺乙，乙渾然不知。乙因聽到怪異聲音，轉頭恰巧發現甲，乃立即槍殺甲，乙得否主張正當防衛？
>
> →乙之行為，該當§271 I 殺人罪之構成要件。
>
> 　客觀上，甲之瞄準乙的行為，乃造成對乙有緊急防衛情狀。但乙之射殺甲，並非出於防衛意思，因乙並不知有危害情狀存在，主觀上欠缺防衛意思。故乙之行為構成§271 I 殺人罪之構成要件，客觀上雖具有正當防衛之構成要件要素，但乙主觀上沒有防衛意思，屬於假象防衛。所以不成立正當防衛，不阻卻違法，且罪責之檢驗無問題，故乙成立§271 I 之殺人罪。

---

[10] Wessels/ Beulke/ Satzger, Strafrecht, AT, 52. Aufl., 2022, § 13, Rn. 546.

例2
　　甲夫乙妻長期不睦，兩人時常爭吵。不過，夫妻的吵架總是發展到：「甲向乙道歉後，始告結束」。某日，兩人爭吵過後，乙賭氣回房，心想要結束這種長期痛苦的不睦關係，於是持槍躲藏於棉被中；無巧不成書，甲亦萌生殺乙的念頭，持刀走向乙。乙以為甲又要一如往昔地道歉，乃基於殺甲的故意，轉身開槍將甲擊斃。乙的行為如何評價？

➔乙的行為構成刑法§271Ⅰ殺人罪的既遂犯，其主觀上並無防衛的意思，屬假象防衛，不能阻卻違法。
　值得注意的是，若採負面構成要件要素理論（二階論），則因為行為人不具備故意犯之結果不法，其不法性僅止於其行為不法，亦即，只是行為人違反法規範的主觀意思而已，因而成立§271Ⅱ殺人罪的未遂犯。

2.挑唆式的正當防衛

　　所謂挑唆式的正當防衛，即挑撥他人，惹起侵害，再加以反擊。此時挑唆者是否得主張正當防衛，須視挑撥行為不法與否而討論之。

(1)挑唆者不得主張正當防衛之情形

　　如挑撥行為「未終了」，挑撥行為對於被挑唆者言，是現在不法之侵害，被挑唆者自可主張正當防衛。而挑唆者對於該正當防衛行為之再防衛，並不被視為正當防衛。

　　挑唆者對於挑撥行為將引起被挑唆者的侵害行為已經有所認識，且若無挑唆者的挑撥行為，就不會產生被挑唆者的侵害行為，故若承認挑唆者對於被挑唆者的侵害行為可以主張正當防衛，則有正當防衛權利濫用之嫌。此時行為人應優先選擇迴避所面臨之侵害，僅在侵害無迴避可能性使得主張正當防衛（參照，107台上2968判決）。

> **例**
>
> 　　甲對乙懷恨在心，欲傷害之，乃用言語挑釁，使乙先動手攻擊甲。乙中計，因激憤出手傷甲；甲正中下懷，藉故痛毆乙一頓，甲得否主張正當防衛？
>
> ➜ 甲毆乙之行為符合傷害罪之構成要件，雖然乙先攻擊甲；對甲言雖有客觀上緊急之不法侵害，但甲非出於防衛意思，其自始至終乃基於挑唆意思，不符合正當防衛之構成要件，不可阻卻違法。

(2)挑唆者得主張正當防衛之情形

　　在不法的挑撥行為已終了的情形下，被挑唆者則無法成立正當防衛。因為，刑法上之正當防衛，是基於排除現在的不法侵害。所以，挑撥行為如果「已經終了」，挑撥行為已不符合正當防衛中「現在不法侵害」的構成要件，所以被挑唆者無行使正當防衛的餘地。

　　然而，「指正行為」是一種可以非難行為的方式挑唆，是符合社會相當性的行為，並非不法之侵害，與正當防衛之構成要件不符，所以該挑唆者（指正行為者），得視個別情形主張正當防衛。

> **例**
>
> 　　甲見到乙在路上亂丟垃圾，基於正義感，便上前指正；豈知，乙惱羞成怒，上前欲毆打甲，甲予以反擊。
>
> ➜ 甲的行為並非違法，而是仗義執言，面對乙的攻擊，自可主張正當防衛。

(3)互毆行為

　　互毆是否可以主張正當防衛？由於互毆之雙方通常處於相互報復的狀態，而非單純的防衛權利受侵害，因其本身即有傷害之犯意存在，所以欠缺防衛意思，應不可主張正當防衛（參照，30台上1040判決、106台上675判決）。不過，亦有認為在約定的互毆不可以主張正當防衛，但在非約定互毆之情況下，則須視具體情況而定，有可能主張正當防衛。

在完全掌握所有的正當防衛要件後，最後以下【圖23】呈現其要件審查的內容。

圖23：正當防衛結構圖

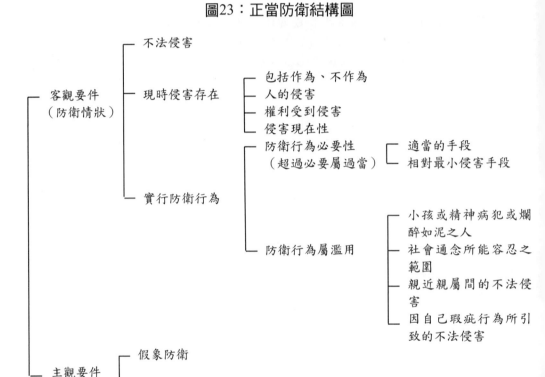

貳、緊急避難

§24：「因避免自己或他人生命、身體、自由、財產之緊急危難而出於不得已之行為，不罰。但避難行為過當者，得減輕或免除刑（Ⅰ）。前項關於避免自己危難之規定，於公務上或業務上有特別義務者，不適用之（Ⅱ）。」

一、意義

行為人處於非常危急的情狀下，為避免自己或他人生命、身體、自由、財產之緊急危難，而出於不得已而侵害別人法益之行為。因為在緊急的情狀之下，二種法益不能併存時，法律對於二法益無法同時保護時，只好犧牲較小的法益，這是合乎法秩序的要求，並其行為所生的損害不能超過因避難所遭受的損害為準，此即「**法益衡量說**」。但此說在實際運用上仍有困難，因為法益價值的衡量在刑法的運作上有其實際的困難。

> **例**
>
> 甲將偷取其店內鑽石的乙，私行拘禁30分鐘，通知警察前來處理。甲的50萬（財產法益），和乙被拘禁30分鐘（自由法益），應如何評量？
>
> → 法益位階僅係一抽象觀念，原則上：生命法益優先於身體法益，再優先於自由法益及財產法益，但此種利益衝突非單純法益位階可解決。仍須考慮質、量之關係。就質言，可能自由法益優先財產法益；但就量言，可能相反。因此能否緊急避難，應衡量所維護利益與所侵害利益間，是否符合衡平性及社會相當性的需求。

此外，也有提出所謂「社會連帶性說」的。主要的原因是，正當防衛和緊急避難雖然都是為了保護自己的法益，但是緊急避難卻經常把危難轉嫁到別人身上，造成第三人的法益受到侵害。這種允許緊急避難的基本理由，來自人飢己飢、人溺己溺的被避難人的社會連帶義務思想，因為人類彼此間應該互相協助，所以個人自己承擔危難自掃門前雪的個人主義思維，不符合現代社會的型態了。

但是，過去傳統的德國刑法理論傾向採區分說。簡言之，緊急避難放任行為人選擇破壞比較小之法益，保全比較高價值的法益，或違背次要的義務，履行主要義務，主要是認為緊急避難是可以阻卻違法的行為。不過，若不符合利益衡量的原則時，則可考慮在一定情況下透過期待可能性

的法理阻卻或減輕罪責（寬恕罪責之事由），易言之，區分為兩種緊急避難的法律效果，依個別的利益衡平情形而有不同法律效果，可能是阻卻違法，也可能是阻卻罪責，此即所謂的「**情況比較說（又稱區別理論）**」，本理論後來成為德國刑法的立法原則。

二、種類

　　承上所述，由於特別注重法益衡量問題，故德國刑法通說區分不同種類的緊急避難，分別規定於刑法第34及35條。區分主要的標準在於法益的衡量原則。以下說明德國的緊急避難：

1. **阻卻違法之緊急避難（防衛性的緊急避難）**：破壞法益與義務之違反，在危害程度上小於所保全之法益或履行之義務。換言之，應當經過利益衡量，避難者的利益已經超出（優越）犧牲者的利益甚多，可以主張避難權，可以阻卻違法。

2. **減免（或寬恕）罪責之緊急避難（攻擊性的緊急避難）**：破壞法益與義務之違反，在危害程度上大於或等於所保全之法益或履行之義務，原則上，因無期待可能性，故阻卻罪責。

　　阻卻違法之緊急避難與減免罪責之緊急避難，兩者所依據的條文與指導原則不同，【圖24】即在說明此種結構的差異。

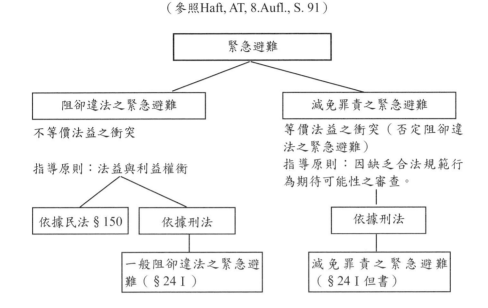

圖24：緊急避難之種類
（參照Haft, AT, 8.Aufl., S. 91）

三、要件

　　緊急避難的客觀要件：發生急迫的危難、實施避難行為；主觀要件：行為人出於救難的意思。

　　客觀要件上，須注意：危難是指對於生命、身體、自由、財產的威脅。危難包括：自然災害與人的侵害。危難必須是急迫，並且不能以其他方法加以排除。對於未來的危難，不可主張緊急避難。保護的法益價值，不能小於因避難所破壞的法益價值。

　　至於，誤以為有危難出現而實施避難行為（誤想避難），並非緊急避難。這是對於阻卻違法事由客觀要件的誤認，與誤想防衛一樣，都屬於容許構成要件的錯誤。依照多數見解認為，應依過失犯處罰。

　　主觀要件上，須注意：為自己或為他人避難的意思。若是出於侵害的意思，但卻恰巧救了人，不是緊急避難。

　　至於故意招致危難能否主張緊急避難，則有兩派意見。其一，認為故

意招致危難不能主張。其二，刑法並未對於危難來源有任何限制，故縱危難源於行為人自身造成仍可主張，應注意其手段的輕重。惟應注意，負有特別義務者不可率先緊急避難。例如：船長、消防隊員、警察，不能主張緊急避難（§24Ⅱ）。

詳言之，成立緊急避難阻卻違法之構成要件如下：

（一）客觀要件

1.存在緊急避難狀態

法益有危難必須非常緊急，且必須現在之危難，且情勢非常迫切。亦即，當自己或他人之生命、身體、自由或財產面臨現時的危險，且在不得已之狀況下，唯有犧牲另一利益方可保全的危急情狀。

> **例** 甲乙夜宿山莊，山莊失火，二人打破窗戶逃生。甲、乙二人之行為如何評價？
>
> →甲、乙二人之行為該當毀損罪之構成要件。然甲乙之行為情狀符合緊急避難之阻卻違法事由，因甲、乙為保全自己生命法益而損害他人財產法益是可以忍受的行為。故甲乙之行為不違法，犯罪不成立。

實施避難的行為時仍要謹慎考慮法益的價值，換言之，「法益衡量」為是否成立緊急避難的重要考量因素之一。值得注意的是，法益衡量的標準並不僅限於抽象的價位關係，仍需兼顧具體個案當中的其他要素。

2.實施緊急避難之行為

(1)適當的手段

行為人所做的避難行為，依當時的客觀情況判斷，認為是可能立即有效的達到避難目的，則行為人的行為屬於適當的避難行為，符合適當性。

(2)避難行為須不過當

避難的行使，須不過當，且在客觀上不得已之情形。緊急避難雖以不罰為原則，但如避難行為過當，即不能阻卻違法，只能減免罪責。避難行為是否過當之標準：

①**利益權衡原則**：因實施避難行為所引起之損害，必須不超過緊急危難所生之損害，又稱為「保護優越利益原則」，亦即，所維護之利益，必須明顯大於所犧牲之利益。必須注意的，本原則除要求避難行為所保權的利益要遠優於損害之利益外，關於利益優劣的權衡，抽象的法益位階比較，僅是其中的權衡標準之一，另外仍須考量危險急迫的程度、危難的來源以及法益侵害的強度等，於個案中綜合判斷之。

②**必要性原則**：應就避難當時的實際狀況，就客觀情形加以觀察，視其行為是否必要決定。所保護之法益與避難行為所侵害之法益間是否相等，如果不相等，就沒有必要。沒有必要時仍要配合法益權衡觀點，應注意的是，每一指標非單一檢視，而係綜合評價。

③**補充性原則**：沒有其他方法可避免緊急危難時，才使用緊急避難，因避難行為通常會攻擊無辜第三人之法益，非如正當防衛之防衛者所反擊的行為對象是施加害的人。換言之，避難行為必須為保全自己或他人之法益唯一且必須的方法，亦即避難行為當時，尚無其他方法可以避免自己或他人權益之危害者。亦即「行為之補充性」，也就是所謂的「不得已」（參照，92台上4500判決）。

例　甲、乙同時到珠寶店選珠寶，甲趁店主不注意偷走價值50萬元之珠寶，店主發覺後，搜甲、乙身，竟搜不到，乃將甲、乙拘禁於屋內，並速叫警察處理，應符合必要性原則。

（二）主觀的避難意思

避難行為須出於救助意思，行為人主觀上係為救助自己或他人之生命、身體、自由、財產法益之意思所實施之行為。避難者主觀上必須要認知到緊急避難的情狀及避難行為的事實，因此，如非出於避難意思，所實施行為就不能主張緊急避難。

> **例**　甲為洩恨，拾石打破乙之窗，適時乙家因瓦斯外洩，致一家五口生命垂危，甲之舉動竟救了乙一家五口，甲之行為如何評價？
> ➜構成要件該當性：甲之行為符合§354條毀損罪。
> 違法性：客觀上，乙一家五口陷入一種緊急危難之情狀，主觀上，甲出於毀損，而非救助，故不符合緊急避難之構成要件，不具備阻卻違法事由，故甲成立§354毀損罪。

另外，有所謂的「自招危難」發生，也是欠缺避難意思，。也就是說，若行為人**故意自招危難**，例如，故意以登山柺杖打乙的大狼犬，反遭乙狗反撲，因其欠缺避難意思，當然不能主張緊急避難而阻卻違法；若是**過失自招危難**，因行為人自身過失而引起之危難，卻為求避免自身危害而侵害到第三人，例如，自己疏於維修車輛導致煞車失靈，為避免自己衝向山溝，緊急衝向前行車，因而前車毀損。由於此與一般典型緊急避難是在避免他人危難有異，再者，依照一般社會觀感與通念，依照實務見解，仍應不得主張緊急避難（參照，72台上7058判決）。

學說上雖有認為行為人只要通過利益衡量的檢驗，仍有成立緊急避難的可能，不過必須將「行為人自招危難」納入利益衡量。唯有當保全利益「顯然優於」犧牲利益時才能阻卻違法。本書認為，實務見解，值得肯定。因為如果自招危難可以阻卻違法，則受侵害之無辜者，就無法主張正當防衛，將失去衡平性。例如，以登山柺杖打乙之狗，狗主人仍可加以反擊，主張正當防衛。

（三）負有特別義務者，無緊急避難之適用

　　§24Ⅱ規定，公務上或業務上有特別義務者，不適用關於避免自己危難之規定。例如，警察、船長、保全人員、軍人、救生員、消防隊員等，依法律規定或依其所從事的職業性質言，負有比一般人更高的危險承受義務，故該等人員不得為了自己生命的危險而主張緊急避難。例如：火災現場屋樑快塌了，消防隊員拉別人以代自己受傷，不可主張緊急避難。

　　刑法§24Ⅱ是負有特別義務者，只能「為他人」主張緊急避難，不能「為自己」主張緊急避難。不過倘若危險情況已經具體迫切地嚴重到危害負有特別義務人自己之生命安全時，刑法也不能要求負有特別義務人捨身取義，所以在該情形之下，縱使有此危險承擔義務（Gefahrtragungspflicht），亦有可能以欠缺期待可能性，成立過當緊急避難，而減輕罪責[11]。

　　在完全掌握阻卻違法的緊急避難的相關要件後，最後以【圖25】、【圖26】呈現其要件審查所顯現的就是這種法理。

圖25：緊急避難的審查要件

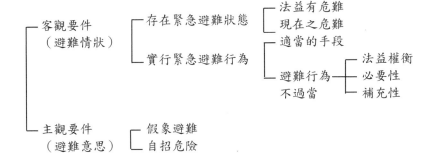

---

[11] Wessels/ Beulke/ Satzger, Strafrecht, AT, 52. Aufl., 2022, §13, Rn. 693.

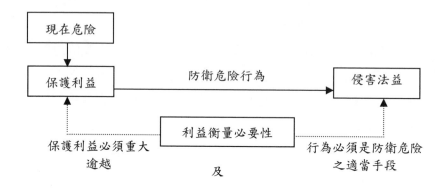

圖26：阻卻違法緊急避難之結構
（參照Haft, AT, 8.Aufl., S. 97）

在說明正當防衛與緊急避難的所有內容後，以下比較正當防衛和緊急避難之異同，以及防衛是否有轉換為避難的可能性：

1.相同點

(1)同為保持自己或第三人之法益，而損害別人法益之行為。

(2)均可阻卻違法，不過當則不處罰，過當則可減輕或免除其刑。

2.相異點

(1)
- 正當防衛：對於現在不法之侵害，為保護自己或他人之法益而對侵害者所實施之反擊行為，本質上是正對不正之關係。
- 緊急避難：如犧牲第三人之行為，因係法律上所引起，所以是正對正之關係。

(2)
- 正當防衛：以有人之不法侵害為前提，無對物防衛之觀念。對於有特別義務的人仍可主張正當防衛。
- 緊急避難：以有緊急危難之發生為前提，不論人、物、自然事實均可實施緊急避難。對於有特別義務者則不能主張緊急避難。

(3)
- 正當防衛：保護法益，泛指一切權利、法益。
- 緊急避難：限於生命、身體、自由、財產四者。

(4)
- 正當防衛：對於正當防衛不能再為反擊，即無再防衛權。
- 緊急避難：面對減免罪責的緊急避難，受損人仍可加之對抗。惟，具有阻卻違法的緊急避難則不可，否則一方面允許避難，另一方面允許相對人對抗，形成法秩序的矛盾現象。

3.正當防衛可否另外造成緊急避難

> 例
>
> 　　甲攻擊乙，乙匆忙跑進丙所經營的體育用品店，拿丙的棒球棒防衛，致該棒球棒斷裂，乙是否該對丙負毀損之責？
>
> ➔甲攻擊乙是現在不法之侵害，乙成立正當防衛。乙因避免自己之危難而侵害無辜的丙之法益，發生避難效果，故乙與丙之間應認成立緊急避難。

　　其實，刑法上所謂的「防衛情狀」或是「避難情狀」，都是法律評價之後所給予的名稱，同樣的「防衛意思」與「避難意思」也是法律評價的結果，行為人在行為當時，無須認識法律評價之後的名稱，只須認識到同一個事實，可能同時實現正當防衛與緊急避難，那麼行為人就同時具備「防衛意思」與「避難意思」，而無所謂「防衛意思轉換至避難意思」之問題。

參、依法令之行為

　　§21Ⅰ：依法令之行為，不罰。

一、意義

　　依法令之行為係指屬於法令所規定之應為或容許之行為而言，即使侵害到別人的法益也能阻卻違法（參照，30上1070判決、84台上390判決）法令指法律、命令。依法令之行為能否阻卻違法應依有關法令來決定，此「法令」不以刑法為限，民法亦包括之，也不以實體法為限亦包括程序法。

二、要件

依法令的行為可以阻卻違法，須注意：客觀要件上確實有法令的依據，行為須未逾越法令的限制，主觀要件上行為人自認為是依照法令行事。

依法令之行為很多，例如刑事訴訟法規定的現行犯的逮捕、拘提、搜索、扣押等強制處分；或根據民法所為的權利行為；或依據其他法令（如病人自主權利法）之行為等等。而重要的依法令行為，原則上大致有：父母親的懲戒子女行為（民法§1085）、自助行為（民法§151）、現行犯的逮捕（刑訴§88）、醫師實施人工流產（優生保健法§9）、尊嚴死（病人自主權利法§14），以及依上級公務員命令之行為（§21Ⅱ）。詳細舉例說明如下：

（一）父母對子女之懲戒權

民法§1085規定，父母得於必要範圍內，懲戒其子女，此條為一容許的規範，也是容許的理由。其要件有：(1)客觀上，父母有足夠的懲戒或基於教育之理由而行使懲戒權。懲戒權之行使必須為適當之懲戒；(2)主觀上須基於教育之目的，且有足夠的理由，行使懲戒權方可阻卻違法。

懲戒權是父母之專屬權，但若懲戒權濫用致父母被認為不適當行使該權時，顯已逾越管理家務之必要範圍，要不得具為阻卻違法事由（如可能由祖父母或其他適當人行之）（參照，28上3002判決）。

> **例**
> 父子約定，父親每週打兒子七次，以示懲戒收耳提面命之效，並無足夠理由，故不可阻卻違法。
> ➜ 為了懲戒兒子偷竊，父剁子手指，已超過必要適當之範圍不可阻卻違法。故懲戒行為無正當理由或管教方式過當，超過必要適當之範圍，主觀上非基於教育目的時，不可阻卻違法。

（二）現行犯的逮捕（刑事訴訟法§88）

現行犯的逮捕是程序法上的阻卻違法事由，刑事訴訟法§88 I 規定「現行犯，不問何人得逕行逮捕之。」該條即賦與任何人在一定的情形下，具有逮捕的權利。但逮捕的行使限於與逮捕具有直接關係，換言之，逮捕的行使不得逾越必要的程度。關於逮捕現行犯之主客觀要件分析如下：(1)客觀上，犯罪正在實施中；若是在實施後被發現，必須是「即時」，即是指時間、空間的密接性。至於準現行犯的逮捕，則必須合於刑事訴訟法§88Ⅲ之規定，即被追呼為犯人，以及因持有凶器、贓物或其他物件或於身體、衣服等處露有犯罪痕跡，顯可疑為犯罪人；(2)主觀上則有逮捕現行犯的意思。不過，若發生誤以為是現行犯而逮捕者，有認為因為現行犯逮捕規範過於寬鬆，只要符合客觀現行犯逮捕即可；但也有認為此為誤想的依法令行為（現行犯逮捕），屬於違法性的錯誤，應以容許構成要件錯誤處理。

所謂「犯罪行為實施中」，即犯罪僅檢驗到違法即可，至於責任之有無（是否為精神病人或小孩……）於此不須考慮。行為人只要實施一個構成要件該當之違法行為，即符合刑事訴訟法§88現行犯之犯罪的觀念，有無責任能力於此並不必要。

又，「違法行為於實施中或實施後即時被發現」之認定：實施中之認定並不困難。但實施後即時發現，須以「當時、現在」為斷。例如：發現竊盜後追逐到二十公尺才逮著，應屬現在。若於第二天以後才逮捕就不符合「現在」的觀念。此外，按刑事訴訟法§92 I：「無偵查犯罪權限之人逮捕現行犯者，應即送交檢察官、司法警察官或司法警察」，因而如欲主張逮捕現行犯阻卻違法，必須履行後續的送交行為，否則仍無從阻卻違法，學說上稱此為「雙行為之阻卻違法事由」（參照，30上2393判決見解亦同）。

例1

　　工廠警衛當場逮捕一名竊賊，即將之捆綁並痛毆一頓。其逮捕行為雖於法有據（刑事訴訟法§88 I），但痛毆一頓已有傷害之內涵，不符合法律規定，因其舉顯已逾越必要程度。

例2

　　如上例，若警衛於逮捕該竊賊後，將之捆綁反鎖於警衛室，經24小時後才送交警察機關，亦屬已逾必要程度，達妨害自由之程度。因為，刑事訴訟法§92 I規定無偵查犯罪權限之人逮捕現行犯者，應即送交檢察官、司法警察官或司法警察。故仍須符合刑事訴訟法§92 I之規定，立即送檢警單位，才可以阻卻違法。

（三）自救行為（民法§§151、152）

　　自救行為又稱「自助行為」或「自力救濟」，主要係指權利遭受不法侵害之人為了保障自己權利之安全，在來不及請求依法救濟時，以自力實施之必要行為。

　　客觀要件上要注意：為自助行為者，必須在私法上有請求權，此請求權可以申請法院強制執行，且在行為當時要請求國家救助係不可能的，由於請求權受到阻擾及無法實行，因而在客觀上有實施自助行為之必要性，但必須注意不能超越保全的目的。主觀要件上要注意：行為人之自助行為，係出於自助之意思為之。

（四）依優生法之人工流產（優生保健法§9 I ①～⑥）

　　依優生法之人工流產行為，亦屬依法令之行為。然而，雖有法令依據，仍須注意，客觀上的行為必須未逾越法令之限制與範圍；主觀上實施人工流產者，有認識到法令，並有依法令實施人工流產的意思。依照優生

保健法§9Ⅰ規定，人工流產之條件、同意及標準，懷孕婦女經診斷或證明有下列情形者，得依其自願施行人工流產：1.本人或其配偶患有礙優生之遺傳性、傳染性疾病或精神疾病者；2.本人或其配偶之四親等以內之血親患有礙優生之遺傳性疾病者；3.有醫學上理由，足以認定懷孕或分娩有招致生命危險或危害身體或精神健康者；4.有醫學上理由，足以認定胎兒有畸型發育之虞者；5.因被強制性交、誘姦或與依法不得結婚者相姦而受孕者；6.因懷孕或生產將影響其心理健康或家庭生活者。

　　但是，若未婚之未成年人或受監護或輔助宣告之人，依優生保健法§9Ⅰ規定施行人工流產，應得法定代理人之同意。有配偶者，依優生保健法§9Ⅰ⑥規定施行人工流產，應得配偶之同意。但配偶生死不明或無意識或精神錯亂者，不在此限（優生保健法§9Ⅱ）。

（五）尊嚴死──善終的抉擇（依其他法令之情形）

　　安樂死能否合法化，爭論已久，至今仍未成定論。對此問題，贊成者，大部分基於人道立場認為安樂死應合法化，但§275Ⅰ規定「受他人囑託或得其承諾而殺之者，處一年以上七年以下有期徒刑。教唆或幫助他人使之自殺者，處五年以下有期徒刑。」故對於安樂死行為，仍不可主張阻卻違法，只可當作§57酌量減刑之依據。目前世界各國對安樂死均採較保守之看法，只有荷蘭、比利時、盧森堡及加拿大等少數國家，將自願的安樂死合法化，但都有非常嚴格要件限制。

　　要注意的是，隨著延命醫療技術的精進與邁向高齡化社會的背景，越來越多的病人無法在生命走到盡頭時安然離去，進而衍生所謂「尊嚴死」的概念。所謂尊嚴死，是指無治癒可能性的末期病人或特定臨床條件的人，基於病人自主健全的意思決定，容許醫師斷絕維生醫療措施，讓病人自然邁入死亡者，故尊嚴死就如同自然死亡般，與安樂死的概念並不全然相同。

　　為尊重不可治癒末期病人之醫療意願及保障其權益，我國在2000年制定**《安寧緩和醫療條例》**就是尊嚴死的制度化展現。所謂「安寧緩和醫

療」，是對於邁向死期的病人，除去其肉體、精神的痛苦，維繫其保有身為人的尊嚴而迎向死亡的一切支援性醫療措施。其中所謂「末期病人」，是指罹患嚴重傷病，經醫師診斷認為不可治癒，且有醫學上之證據，近期內病程進行至死亡已不可避免者。「心肺復甦術」，指對臨終或無生命徵象之病人，施予氣管內插管、體外心臟按壓、急救藥物注射、心臟電擊、心臟人工調頻、人工呼吸或其他救治行為。「維生醫療」指用以維持末期病人生命徵象，但無治癒效果，而只能延長其瀕死過程的醫療措施。

此外，2016年底通過，已於2019年正式上路的《病人自主權利法》更進一步擴大適用對象，包括：五種臨床條件：1.末期病人；2.處於不可逆轉的昏迷狀態；3.永久植物人狀態；4.極重度失智；5.其他經中央主管機關公告之病人疾病狀況，或痛苦難以忍受、疾病無法治癒且依當時醫療水準無其他合適解決方法之情形。也讓病人能在這些特定情況下，依其預立醫療決定終止、撤除或不施行維持生命治療或人工營養及流體餵養之全部或一部；表達拒絕急救或維持生命治療的意願，並在緩和醫療照顧下，與家人道別[12]。

由此可知，對於短期內將會步入死亡的末期病人，醫師若經過《安寧緩和醫療條例》§7的法定程序，將可撤除病人的維生醫療設備。另外，依照《病人自主權利法》§14條的相關規定下，提前結束病人生命的行為，都有法令的依據（屬於依法令行為的一種）。

不過，醫生此等提前結束生命的醫療處置，雖有法令依據，屬依法令之行為，但仍須注意：客觀上的行為必須未逾越法令之限制與範圍；主觀上有認識到病人的意願與請求，並依法令實施終止、撤除或不施行維持生命等設備的意思。如果醫生的醫療處置，都符合上述兩個相關法令的主客觀要件及規定，可以阻卻§275受囑託或得承諾殺人罪的違法。

---

[12] 張麗卿，病人自主權利法——善終的抉擇，東海大學法學研究，50期，2016年12月，頁1以下。

（六）依上級公務員命令之職務行為

§21Ⅱ：「依所屬上級公務員命令之職務上行為，不罰。但明知命令違法者，不在此限。」該條第一項依法令的行為，為直接依法令行為，而第二項依上級公務員命令的職務行為，則屬間接依法令行為。其客觀要件有：(1)執行命令者須為公務員；(2)該命令具有拘束性；(3)職務行為合於命令範圍。主觀要件：(1)下級公務員非明知命令違法；(2)行使職務之意思。

此處最大的爭議在於，若上級長官命令違法，下級公務員仍依命令行為時，可否阻卻違法？可分為兩個部分討論：

1. 上級命令形式違法：依據通說，無論下級公務員是否知情皆屬違法，因為對於命令形式，下級公務員有形式審查義務，若其命令之形式要件未備，而聽從實施，即不得主張依法令執行職務之行為（參照，20上1052判決）。

2. 上級命令實質違法：有論者以為基於行政倫理及行政效率，下級公務員僅得為形式審查，至於實質部分則不得審查，故自然無上級命令實質違法，下級得否阻卻違法的問題。但有論者認為，上級公務員的命令顯然違法或超出其監督範圍，下級應得向長官陳述意見。因公務員服務法§2但書謂，屬官若對於長官的命令有意見，得隨時陳述。若下級公務員對於上級長官的實質違法命令有提出意見陳述，但上級長官仍認為未違法，事後若生刑事責任的追究，下級公務員得主張阻卻違法。

肆、業務上正當行為

§22：「業務上之正當行為，不罰。」因業務上之正當行為與整體的法律秩序不相違背，故能阻卻違法。例如：醫師為病患手術、截肢、摘除器官、拔牙、整型等，都是傷害構成要件該當的行為，但這些行為，術前都已向病患告知說明，並得到承諾，屬於正當的醫療行為，所以不違法。

業務上行為之正當與否，應依據社會上之習慣決定。須符合以下要件：客觀上：1.有相對人同意；2.須為合法之業務；3.行使必須在業務範圍內；4.行使之行為為必要之業務行為。主觀上：行為人須基於執行業務之意思從事業之行為。

有關「相對人同意」一項是指，不具詐欺脅迫，且須其在業務範圍內，且經相對人同意基於執行業務之意思而為。例：骨科醫生為病人開心臟手術。若不是經相對人同意，則不可阻卻違法，是否必要則由具體案例作決定。又，業務需具有持續性，非偶然為之的工作。係指以反覆同種類之行為為目的之社會的活動，以事實上執行業務者為標準，即指以反覆同種類之行為為目的之社會活動而言，執行業務，縱令欠缺形式上之條件，仍無礙於業務之性質（參照，43台上826判決），故主觀上須有執行醫療行為為業務之意思，即能符合業務的概念。

第三節　超法定阻卻違法事由

壹、定義

有些行為在法令之形式上無直接合法依據，可是由一般法律精神視之，該行為與公共秩序、善良風俗並不違反，於此情形雖無法律之直接依據，仍可認為這樣的行為可阻卻違法。由於這樣的主張並非事後惡化行為人之法律地位，故不屬類推禁止之範圍。由於此類行為樣態繁多，故有承認超法定阻卻違法事由之必要。

貳、種類

超法定阻卻違法事由有：阻卻違法之承諾（事實上承諾與推測的承諾）與義務衝突兩項；另外，關於教師懲戒權與公民不服從兩項在學理上則較有爭議。

一、阻卻違法之承諾

（一）事實上承諾

在得到被害人的事實上承諾，則阻卻違法。這是實質違法性的概念。被害人的承諾，例如：承諾他人可以打自己的耳光，排除傷害的違法性；承諾他人可以毀棄自己的物品，排除毀損的違法性。阻卻違法的承諾是一種超法定的阻卻違法事由，其成立要件：

1.客觀要件

(1)被害人捨棄法律所保護的利益時，必須是法律所允許處分的法益，若是生命，身體等法益或涉及公共利益，如墮胎、遺棄者，被害人無權拋棄。

(2)承諾人必須是被害人，對於所捨棄之法益要有處分權，非自己之物，不可任意處分之，國家、社會法益亦非個人所得處分，個人對於超個人法益無處分權。例如：如果我騙了你，銀行的錢隨你拿。

(3)被害人須有承諾的能力，必須能認識其所捨棄法益之意義及效果，以有無辨識能力，決定能力為準，民法上行為能力之有無非必要條件。

(4)承諾必須有效：同意放棄須出於被害人自由意思，強暴、脅迫、詐欺、因錯誤而為之承諾均無效。

(5)被害人之承諾須有明示或默示才可。

(6)侵害行為不能超出承諾範圍：如盲腸炎病患僅要求割盲腸，但是醫生卻加以隆胸，已經超出承諾範圍。

2.主觀要件

承諾的認知，若行為人不知有承諾，而傷害對方，縱被害人承諾，仍依既遂之違法行為加以處罰。

又，承諾的表示必須內容不違背公序良俗，至於有無違背公序良俗應視行為人使用之方法，侵害之種類及行為人的動機、目的來判斷。

【圖27】之承諾結構圖，可以充分顯示出承諾者與行為人間的互動關係。

圖27：承諾之結構
（參照Haft, AT, 8. Aufl., S. 108）

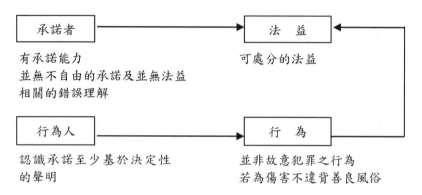

值得注意的是，依照德國許多刑法學者的意見，同意（Einverständnis）與承諾（Einwilligung）的意義與效果不同。被害人的同意，是「阻卻（排除）構成要件的成立」；被害人的承諾，則是「阻卻違法的承諾」。這種分類法，始於1950年代，德國法蘭克福大學的刑法教授蓋爾茲（Geerds）。但是，在這之前的德國學說意見，並不認為同意與承諾有何差異。

被害人的同意，例如：同意他人進入自己家裡，他人侵入住宅的構成要件即被排除；同意他人取走自己的東西，竊盜構成要件即不成立。因為某些不法構成要件中，包含有違反或未得法定持有人同意之意思為要素，含有此特性的構成要件，才可能發生阻卻構成要件的同意。

不過，前述分類法，近來在德國，有越來越多的人反對。因為他們認為，同意以及承諾的效果相同，主要是在排除構成要件的成立。得到被害人同意或承諾，是在幫助被害人的人格伸展，行為人沒有忽視構成要件的警戒

功能，也沒有破壞法益，所以構成要件不該當，也不具有違法性[13]。

儘管有不同的看法，在處理有無阻卻違法承諾或阻卻構成要件同意之案例時，邏輯上先判斷有無同意存在，因為構成要件之同意只發生於某些構成要件要素上；若無，再進入承諾之判斷。以竊盜罪為例，說明如下：

例1　甲為了詐領保險金，乃為其收藏之名畫投保，遂與友人乙謀議，由乙竊取其名畫。乙依約偷走畫作，乙是否構成竊盜罪？（真詐欺假竊盜）

→就§320竊盜罪之構成要件觀之，乙並沒有構成要件該當，因乙之竊盜行為是在法益持有人甲的同意下而為，換言之，竊盜行為乃在法益持有人之同意下為之，並不符合竊盜之構成要件。因為，竊盜須違背持有人之持有意思，或未得同意之情況下為之，才符合竊盜行為之構成要件。

例2　甲到珠寶店買珠寶，藉口看不清楚要求到室外陽光下看，竟於甫出店門即逃逸。甲之行為是，利用持有寬鬆之際所為之竊盜行為，甲違背持有人之持有意思，或未得同意之情況下為之。

例3　計程車司機甲，趁乘客乙下車呼叫友人丙同搭共乘之際；將車駛離，並將乙留在車內之皮包，據為己有。為違背乙持有人之持有意思或未得同意之情況，亦屬利用持有寬鬆之際所為竊盜行為。

阻卻構成要件的同意，除竊盜外尚有侵入住宅，強制性交、略誘婦女等構成要件，因此只要同意人對此類犯罪的同意有事實上之認識或了解即可，故構成要件該當與否之問題仍為事實上之問題，並未進入違法性評價之問題。

---

[13] 這是Roxin的見解。Roxin/ Greco, Strafrecht, AT/1, 5. Aufl., 2020, §13, Rn. 17ff.

違法與否是法律上評價問題，構成要件該當與否仍處於事實上問題，故阻卻構成要件之同意，同意人只須認識或了解捨棄法益的意義即可，至於法律上的意義（有無違法）則不須認識。所以同意不考慮意思瑕疵，即使經由欺騙而得之同意，仍為有效。

例1

甲生性喜好跳舞，尋求各種機會大展舞技。某日，乙家中開舞會，甲乃冒充是乙之友人丙的朋友，混入乙家大跳其舞。事後，乙查明丙並不認識甲，乙告甲侵入住宅罪可否成立？

➡ 由於同意不考慮意思瑕疵，故經由欺騙而得之同意仍為有效，甲混入乙家時，因乙之同意而阻卻構成要件該當，侵入住宅罪不成立。因同意的認知並不重要，只要單純存在即足；但承諾的認知非常重要，行為人必須明知承諾才可阻卻違法，否則仍成立犯罪。

例2

甲偷乙寄放在丙處的錶。實際上，乙早已告訴丙要將錶送甲，甲可逕取該錶，甲並不知情，甲雖於未知乙有同意情形下，外觀上有符合竊盜罪之構成要件，不過，由於事實上所有權人的同意，使竊盜罪的構成要件不該當，甲不成立竊盜罪。

綜言之，如果承認阻卻構成要件的同意和阻卻違法的承諾有區別，那麼在判斷上，有如下之區別：

(1)對於說明人的要求不同

- 同意：同意者只要有自然的意思行為能力即足，自然意思行為自由同意乃單純事實上行為的能力，故可以是小孩或精神病人的同意。
- 承諾：承諾者具有觀察辨識及判斷之能力，承諾者必須有能力認知捨棄法益的效果，故在欠缺的情況，如小孩子則須得法定代理人之同意。

(2)意思瑕疵上效果之不同

　　┌同意：不考慮意思瑕疵的問題，經由欺騙的同意仍然有效，但暴力
　　│　　　脅迫下所為之意思表示就可能為無效的同意。
　　└承諾：承諾不可有意思瑕疵，經由強暴、脅迫、欺騙所為之承諾，
　　　　　　均非有效之承諾。

(3)說明本身的要求不同

　　┌同意：只要有「單純的存在」就已經足夠，不要求行為人對該項同
　　│　　　意有所認知。
　　└承諾：必須有明示或默示之行為，要求行為人對於被害人的承諾有
　　　　　　所認知，且此承諾的認知是主觀的阻卻違法要素。

（二）推測的承諾（推定的承諾）

　　沒有事實上得到被害人承諾，但為了被害人利益所實施的行為，是實際社會生活所必要的行為。推測的承諾必須符合以下要件：

1.客觀上，必須法益的持有人，在理性的情況下，會同意他人的干預行為。且必要的承諾，在客觀現實上無法取得。

2.主觀上：行為人基於對被害人有益之意思而為。

　　欠缺被害人的承諾，乃因依事實的情狀判斷，若被害人當時在場一定會作相同的意思表示，才可認為是「推定的承諾」。沒有事實上得到被害人承諾，但為了被害人利益所實施的行為，是實際社會生活所必要的行為。不過，因無被害人事實上之承諾，故必須就事件客觀發展狀況做判斷，推定被害人於清醒時一定會對此作為承諾才可。

　　所謂「推定」是事後的一種概然性的判斷，不是行為人主觀上的推定。此種推定和「現實承諾」相同具阻卻違法之作用。然而法律上並無明文此種推定可阻卻違法，故只有從「社會相當性」或「社會生活目的」得到根據，肯定「推定的承諾」有其存在的必要。

例1　醫生為車禍昏迷者開刀，因有利於被害人，故可得推測被害人清醒後會承諾此醫療行為，故雖無事實上事前得其承諾，仍可阻卻違法。這是基於保護法益持有人之意思而為，法益持有人在客觀理性情形下，會為事實上之承諾。

例2　甲出遠門家中瓦斯外洩，鄰人乙聞到瓦斯味，為避免釀成災禍遂行打破窗子，進入甲屋關上瓦斯。乙之行為，可認為是一種可得甲承諾之行為，可阻卻違法，不構成毀損或侵入住宅。這是無因管理的推測承諾，因為在客觀上無法取得事實上之承諾。

（三）假設的承諾（假定的承諾）

值得注意的是，「推測的承諾」與「假設的承諾」並不相同。「假設承諾」（hypothetische Einwilligung或翻譯為「假設同意」）主要運用在醫療刑法領域中，用以節制醫師成立刑事任的事由[14]。

由於「告知後同意」，是尊重病人自主原則的體現，且為醫療常規的內涵，因此醫療行為須具告知後同意的要件，始能認為符合「業務上的正當行為」。不過，假設的承諾卻是一種事後的判斷，判斷病人儘管未被事前充分告知，可是假設即使受到充分告知，也應該會同意醫生的醫療處置，使得醫師的不告知並不具有意義。以自體肝細胞移植案（Leberzelltrasplantation-Fall）為例。由於病人長期酗酒而嚴重肝硬化，有時陷入生命危急的狀態。病人主動告知醫師，希望從事自體肝臟移植的手術，且表示該手術是他的最後希望。縱然臨床上實際的案例很少，但病人願意嘗試。於是醫師對其施行自體肝細胞移植手術，但隱瞞該手術在臨

---

[14] 張麗卿，醫事刑法中假設同意的運用，東海大學法學研究，58期，2019年9月，頁63以下。

床上尚不成熟，成功率也較低的事實。病人不幸在手術中去世。德國聯邦最高法院認為，根據當時的情境，可以推知，即便病人知道肝細胞移植手術的成功率較低，仍會同意手術。無論手術的成功率如何，都不會影響病人接受手術的決定。這種假設同意的存在，切斷了告知義務違反與被害人死亡結果間，必需具備的義務違反關聯性（pflichtwidrigkeits-zusammenhang），而排除醫師的可罰性。

二、義務的衝突

有二個義務同時存在的時候，如行為人只履行其中一個義務另一個義務必定會違反，而形成義務衝突（Pflichtenkollision）之情境。行為人在法律上同時存在有數個應履行之義務，因能力有限無法履行全部之義務，對於未加履行的另一個作為義務，可根據義務衝突的法理阻卻違法。較常出現在不作為犯的情形。

> **例**
>
> 甲攜A、B二子，至湖邊划船，不幸船翻，甲只能救子其中一人，則甲對另一個小孩之死亡結果，可否歸咎於甲的不作為？
>
> → 甲雖有救A、B二人之義務，且明知如果僅救一人，另一人必會死亡。不過，甲之行為不可主張緊急避難，因緊急避難在法益的衡量上，是不可以生命法益對抗生命法益的，此時只有主張基於義務衝突阻卻違法。因為在此兩難的情況下，法律已無法苛求人所無法全面俱到的情況，故可基於「義務衝突」的法理解決違法性的問題。此為不作為犯所獨有之阻卻違法事由。

行為人在法律上同時存有數個應履行之法律義務，但因能力無法負擔，無法履行全部之義務，故履行其一，違背其他。亦即，行為人履行其中一項義務必定會違反其他的義務，使得行為人處於無法同時履行全部之法律義務的行為情況。可區分為以下的幾種情形：

（一）數個作為義務相衝突

數個作為義務（Handungspflichten）可能同時出現，而在具體情況下，行為人假如履行其中之一義務，必須違背其餘的義務。亦即，作為義務的破壞係屬無法避免，此便形成了數個作為義務間彼此的衝突。

承認於此成立「合法化（正當）之義務衝突」，阻卻違法，為不作為犯所獨有之阻卻違法事由。主要係考慮，在此兩難的情形下，法秩序已無法苛求人之所不能為者，故其行為未牴觸法秩序；且義務以可能履行為前提，既然任何人均無法在此緊急情況中履行所有的義務，那麼行為人只就其可能履行的範圍內履行，對於其他義務的不履行並不構成實質上的義務違反。

然而在不等價之義務的履行，要適用緊急避難之規則，只有在行為人履行高階義務時，其不履行低階義務的不作為，始得以阻卻違法。在等價複數作為義務衝突時，無法使用緊急避難，可能係合法的義務衝突。不過，亦有學者認為此處應以「寬恕罪責之義務衝突」視之，不能阻卻違法，而只能減免罪責。因為違背法律義務即屬違法，如果行為人不克履行此項法律義務，應屬可否歸責於行為人，即罪責的問題。

此外，學說上所提**「數個不作為義務間的衝突」**是指，違背了一般生活中本就不能侵害別人法益的內涵，如禁止傷人、禁止殺人或禁止竊盜等的不作為義務間的衝突，其實這些不作為義務也能同時履行，因為只要不作為就行。所以這不是不作為義務間的衝突，並非所謂「真正的義務衝突」的狀況。

（二）作為義務與不作為義務相衝突

係指行為人履行其作為義務而從事救助行為，同時將危及或損害第三人的法益。此種情形，往往涉及緊急避難的問題，應優先適用緊急避難的法理解決。

例　鐵達尼號電影情節中，Jack為救Rose（履行救助義務）而推開與Rose搶浮木的人（違反了不可以侵害別人生命法益的不作為義務），應可依緊急避難之法理，加以處理。

三、教師懲戒權？

父母的懲戒權規定於民法§1085，而有法律的依據。但是，教師懲戒學生，侵犯學生的基本權，一般多認為不能阻卻違法。教師的懲戒行為，如罰站、打手心、沒收手機、搜索書包、打屁股、留校罰寫等。過去，教師基於教育任務、一般習慣以及「一日為師、終生為父」的觀念，大多承認教師於必要範圍內有懲戒權。目前法律不許懲戒學生，教育政策也一再強調不許懲戒，因此基本上教師並無懲戒權。

不過本書仍認為，教師於必要範圍內應有懲戒權。不過，此懲戒權之行使有範圍上限制。客觀上有足夠的教育上理由，懲罰必須適當。主觀上基於教育目的而為懲戒。

例　學童乙經常未按時繳交作業，老師甲將乙留校作完作業到六點才讓乙回家。甲之懲戒正當否？

→如基於教育理由，亦通知乙之父母，則可認為有教育上的理由，而不過當，若邊寫邊罵，還留到很晚不讓乙回家吃晚飯，就屬過當，可能構成§302之妨害自由罪。

四、公民不服從？

值得注意的是，公民不服從（也就是德國上所謂的行使抵抗權），能否當作超法定的阻卻違法事由？基本上，多數學說及本書的見解認為公民不服從在學理上仍有爭議，並非超法定的阻卻違法事由。因為行使抵抗權

的對象是政府的重大不法，其手段必須是和平的（如示威靜坐），目的在迫使政府改變決策，過程必須是和平非暴力的。因此如果不是政府的重大不法時，不能把政府當成公民不服從運動的對象。尤其，衝入政府機關破壞財物等，並非和平的手段。當對象與手段的性質與公民不服從不同時，應該不能主張公民不服從。

不過，臺灣最為著名的公民不服從運動「2014年318太陽花學運」。該案被依§135妨害公務、§153煽惑他人犯罪等起訴，經臺北地方法院刑事判決104年度原矚訴字第1號判決認為符合「公民不服從」，不具違法性，判決無罪。地方法院認為「符合公民不服從的精神，有正當事由，不具有實質的違法性」判無罪的要件，分別是：1.抗議對象是與政府或公眾事務有關的重大違法或不義行為；2.須基於關切公共利益或公眾事務的目的；3.抗議行為須與抗議對象間具有可得認識的關聯性；4.須為公開及非暴力行為；5.須有適當性原則，即抗議手段須有助於訴求目的的達成；6.須有必要性原則，也就是沒有其他合法、有效的替代手段可以使用；7.要符合狹義比例原則，也就是抗議行動所造成的危害，須小於訴求目的所帶來的利益，且侷限於最小可能的限度。因此如果符合上述的條件時，可認為具有社會相當性，沒有非難的必要。

然而，呈上所述，此等見解仍有爭議。本案上訴後，高等法院於2020年4月針對攻佔行政院部分改判有罪。高院認為憲法和法律並沒有賦予人民抵抗權和公民不服從權，在臺灣仍只是學理上的討論，且定義不一，要件分歧，並非成熟的法律概念。如果在有爭議的情形下援用，將削弱刑法預防犯罪的效果，有害刑事司法制度而人民犯罪也不該被鼓勵，因而法院只能依法審判，不能用公民不服從作為超法定的阻卻違法理由。

第四節　構成要件該當與違法性的組合

在充分掌握構成要件該當性與違法性相關要件後，將構成要件該當性

與違法性有無加以組合，共有十六種情況，因為，構成要件該當的檢驗應分主觀與客觀構成要件要素分別檢驗：

> 主觀→有無構成要件故意
> 客觀→有無構成要件該當之行為

構成要件該當後，再檢驗有無阻卻違法事由存在，亦即，須視有無主觀的合法化意思與有無客觀違法情狀。

> 主觀→有阻卻違法事由之主觀意思（例：緊急避難須有避難意思，
> 　　　正當防衛須有防衛意思）
> 客觀→有阻卻違法事由之客觀情況

以下【圖28】分別討論上述組合的十六種情形[15]：（O：有、X：無）

圖28：十六種構成要件該當性與違法性組合之可能性

1.

	構成要件	阻卻違法事由
主觀	O	X
客觀	O	X

> 主、客觀構成要件要素均該當
> 主、客觀上均無阻卻違法事由存在
> →既遂

---

[15] 這十六種組合是我在德國求學時，依據我的博士論文指導老師「慕尼黑大學Lothar Philipps教授」的上課講義所改寫的，這種不同組合的思維，可以讓構成要件該當性與違法性間的交互關連與法律效果，更加明朗。Philipps教授的主要學術領域是法律邏輯與法律資訊學。他在德國這兩個領域，都是開創者。尤其他是使用電腦處理「神經元網路」法律問題的先驅者，更是運用模糊邏輯（**Fuzzy Logic**）到法律領域的第一人。著名的維也納法資訊學家Friedrich Lachmayer曾撰文寫道：「Philipps教授是德國法資訊學界最具創造力與充滿睿智之人」，我在1994年翻譯Philipps教授所著的「不確定法律概念與模糊邏輯」（發表於東海法學研究，8期，1994，頁13以下）一文中，可以看出他在科技與法律之間的巧妙結合。

2.

	構成要件	阻卻違法事由
主觀	O	X
客觀	著手	X

主觀上構成要件符合，客觀上不符構成要件

主、客觀上均無阻卻違法事由

➡未遂

3.

	構成要件	阻卻違法事由
主觀	無故意	X
客觀	O	X

主觀上無故意要素要

客觀上實行構成要件行為無阻卻違法事由存在

➡過失

4.

	構成要件	阻卻違法事由
主觀	O	O
客觀	O	X

構成要件該當，主觀上有阻卻違法事由認識，但客觀上不具阻卻違法事由。例：誤想防衛。

➡容許構成要件錯誤

5.

	構成要件	阻卻違法事由
主觀	O	X
客觀	O	O

例：甲為洩恨，扔石頭毀損乙之窗，適時乙屋內瓦斯外洩。甲之毀損行為乃成救助行為。（假象避難、偶然避難）

➡甲缺乏主觀之阻卻違法要素，不可阻卻違法，毀損既遂。

6.

	構成要件	阻卻違法事由
主觀	O	X
客觀	X	O

例：甲、乙世仇：互相欲殺對方，乙迎面向甲走來，乙想殺甲，卻沒有行動。

7.

	構成要件	阻卻違法事由
主觀	X	X
客觀	O	O

例：夫欲殺妻，妻不知，妻於
　　切菜之際，因轉身誤傷
　　夫。
→妻：過失

8.

	構成要件	阻卻違法事由
主觀	O	O
客觀	X	X

例：想留置誤想之現行犯，卻被
　　他逃走，故意可被排除，成
　　立過失犯→亦為未遂（另有
　　主張故意不可排除，並主張
　　無阻卻違法事由存在）。
→過失

9.

	構成要件	阻卻違法事由
主觀	X	O
客觀	O	X

例：債主來寒暄，卻以為他來找
　　麻煩想把他趕出去，卻失手
　　把他打成重傷（誤想防
　　衛）。
→過失致重傷罪

10.

	構成要件	阻卻違法事由
主觀	X	X
客觀	X	X

例：日常生活中，不違法之行
　　為。

11.

	構成要件	阻卻違法事由
主觀	O	O
客觀	O	O

例：正當防衛、緊急避難……。
　　（行為之檢驗在違法性中已
　　被排除）

12.

	構成要件	阻卻違法事由
主觀	O	O
客觀	X	O

例：警察依法開槍逮捕，持槍
　　拒捕之現行犯，開槍欲射
　　其下肢使其就範，卻未射
　　中，行為不違法。

13.

	構成要件	阻卻違法事由
主觀	X	O
客觀	O	O

例：甲被追打，衝入乙宅，毀
　　損乙家門窗。（對第三人
　　之緊急避難）
➡**過失**

14.

	構成要件	阻卻違法事由
主觀	X	O
客觀	X	O

例：見到小偷偷竊，也想阻止
　　他，卻不行動，無行為可
　　研究。

15.

	構成要件	阻卻違法事由
主觀	X	O
客觀	X	X

例：生活在恐懼中，客觀上不
　　具阻卻違法事由，時時刻
　　刻在防衛他人侵害，即所
　　謂「未來的危險」。
➡**不成立犯罪**

16.

	構成要件	阻卻違法事由
主觀	X	X
客觀	X	O

無評價之必要

❖ 實例講座 ❖

情敵的眼睛

　　甲於途中遇情敵乙，見乙欲拔槍對他射擊，在乙將槍拔出口袋尚未舉起之時，甲為了保護自己，拾起地上木塊，將乙的眼睛刺瞎。問甲之可罰性如何？

解析

一、甲可能構成§278之重傷罪

（一）構成要件該當性：乙的眼睛有一目失明，屬於視能之毀敗，依§10IV①乃屬重傷。甲明知自己行為將造成重傷，並有意使其發生，故係出於重傷之故意而為重傷行為，並發生重傷結果，故甲具有重傷罪構成要件該當。

（二）違法性：甲的行為符合§23正當防衛的規定，能阻卻違法。因為客觀上，乙雖尚未開始攻擊甲，但侵害即將發生，一般認為此種情形已屬現在不法之侵害；亦即，有違法情狀存在。主觀上，甲為了保護自己生命而為重傷行為，故具有防衛意思。

二、結語：甲雖有重傷罪構成要件該當，但得以正當防衛阻卻違法，故不成立重傷罪。

德國大狼犬

　　王五近來的運氣不佳，在一個寒冷的冬天清晨，他牽著心愛的德國狼犬出門散步，卻發生下列不幸事件：

（一）王五的狼犬，突然撲向趙六，趙六馬上將之擊斃。

（二）王五的狼犬撲向趙六，王五本可以喚回狗，但王五置之不理，趙六因而打死狗。

（三）王五的狼犬撲向趙六，王五本可以喚回狗，但王五置之不理，路人陳七要王五召回狗，王五不從，陳七打其臉頰，王五因而受傷。

試問：對於上述行為人的行為，應如何從刑法上加以評價？

解析

（一）趙六擊斃王五的狼犬，就構成要件而言，可成立毀損罪。就違法性而言，由於正當防衛係針對現時的不法侵害的行為「人」為之，故無法主張正當防衛。但是趙六如果是基於避難的意思，可主張§24 I的緊急避難阻卻違法，因為緊急避難的對象不論人、物、自然事實均可，同時由於事出突然，就法益權衡原則、必要性原則而言，應無過當的問題。

（二）承前所述，本例中趙六除了可主張緊急避難阻卻違法的成立外，還可以主張正當防衛。因為王五消極的不作為侵害乙之權利，所以趙六不僅遭受物的侵害，也同時遭受到人的現時不法侵害。至於王五則有可能構成傷害罪。

（三）陳七打王五的臉頰，有可能成立傷害罪。但是陳七係為了避免趙六受到傷害而為之，故可主張正當防衛與緊急避難來阻卻違法，因為兩者同為保持自己或第三人之法益，而損害別人法益之行為。

拆除命令

　　甲公務員奉命前往拆除A的違建時，發現上級公務員的拆除命令明顯存有「實際上不應拆除」的瑕疵，但為免節外生枝，依舊執行拆除命令。經A舉發，試問：甲的可罰性如何？

解析

一、甲拆除A建物的行為，可能構成§353 I 毀損建築物罪

（一）就構成要件而言，客觀上甲拆除A的建物，是毀損建築物的行為；主觀上甲知悉其拆除行為是毀棄他人之物的行為，而仍決意為之，有毀損故意。

（二）由題意內容可知，雖然甲拆除A建物是執行上級命令，但其明知上級命令有違法情事，故是否可主張§21 II，依所屬上級公務員命令的職務行為而阻卻違法，容有討論空間。此爭點在於下級公務員對上級命令有無審查權：

　1.消極說：有論者認為下級公務員對上級命令無審查權，無論形式實質有無問題，下級僅能服從命令。現在已經鮮少有人採取這樣的見解。

　2.積極說：下級公務員得就上級命令的形式進行審查；至於實質內容，本於行政倫理與效率，下級不得審查命令的實質，不過下級認為命令實質是否適法存有疑問，依公務員服務法§2得向長官陳述意見，若經反應，長官仍認為無違法，則公務員得主張阻卻違法。本書認為，此說可採，故甲知悉拆除命令有明顯違法疑慮時，應向長官陳述意見，但甲仍舊執行拆除，依§21 II但書，不得阻卻違法。

（三）甲具有罪責。

二、甲的行為構成§353 I 毀損建築物罪。

人工智慧、兩難困境

　　甲駕駛一輛汽車駛近一個交通事故現場，有三名重傷者A、B、C昏迷倒在路中央，另一傷患D意識清醒，自行移動至路旁。依照該車的速度，已經不能及時剎車，如果車輛不撞上A、B、C，則必撞及D；反之，若不撞上D，則必撞及A、B、C。試問：

（一）若不能及時剎車之情形，乃因駕駛甲分神關注事故車輛，而未及時

發覺後方倒臥之傷患，甲後基於「最小傷亡」的思考，選擇撞上D並最終導致D死亡，甲應如何論處？

（二）若該汽車為政府許可合法上路之「人工智慧完全自動駕駛車」，由車輛按設計者乙設計之程式，自行決策所有行駛行為（如加速、轉向等），甲僅依規定合法開啟自動駕駛功能。當自駕車不幸遭遇此等兩難困境時，車輛自行按程式之決策選擇轉向並造成D死亡時，甲、乙應否為D之死亡負責？或是人工智慧駕駛系統應該負責？

解析

一、若甲所駕駛者是一般車種的小客車，甲撞死D之行為，可能成立§276過失致死罪

（一）本題為典型「兩難困境」之案例，基於不能及時剎車之情形不同，可能有不同評價方式。客觀上，若駕駛甲並未違規，因事發突然導致不能及時剎車，在客觀注意義務的違反上，或許就能以「未製造法律所不容許的風險」，或是無結果的預見可能性（事發突然，無法預見有傷患倒臥在路上），阻卻過失。不過本案明確表示乃基於駕駛甲之分神，違反客觀注意義務，且事故車輛後可能有傷患倒臥，應係可預見之情事，甲之過失行為與D死亡之結果亦存在因果關係，客觀構成要件該當。主觀上，甲應屬§14 I應注意、能注意而不注意之「無認識過失」。

（二）違法性與罪責：當一般人行駛時面對兩難困境之抉擇，以犧牲較小利益去成全較大利益者，即符合「緊急避難」的原則。不過本案選擇犧牲D的生命，去保全A、B、C三人的生命，基於生命法益無法量化，犧牲的利益並未低於保全的法益，不符合阻卻違法的緊急避難，應屬於減免罪責的緊急避難。在我國並未承認減免罪責的緊急避難下，應屬於避難過當，基於無期待可能性而減免罪責。

二、若甲所駕駛者是政府許可合法上路之「完全自動駕駛車」，甲、乙是否可能成立§276過失致死罪？

（一）甲在啟動自動駕駛功能時，對於行駛過程中遭遇的兩難困境，並無預

見可能性，自無過失可言。在駕駛過程中，按國際自駕車SAE分級標準來看，完全自動駕駛車並沒有接管駕駛的要求，因此甲無須，也無法對自駕車的決策進行干涉，甲似乎僅為單純的乘客，他僅能解除該自駕功能，但要求駕駛人於事故前及時解除自駕功能自行操作，並不可能。因此，甲對於事故的發生，沒有注意義務的可能性，不成立過失犯罪。

（二）然而，程式設計者乙，是否應該負責呢？自駕車依循乙所設計之程式，轉向撞死D，看似為致死之主因，但仍不得將責任歸咎於乙，理由在於「可受容許的風險」。社會上存在許多帶有風險的行為，但為生活上的便利、科技的發展或是一定程度的娛樂，法律允許一定程度的風險行為存在，而自駕車的行駛風險，應該屬於可受容許的風險。換言之，當社會希望享受自駕車廣泛利用的社會利益，就必須忍受一定程度不可預測的風險，因此當自駕車的設計製造者，乙將所能預見的危險，盡其全力設計於程式中，若仍不幸發生事故，應得以利用「容許風險」，排除自駕車所生的不幸結果。

三、人工智慧駕駛系統應該負責嗎？

　　人工智慧的系統可能運用在各種領域。自駕車是最為典型及廣泛運用的人工智慧載具。因為自駕車可以免除駕駛人的勞苦，帶給人類許多方便，節省寶貴的時間。自駕車發生車禍，一般只能往駕駛者、程式設計者或製造商追究事故責任。但是，如果自駕車可以排除人類的支配或輔助，而能夠深度的自主學習，有獨立的思辨能力。此時就再也不能追究程式設計者或製造商的責任了。換言之，應否承認自駕車具有犯罪能力？本書認為應「回歸以人為本的思考」，即使人工智慧機器與人類相當，資訊處理能力超越人類，人工智慧機器依然不是法律上的人。因為真正的人類不是只有邏輯，而是具有自由意志，在相對為難的處境可以自由抉擇，具有誠實、憐憫等感情本質，做出恰當的價值思考。人工智慧是人類創造發明，用來輔助人類生活或工作的工具，該工具為人所造、為人所用，不可能取代人，因此人工智慧駕駛系統也無法負責。

喋血餐廳

　　甲持鋁棒到仇家乙開設的餐廳尋仇，不料進門作勢要攻擊乙時，就不慎踩到餐具碎片滑倒，乙便趁機衝進廚房拿起菜刀，甲起身後揮舞球棒打算繼續攻擊乙，乙為自保便朝甲的腿部劃了一刀，受傷的甲轉身由後門逃出居酒屋。乙怒火中燒，持刀追了出去，甲因傷口疼痛無法快跑，見乙持刀自後方追來，便蹲下高舉雙手求饒，乙竟想砍下甲的雙手，猛力揮刀砍去，將甲的左手掌自手腕處斬斷，登時血流不止。甲倉皇拾起斷掌，自行前往一旁的醫院急診室，由於傷口整齊，且在黃金接合時間內進行手術，甲的左手於術後復原良好，未留下任何永久性的功能障礙。試問：乙之行為該如何評價？

解析

一、乙朝丙腿部劃了一刀可能構成傷害既遂罪

　　客觀上，乙傷害甲身體之行為與甲受傷之結果間具有因果關係與客觀可歸責性；主觀上，乙具有故意。但違法性之檢驗中，乙面臨甲所製造之現在不法侵害，其防衛手段屬適當且必要，主觀上乙具有防衛意思，故得依照正當防衛（§23）阻卻違法，不成立本罪。

二、乙砍斷甲手掌的行為可能構成重傷害既遂罪

　　客觀上，乙將甲之手掌砍斷，但甲之手掌事後經手術接回，其復原良好，且未留下任何永久性的功能障礙，是否仍屬該當§10IV「毀敗或嚴重減損一肢以上之機能」不無疑問。重傷害判斷時點應以事後觀之，因此，重傷應限於終生無法回復的情況，始能適用加重處罰之規定，此亦為最高法院向來見解。據此，既然甲復原良好且並未留下永久性之功能障礙，自不該當「毀敗或嚴重減損機能」之要件。乙重傷罪之構成要件不該當。

三、乙砍斷甲手掌的行為可能構成成立重傷罪之未遂犯

　　主觀上，乙具有重傷故意；客觀上，乙已著手而未達既遂。但在違法性的檢驗中，當乙砍甲時，甲已放棄侵害而欲逃跑，亦即，甲對乙之侵害行為已然過去，此時並無正當防衛之現在不法侵害之事實存在，顯無成立正當防

衛之可能。但學說上有認為，如果接續正當防衛後，應能主張「延展型防衛過當」而減免其刑，惟本題恐不符延展型防衛過當之要件。因為，乙早因甲逃跑而處於絕對優勢，應無所謂受惶恐等心理因素之影響而在時空密接的情況下所為之防衛過當行為。因此，乙無阻卻違法與罪責事由，成立本罪。

漁工悲歌

甲在我國籍某遠洋漁船擔任船長，乙、丙等受僱的漁工均為外國籍。乙體格瘦弱，做事反應較慢，常受到甲和部分漁工的不當對待。最初，甲在乙不熟悉船務時，責罵乙；不久之後，乙犯錯，甲除了大聲斥責外，更予以禁足、禁食，且甲只准許乙一天睡眠三小時，其餘時間必須工作或顧守船隻。丙同情乙的遭遇，趁甲不注意時，給予關切。

某日，甲再度因乙動作慢而發怒，持棍棒打乙，打中乙的背部和腳，乙因疼痛俯臥地上，甲卻在一旁冷眼看乙。丙無法忍受甲對乙的惡行，隨即拾起船上鐵製工具往甲頭部打去；此刻，甲正轉身要回船艙，因此頭部右後方遭擊中頭部破裂，流血倒地。廚工丁見狀，大為震驚，遂出面要求其他一部分船員將丙壓制並綑綁於船艙內，避免再生衝突，一部分船員負責看顧受傷的甲與乙。丁向港務局通報，海巡署得知後立刻派艦艇前往救援。試問：甲與丙之行為該如何評價？

解析

根據§3之規定，於中華民國領域外之中華民國船艦內犯罪，以在中華民國領域內犯罪論，均有我國刑法之適用。本案係發生於我國籍之遠洋漁船之上，所以本國籍甲或外國籍丙的犯罪行為，均有我國刑法之適用。

一、甲的行為，可能成立§296使人為類似奴隸地位罪

使人為類似奴隸地位罪，係始他人繼續居於自己不法實力支配之下，而不以人道相待，而使人居於類似奴隸之不自由地位。乙在海上工作期間，甲對乙責罵、禁食、使其不能充分睡眠等行為，客觀上可認為以該當本罪之構

成要件,且甲有故意。又,甲無阻卻違法事由與阻卻罪責事由,故成立本罪。

附帶一提是,甲對乙責罵、禁足、禁食等行為,可能同時成立強制罪、剝奪行動自由罪等,惟因使人為奴隸罪含有剝奪他人自由之性質,屬於法條競合之吸收關係,故毋庸另行成立他罪。

二、丙持鐵製工具打甲的行為,可能成立§273 II 義憤殺人未遂罪

甲並未死亡,因構成要件結果並未發生,以下檢討未遂犯之要件。主觀上,丙以塑鋼製浮球丟向甲的頭部,丙以如此重之鈍器攻擊他人之要害部位,丙於下手時應有死亡之預見,可認為丙至少有殺人的未必故意;客觀上,丙於丟向甲時已然著手,而甲流血倒地尚未死亡,應該當於義憤殺人未遂罪之構成要件。

在違法性的部分,丙之行為不成立正當防衛。正當防衛之要件,須存在一個現在不法之侵害。所謂現在之侵害,乃別於過去與將來而言,以侵害是否業以著手、業已終了為斷。本題中,丙丟向甲時,甲對乙的侵害已結束,其行為並不符合正當防衛所要求之現在,既不法侵害已然終了,丙的行為即不成立正當防衛。

不過,丙的行為可能成立緊急避難。緊急避難,須有危難之存在,且除該危難必須緊急之外,行為人所採取之避難行為必須是客觀上不得已之行為。丙所面臨之情形稱為「持續性的危險」,一般認為仍符合急迫之危難,然而丙之避難手段是否為不得已,則應採取肯定之見解,蓋本案發生在一艘遠洋漁船之上,無法期待短時間內能有其他公權力得以介入船長甲對乙所為之暴行,因而認丙攻擊之行為尚符合不得已之要件。

雖然丙攻擊甲之行為得主張緊急避難,但恐怕過當。學說實務認為避難手段係「除此之外,別無他法」或「只此一途,別無選擇」之手段,並且避難行為本身亦須符合「衡平性」之要求。丙的攻擊行為是以鐵製物品砸向甲的頭部,顯非唯一手段,故丙之行為應屬避難過當,不能阻卻違法;且丙無阻卻罪責事由。是故,丙的行為,應成立義憤殺人未遂罪,惟得依避難過當之規定,減免其刑(§24 I 但)。

第七章

罪　責

第七章　罪　責

【目次】

第一節　罪責之基本概念

壹、責任能力的法哲學基礎——意志自由

行為人應受譴責，具有非難可能性，主要是因為行為人實施不法行為時，他有能力決定從事合乎規範的行為（具有期待可能性），但卻不從事合法行為（具有其他行為可能性）。此即「規範責任論」，責任的形成，來自於規範上的評價。亦即，行為人究竟有無「意志自由（Willensfreifeit）」的問題[1]。其實，自由意志雖非自然科學所能證實或加以否證，但是，人有自我負責的本質，可以呼應相對的自由（相對非決定論）；人不是被決定的（非決定論）。

持「非決定論者」（Indeterminismus）認為，人類意志是絕對自由，因此人得毫無限制地在合法與不法間選擇。不過，違法的意志自由雖然原則上可以被要求，但在具體個案上卻無法證明。

而持「決定論者」（Determinismus）認為，否定自由意志，接受決定論，認為人的行為是被種種條件所支配。人類行為完全由因果律決定，因此犯罪乃是素質與環境所顯現的必然產物。只是人類的本質是會控制自己慾望，而且依循價值為行為，仍然無法完全說明自由意志的決定。

其實，意思之相對自由乃是選擇自由，因凡人皆受素質與環境交互作用的影響，在此影響中，個人意思對於某種刺激，非必然為固定反應，故不能以簡單的心理機制加以涵蓋。此即緩和肯定意思自由之非決定論，以及否定意思自由之決定論，在學說上所出現「相對非決定論與相對決定論」的折衷見解。在今日責任刑法體制下，其中又以「相對非決定論」所持見解，較符合刑法要求。亦即，縱有環境或素質的影響，然而精神正常之成人，仍可自由且獨立地為行為之決定，

---

[1] Jescheck/ Weigend, Lehrbuch des Strafrecht, AT, 5. Aufl., 1996, S.408; 張麗卿，司法精神醫學—刑事法學與精神醫學之整合，2018，頁226。

始應負道德上及刑法責任。但假設環境與素質對行為人加以無比之影響，致使行為人無法抗拒外來或內在壓力，則行為人對之實不必負責任，而應歸責於環境或遺傳素質，此即導出「期待可能性」的內涵。

　　無論如何，我國刑法對於是否有責，比較傾向「相對非決定論」的見解。因此如果在有下述的情況，罪責被排除（阻卻責任事由）：

1. 無責任能力（包括：年幼，精神異常）
2. 不可避免的禁止錯誤（欠缺違法的意識，而且很值得原諒）
3. 欠缺期待可能性，主要適用於過失犯。對於故意的作為犯，只有在防衛過當與避難過當時適用（不作為犯的期待可能性，基本上，屬於構成要件該當性的判斷）。

貳、罪責之意義

　　有無責任，決定於可否對行為人加以非難（譴責）。罪責（或稱有責性）內涵決之於良知非價，評價其良知判斷其行為。換言之，行為人可決定應為合法之行為，但卻決定作一違法行為，對其所作之決定非難，即為對良知的加以非難。換言之，行為人有選擇其他行為的可能性（Andershandelnkönnen），法秩序才會譴責行為人的良知，以刑罰對付。因此，他為可能性是判斷罪責的核心觀念。而罪責的非難決定於良知，具體而言，就是負故意或過失責任。

　　責任的原則不等於責任的概念。**責任原則**（Schuldprinzip）是無責任即無刑罰，非無刑罰即無責任，因無刑罰可能仍有責任，不過是免除其刑罷了。所以無責任即無刑罰，但在有責時，才有免除其刑或減輕刑罰的效果。能以刑罰加諸於行為人乃因其可負責任，所以「無責即無罰」，且刑罰輕重必須與罪責相當，此及「罪刑相當原則」；故刑罰以罪責為基礎，但保安處分以行為人之「危險性」為前提，所以行為人即使無責任，仍可對其構成要件該當且違法之行為科以保安處分，如對精神病犯施以監護。

　　應刑罰性的檢驗，是指一行為必須具1.行為非價（Handlungsunwert）
→行為構成要件該當2.結果非價（Erfolgsunwert）→引發不欲見之結果3.
良知非價（Gesinnungsunwert）→行為人可譴責。構成要件該當及違法性
是針對「行為」來判斷，罪責是針對「行為人」本身來判斷，判斷行為人
本身和其行為間之關係，亦即，行為人是否因其違法行為可加以非難[2]。

　　行為人應負何責，完全以其「現在的」行為為斷，從前素行、不良紀
錄不可當作非難行為人的方式及考量的因素。「單一行為罪責」的基礎在
於行為人「現在的作為」，且拒絕以「素行罪責」代替「單一行為罪責」，
參照【圖29】中的罪責非難，即在於有意識主體並以自我為中心的「行為
罪責」，拒絕良知與素行的罪責。至於無意識的深低層次，則無罪責非難
的問題。

　　若從罪責良知的觀念出發，法人無負擔罪責之能力，因罪責完全建立
在倫理的非價上，在倫理的判斷上，只有自然人有感應能力，法人不具此
能力，故罪責的觀念，法人不適用之。

圖29：人格層次與罪責非難之層次
（參照Haft, AT, 8. Aufl., S. 124）

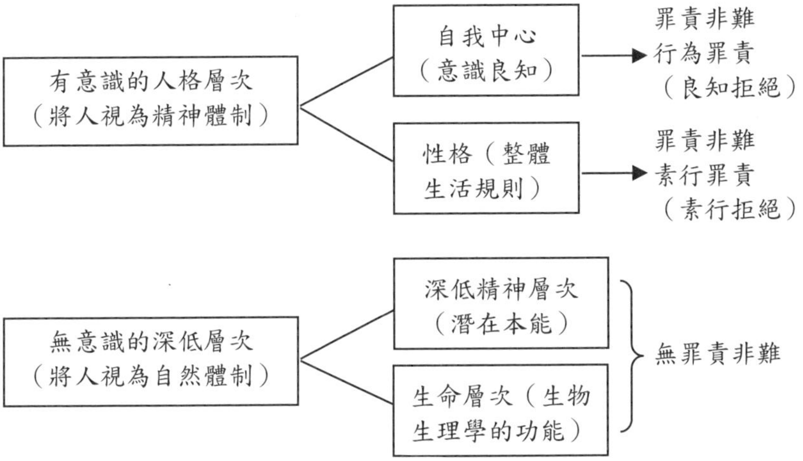

---

[2]　Wessels/ Beulke/ Satzger, Strafrecht, AT, 52. Aufl., 2022, §13, Rn. 619.

構成要件該當性為事實上的判斷；違法性為行為本身價值的判斷；罪責為針對行為人而為判斷。對於該當構成要件之違法行為，可以對行為人本身加以非難，就是責任。所以責任是結合行為與行為人間的一種複合概念，無責任對任何人均不能實施刑罰制裁。

參、罪責之本質

關於責任的本質，即是罪責的內涵。換言之，為何能對行為人譴責的內涵及理由。在刑法解釋學上主要有道義責任論與社會責任論的不同，分別說明如下：

一、道義責任論

道義責任論的基礎在於假設世上每一個人都是理性的人，都有自由的意志，欲使行為人負責乃出於道義責任的觀點。由於人有自由意志，可決定為合法或違法行為，行為人竟不為合法行為而為違法行為時，在道義上就值得加以譴責，所以要某人負責而科以刑罰時，除主觀上之判斷外，仍須就客觀上一併考量。非難的重點在於行為形成時的主觀意思。對行為主觀意思，作道義上的非難，就是「責任」。因為行為人可以作合法行為卻偏不作，竟捨善從惡，在道義上就要負責。

二、社會責任論

社會責任論與道義責任論不同，不認為人有自由意志，人之所以犯罪完全受環境及遺傳素質的影響，人之犯罪應歸咎於社會與遺傳。人無自由意思但為保全社會秩序起見，須講究自我防衛，因此對於有犯罪之傾向危險的人，必須去除其危險性格，給予刑事制裁，防衛社會安全，其重點在於行為人本身的危險性，而非個別的侵害行為，故又稱性格責任論。

三、現行刑法所採的理論

依現行刑法的排比觀之，較傾向於道義責任論，但保安處分則傾向社會責任論，所以整個刑法乃兼含道義責任論和社會責任論。雖然道義責任論關於自由意志的觀點，無法從自然科學上予以量化及實證，但人可為某種程度的決定是可以被接受的。換言之，人在決定做合法或違法行為的同時，都有某些程度決定的可能性，並非完全受制於環境或素質。因此意思自由雖非絕對，但還有相對的存在（承認相對的意思自由存在）。

責任如果是對行為人道義上的非難，那麼道義非難以人的倫理良知為基準，社會倫理的非難是一種法律上的非難，而非完全個人倫理的非難。

肆、罪責之理論

罪責之理論係指罪責係由何種要素所組成，是存於行為人主觀的心理狀態，或是尚有規範的概念存在，亦或可從預防的功能來說明，學說上有不同的見解：

一、心理責任論

心理責任論（psychologische Schuldauffassung），責任的內容是一種心理上的事實，這種心理上的事實乃由故意、過失所形成的，罪責存在於行為人對於行為的主觀心理關係（subjektiv-seelische Beziehung）。在心理學的罪責內涵下，故意、過失就被理解成等於兩種責任型態。因此責任即故意、過失的綜合，是一種心理的事實狀態，罪責是行為人與行為結果間之心理關係，所以叫心理責任論。這是在19世紀末葉，古典犯罪理論的說法，而且非常盛行到20世紀初期。

二、規範責任論

規範責任理論（normative Schuldbegriff），由德國學者Frank所提出。他認為責任注重個人內心事實外，亦不能忽略法律的規範面，即除故意，過失外，還要考慮法律規範的層面，法律對行為人要求的是什麼？規範是對人要求應為或不應為，所以有規範責任論產生。但是，古典犯罪論不接受這個自由意志的說法，他們只承認可以驗證的「心理責任論」。

規範責任論強調，由於刑法命令或禁止人的行為，是要顧慮人的能力，所以行為人於某情況下，雖有故意過失，但仍須考慮當時情況下是否能要求他不作出違法的行為，如果當時情況下，行為人無法不做出違法行為，即使有故意或過失，仍不可對之加以譴責或加以非難，對他沒有「可非難性」。因此罪責存在於意思決定及意思活動的可非難性（Vorwerfbarkeit）[3]。

本說加上「可非難性或期待可能性」的觀念。並不認為故意、過失就是責任本身，而此只是責任的構成要素；所以責任本身除故意、過失外，周遭情況的是否正常也是重要的判斷依據。因此在當時具體情況下，站在規範的立場，衡量行為人的決定，如有期待可能，即可對他加以譴責，反之則否。因此，精神病犯、幼童、不知法律規範的人，防衛過當或避難過當（欠缺期待可能性）的人，都是因為意思決定的不自由，而無法有如一般正常人加以譴責。這是目前學界的通說。

三、預防罪責論

除上述兩種說法外，最新的學說也有從預防思想上討論罪責，即為預防罪責理論又可稱為功能罪責理論（funktionale Schuldbegriff）。該說認為罪責被當作一般預防的衍生（Derivat），並認為罪責存在於「預防的必要性」。換言之，譴責行為人如果不能同時對一般之社會大眾產生嚇阻效

---

[3] Wessels/ Beulke/ Satzger, Strafrecht, AT, 52. Aufl., 2022, § 13, Rn. 624.

果，就欠缺一般預防的必要。若行為人無再犯的可能性時，根本沒有特別預防的必要，因此罪責應該被排除。如，精神病犯、防衛過當或避難過當的人都可以認為是沒有預防必要性，排除罪責。將傳統犯罪第三階層的罪責判斷，分為「欠缺罪責」與「欠缺預防必要性」兩類。但是，這種說法顯然係將刑罰論中的預防思想提前搬移到犯罪論中的罪責層次加以檢驗，有混亂犯罪成立判斷的疑慮。

第二節　罪責之內涵

　　罪責的內涵，檢驗的要素包括：罪責能力、罪責型態、不法意識、期待可能性。前三者為主觀要素，後者為客觀要素。有關罪責的內涵，可參照【圖30】的綜合說明。

圖30：罪責之結構
（參照Haft, AT, 8. Aufl., S. 132）

罪　　責			
罪責能力	罪責型態	不法意識 （違法性的認識）	缺乏排除罪責事由 （期待可能性）
行為人心靈精神上的健康，作為有罪責的要件	故意或過失作為罪責層面所顯現關聯性，相當於構成要件層面的行為方式（故意、過失之雙重功能）	現代罪責理論認為是獨立的罪責要素，且為罪責的核心	周遭情況的正常性；缺乏非常態降低應刑罰性層面的不法與罪責的特殊情形

壹、罪責能力

　　能力是指法律上所指的能力，即有無地位或資格之意，責任能力（Schuldfähigkeit）是負責任的能力、資格、地位。刑法上對責任能力並無積極的規定，只是消極列舉阻卻及減輕責任的狀態。

　　實務上判斷有無責任能力，乃綜合行為人於行為時所呈現一切情狀（參照，106台上3685判決）。其依據有二：年齡及精神狀態。責任能力的法律規定可分為下列幾種，【圖31】在說明責任能力年齡之結構：

圖31：責任能力結構圖

無責任能力	未滿14歲之人
	§19Ⅰ之精神障礙者
限制責任能力	14歲以上、未滿18歲；滿80歲之人
	§19Ⅱ之精神障礙者
	瘖啞人
完全責任能力	18歲以上、未滿80歲之人
	精神健康之人

一、無責任能力人

1. 幼童（未滿十四歲）、行為時因精神障礙或其他心智缺陷，致不能辨識其行為違法或欠缺依其辨識而行為之能力者。
2. 未滿十四歲人之行為不罰，但可令入感化教育處所施以感化教育。
3. 行為時因精神障礙或其他心智缺陷，致不能辨識其行為違法或欠缺依其辨識而行為之能力者。行為人受到精神病影響無法作正常決定，例如：妄想症病人，常會幻想、幻聽、幻覺之病症，他知道殺人是錯的（有辨識能力），卻因妄想症而殺人（無控制能力），故無責任能力。

二、限制責任能力人

1. 十四歲以上，未滿十八歲之人為限制責任能力之人（§18Ⅱ）。依刑§63規定，未滿十八歲之人犯罪，不得處死刑或無期徒刑，若本刑為死刑或無期徒刑者，一定要減刑而且是必減，非得減。

2. 八十歲以上之老年人，得減輕其刑，不可處死刑、無期徒刑，若犯之，則必減其刑（§§18Ⅲ、63）。

3. 因行為受精神障礙病情影響。但是，只是病情較輕，如精神官能症及人格違常等病症，得減輕其刑。

4. 瘖（聾）啞人（§20）是否減刑之規定，已引發爭議。因瘖啞人所受之教育，漸與常人無異。刑法修正案中，對瘖啞人即不認其得減其刑，可惜2005年修法時未予通過。目前實務認為，要「生來或自幼」、「既瘖又啞」才合本條規定。換言之，瘖而不啞、啞而不瘖，均非瘖啞人（參照，26院1700解釋）。

三、完全責任能力人

　　滿十八歲，未滿八十歲之人，且精神狀態健康之人，為具有完全責任能力的人。

四、精神狀態有障礙之人

　　2006年以前，刑法第19條只有簡略規定：「心神喪失人之行為，不罰；精神耗弱人之行為，得減輕其刑。」，因為「心神喪失」與「精神耗弱」之語意極不明確，其判斷標準更難有共識。實務上，欲判斷行為人於行為時之精神狀態，常須藉助醫學專家之鑑定意見；惟心神喪失與精神耗弱概念，並非醫學上之用語，醫學專家鑑定之結果，實務上往往不知如何採用，造成不同法官間認定不一致之情形。

　　為解決此一問題，過去實務上多引用民國26年渝237號判決：「刑法上之心神喪失與精神耗弱，應依行為時之精神障礙程度之強弱而定，如行為時之精神，對於外界事物全員缺乏知覺理會及判斷作用，而無自由決定意思之能力者，為心神喪失，如此項能力並非完全喪失，僅較普通人之平均程度顯然減退者，則為精神耗弱。」但是「心神喪失」非指完全喪失知覺、理會及判斷的能力，只是行為當時受病情影響作出違法之舉，並非

「什麼都不知道」。上開判決完全不符精神醫學知識，以致實務認定出現歧異，迭有困境，應加以揚棄。

關於責任能力之內涵，依當前刑法理論，咸認包含行為人辨識其行為違法之能力，以及依其辨識而行為之能力。至責任能力有無之判斷標準，多認以「生理學及心理學之混合立法體例」為優。易言之，區分其生理原因與心理原因二者，則就生理原因部分，實務即可依醫學專家之鑑定結果為據，而由法官就心理原因部分，判斷行為人於行為時，究屬無責任能力或限制責任能力（參照，99台上2311判決）。

生理原因部分，以有無精神障礙或其他心智缺陷為準。精神障礙包括：病理的精神障礙及深度的意識錯亂；其他心智缺陷包括：智能不足與其他嚴重的精神異常，如精神官能症、焦慮狀態[4]。詳言之，生理構造的異常，會影響自我控制能力，例如：器質性腦症精神病，不只是腦部的問題，而是整個身體系統，如腦組織的受傷、基因的異常、內分泌失調等，都會影響自我控制的能力；**在心理結果部分**，則以行為人之辨識其行為違法，或依其辨識而行為之能力，是否屬不能、欠缺或顯著減低為斷。精神是否異常，以行為時為準。行為時精神狀態正常，審判時為異常，行為人的罪責不受影響。反之，行為時精神異常，審判時回復正常，仍得減免罪責。但行為當時的精神狀況的判斷，屬於精神醫學的專業，法官並非精神醫學領域的專家，要仰賴精神醫師的鑑定。

本書一貫亦認為應採「生理與心理的混合立法方式」[5]，2005年刑法修正即採相同之建議，將心神喪失及精神耗弱的立法方式，修改為「行為時因精神障礙或其他心智缺陷，致不能辨識其行為違法或欠缺依其辨識而行為之能力者，不罰。（§19Ⅰ）行為時因前項之原因，致其辨識行為違法或依其辨識而行為之能力，顯著減低者，得減輕其刑。（§19Ⅱ）」（參

---

[4] Roxin/ Greco, Strafrecht, AT/1, 5. Aufl., 2020, §20, Rn. 22ff.

[5] 更詳細的內容，張麗卿，司法精神醫學—刑事法學與精神醫學之整合，2018，頁247。

照，105台上1427判決）。

　　簡言之，**因精神障礙而影響罪責，其判斷關鍵有二**：（1）行為人對於客觀世界的「辨識違法的識別能力」（Einsichtsfähigkeit），這屬於知的要素，以及（2）藉此認識而選擇自己行為的能力「自我控制能力」（Hemmungsfähigkeit），這是行為人的自我控制能力，屬於意志（決定）要素[6]。

　　當一個人實施違法行為時，如果因為精神障礙或其他心智缺陷，無從辨識外在客觀世界的種種現象，而且不能操控自己的行為，那麼此人並非成熟的自由意志主體，其良知不能被譴責（欠缺罪責），所以無罪，也因而不能以刑罰對付，必須施以監護（刑法第87條），不過，這都需要經過精神醫師專家等的「鑑定」[7]。

　　詳言之，刑法§19 I、II的適用情形共有四種狀況[8]。§19 I：「行為時因精神障礙或其他心智缺陷，致不能辨識其行為違法或欠缺依其辨識而行為之能力者，不罰。」的適用，有二種情形：

　　其一（完全沒有辨識違法之能力，§19 I前段）：行為人因精神障礙或其他心智缺陷，不能辨識外在客觀世界的種種現象，完全不能理解自己所做所為已經觸法，無法辨識行為是違法的，其罪責受到阻卻，不罰，無法成立犯罪。例如，重度智能不足者（其智商0-19，智力年齡0-2歲），無法對自己的行為的結果作合理的判斷，無法洞悉自己行為會引起嚴重的後

---

[6] Roxin/ Greco, Strafrecht, AT/1, 5. Aufl., 2020, §20, Rn. 29.

[7] 司法精神醫學的鑑定，曾屢次討論心理學標準一項，能否站在經驗的立場上來解答犯罪者的責任能力，而分為「不可知論」與「可知論」兩派。其中「可知論」者，較為可採。其謂不論是生理學或心理學的原因，有經驗的精神科醫師及臨床心理師等，都能正確分析精神狀態與法律上責任能力程度有特定的相互關係。張麗卿，司法精神醫學—刑事法學與精神醫學之整合，2018，頁236。

[8] 2019年7月發生在嘉義的逃票精神病患，刺死鐵路警察的案件，造成譁然。10個月後，嘉義地方法院以被告罹患思覺失調症為由，判決無罪（臺灣嘉義地方法院108年度重訴字第6號）。因緣際會，我向警政署鐵路警察局提出有關本案精神鑑定的法律意見。我摘錄刑法19條精確適用的四種情形，希望有助於未來相類案件實務判決的參照。

果，因為好奇幼稚而放火，由於無法辨識行為是違法，其罪責受到阻卻，無法成立犯罪。

其二（**仍有辨識違法之能力，卻完全無法控制，§19Ⅰ後段**）：縱使行為人可以識別外在客觀世界的現象，甚至知道自己違法，但也可能因為缺乏自我控制能力而阻卻罪責。例如，嚴重的思覺失調症患者，堅信自己被鬼魔力量所支配，倘使不聽從鬼魔指揮而殺人，將有極大災難發生；此思覺失調症患者知道自己殺人，但無法控制自己不殺人。因此，是否不罰，自我控制能力也是關鍵。換言之，即使行為人具備違法辨識的能力，也要進一步檢驗自我控制能力。

此外，§19Ⅱ的適用，也有二種情形。§19Ⅱ規定：「行為時因前項之原因，致其辨識行為違法或依其辨識而行為之能力，顯著減低者，得減輕其刑。」

其一（**辨識違法之能力，顯著減低，§19Ⅱ前段**）：行為人雖有精神障礙或其他心智缺陷，仍能辨識客觀世界的種種現象，仍能理解自己所做所為已經觸法，其辨識行為違法的能力，僅是顯著減低者，仍然成立犯罪，只得減輕其刑。例如，輕度智能不足者（其智商50-69，智力年齡7-10歲），對自己的行為的結果，仍能做某種程度的合理判斷，仍能洞悉自己行為是不對的，卻因飢餓而行竊；又如，生理構造的變化，也可能影響精神狀態，尤其是自我控制能力。最典型的案例：失智症病患因為喪失判斷力及衝動能力的控制，出現亂拿商店的東西而不考慮後果；有些患者也會出現妄想、幻聽、幻視症狀，而出現攻擊的行為或性偏差行為等。上述情形，因為行為時仍能辨識行為是違法，只是其自我控制能力顯著減低者，故仍然成立犯罪，只能減輕其刑[9]。

其二（**有辨識違法之能力，但控制能力顯著減低，§19Ⅱ後段**）：行為人雖有精神障礙或其他心智缺陷，行為人仍能識別外在客觀世界的現象，也知道自己的行為違法，仍有是非對錯的認知，但其自我控制能力卻

---

[9] Roxin/ Greco, Strafrecht, AT/1, 5. Aufl., 2020, §20, Rn. 33.

顯著減低者，仍然成立犯罪，只能減輕其刑。例如，憂鬱症患者自覺生命淒涼痛苦，想自我了斷卻不忍幼兒獨存世上受苦，因此先殺幼兒再自殺的「慈悲性殺人」（但是，往往自殺不成）。此時，憂鬱病患者可以辨認自己的殺人行為，也知道殺人行為是不對的，但其並非完全不具有自我控制能力；其自我控制能力只是顯著減低者，仍然成立犯罪，只能減輕其刑。

不過，精神疾病的種類繁多，如何對應到§19之精神障礙或其他心智缺陷，乃實務在職權自由裁量上的大難題（參照，78台上3949判決）。【圖32】可以提供司法精神醫學實務操作的判斷標準。

圖32：刑法第19條與精神疾病名稱之對應與評價

	法律用語	精神疾病名稱		法律用語		法律效果
生理原因	精神障礙	思覺失調症、早發性痴呆及躁鬱循環症、腦神經創傷精神病、酒精中毒精神病、感染性精神病（如慢性神經麻痺）、腦神經痙攣精神病（如癲癇精神病）及腦組織退化之痴呆等	＋	心理原因	不能辨識其行為違法之能力（辨識能力）或欠缺依其辨識而行為之能力（控制能力）	⇒ 不罰
	其他心智缺陷	智能不足、人格違常、精神官能症、慾望衝動、焦慮等			辨識其行為違法之能力（辨識能力）或依其辨識而行為之能力（控制能力），顯著減低者	得減輕其刑

貳、原因自由行為

一、意義

　　行為時因精神障礙或其他心智缺陷，致不能辨識其行為違法或欠缺依其辨識而行為之能力者，或致其辨識行為違法或依其辨識而行為之能力，

顯著減低者，依據§19 I、II得不罰行為人或減輕其刑。但是，行為人自己陷自己於精神障礙狀態下所實施之行為，由於行為人在決定實施「原因行為」時仍處於自由意思狀態下，要如何解決？

詳言之，行為人實施違法行為時，如果無責任能力，犯罪不成立。但是，如果精神障礙的原因，行為人有故意或過失，而且放任自己在無責任能力階段實施違法行為，那麼，行為人的責任不能被排除。行為人視情形，成立故意犯罪或過失犯罪。這種情況，刑法學說稱為「原因自由行為（actio libera in causa）」。由於違法行為施行時，行為人雖無操控行為的自由，但原因的設定卻是自由的。行為人因可歸責於自己而陷於精神障礙之中，所實現的不法構成要件，當然要負完全責任[10]。§19 III：「前二項規定，於因故意或過失自行招致者，不適用之。」，這是2005年刑法總則修法後，才新增的明文規定。

宜注意的是，原因自由行為包括前後二個不可分的原因階段與行為階段的二個行為，故此二階段須同時加以考慮評價，以下用【圖33】簡單說明原因自由行為的結構。

圖33：原因自由行為之結構

（○：有；×：無）

原因行為（自由）	行為階段（不自由） （實施行為）
構成要件該當（×）	構成要件該當（○）
違法性（×）	違法性（○）
責任（○）	責任（×）

二、種類

原因自由行為可分為故意或過失的原因自由行為，分述如下：

---

[10] Roxin/ Greco, Strafrecht, AT/1, 5. Aufl., 2020, §20, Rn. 18.

（一）故意的原因自由行為

　　行為人故意自陷於無責任能力情形（例如飲酒、使用麻醉物），並決意利用無責任能力的狀態，實施違法行為（直接故意）。或行為人故意自陷於無責任能力，知道將會在無責任能力或限制責任能力的狀態下，實施違法行為，行為人抱持無所謂的態度（間接故意）。原因設定時，有侵害特定法益的故意，進而在實現構成要件時，亦具有故意。換言之，在原因自由行為之故意，已有「雙重故意」（Doppelvorsatz）的決定。假如欠缺任一階段的故意時，可能會造成過失的原因自由行為[11]。

　　我國實務見解亦認為：原因自由行為之行為人，於精神、心智狀態正常之原因行為階段，即須對犯罪事實具有故意或應注意並能注意或可得預見，始符合犯罪行為人須於行為時具有責任能力，方加以處罰之原則。此係採雙重故意的說法（參照，96台上6368判決）。【圖34】顯示行為人於原因行為設定時有無故意或過失，所呈現的幾種情形：故意原因自由行為、過失原因自由行為以及「麻醉違法行為（或稱自醉行為）」之組合類型。

圖34：原因自由行為之各種組合

自陷精神障礙狀態	具有特定法益侵害	型態
故意	故意	故意 原因自由行為
故意	過失	過失 原因自由行為
過失	故意	過失 原因自由行為
過失	過失	過失 原因自由行為
故意或過失	無	麻醉狀態下 違法行為

---

[11] Wessels/ Beulke/ Satzger, Strafrecht, AT, 52. Aufl., 2022, §13, Rn. 666.

（二）過失的原因自由行為

行為人故意或過失自陷於無責任能力狀態，預見自己可能在無責任能力的狀態下會實施違法行為，卻樂觀地相信不致如此，以致未採取預防措施。在此情況下，導致結果發生，則行為人依相關過失犯罪處罰。

實務亦將原因自由行為分為故意及過失兩種型態（參照，104台上字3223判決）。亦即，故意的原因自由行為，係指行為人在精神、心智正常，具備完全責任能力時，本即有犯罪故意，並為利用以之犯罪，故意使自己陷入精神障礙或心智缺陷狀態，而於辨識行為違法之能力與依辨識而行為之自我控制能力欠缺或顯著降低，已不具備完全責任能力之際，實行該犯罪行為。至於過失的原因自由行為，則指行為人或已有犯罪故意後，偶因過失陷入精神障礙或心智缺陷狀態時，果為該犯罪；甚或無犯罪故意，但對客觀上應注意並能注意或可能預見之犯罪，主觀上卻疏未注意或確信其不發生，嗣於故意或因有認識、無認識之過失，自陷於精神障礙或心智缺陷狀態之際，發生該犯罪行為。因此，苟無證據足資證明其於飲酒之初，尚未陷入精神障礙狀態前，即對嗣後精神障礙狀態中之侵害法益行為有故意或預見可能，其嗣後侵害法益之行為即屬原因自由行為，自無刑法第十九條第一項、第二項之減免其刑規定之適用（參照，103台上1789判決）。

三、原因自由行為的可罰性基礎

原因自由行為為何要加以處罰，其可罰性的基礎有例外說及構成要件說兩種[12]：

（一）例外說（習慣法上的例外）

處罰無責任能力時的違法行為，是不能忍受刑罰正義被破壞，習慣法

---

[12] Haft, Strafrecht, AT, 8. Aufl., 1998, S. 144.

上，必須把（有原因的）無責任能力人的違法行為，做例外的處理。在此§19Ⅰ、Ⅱ的規定必須做目的性限縮的解釋，處罰是「罪責與行為時同時存在原則」的例外情況，故稱為例外說（Ausnahmemodell）。

（二）構成要件說

構成要件說（Tatbestandsmodell）把仍有責任能力之「原因前行為」當成是構成要件行為的一環，亦即已經著手構成要件之實行。換言之，自陷於無責任能力狀態的行為，就是實施構成要件的行為；將飲酒行為與醉酒後無責任能力所實施的違法行為，當成是一個整體的構成要件事實。自陷於無責任能力的行為，等於是構成要件的著手，已經是未遂的階段，實務見解亦採構成要件說（參照，96台上6368判決）。

構成要件說又分為前置說（Vorverlagerungstheorie）與間接正犯說（mittelbare Täterschaft）。前置說將構成要件檢驗及罪責非難的重點前置於行為人將自己陷於精神障礙狀態之原因行為時，已經開始構成要件的的實行。間接正犯說則認為行為人利用自己無責任能力的行為當成工具，以實現犯罪之構成要件，兩者同時呈現併行（Parallelität zwischen der alic und der mittelbaren Täterschaft）。本書採前置說。

依照前置說，不會違反行為時要有罪責的原則，依此解釋故意與過失的原因自由行為：

1.關於過失的原因自由行為

生活經驗上，一個醉酒的人容易失控出事，是人人可以共見共識的。醉酒容易肇事，既然可以被預見，故意或過失醉酒，就已經製造了不被容許的危險（破壞一個小心謹慎的人，應有的注意義務）。除非有其他偶發的意外，否則，醉酒的危險原因與醉酒時所實現的違法結果，這當中的因果關係是甚為顯然的。例如：甲與太太爭吵，甲的酒品不佳，有酒醉打人的壞習慣，卻仍不斷喝酒；甲喝酒，已經製造了對於太太身體傷害的危險。

　　又如，甲因友人勸酒，未察自己不勝酒量而醉倒，也未注意到自己要開車返家，竟於駕車途中撞傷乙，甲有客觀注意義務的違反，而於違反情況下實施違法行為，其注意義務的違反乃對結果之發生有預見的可能，故認其應負過失之責。

2.關於故意的原因自由行為

　　有人想利用自己的無責任能力狀態實施違法行為。例如：某人想傷害仇敵，乃藉酒壯膽，某人喝完酒後，對於自己的無責任能力狀態起了作用，即是構成要件行為（傷害）的開始。故意醉酒與稍後的違法結果，這當中的因果歷程，完全在行為人的操控下，因為，處罰故意，不需要行為人在整體的行為實施時，都是清醒的。

四、原因自由行為之明文

　　2005年刑法修正時，將原因自由行為立法化，規定於刑法§19Ⅲ：「前二項規定，於因故意或過失自行招致者，不適用之。」原因自由行為明文化，應可達保護社會安定的目的，實現罪刑法定原則的要求，以及貫徹刑法保護的機能[13]。

　　不過，對於新增訂的§19Ⅲ，仍有下列疑慮：1.§19Ⅲ的規定僅提及自行招致欠缺辨識能力與控制能力的故意或過失，而未提及原因階段即具有侵害特定法益的故意或預見可能性，致無法充分掌握原因自由行為將罪責判斷提前移置於原因階段的理論基礎；2.§19Ⅲ之增訂，似乎將該第三項視為第一、二項規定之例外，即是將原因自由行為理解為屬於無責任能力下所為之行為，並例外地肯定其犯罪性，亦即通常犯罪之成立，皆須具備有責性要素之責任能力，惟於原因自由行為之情況，不須具備責任能力亦得成立。如此，將與學說上所採的前置說有違。

---

[13] 張麗卿，原因自由行為適用疑義之分析，收錄於：「刑法總則修正重點之理論與實務」，2005，頁406。

五、原因自由行為與麻醉狀態下的違法行為

　　若具備原因自由行為之型態不科以刑罰，將與人民的法律情感不相符合，無法維持社會秩序，故原因自由行為理論有其存在之必要。但是，某些犯罪行為的型態，並非原因自由行為理論所可掌握，屬於「麻醉狀態下的違法行為」[14]，乃是我國刑法上的「可罰性漏洞」，但德國已有立法規定。

　　依德國刑法§323a規定：「故意或過失飲酒或嗑藥置自陷於麻醉狀態（Vollrausch）而違犯違法行為，即事前並無侵害法益之故意或過失，如因麻醉狀態而無責任能力或有可能無責任能力，致有不受刑罰處罰之效果者，處五年以下有期徒刑或併科罰金。」亦即，麻醉狀態下之違法行為不問故意、過失，使自己酩酊大醉或麻醉的情況下，所實施的違法行為，可能因其原因行為導致無責任能力或限制責任能力，而無法加以處罰時，依德刑§323a之規定可處五年以下自由刑或併科罰金。但必須是其所犯之罪，刑責低於五年，才可以依本罪處罰。

> **例**
>
> 　　甲半夜在深山中賞月飲酒至爛醉（因過失陷自己於無責任之狀態），一時興起，欲對月射擊，甲主觀上認為不可能有人會深夜爬山（無任何犯罪意思）。恰巧乙經過山路，被流彈射中死亡。
>
> →甲之行為非屬原因自由行為，而應屬於麻醉狀態下的違法行為。其依德刑§323a最高可處五年以下自由刑，惟我國刑法無此規範，恐將論以過失致死（§276）。因為甲無意利用爛醉實施此行為，也無法預見酒醉時會發生何事，無法採此任何預防措施，依§19Ⅰ犯罪應不成立。

---

[14] 有譯為「自醉行為」者。不過，任何自我陶醉的飲酒、借酒消愁的飲酒、借酒壯膽的飲酒、酒逢知己千杯少的飲酒或今朝有酒今朝罪的飲酒……，都是一種「自醉」。本書稱「麻醉狀態下的違法行為」，行為人只是偶然飲酒至醉，對於自己醉後會做任何行為，完全沒有預見或預見可能，但在爛醉狀態下實施了違法行為，所以不是原因自由之行為，當然也不能泛稱為「自醉」。

　　這是因為我國刑法§19Ⅲ採用「構成要件說」解釋原因自由行為時，所必然導出的結論。因為，當一個人故意要爛醉或不小心喝醉，可是無意利用爛醉的情形實施違法行為，或不能預見醉酒時將發生何事（無從採取預防措施），倘若竟然在醉後實施了違法行為，行為人依照§19Ⅰ、Ⅱ，責任被排除，犯罪不成立。但是，依照德國刑法§323a，行為人在麻醉中實施違法行為，仍可處罰。在德國刑法，這個規定屬於公共危險罪的一種，我國刑法並沒有相似的規定。

　　另外，如果精神障礙的原因造成行為人喪失辨識能力與控制能力的原因，既不是故意，也不是過失，那麼，行為人喪失辨識能力與控制能力時所實現的違法結果，不可歸責於行為人。此時，客觀的構成要件不該當，犯罪判斷在第一個階段就已結束，這與原因自由行為無關。甲的食物被下迷藥，開車中突然昏睡，肇事致人於死，這個並非原因自由行為。

參、罪責型態（故意、過失）

　　現在的通說，認為罪責階層所要探討者，除了「責任能力」外、亦需包含：「罪責型態」（故意罪責或過失罪責）。亦即，認為故意、過失具有雙重評價功能（Doppelfunktion）的檢驗時，最後尚須檢驗責任型態是故意責任或過失責任。在犯罪三段論證體系下，故意、過失不僅是不法行為構成要件該當所要檢驗的項目，在罪責層面，亦有其地位。故意與過失在構成要件中扮演：構成要件行為的承擔者，亦即，行為是否有構成要件的故意或過失；故意與過失在罪責層次中扮演：思維非價（Gesinnungsunwert）的承擔者，亦即良知是否可以譴責。

　　一般認為故意過失有雙重評價的功能。也就是，在構成要件該當性的判斷層面，對於故意過失作第一次的評價；在有責性的判斷層面，對於故意過失作第二次的評價。這個犯罪論的體系，可能是德國刑法學上的通說。

　　不過，對於絕大多數的案例類型，構成要件故意（故意行為），責任

也是故意；構成要件過失（過失行為），責任也是過失。所以，所謂的雙重評價，並沒有什麼實際的意義。可以舉出的，用來說明故意過失的雙重評價，具有實際意義的案例，大概只有「容許構成要件錯誤（Erlaubnistatbestandsirrtum）」；而且，只有依照「法律效果的限制責任論」的說法，才有雙重評價的可能。簡言之：構成要件判斷為故意，有責性判斷為過失之情形[15]。

肆、不法意識的具備

行為人對於行為方式有無違法性的認識是指，行為人對其所為之行為有法所不容許的認識，亦即「法禁止之認識」（違法性認識），就是明知違法，竟然漠視。有違法性的認識即具有不法意識（Unrechtsbewusstsein），反之則無。不法意識的具備，只須行為人知其所為乃法所不容即可，不必確切認識其行為的處罰或行為的可罰性。

早期古典犯罪論認為不法意識係故意的要素，欠缺不法意識，故意不成立。現今通說受到新古典犯罪論與目的犯罪論的影響，認為其屬獨立的罪責要素，因有無違法性認識與個人的守法意願相關，屬罪責，故欠缺不法意識，不影響故意，只影響罪責。

行為人如欠缺不法意識，就會產生錯誤的問題，學說上稱之為「禁止錯誤（Verbotsirrtum）」，又稱違法性錯誤[16]。§16規定，除有正當理由而無法避免者外，不得因不知法律而免除刑事責任。但按其情節，得減輕其刑。亦即，行為人如果有正當理由，相信自己的行為並不違法，而且他所發生的法律錯誤實在難以避免，便可以免除刑事責任。亦即，行為人發生「無法避免的禁止錯誤」，可以排除罪責。如果只是發生「可以避免的禁止錯誤」，仍然有不法意識，只能減輕罪責。

---

[15] 容許構成要件錯誤的評價，詳參本書第二篇第九章＜錯誤＞專章。
[16] 關於禁止錯誤的相關問題，將於第二篇第九章＜錯誤＞專章討論。

伍、期待可能性

合乎規範行為的「無期待可能性（Unzumutbarkeit）」作為「超法定的阻卻罪責事由」，是第一次世界大戰後，從「規範罪責論」衍生出來的概念，因為依行為當時的處境，行為的實施難以避免，則不能以刑罰對付行為人。反之，期待行為人可做出一個合法行為，而他竟不符合期待時，即可非難，因行為人在行為當時的具體情況下，可期待其為合法的行為，行為人卻做違法行為，不符合期待可加以責任非難。

期待可能性的學說源於德國19世紀末帝國法院的「劣馬脫韁案（Leinenfängerfall）」。該案的內容為，肇事的馬有惡習，就是喜歡以馬尾纏繞韁繩而導致脫韁，由於該匹馬難以駕馭，但是生活困苦的馬車伕不敢違背雇主的命令，仍讓該劣馬拖曳馬車，雖然雇主也知道馬匹的習性，馬車伕必須聽命於雇主，否則工作不保。果然，某日韁繩脫落，因而撞傷路人。帝國法院認為無罪的理由：馬車伕雖明知可能發生危險，但是沒有合於規範行事的期待可能性，故被宣判無罪[17]。

一、期待可能性之標準

依通說，行為人只有在非常困難的情形之中才有可能適用無期待可能性，故行為人如屬過當避難仍成立犯罪，但因期待可能性很低或無期待可能性，可以減輕或阻卻罪責。有無期待可能性的判斷標準，學說有三：

1.行為人標準說：依行為人個人之能力為準。

2.平均人標準說：依社會上一般人的平均標準為準。

3.規範標準說：依法律規範要求一般人能做到的行為為準。

以上標準，在實施上有其難處：若依「行為人標準說」將導致因人而異之情形，若依「平均人標準說」，亦無法適合於每一個人。最好是上限依平均人標準，下限依個人能力為準。有期待可能性，負責任；期待可能

---

[17] Roxin/ Greco, Strafrecht, AT/1, 5. Aufl., 2020, §24, Rn. 122.

性薄弱，減輕責任；無期待可能性，免除（阻卻）責任。

二、期待可能性之適用

　　關於期待可能性是否屬於「超法定阻卻責任事由」，有認為期待可能性是一個不明確的概念，其本身欠缺一致性的判斷標準，勢必會減損刑法一般預防功能，而造成結果不一的情形，故期待可能性只適用於法律有明文的規定。

　　不過，本書認為期待可能性之適用並不限於法律明文的規定，若具體情形中不見可期待性，縱使法律無明文，亦可適用期待可能性原則阻卻或減免責任，因其為罪責要素之一，如「防衛過當」或「避難過當」，可依據期待可能性法理，減免罪責。尤其，對於某些特定的個案，無期待可能性的概念實有節制可罰性的作用，如在過失犯與不作為犯的領域裡。無期待可能性的概念，可以限制過失犯的注意義務的範圍，以及限制不作為犯的作為義務的範圍。

　　亦即，在過失犯或不作為犯以期待可能性構成阻卻罪責的事由，較無問題。至於「故意作為犯」則不能全面適用以欠缺期待可能性來阻卻責任。因為期待可能性就故意作為犯言，是立法者在立法時已經建立在阻卻責任的基礎上，法官不能以之考慮為超法定或違反法規之行為。又若適用期待可能性作為阻卻罪責事由，將會導致故意責任的認定，不是來自於法律秩序，而是按照民眾的觀點加以認定，因此，在故意作為犯的情形，無期待可能性只有在法律明文規定時，如具有避難過當與防衛過當時，才可以成為阻卻罪責的事由。

陸、小結

　　在掌握了罪責的所有內涵後，以下說明阻卻罪責事由與減免罪責事由的不同情形：

　　「**阻卻罪責事由**」的情形有：1.無責任能力；2.無法避免的禁止錯

誤；3.無期待可能性（符合規範舉止的無可期待性）。這些情形都欠缺有責性的基本前提要件，因此自始即排除罪責的存在。

「**減免罪責事由**」的情形有：1.可避免的禁止錯誤；2.防衛過當；3.避難過當；4.期待可能性相當薄弱；5.義務衝突。這些情形行為人的罪責，沒有自始被排除，行為人基本上具備行為不法及罪責的基本前提，只是不法及罪責的內涵顯著降低，立法者因此放棄罪責非難，並加以寬恕，故稱為「寬恕罪責之事由」（Entschuldigungsgründe）[18]。其中作為犯中最重要的減免罪責事由，就是防衛過當與避難過當的情形。至於不純正不作為犯的數個作為義務間的衝突，也可能形成減免罪責的情境[19]。

【圖35】以防衛過當的案例說明減免罪責可從不法及罪責兩個層次來考慮。

圖35：減免罪責事由之結構
（參照Haft, AT, 8. Aufl., S. 141）

非　價	不　　　法		罪　　責
	行為非價	結果非價	良知非價
減免理由	行為人所追求正當的目的	考量行為人所救助的利益	行為人合乎規範的自我決定陷於困難的不尋常地位
防衛過當（§23但）	行為人的目的在救助……	……他人生命……	……出於現在的危險

---

[18] Wessels/ Beulke/ Satzger, Strafrecht, AT, 52. Aufl., 2022, § 13, Rn. 682.

[19] 關於數個作為義務間所形成的「減免罪責義務衝突」，參照本書第二篇第六章＜違法性＞之超法定阻卻違法事由的討論。

❖ 實例講座 ❖

KTV裡的漂亮公主

　　甲在KTV酒店中作樂，見公主乙頗具姿色，意欲借酒壯膽，一親芳澤。於是，在大醉時擁吻乙，乙怒，提出強制猥褻告訴。試問：乙提出的強制猥褻告訴能否成立？

解析

　　甲大醉擁吻乙之行為，可能成立§224強制猥褻罪

一、甲故意藉酒壯膽，並於大醉之際擁吻乙，客觀上，其行為屬於強制猥褻之情形，主觀上，甲有一親芳澤之故意。並沒有任何阻卻違法事由。

二、甲之行為屬於§19Ⅲ之原因自由行為。依§19Ⅰ規定，行為時因精神障礙或其他心智缺陷，致不能辨識其行為違法或欠缺依其辨識而行為之能力者，不罰。同條Ⅱ規定，行為時因前項之原因，致其辨識行為違法或依其辨識而行為之能力，顯著減低者，得減輕其刑。至於行為人自己陷自己於精神障礙狀態下所實施之行為，由於行為人在決定實施＝「原因行為」時仍處於自由意思狀態下，就不能享有刑法上的寬典，即所謂「原因中的自由行為」（§19Ⅲ）。

三、甲在KTV酒店中作樂，見公主乙頗具姿色，意欲借酒壯膽，一親芳澤。顯然甲想利用自己的無責任能力狀態實施違法行為，故意醉酒與稍後的違法結果，這當中的因果歷程，完全在行為人的操控下，故意的原因自由行為仍可依故意犯來處罰，因為，處罰故意不需要行為人在整體的行為實施時，都是清醒的。乙提出強制猥褻告訴可以成立。

醫院消息

　　家庭主婦甲，某日於廚房燒開水，正將爐火點燃時，突然接到醫院來電，告知其丈夫因工作不慎自鷹架跌落，可能有生命危險。甲聞訊擔憂先生傷情，遂抓住錢包和鑰匙便急忙出門，忘記家中爐火未關。結果開水燒乾，引發大火。試問：甲的罪責？

解析

一、甲可能構成§173Ⅱ失火罪
（一）構成要件該當性與違法性
　　甲忘記關爐火行為造成房屋大火，客觀上，其行為與結果間具因果關係及客觀可歸責；主觀上，甲具有過失。故甲的行為就構成要件部分可成立§173Ⅱ失火罪。違法性部分，甲無可主張的阻卻違法事由，故具有違法性。
（二）罪責
　　雖然甲因過失，忘記關爐火而導致火災，然而當時甲聽聞先生惡耗，正處於心理慌亂之際，任何處於與甲相同條件環境下的人，無論依常人標準或行為人的標準，均難期待其注意爐火是否關閉，故應認為甲的行為不具有期待可能性。
二、結論：甲成立§173Ⅱ失火罪，惟其行為欠缺期待可能性，得減免罪責。

后羿射月

　　村民后羿獨自於深山飲酒賞月，飲酒大醉後，突發奇想打算效法先祖「后羿射日」，乃持獵槍對月射擊，不幸打中深夜回家的原住民，原住民因而當場死亡。試問：后羿之可罰性如何？

解析

一、后義可能構成§276過失致死罪

（一）構成要件該當性與違法性：

　　客觀上，該原住民的死亡結果是因后義的行為所致。主觀上，后義雖無殺人之故意，不過，依具體情形，有客觀預見可能及違反客觀注意義務，屬應注意能注意而不注意，為過失。故后義有過失致死罪之構成要件該當。另外，后義無阻卻違法事由，故行為具有違法性。

（二）罪責

　　后義於陷入麻醉狀態前，並無侵害法益之故意，故其陷於精神障礙所為的違法行為，非屬故意原因自由行為。不過，從后義大醉與對月射擊此二事實觀之，似已喪失辨識能力及控制能力，而欠缺責任能力，得依§19 I阻卻罪責，后義因而可能不成立過失致死罪。

　　惟本書認為，此種情形若不加處罰，將與人民法律情感不符，此乃我國刑法的漏洞。本案若依德國刑法§323a規定乃可以處罰的違法行為。此種立法，學說上稱為「麻醉狀態下之違法行為」，亦即，故意或過失飲酒或嗑藥致自己於麻醉狀態而為違法行為，如因麻醉狀態而無責任能力或有可能為無責任能力，致有不受刑罰處罰之效果者，處五年以下有期徒刑或併科罰金。處罰「麻醉狀態下之違法行為」的目的乃在於要求行為人確保自己要喝酒就不要出事。此一立法例值得我國立法之參考。

二、結語：由於麻醉狀態下之違法行為非原因自由行為所能掌握，依罪
　　刑法定原則，后義不成立過失致死罪。

思覺失調症－火車殺人案

　　甲患有思覺失調症，定期在其子乙陪伴下，回診治療及服藥，病情大致穩定。一日，甲病情突然發作，認為乙夥同政府組織，打算聯手謀財害命，乃趁乙不注意時離家「出逃」北上。甲搭乘火車時，因病情發作情緒不定，時有咆嘯辱罵之行為。鐵路警察丙接到消息前往處理此事，欲以肢

體制伏甲，並強制將其帶下車廂，不料其衣著與行為，使甲認定丙是與乙聯手的政府殺手，在自我防衛心態下以其隨身攜帶之水果刀刺向丙，致丙失血過多死亡。後經鑑定，甲患有嚴重思覺失調症，且於搭乘火車時屬急性發作期，但其亦稱「知道丙是保全」、「知道殺人是不對的」、「不會對路人攻擊，丙要殺我，我才反擊的」。試問：甲之刑責為何？

[解析]

　　甲可能成立§271 I 殺人罪。客觀上，甲以刀刺向丙之行為，致丙死亡之結果。主觀上，甲有殺害丙之認知與意欲，構成要件該當。甲無阻卻違法事由，行為具違法性。

　　但是，在罪責上，甲以刀刺向丙之行為，鑑定後認屬思覺失調症急性發作期間，乃因精神障礙所為之行為，須進一步就其辨識能力及控制能力加以認定。§19關於精神障礙之情形，可分為四：

1.完全沒有辨識違法之能力（§19 I 前段）：行為人因精神障礙或其他心智缺陷，不能辨識外在客觀世界的種種現象，完全不能理解自己所做所為已經觸法，無法辨識行為是違法的，其罪責受到阻卻，不罰，無法成立犯罪。

2.仍有辨識違法之能力，卻完全無法控制（§19 I 後段）：縱使行為人可以識別外在客觀世界的現象，甚至知道自己違法，但也可能因為缺乏自我控制能力而阻卻罪責。例如，嚴重的思覺失調症患者，堅信自己被鬼魔力量所支配，倘使不聽從鬼魔指揮而殺人，將有極大災難發生；患者知道自己殺人，但無法控制自己不殺人。因此，是否不罰，自我控制能力也是關鍵。換言之，即使行為人具備違法辨識的能力，也要進一步檢驗自我控制能力。

3.辨識違法之能力，顯著減低（§19 II 前段）：行為人雖有精神障礙或其他心智缺陷，仍能辨識客觀世界的種種現象，仍能理解自己所做所為已經觸法，其辨識行為違法的能力，僅是顯著減低者，仍然成立犯罪，只得減輕其刑。

4.有辨識違法之能力，但控制能力顯著減低（§19 II 後段）：行為人雖有精

神障礙或其他心智缺陷，行為人仍能識別外在客觀世界的現象，也知道自己的行為違法，仍有是非對錯的認知，但其自我控制能力卻顯著減低者，仍然成立犯罪，只能減輕其刑。

從甲稱「知道丙是保全」、「知道殺人是不對的」，應可認為尚具一定辨識能力，而「不會對路人攻擊，丙要殺我，我才反擊的」，足見甲有辨識違法之能力，但控制能力顯著減低（§19Ⅱ後段），亦即，甲雖患有思覺失調症，仍能識別外在客觀世界的現象，也知道自己的行為違法，仍有是非對錯的認知，只是其自我控制能力卻顯著減低者，仍然成立犯罪，僅得減輕其刑（§19Ⅱ後段）。

不法與罪責以外之犯罪成立要件

第八章 不法與罪責以外之犯罪成立要件

【目次】

【圖次】

　　通常刑法上的行為，具備了不法（構成要件該當之違法行為）及罪責的要件後，即成立刑法上的犯罪。但是有些例外情形，立法者特別加上不法與罪責以外之犯罪成立要件，這些附加之要件可能純粹決之於客觀處罰條件是否成就，或存在於個人的事由，這些事由稱為「客觀處罰條件（或稱為客觀可罰條件）」或「個人阻卻或解除可罰事由」。

第一節　客觀處罰條件

壹、意義

　　某些刑法條文中，除不法構成要件外另有與不法、罪責內涵無關之要素，此即客觀處罰條件（objektive Bedingungen der Strafbarkeit）。屬於實體的可罰性要件（與告訴乃論不同），對於構成要件該當的違法有責行為，雖然原則上已具備了應刑罰性（Strafwürdigkeit），但有時基於刑事政策的考量未必都有刑罰的必要性（Strafbedürftigkeit），客觀處罰要件是刑法之外利益衡量的產物[1]。

　　單就客觀處罰條件之名詞觀之，它乃單純就客觀事實存在與否來決定是否成立犯罪，所以其成立與否與行為人是否具有故意、過失、既遂、未遂無關。客觀處罰條件，可能在行為時或行為後成就。此客觀事實之存在，可能在行為時即存在，可能在行為後才存在，通說認為客觀處罰要件不屬於不法構成要件的要素，但少數說認為屬於純粹的構成要件要素。

　　客觀處罰條件對於犯罪的判斷上，應注意：

1.此判斷只要客觀事實上存在即可，行為人有無認識並不重要，錯誤的原理於此無適用之餘地。

---

[1]　Wessels/ Beulke/ Satzger, Strafrecht, AT, 52. Aufl., 2022, §5, Rn. 216; 林山田，刑法通論（上），2008，頁404以下。

2.犯罪成立與否為實體要件，而非程序法上之要件（為構成要件中檢驗的要素）。如有欠缺，法官須為無罪判決。

3.決定於客觀事實之存在與否，因此在構成要件之後，客觀可罰條件之前，如有共犯的形式出現也不能有共犯之成立。因其決之於客觀事實而非行為人之行為。

　　簡言之，依照通說的見解，客觀處罰條件是與行為直接有關的情狀，但是，既不屬於不法構成要件，也不屬於罪責範疇。這個與法定構成要件無關的犯罪要素，不受故意或過失所影響[2]。行為人對於客觀處罰條件如果發生錯誤，仍然成立故意犯罪。任何人的行為，假如欠缺客觀處罰條件，就不受處罰。易言之，客觀處罰條件是可罰性的要件之一，這與個人的刑罰解除事由（如中止犯）或個人的刑罰阻卻事由（如親屬竊盜）或訴訟障礙（如告訴乃論之罪未經告訴），均有所不同。

　　真正的客觀處罰條件，是純粹的刑罰限制事由。立法者對於某些已經具備不法與罪責的行為，顧慮到國家刑罰手段的比例原則，在特殊的情狀沒有出現時，例外地否定這個行為的刑罰必要性。此種特殊的情狀，就是客觀處罰條件。

貳、現行法上之規定

1. §238詐術結婚罪「……因而致婚姻無效之裁判或撤銷婚姻之裁判確定者，……」，構成要件為「以詐術締結無效或得撤銷之婚姻……」，並非違背此構成要件即當然受罰，仍必須在客觀處罰條件成就之後才受到處罰，行為人須承擔客觀處罰條件成就之風險與行為人之意思無關，客觀事實決之於法官。

2. §310Ⅲ「對於所誹謗之事，能證明其為真實者，不罰……」經過證明之後就不可罰，誹謗罪之成立須具備意圖散布於眾，而指摘或傳述足以

---

[2] Wessels/ Beulke/ Satzger, Strafrecht, AT, 49. Aufl., 2022, §5, Rn. 214.

毀損他人名譽之事……。處罰行為是否存在，決定於能否證明其為真實，若能證明，則客觀條件成就，行為人不受處罰（有不同見解）。

3. §123準受賄罪中之處罰條件僅限「行為人須事後成為公務員或仲裁人」時才加以處罰，另外尚有「預約條件」之履行（於成為公務員或仲裁人後），本條所要禁止者，乃為準賄賂之行為，則如行為人事後未成為公務員或仲裁人，則因欠缺處罰性條件而不受罰。

4. 最典型的案例是§283規定：「聚眾鬥毆致人於死或重傷者，在場助勢之人，處五年以下有期徒刑」，其中「致人於死或重傷」之規定，雖為聚眾鬥毆所導致之結果，但該結果並非結果犯之結果，因聚眾鬥毆之法律性質屬抽象危險行為，此規範乃在禁止人聚眾鬥毆行為之危險性，而致人於死或重傷之結果，主要乃在限制聚眾鬥毆的處罰條件。若非如此，則表示聚眾鬥毆一定要致死或重傷才成立犯罪，實乃誤認本規範之本質。況聚眾鬥毆並非一定造成致人於死或重傷之結果，顯然本條所謂「致人於死或重傷」是客觀處罰條件。因為，當發生群毆之時，如有人在旁鼓舞，很有可能使實際參加鬥毆者，愈演愈烈，不知所止。這一種助勢的危險行為，應被譴責；但是，如果一律加以處罰，又可能誅連甚廣。立法者因而基於刑事政策的考量，安排了「客觀處罰條件」（致人於死或重傷），限制國家刑罰權的發動。當客觀處罰條件出現，助勢的危險行為，才有刑罰的必要性；否則助勢行為不被處罰。

聚眾鬥毆罪，本質上是抽象危險犯。在場助勢的行為，被認為有典型的危險性，如果客觀上出現死亡或重傷的結果，助勢的行為是可罰的。在場助勢者可能缺乏幫助故意，或者根本沒有特定對象想要幫助，不能論以幫助犯；立法者因而創設本罪，處罰助勢行為。

客觀處罰條件規定為「致人於死或重傷」，可以節制抽象危險行為被犯罪化的嚴厲性。因此，如果聚眾鬥毆只有引發輕傷害的結果，仍然不受處罰；除非可以在因果關係上，判斷傷害出自何人的行為。

第二節　個人阻卻或解除刑罰事由

壹、個人阻卻刑罰事由

個人阻卻刑罰事由（persönliche Strafausschließungsgründe），係指行為人於行為時，該刑罰事由就已經存在於行為人。亦即，刑法規定行為人如具有該項事由時，可自始排除其刑罰的。如§25 II對於未遂犯得按既遂犯之刑減輕之，係考量到刑罰的一般預防，而予以減輕其刑。如近親間財產犯罪得免除其刑之規定（§324），係以維護親屬間的特殊情感，因而得免除其刑。

貳、個人解除刑罰事由

個人解除刑罰事由（persönliche Strafaufhebungsgründe），指行為人為不法行為後，該刑罰事由始存在於行為人。亦即，刑法規定在行為時，該行為需要處罰，但因後來所產生的事由，可使行為人解除本應處罰的刑罰[3]。如§27中止犯、§102預備陰謀內亂自首、§154 II參與犯罪結社自首、§166湮滅證據的自白、§347 V未經取贖而釋放被害人。最後以【圖36】說明客觀處罰條件與個人阻卻或解除刑罰事由與犯罪成立或科刑之關係。

---

[3] Wessels/ Beulke/ Satzger, Strafrecht, AT, 52. Aufl., 2022, §5, Rn. 217.

圖36：客觀處罰條件與個人阻卻或解除刑罰事由與犯罪成立或科刑之關係

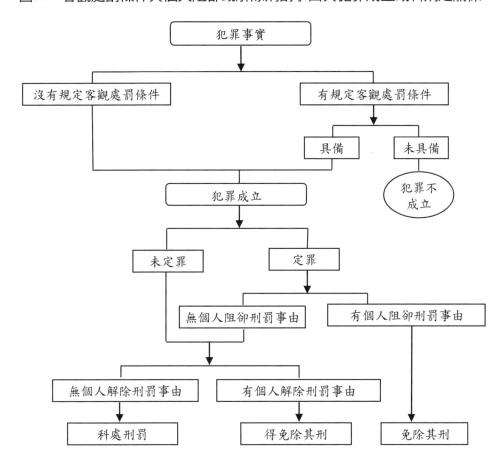

❖ 實例講座 ❖

村落之仇

　　東西兩村爲了土地開發案鬧得十分不愉快，某日，東村村長與西村村長，各自糾結數十名村民在土地公廟前談判，未料一言不合，有多名村民拳腳相向，亦有村民在旁吆喝。所幸，警方及時趕到，並無任何死亡或重傷。試問：參與本事件的村民們該當何罪？

解析

一、參與群毆的村民們，可能構成§283聚眾鬥毆罪。

（一）§283規定「聚眾鬥毆致人於死或重傷者，在場助勢之人，處五年以下有期徒刑。」是抽象危險犯，因為聚眾鬥毆的場合十分混亂，因果關係的證明非常困難，因此立法者將涉入混戰的群眾，無論是下手實施傷害或在旁助威者，均納入本罪之中，只要有聚眾鬥毆便構成要件該當，旨在避免因果證明的難題。

（二）惟應注意的是，立法者在§283聚眾鬥毆罪設計客觀處罰條件「致人於死或重傷」，亦即聚眾鬥毆致人死或重傷時，參與群毆者才有處罰的必要，此係立法者為限制國家刑罰權的發動，以免抽象危險犯的處罰過於嚴厲。

（三）客觀上村民們下手實施傷害或在旁助威，主觀上有參與群毆的故意，即構成要件該當；且本案村民不具有阻卻違法或減免罪責的事由。然而，本案聚眾鬥毆未發生人死或重傷的情況，故欠缺客觀處罰條件，不成立本罪。

（四）小結：參與群毆的村民們，不構成§283聚眾鬥毆罪。

二、拳腳相向的村民，可能成立§277傷害罪。

（一）拳腳相向的村民們係下手實施傷害行為之人，客觀上村民們的互毆是
　　　傷害行為，並造成他人受有輕傷，且行為人主觀上有傷害故意，故傷
　　　害罪的構成要件該當並無疑問。

（二）互毆的村民，客觀上處於相互報復的狀態，而不具有現實不法侵害存
　　　在，亦無防衛行為，僅有攻擊行為；且主觀上欠缺防衛意思，僅有傷
　　　害故意，自非正當防衛。且無其他阻卻違法或減免罪責的事由。

（三）互毆的村民們，應各自成立§277傷害罪。

錯　誤

第九章 錯 誤

【目次】

【圖次】

第一節　錯誤之基本概念

由於錯誤的情形攸關到構成要件該當性（構成要件錯誤）、違法性（容許構成要件錯誤）與罪責（容許規範錯誤、禁止錯誤）等三大部分，因此，在研究構成要件該當性與罪責之後，有必要對「錯誤」的觀念做一綜合的說明。

錯誤，指行為人主觀之認識與客觀存在或發生之事實不一致，即行為人的認識和客觀情況不一致。不一致的現象，包括有全部的不一致，部分的不一致，或不知之現象。亦即，行為人主觀面的想像與客觀事實面產生不一致之現象，【圖37】的錯誤結構圖，即在說明這種現象。由於錯誤之發生與行為之認識、意欲有關，故只有在「故意」時，才會發生所謂錯誤之問題，過失則無。有錯誤發生時，主要探討是否能阻卻行為人的故意，或是判斷行為人是否因不知法律或其他原因而欠缺遵守規範的可能性。前者如果會影響到故意的成立，行為可能自始就不會該當不法構成要件（構成要件事實錯誤）；但若誤認行為受到法律所允許或是不知行為受到法律所禁止者，行為人則可能欠缺不法意識，得阻卻罪責（禁止規範面錯誤）。

刑法探討錯誤的前提，必須是行為人主觀的認知在犯罪判斷上有其意義或重要性，當行為人主觀想法與事實情況不一致時，由於可能將影響犯罪成立的可能性，故有進一步探討釐清的必要。例如，§185-4肇事逃逸罪，以往實務與少數學理看法認為，本罪的「致人死傷」要件屬於客觀處罰條件，行為人客觀上只要肇事造成人員死傷者，縱然主觀不知情或誤以為死傷非其所致者，此主觀上的誤認，並非判斷客觀處罰條件成立與否的標準，故該錯誤不具刑法意義的重要性（參照，91台上5363判決）。相對的，近期通說逐漸認為，致人死傷要件為「構成要件要素」時，行為人主觀上對該死傷事實有無正確認知，就成為評價本罪的重要標準，發生錯

誤時就有可能阻卻故意[1]。

　　總之，刑法上研究錯誤的重點乃在檢討，因為錯誤可能阻卻故意或阻卻罪責。

圖37：錯誤之簡單結構
（參照Haft, AT, 8. Aufl., S. 245）

第一種可能性	缺乏認知 例如：行為人不知道……	事實存在 ……他殺死一個人。
第二種可能性	認知存在 例如：行為人錯誤認知……	事實不存在 ……他向稻草人射擊。

第二節　錯誤之分類及其處理

　　早期將錯誤分為：事實之錯誤（Tatirrtum）與法律之錯誤（Rechtsirrtum），但事實與法律不易有明確分界，參照【圖38】及【圖39】的德國帝國法院時期原始錯誤理論及修正錯誤理論的結構圖，即可得知，事實與法律的區分，有時並非一見即明。故二次戰後分為：構成要件之錯誤（涉及構成要件該當性錯誤之問題，可能阻卻故意）；與禁止錯誤（涉及違法性認識錯誤之問題，可能阻卻罪責）。參照【圖40】的說明即較能符合刑法解釋學上的觀念。

---

[1] 林山田，刑法各罪論（下），2006，頁284。

圖38：德國帝國法院時期原始錯誤理論之結構
（參照Haft, AT, 8. Aufl., S. 247）

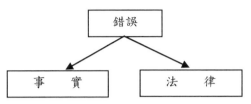

如：將人誤為稻草人射擊　　　如：不知須經許可才能發行彩票

圖39：德國帝國法院時期修正錯誤理論之結構
（參照Haft, AT, 8. Aufl., S. 248）

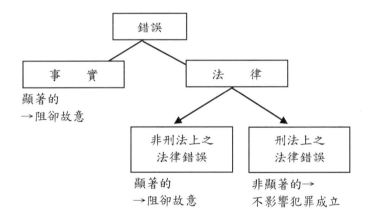

圖40：德國聯邦法院時期錯誤理論之結構
（參照Haft, AT, 8. Aufl., S. 249）

構成要件錯誤	禁止錯誤
關鍵點不只在於事實，並包括對客觀構成要件要素所包攝的規範對象。	關鍵點並非在於規範（禁止或誡命），而是行為之實質不法。
作用：欠缺（主觀）構成要件要素之故意。	作用：欠缺不法意識，因此不具罪責之核心。

壹、構成要件錯誤

　　對於犯罪構成的事實，產生主觀所想與客觀所發生的事實不一致，則屬於構成要件認識的錯誤，又稱為構成要件錯誤（Tatbestandsirrtum）。主要處理行為人在主觀構成要件中應被評價為故意或者過失。因為故意的構成要件包括「知」、「欲」，欠缺其一則非故意，所以行為人若欠缺犯罪構成事實之認識，即欠缺「知」的要素，可阻卻故意。【圖41】說明行為人認識範圍與客觀事實是否一致之區分：

圖41：行為人認識範圍與客觀事實是否一致之區分

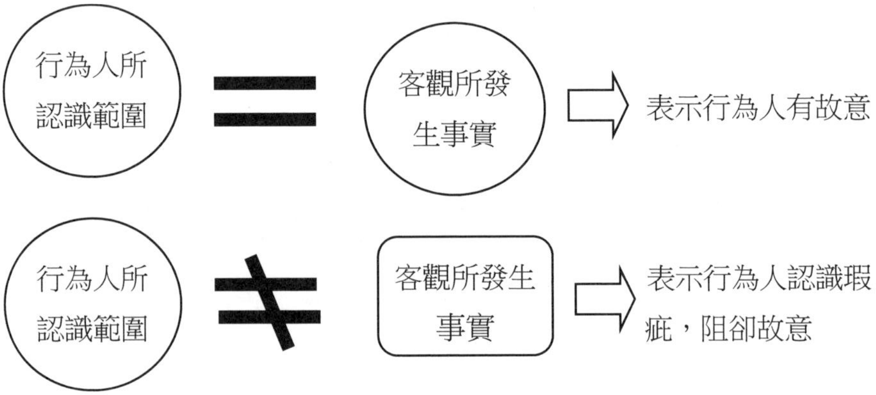

一、實行行為本身的錯誤

　　行為人主觀上因錯誤而不認識其行為之事實真相，致形成有關行為本身的構成要件錯誤，可以阻卻故意之成立。例如，糊塗教授於餐畢後，誤以為別人的雨傘是自己的雨傘，而加以取走。

二、行為主體的錯誤

　　行為主體的錯誤，在錯誤理論之中較少被討論，因為在一般犯（Allgemeindelikte）中，所有人皆有成為行為主體的適格，所以並不會發

生行為主體錯誤的問題。但是，如果在純正身分犯亦即純正特別犯（Sonderdelikte）的情形，就有可能發生行為主體的錯誤，也就是行為人沒有認識到自己具有特別的身分地位（行為人適格）。例如，甲與乙有仇隙，但甲不知乙實際上是其生父，某日持刀將乙殺死，由於甲欠缺對乙是直系血親的認識，沒有認識到此特殊加重罪責要素，故不成立殺害直系血親尊親屬罪，僅成立普通殺人罪。

三、行為客體的錯誤

客體錯誤（Irrtum über das Handlungsobjekt）係指對於行為客體的誤認，這可能是法益等價，或法益不等價的錯誤。亦即，行為客體之同一性產生錯誤之現象，【圖42】即在說明行為人所想像的客體與實際攻擊或傷害的客體，產生齟齬的現象。

圖42：行為客體錯誤之結構
（參照Haft, AT, 8. Aufl., S. 251）

關於客體的錯誤可以分為二類：

（一）法益等價的客體錯誤

法益等價的客體構成要件錯誤，係指想要攻擊的對象，和實際所攻擊的對象，法益的價值，是相等的。例如：想要殺的是甲，因為誤認，卻殺了乙。甲和乙的生命法益是相等的，所以行為人仍然成立故意的犯罪。評價上行為人主觀上認識到自己在侵害生命法益，至於是在侵害誰的生命

法益，顯然已經不具有重要性[2]，換言之，法律要保護的對象就是生命，每個生命法益均等價，因此等價的客體錯誤並無法說明何以行為人欠缺故意的認識，因此不得阻卻故意（參照，86台上3604判決）。簡言之，「客體錯誤」係指行為人對於行為客體發生誤認，以致其本身雖以為所加害的為其所認識或相像之客體，而實際上卻為不同之客體。如果被告原本即認識所射殺即為於案發時與其發生爭執之「人」，客觀上亦殺害該「人」，則無論此「人」確實姓名為何，被告仍應成立殺人罪（參照，108台上801判決）。

（二）法益不等價的客體錯誤

法益不等價的客體構成要件錯誤，想要攻擊的對象，和實際所攻擊的對象，法益的價值，是不相等的。例如：甲想要殺鄰居的狗，恰好鄰居小孩玩捉迷藏，躲在樹叢裡因而誤認小孩為狗，而殺了鄰居的小孩。

這種類型的錯誤類型，比照打擊錯誤的處理，有一簡單的公式：「對於所要攻擊的對象，成立未遂；對於誤中的對象，成立過失。」會以此公式解決的理由在於，就誤中對象而言，因為所要攻擊對象的法益與誤中對象法益已經不相等，所以行為人主觀上的認識範圍顯然已經無法涵蓋誤中對象的法益評價，因此就誤中對像評價上，已經不具備認識，得以阻卻故意；不過，就所要攻擊對象，因為主觀上存在有認識與意欲，成立故意並無問題，但是客觀上屬於客觀構成要件的一部欠缺，應討論成立未遂犯。以前面誤鄰人小孩為狗的案例：甲對於所要殺害的狗，成立毀損未遂（但毀損不罰未遂）；對於誤殺小孩，成立過失致死罪[3]。

---

[2]　林山田，刑法通論（上），2008，頁419以下。

[3]　Wessels/ Beulke/ Satzger, Strafrecht, AT, 52. Aufl., 2022, §7, Rn. 371; 林山田，刑法通論（上），2008，頁420；蘇俊雄，刑法總論 II，1998，頁150以下。

四、打擊錯誤

　　打擊錯誤（Fehlgehen der Tat）又稱為方法錯誤，因「實行之方法有錯誤」，亦即，行為人打擊（手段）上的錯誤。例如：行為人舉槍射殺甲，卻誤中甲身旁的乙，此時行為人在行為時並沒有發生客體的選擇與認定發生錯誤，但是卻在行為時產生失誤之情形。參照【圖43】打擊錯誤的結構，即顯現出行為人攻擊方法的拙劣，因行為錯誤致實際上發生之犯罪事實與行為人明知或預見之犯罪事實不符時，對於明知或預見的事實（對於本要打擊的對象）成立未遂；對於誤中的對象，則應成立過失（參照，74台上591判決），再依§55想像競合從一重處斷，由於殺人未遂比過失致死的處罰為重，所以只依殺人未遂處罰。

> **甲射殺乙（不論區分等價、不等價皆應得到相同解釋）**
> 　法益等價➡甲射殺乙，因槍法不準而殺丙
> 　⊙甲成立：殺人未遂與過失致死的想像競合，從一重處斷。
> 　法益不等價➡甲要打壞乙之花瓶，卻誤中乙，乙死亡
> 　⊙甲成立：毀損未遂與過失致死的想像競合，但未遂之處罰以法有明文者
> 　　　　　　為限，本例毀損不罰未遂，故甲只成立過失致死罪。

　　承上例，若行為人開槍時，心裡想，誤中乙，又如何？（未必故意）；那麼，行為人仍成立故意殺人罪。這也是想像競合：對於本要殺害的對象成立未遂；對於實際殺害的對象成立既遂[4]。另外，打擊錯誤與客體錯誤也可能同時發生，例如：殺手甲想開槍射殺乙，但卻把乙的弟弟丙誤認為乙而射殺，不過由於槍法失準，並未射殺到丙，卻反而射殺到丙旁邊的乙。對於原本發生的客體錯誤本來就不阻卻殺人故意，此時評價上並未發生任何問題，但是又發生槍法失準此一打擊錯誤，故而最終僅需依照

---

[4] Roxin/ Greco, Strafrecht, AT/1, 5. Aufl., 2020, §12, Rn. 84f.; Wessels/ Beulke/ Satzger, Strafrecht, AT, 52. Aufl., 2022, §7, Rn. 375.

打擊錯誤處理即可。

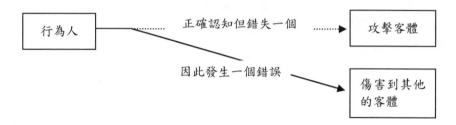

圖43：打擊錯誤之結構
（參照Haft, AT, 8. Aufl., S. 251）

五、因果歷程錯誤

因果歷程錯誤（Irrtum über den Kausalverlauf）係因果流程不在行為人所設想或控制的範圍內所發生的錯誤。此種因果歷程錯誤，實然得以排除故意，而有成立過失的可能性。

可能發生只有一行為的情形，例如，甲欲殺乙，將不會游泳的乙推下橋，乙卻死於撞到橋墩，而非溺斃[5]。此時通說認為甲所想像乙死亡的結果（溺斃）與真實乙死亡的結果（撞到橋墩）產生偏離，但是此偏離對於殺死乙的主觀故意，並無意義且不具有重要性（unwesentlich）；此外，該偏離在社會生活經驗仍具有可預見性，故應成立「故意」殺人罪。

比較有問題的是，先後出現二行為的情況，亦即行為結果由先後兩階段來完成。主要因行為人判斷錯誤，行為人相信其所要達到之結果，在第一階段就完成了，但事實上在第二階段才完成。

> **例**
>
> 甲打傷乙，乙昏迷，甲以為乙已亡，為滅屍而將乙丟入水中，實際上乙非因傷而死，乃溺斃。此種情形是否影響故意之成立，可分下述情形論之。

---

[5] Wessels/ Beulke/ Satzger, Strafrecht, AT, 52. Aufl., 2022, §7, Rn. 390.

　　依概括故意的說法，由於行為人是在概括故意心態下，把二階段之行為事實視為單一之行為過程，此為因果歷程之錯誤。行為人甲仍應負殺人既遂之責（參照，66台上542判決）。此概括故意理論是德國早期理論，由主觀的殺人故意連串兩個行為[6]

　　另有雙行為理論（zwei selbstständige Handlungen）的說法，該理論反對前述概括故意理論，並認為殺人故意已被第二個行為（丟入河裡的行為）予以攔截，換言之，實現死亡結果的真正原因應是來自於第二個行為（丟入河裡的行為）；故此時，第一個行為（打傷乙）並未造成任何死亡結果，充其量僅能該當殺人未遂罪，而第二個行為則屬於構成要件錯誤阻卻故意，僅能成立過失致死罪，最後依照實質競合處斷[7]。

　　依照客觀歸責理論的說法，此種錯誤依通說見解只有在涉及「重大因果歷程的偏離」時才加以考慮。反之，若在非重大因果歷程偏離的錯誤，偏離仍在一般生活經驗所能預見的範圍，最終結果之發生並未超出可預見的範圍[8]，行為對客體所構成的危險並未因偏離而消滅，結果是由行為人所製造的風險所實現，即具客觀可歸責性，行為人仍應負故意犯罪之既遂。

　　但是在重大因果歷程的偏離不在一般生活經驗所預見的範圍，此種偏離即屬重要，僅能論以未遂，因為不可能對行為人要求對任何之行為過程都要有認知。

　　【圖44】的因果歷程錯誤結構圖，即顯現此種客觀可歸責性。

---

[6]　Wessels/ Beulke/ Satzger, Strafrecht, AT, 52. Aufl., 2022, §7, Rn. 388.

[7]　Wessels/ Beulke/ Satzger, Strafrecht, AT, 52. Aufl., 2022, §7, Rn. 389.

[8]　林山田，刑法通論（上），2008，頁426；Wessels/ Beulke/ Satzger, Strafrecht, AT, 52. Aufl., 2022, §7, Rn. 390.

圖44：因果歷程錯誤之結構

（參照Haft, AT, 8. Aufl., S. 253）

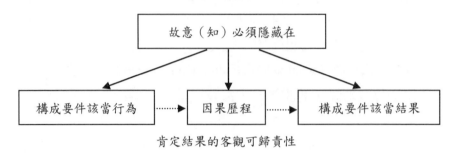

貳、禁止錯誤

一、定義

行為人對於行為方式有無違法性的認識，有違法性的認識即具有不法意識（Unrechtsbewuβtsein），反之則無。行為人如欠缺不法意識時就會產生錯誤的問題，學說上稱之為「禁止錯誤」（Verbotsirrtum）。由於行為人對於行為的違法性（非於違法性中檢驗之要素）產生錯誤，故禁止錯誤乃罪責項下檢驗是否有責任的問題。例如，行為人對於客觀上構成犯罪事實沒有誤解，只是對於構成犯罪事實在法律規範上的評價產生誤解，此種誤解可能因不法意識有誤。因此，行為人在主觀上只要認識到行為是法所禁止的的即具備有不法意識，也就是一種「可罰性的意識」（Bewusstsein der Strafbarkeit）[9]。

違法性認識的錯誤和構成要件錯誤不同。構成要件錯誤係對於構成犯罪事實的客觀情狀有錯誤，行為人不知自己在做何事，其情形有：行為本身的錯誤、行為客體的錯誤、行為過程的錯誤。禁止錯誤係對於構成要件行為本身的違法性產生錯誤，行為人知道自己在做何事，卻誤認為其行為方式是法律所允許的。§16：「除有正當理由而無法避免者外，不得因

---

[9] Roxin/ Greco, Strafrecht, AT/1, 5. Aufl., 2020, §21, Rn. 13.

不知法律而免除刑事責任。但按其情節，得減輕其刑。」，此為違法性認識錯誤的法律規定。法條規定的「免除刑事責任」，是指欠缺罪責，犯罪不成立，因此不處罰。

值得注意的是，「不法懷疑（Unrechtzweifel）」的情形，這是指行為人對法律情況不甚明確的情形；亦即行為人認為自己的行為有可能是被容許的，但同時也考慮到了行為可能受到禁止。這種情形在德國實務和主流學說都傾向採取「不法懷疑均不構成禁止錯誤」的見解[10]。

因為法律頒布之後，人民便有知法守法義務，惟如行為人具有上揭違法性錯誤之情形，進而影響法律效力，宜就違法性錯誤之情節，區分不同法律效果。不過，行為人要主張法律錯誤難以避免，並不容易。因為在這個資訊爆炸的時代，若有人疑惑自己的行為是否違法，想要探知究竟，很輕易可以取得可供諮詢的意見。所以，我國實務判決多採取較為保留的看法。如：「法律頒佈，人民即有知法守法義務；是否可以避免，行為人有類如民法上善良管理人之注意義務，不可擅自判斷，任作主張。」，又認為：「行為人對於其行為是否涉及不法有所懷疑時，應負有查詢義務，不可恣意判斷主張。」（參照，105台上3090判決、103台上1452判決）

刑法將禁止錯誤區分為：1.無法避免的禁止錯誤：行為人對於違法性錯誤，有正當理由而屬無法避免者，應免除其刑事責任，不罰（§16本文反面解釋）；2.可以避免的禁止錯誤：如行為人對於違法性錯誤，非屬無法避免，而不能阻卻犯罪之成立，然得視具體情節，減輕其刑（§16本文及但書）。

是否為有正當理由而無法避免之禁止錯誤的判斷，應本於個案判斷，亦即必須在行為人的事實上與規範上的期待間，兩者交互審酌[11]。至於如何判斷，理論上有下列基準可供參考：

---

[10] Roxin/ Greco, Strafrecht, AT/1, 5. Aufl., 2020, §21, Rn. 29.
[11] Schöke/ Schröder, StGB, 30. Aufl., 2019, §17, Rn. 12b.

1.**查明法律狀況的動因**：應依行為人個人的社會地位及能力在可以期待的範圍內，判斷其是否能意識到行為的違法；亦即，行為人有進行慎重思考或向他人詢問其行為是否有違法性的動因（Anlass）。例如：當外國人認為他的行為在外國將受到不同的評價，或者行為的違法性極其明顯，能認為行為人擁有查實法狀態的動因。因為受其本身家鄉本土觀念和文化背景不同價值想像，而受到強烈影響的外國人，由於缺乏對其所在國法秩序及其背後文化價值的瞭解，可能因而陷入禁止錯誤[12]。

2.**查明行為合法性的努力以及不法意識的可獲得性**：當行為人對於自己的行為是否有涉及不法有疑慮時，即應努力尋求答案，亦即，負有查詢的義務及努力[13]，查詢相關資訊澄清誤解，不能恣意的以不確定的猜測，擅斷主張自己的行為屬無法避免的禁止錯誤，嘗試阻卻罪責。必要之時，必須向專業的人士（例如：律師）或是機關（例如：主管機關）加以查詢，行為人若信賴此專業查詢，雖然法院不予接受，仍可主張禁止錯誤是無法避免的。進言之，應當根據不法懷疑是否有消除可能性，在不同情形之間進行區分，而不是一概地認為只要存在不法懷疑，就一律成立或排除禁止錯誤。如果行為人可以通過深思熟慮或詢問他人而獲知行為的合法性，那麼這個不法懷疑就是可以被消除的。當存在疑慮的行為人未對此進行探尋，或是他的探尋努力仍不夠充分，那麼此時存在的就是一個可避免的或只能減輕責任的禁止錯誤[14]。

二、種類

（一）關於禁止規範的錯誤（直接禁止錯誤）

直接禁止錯誤（direkter Verbotsirrtum）是指行為人不知行為是違法的（不知法律的禁止規範），也就是，行為人欠缺不法認識。亦即，行為人

---

[12] Roxin/ Greco, Strafrecht, AT/1, 5. Aufl., 2020, § 21, Rn. 59a, 62c.

[13] 林山田，刑法通論（上），2008，頁434。

[14] Roxin/ Greco, Strafrecht, AT/1, 5. Aufl., 2020, § 21, Rn. 55.

對行為直接有關的規範（禁止規範或誡命規範：禁止規範針對作為犯，誡命規範針對不作為犯）因無認識而誤以為其行為是法律所允許的。行為人誤認了禁止的規範，認為禁止規範可能不存在、或不知道有禁止規範之存在。其情形如下：

1. 行為人不知有該禁止規範存在：由於不斷膨脹的附屬刑法，使得行為人不知道其行為要受處罰。如濫捕野生保育動物、私自仲介菲傭（違反就業服務法）等。

2. 誤以為該禁止規範已經失效了：行為人以為其行為已被除罪化了。如簽賭大家樂、六合彩實務一向認為構成賭博罪。但行為人以為簽賭大家樂之行為已被除罪化。

3. 行為人知有禁止規範，但相信規範不及於己身，是誤解禁止規範之界限：行為人誤認禁止規範之效力，以為禁止規範只適用於特定人。如印尼商人來台重婚，他相信重婚罪之處罰效力只及於台灣人，而不及於外國人。

（二）關於容許規範的錯誤（間接禁止錯誤）

間接禁止錯誤（indirekter Verbotsirrtum）乃行為人所誤認的規範是刑法總則中的阻卻違法事由，又稱「容許錯誤」（Erlaubnisirrtum）。容許錯誤在於行為人產生錯誤的是對於阻卻違法事由（容許規範）；而直接的禁止錯誤則是行為人對禁止規範產生錯誤。其情形有二：

1. 誤以為有某一容許規範存在：行為人誤以為有存在的容許規範，但事實上是完全不存在的。亦即，有如行為人新創設阻卻違法之觀念；例如：醫生誤以為「殺害型的安樂死」可以阻卻違法，而實施安樂死。

2. 誤認阻卻違法事由的界限：行為人誤認既存容許規範之界限。如債權人於途中強取債務人之財物，以為其行為是民法上之自助行為可以阻卻違法。或如：誤以為抓到小偷之後（過去的不法侵害），可以毒打一頓。

上述錯誤的行為人對於事實情狀有正確認識（知道自己實施於客觀外在世界中的行為為何），但是對於行為合法或不合法的想法有錯誤。容

許錯誤的法律效果與直接禁止錯誤相同，若無法避免時，則免除其刑事責任；若為可避免時，則不能阻卻犯罪的成立，僅可由個案判斷是否得減輕其刑。

三、對於容許構成要件錯誤之評價

阻卻違法事由是一種容許構成要件，容許構成要件錯誤（Erlaubnistatbestandsirrtum），乃關於法律所承認的阻卻違法事由（包含法定與超法定阻卻違法事由）之「前提事實要件」認識上的錯誤。關於誤認阻卻違法事由的事實情狀，例如：

1.誤想防衛（Putativnotwehr）：誤以為別人要侵害自己或他人而反擊，造成別人傷害。

2.誤想避難（Putativnotstand）：誤以為自己或他人有危難，實施避難行為，造成別人受傷。

3.誤想依照法律規定墮胎：醫生誤以為婦女被強制性交，而幫婦女墮胎。

4.誤認現行犯的事實情狀而逮捕：誤以為他人是現行犯，而加以逮捕。

這些都是容許構成要件錯誤，這些情形都是對於阻卻違法事由的基礎事實發生錯誤。亦即，客觀上並不存在有阻卻違法的事實，但行為人誤以為有阻卻違法之事實存在。事實上本無阻卻違法事由之存在，而誤信為有此事由之存在，並因而實行行為者，即所謂阻卻違法事由之錯誤。此種錯誤，其屬於阻卻違法事由前提事實之錯誤者，乃對於阻卻違法事由所應先行存在之前提事實，有所誤認，學說稱之為「容許構成要件錯誤」（參照，102台上3895判決）。

在刑法解釋學中，唯一可以用來說明故意過失具有雙重評價功能的例子，就是「容許構成要件錯誤」。對於容許構成要件錯誤的評價學說上有如下見解：

（一）故意理論（早期）

依古典犯罪論體系將故意當成罪責的主要成分，把不法認識當作故意的內涵之一，因此故意之內涵除知、欲外，還包括不法意識（違法性之認識），行為欠缺不法意識時，即欠缺故意，只是成立過失犯罪。因為故意包括「知（對於構成要件的認識）、欲（實現構成要件的願望）、不法意識」（認識實現構成要件將與社會敵對）」。因此，行為人如果欠缺不法認識，等於欠缺故意[15]，至多成立過失。

但是，故意、過失不僅是罪責要素，同時也是構成要件要素。構成要件的故意是對『事實』的認識與欲望，和該行為本身之『法律』的評價無關。法律上評價是違法性認識的問題，違法性的認識（即不法意識）是罪責的要素，因此，不能說無違法性的認識可以阻卻犯罪的故意。

（二）罪責理論

罪責理論認為，故意是事實的知、欲，與行為本身的評價（不法意識）無關，所以有無違法性認識（有無不法意識），應屬於罪責要素，而非屬故意要素。不可因欠缺不法意識就馬上推論其阻卻犯罪故意成立，而推出成立過失犯的結論。

行為人誤認有阻卻違法事由的客觀要件存在時，係違法性認識錯誤（又稱禁止錯誤）。依罪責理論，行為人欠缺不法意識，不影響故意成立，只能影響罪責。所以不法意識的欠缺，非故意之問題，而是罪責部分應加以檢驗之問題。罪責理論又可分為：

1.嚴格的罪責論

嚴格的罪責論（strenge Schuldtheorie）認為，違法性的認識錯誤，是不法意識的欠缺，此不法意識之欠缺只能影響罪責，不影響故意之成立，

---

[15] Wessels/ Beulke/ Satzger, Strafrecht, AT, 52. Aufl., 2022, §14, Rn. 742; 蘇俊雄，刑法總論 II，1998，頁323。

仍成立故意犯罪，換言之，阻卻違法的事由不排除構成要件之該當性，是排除有責性，這種錯誤不是構成要件錯誤，應是禁止錯誤。換言之，行為人所實施者，既然是一個故意的行為型態，責任型態也是故意，只是因為欠缺不法意識，可以依違法性錯誤的法理來解決。簡言之，依照§16，如有正當理由，且錯誤又無法避免的時候，則免除其刑事責任。

2.一般的限制罪責論

一般的限制罪責論（eingeschränkte Schuldtheorie）認為，誤認阻卻違法事由的客觀情狀，應類推適用（比附援引）構成要件錯誤來解決，發生錯誤的行為人，其「故意的不法」被排除，但可能成立過失犯罪，因為，行為人認為自己的行為符合立法者對於正與不正的評價，自己對於法律是忠誠的，這種情形接近構成要件錯誤，這種錯誤的發生是對阻卻違法事由「事實情況」的誤認[16]。

行為人依法律的要求而實施正當防衛之行為，因其認為有阻卻違法之情狀存在，故對於行為人之處罰不可太苛，行為人之行為形態上雖具有構成要件故意，但在罪責形態上，不可認為其應負故意之責任，而只能負過失之責任。

3.法律效果的限制罪責論

法律效果的限制罪責論（rechtsfolgeneingeschränkte Schuldtheorie）認為，誤想防衛行為雖在構成要件上具備有構成要件故意，但可能排除故意的責任，因而行為在法律效果上類推適用過失犯罪處理。因其欠缺故意的責任，所以成立過失犯罪。通說採此見解[17]。

由於故意過失具有雙重評價之功能，誤想防衛的行為在行為的評價是：構成要件本身有故意。罪責之評價：罪責型態的判斷上能阻卻故意罪責，而僅有過失罪責。【圖45】是表示故意與過失的雙重評價功能。

---

[16] Wessels/ Beulke/ Satzger, Strafrecht, AT, 52. Aufl., 2022, §14, Rn. 750.
[17] 林山田，刑法通論（上），2008，頁442。

圖45：故意與過失之雙重評價

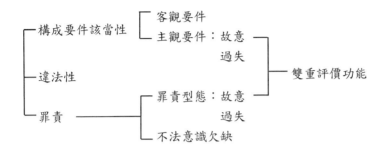

（三）消極構成要件理論（二階層犯罪理論）

消極構成要件理論（Lehre von den negative Tatbestandmerkmalen）的支持者，對於犯罪的判斷採「二階理論」。主張二階層犯罪理論者，認為犯罪是該當於綜合不法構成要件的有責行為；亦即，將構成要件該當性與違法性，不視為各自獨立的層次，而將之合成為「不法構成要件」，以單一的整體看待。不法構成要件除上述二者外，尚須加上「阻卻違法事由的不存在」始為完整，故有阻卻違法事由的「不存在」，將其稱為「消極（或負面）的構成要件要素」。此說的理由是，三階論所說的犯罪構成要件和違法性的作用都是在確定犯罪的不法內涵，二者性質上並無差異，所不一樣的僅僅是他們對不法內涵的描述形式，一個是從正面的方式去描述，一個是從反面的方式去描述而已。其體系如下【圖46】：

圖46：二階論的體系架構

　　由於阻卻違法事由是不法構成要件的消極要素，如果行為人主觀上「對無阻卻違法事由的認識」之要件不具備，亦即具有阻卻違法事由的認識，則該行為不法構成要件不該當，因此行為人發生了主觀構成要件錯誤。排除故意而可能成立過失。

　　二階論的支持者認為，阻卻違法事由是不法構成要件的消極要素，如果行為人對這個消極要素不認識就等於不認識所有的不法構成要件，因此行為人發生了構成要件錯誤。排除行為故意，但可能成立過失。

例

　　甲與乙互相交惡多年。某日，甲、乙於途中相遇，乙的口袋成鼓起狀，欲伸手拿東西，甲認為乙將拿手槍射他，快速拿木棍將乙打傷，卻發現乙口袋中的東西是行動電話。以下圖說明其判斷順序：

甲打傷乙
├ 1.不法構成要件不該當
│　├ (1)客觀
│　│　├ 事實符合犯罪構成要件（甲打傷乙，乃「積極構成要件要素」）
│　│　└ 事實上「無」阻卻違法事由（無正當防衛，乃「消極構成要件要素」）
│　└ (2)主觀
│　　　├ 對客觀犯罪事實有認識（知道自己在為傷害行為）
│　　　└ 認為有阻卻違法事由存在（出於防衛意思為之）
└ 2.有責性

　　前述的故意理論及罪責理論（嚴格的責任理論、一般的限制責任理論、法律效果的限制責任理論）是三階論的解決說理；但是二階論的說理則認為「整體不法構成要件不該當」為不法構成要件錯誤，非禁止錯誤。由於行為人是主觀的消極要素不具備，所以排除故意，可能成立過失。

　　二階論的第一步驟（不法構成要件是否該當）除了要檢驗正面的構成要件錯誤外，還要檢驗負面的構成要件錯誤是否存在，只有確定有阻卻

違法事由（§§21～24）存在時，才能終局判斷是否係「合法的行為」，但是若沒有阻卻違法事由，則是「不法的行為」。如上例，若採三階論判斷，則傷害罪的禁止內容為「你不能傷人」；但是二階論的說法是「你不能故意傷人，除非你有正當防衛的情形」，所以只要具備正當防衛的事由，傷害才是自始不禁止的行為，也就無整體不法構成要件的該當。

　　二階論的特殊之處在於：解決容許構成要件的錯誤比三階論簡單，因為其所得的結論為「不法構成要件錯誤」。在反面容許構成要件錯誤的解決，只有在二階論是未遂，三階論是既遂。

四、容許錯誤與容許構成要件錯誤之區分

　　在充分掌握容許構成要件錯誤的處理後，必須明辨的是，容許錯誤與容許構成要件錯誤的不同，以下用【圖47】說明容許錯誤與容許構成要件錯誤間之關係結構：

圖47：容許錯誤與容許構成要件錯誤
（參照Haft, AT, 8. Aufl., S. 258）

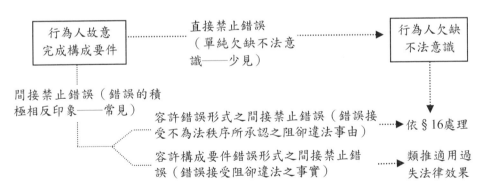

　　簡言之，「容許錯誤」：為間接禁止錯誤，行為人所誤認者為刑法總則中的阻卻違法事由。「容許構成要件錯誤」：對於阻卻違法事由事實上要件的誤認，是唯一可解釋故意、過失具雙重功能檢驗之案例。評價容許構成要件錯誤有故意說以及罪責說。例如：誤想防衛、誤想避難，誤以為有

得到承諾，誤以為是實施合法的行為等。

五、容許構成要件錯誤（誤想防衛）與反面的容許構成要件錯誤（偶然防衛）之區分

誤想防衛（容許構成要件錯誤）與偶然防衛（反面之容許構成要件錯誤）兩者亦是不同。對於阻卻違法事由事實上要件之不知是偶然發生的防衛結果，為偶然防衛；對於阻卻違反事由於事實上有所誤認，則屬於誤想防衛。

> **例**
>
> 甲乙兩人有嫌隙已久，一日兩人於暗巷狹路相逢，甲見乙手持「棍棒」，以為乙要對之攻擊，乃隨手撿起地上的石頭朝乙砸去，造成乙頭破血流。事後，甲才知道原來乙手上所持的只是棒狀的法國麵包。
>
> ➜ 構成要件的判斷上，甲構成§277傷害罪。
> 違法性的判斷上，甲主觀上雖有防衛意思，但是客觀上並無現時不法的侵害，甲構成誤想防衛。通說採法律效果的限制責任論，在法律效果上類推適用過失犯罪處理。因甲欠缺故意的責任，所以成立過失傷害。

於偶然防衛的情況下，因行為人欠缺主觀的合法化要素不能成立正當防衛。例：行為人正處於不法侵害情況中，但非出於防衛意思開槍，此時並不能排除行為的違法性，仍依既遂犯加以處罰。亦即「反面的容許構成要件錯誤」：對於阻卻違法事由事實上要件之不知（不知和誤認有別）。因行為人欠缺主觀的合法化要素而實現客觀的容許構成要件。

例如，行為人正處於緊急情況中，但非出於防衛意思開槍，此時並不能排除行為的違法性，仍依既遂犯加以處罰（二階論認為是：未遂犯），此乃偶然發生的防衛結果是「假象防衛」。同理，不具避難意思的行為，偶然發生避難結果，為「假象避難」，如經過仇人住宅，擲石打破仇

人住家窗戶，卻正巧救了仇人一家性命，因為仇家瓦斯外洩，性命垂危。

參、包攝錯誤

　　包攝錯誤（Subsumtionsirrtum）是指：行為人對於構成要件要素的法律內涵理解錯誤，誤認構成要件的效力範疇，或誤認規範的效力。這種情形的發生，行為人通常對於「規範的構成要件要素」，在解釋上認知有錯誤。例如，不知道在別人的字畫上塗鴉，是毀損的行為。這種錯誤的處理：如果錯誤應該可以避免，卻未能避免，罪責減輕，即減輕處罰；如果錯誤實在無法避免，罪責排除，即免除其刑。可否避免的標準：依「法律門外漢的普遍認知（Parallelwertung in der Laiensphäre）」來決定可否避免錯誤[18]。

　　禁止錯誤和包攝錯誤不同：包攝錯誤的產生，依法律評價（法律門外漢之平行評價）觀之；若是不可避免的錯誤，就進入禁止錯誤的評價。詳述如下：

1.如果是一種不重要的包攝錯誤，就不可阻卻構成要件的故意，因為此種錯誤是對法律規定，在解釋上產生錯誤，誤會自己出於故意且在客觀上具有構成要件該當之行為，並非刑法所要處罰之行為。此情形並非行為人欠缺「認知」要素，故不可阻卻故意，不屬於阻卻故意的構成要件錯誤，此行為仍該當構成故意犯罪[19]。例：放走別人養的鳥，讓鳥飛走（以為鳥非他人之物），仍成立毀損罪。又例：把別人的錶，灌強力膠（毀損的意義包括功能上的毀損），仍成立毀損罪。

2.包攝錯誤的發生，是因為構成要件要素的種類，區分為描述性及規範性的構成要件要素；規範性的構成要件要素，必須經過評價過程，在評價過程中可能產生錯誤。

---

[18] Roxin/ Greco, Strafrecht, AT/1, 5. Aufl., 2020, §21, Rn. 100ff.
[19] 林山田，刑法通論（上），2008，頁427以下。

3.在包攝錯誤的情形，行為人的行為是否值得原諒，可依照「一般人是否可能也會有這種錯誤之發生」來判斷。如果一般人也可能有此種錯誤時，就比照禁止錯誤的法理來解決，而非以能否阻卻故意的構成要件錯誤法理解決。因為，如認為是「不重要的包攝錯誤」，即馬上否定其有錯誤，仍然成立故意犯罪，在罪責上不被減免。但如包攝錯誤值得被原諒時，則比照禁止錯誤之法理來評價其行為。符合構成要件該當，但在責任上可受到減免，對行為人較有利。亦即，僅故意不會被排除，但責任可能減免。

4.比照禁止錯誤法理解決包攝錯誤的情形，乃依法律門外漢之平行評價的認知，來評價行為人的行為是否值得原諒。由於規範之構成要件要素，必須經過法律之評價才能確定其內容，對行為人本身而言是一種準法律之評價，依法律門外漢之平行評價來斷定，行為人之行為是否符合法律構成要件該當之行為。例：共有物竊盜（共有物仍屬非自己單獨所有之物），仍成立故意犯罪，但責任或許可以減輕（禁止錯誤），因為或許一般人都有可能認為並非是在竊取他人之物。

5.包攝錯誤和構成要件錯誤不同，構成要件錯誤（可能阻卻故意），是對整個行為情狀認知錯誤之問題；包攝錯誤是對立法者有效規範之內容，產生錯誤，因此不影響故意之成立，但有可能成立禁止錯誤。例：輪胎放氣：行為情狀之認識無誤，對構成要件之有效規範發生誤會，仍成立毀損罪。又如：甲將帳單上的表示文字，加以塗改：行為情狀認識無誤，認為塗改不是偽造文書之行為，行為人雖無認識「文書」之法律意義，但卻認識文書之實質功用，就準法律評價而言，沒有錯誤，是一種不重要之包攝錯誤，仍成立變造私文書罪[20]。

---

[20] Roxin/ Greco, Strafrecht, AT/1, 5. Aufl., 2020, § 21, Rn. 102.

肆、反面錯誤

一、意義

反面錯誤是行為人誤認「對自己不利」情形的錯誤。由於通常的錯誤行為人都是誤認為對自己有利，實際上要處罰，行為人認為不構成犯罪。但在反面的錯誤卻是行為人以為要處罰，但在客觀的事實卻不構成犯罪的情形。因此通常的錯誤是「誤有為無」，反面的錯誤卻是「誤無為有」。

二、種類

反面錯誤的情形有：

1.對事實的反面錯誤：反面的構成要件錯誤（不能犯，不罰）。例如，兩小無猜，熱情擁吻，誤有懷孕而加以墮胎（客體不能）。

2.對規範的錯誤：反面的禁止錯誤（幻覺犯）：不成立犯罪。例如，兩小無猜，誤以為偷嚐禁果是犯罪的情形。

　　簡言之：

(1)對於事實之錯誤：

　　正面構成要件錯誤：可能阻卻故意。
　　反面構成要件錯誤：不能犯，不罰。

(2)對於規範之錯誤：

　　正面禁止錯誤：可能阻卻不法意識
　　反面錯誤：幻覺犯，不成立犯罪。

伍、錯誤案例之綜合結構圖

在充分掌握各別錯誤的類型及其評價後，最後，再以【圖48】到

【圖50】綜合說明刑法上可能產生的**各種錯誤類型及其處理方式**。

圖48：錯誤情形之綜合結構圖

錯誤內容	案　　例	如何處理	法律效果
構成要件要素			
1.誤為不存在	1.行為人認為客觀的構成要件要素並不存在，但事實上是存在的。	1.一般構成要件錯誤	1.排除故意，視情形可能成立過失。
2.誤為存在	2.行為人認為客觀上不存在的構成要件要素為存在。	2.不能犯（反面構成要件錯誤）	2.仍為故意犯，但不處罰。
違法性			
1.誤為不存在	1.行為人之行為違法，但他認為是受允許的。	1.直接禁止錯誤	1.仍成立故意犯罪 (1)如錯誤不可避免，由於欠缺不法意識，罪責被排除。 (2)如錯誤可以避免，刑罰得減。
2.誤為存在	2.行為並不違法，但行為人認為違法。	2.幻覺犯（反面禁止錯誤）	2.由於欠缺構成要件該當性，不罰。
阻卻違法事由			
1.誤認實際上的要件	1.例如，行為人誤以為有現時的侵害，而認為可以實施正當防衛。	1.容許構成要件錯誤。	1.排除故意，視情形，可能成立過失。
2.誤認法律上的界限	2.阻卻違法事由有其界限，但行為人誤以為並無界限。	2.容許錯誤（間接禁止錯誤）	2.仍成立故意犯罪，視錯誤可否避免。

圖49：錯誤案例之綜合結構圖

（參照Haft, AT, 8. Aufl., S. 265）

	1	2	3	4	5	6	7	8
可能的法律效果 / 1.要件 2.法律效果的實現	可罰的標準案例	不可罰的標準案例	構成要件錯誤	禁止錯誤	不能未遂	幻覺犯	容許構成要件錯誤	容許錯誤
1.a)客觀構成要件要素的實現	是	否	是	是	否	否	是	是
b)關於a)是故意	是	否	否	是	是	否	是	是
c)關於整體構成要件不法意識	是	否	否	否	是	是	否	否
2.a)可罰（故意犯）	法律效果							
b)不可罰		法律效果			法律效果	法律效果		
c)可否避免的審查是必要的			審查過失	直接禁止錯誤			審查過失	間接禁止錯誤

圖50：構成要件錯誤與不能未遂、禁止錯誤與幻覺犯之反向關係

（參照Haft, AT, 8. Aufl., S. 266）

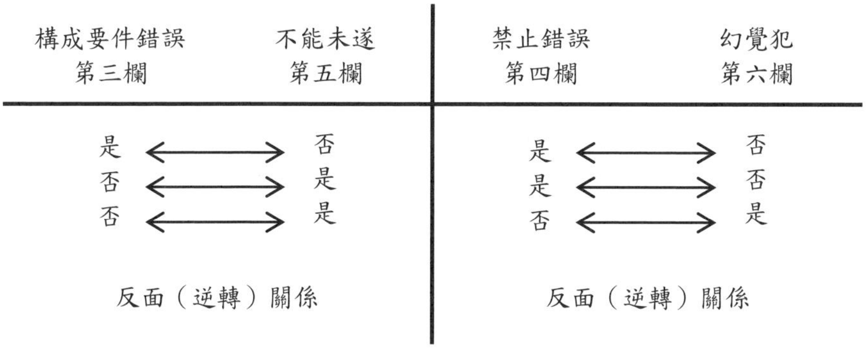

構成要件錯誤 第三欄	不能未遂 第五欄	禁止錯誤 第四欄	幻覺犯 第六欄
是 ⟷ 否		是 ⟷ 否	
否 ⟷ 是		是 ⟷ 否	
否 ⟷ 是		否 ⟷ 是	
反面（逆轉）關係		反面（逆轉）關係	

❖ 實例講座 ❖

大錯特錯

試問：下列案例屬於何種錯誤？刑法上該如何評價？

（一）衛道之士甲，觀看畫展，見有裸女畫一幅，意甚撩人，憤然提筆在畫上書寫：「真乃傷風敗俗也！」甲心想此一行為乃正俗之舉，與毀損無關。

（二）甲以獵槍擊殺乙的愛犬，不料爬在狗棚中者，乃乙之幼兒，該幼兒因而受到槍擊而死。

（三）甲乙比鄰而居，甲的庭院種有一樹，毛蟲與落葉大量掉在乙的庭院，乙常向甲抗議，並要求甲將此樹砍除，甲均不置可否。某日，甲舉家出國旅行，乙在信箱中發現甲的親筆函，書曰：「君所求之事，我已應允，我出遊去，家中動靜，煩請留心注意。」乙認為已得甲之承諾，乃砍除此樹。實際上，甲的信函本要給另一隔鄰，未料甲的佣人誤將該信函投入乙的信箱。

（四）鄉下老婦甲進城逛街，在經過一家服飾店時，發現有一名男士瞪視她。甲請這名男士不要如此看人，但這名男士不為所動。甲憤而一推，此男士傾倒碎裂。甲這才發現，原來這名男士是服裝店擺在騎樓，吸引顧客的模型人。

解析

一、甲認為在裸女畫上書寫：「真乃傷風敗俗也！」乃正俗之舉，與毀損無關。這是行為人自己對於規範的構成要件要素在解釋上有錯誤的情形。學理上稱「包攝錯誤」。這種錯誤的處理，有可能比照禁止錯誤的法理來解決，也就是如果錯誤應該可以避免，卻未能避免，罪責減輕；如果

錯誤實在無法避免，罪責排除。然而本例的情形是無關緊要的包攝錯誤。因為，就一般人的違法性認識而言，皆可認知在別人的字畫塗鴉是不被允許的，所以甲的行為不值得被原諒，亦即不可阻卻構成要件之故意，仍成立§354的毀損罪。

二、甲以獵槍擊殺乙的愛犬，不料卻射死乙之幼兒，構成要件錯誤中的法益不等價錯誤。由於甲想要攻擊的對象，和實際所攻擊的對象，法益的價值，是不相等的，通說對不等價客體錯誤的處理方式是「對於所要攻擊的對象，成立未遂；對於誤中的對象，成立過失。」因此甲對於所要殺害的乙愛犬，成立毀損罪之未遂犯（不過毀損沒有處罰未遂的規定），對於誤殺乙之幼兒，則成立§276Ⅰ的過失致死罪。

三、乙誤認為已得甲之承諾，乃砍除甲樹。此乃行為人誤認有超法定阻卻違法事由存在，亦即誤以為有得到承諾，但事實上是完全不存在的。關於這種誤認阻卻違法事由的事實情狀，學理上稱「容許構成要件錯誤」。亦即，其評價的依據有故意理論、嚴格罪責理論、一般限制罪責理論、法律效果的限制罪責論等。其中以法律效果的限制責任論來處理這種情形較合理，因為這種錯誤不影響行為型態的故意，只影響責任型態的故意，乙的錯誤是出於注意上的瑕疵，法律效果應類推構成要件錯誤，在罪責層次免除故意，論以過失犯的法律效果。但由於§354的毀損罪，沒有處罰過失犯的規定，所以乙無罪。

四、甲誤認模型人為真人而推其一把，此乃係關於「實行行為本身之錯誤」。換言之，行為人並不確知自己所為何事，是行為人誤認客觀狀況，即欠缺「知」的要素，可阻卻故意。故甲不成立§354的毀損罪，因為該罪不罰及過失犯。

世代之仇

自先民來台開墾的年代，甲乙兩家就是世仇，家族長輩更禁止子孫交往。未料，甲的掌上明珠竟然愛上乙的兒子，進而交往密切。甲認為是乙的兒子拐走自己的女兒，對乙更是憤恨。某日，甲決定放火燒死乙，結

束這場世代恩怨，卻誤丙宅為乙宅而放火燒之，乙恰巧在丙處拜訪，乙、丙因而一同喪命。試問：甲的可罰性如何？

解析

一、甲可能構成§173 I 放火罪

（一）構成要件該當性

　　甲本欲燒毀乙宅，但誤丙宅為乙宅，此等情形即所謂之「客體錯誤」。學說上將客體錯誤區分為等價之客體錯誤與不等價之客體錯誤，在等價之客體錯誤時，並不影響行為人之故意。本例中乙宅與丙宅乃屬等價之法益，故不影響甲之放火故意。甲基於放火之故意著手放火燒毀丙宅，具有§173 I 放火罪之構成要件該當性。

（二）甲無阻卻違法與阻卻罪責事由。

（三）小結：甲成立§173 I 放火罪

二、甲可能構成§271 I 殺人罪

（一）構成要件該當性

　1.就丙死亡部分：主觀上，甲誤丙宅為乙宅，亦會誤以為在房子內的丙為乙，故就丙死亡部分，同屬上述之「等價之客體錯誤」，不影響甲之殺人故意。客觀上，丙亦因甲之放火行為而死亡。故甲有殺人罪之構成要件該當性。

　2.就乙死亡部分：主觀上，甲對於是否另有別人在屋內，雖無預見，但甲的心態應屬就算有人在內被燒死，亦在所不惜，故屬殺人之「未必故意」。客觀上，乙亦因甲之放火行為而死亡，故甲對乙而言亦具有殺人罪之構成要件該當性。應注意者，甲雖本想殺乙，但此等人別之問題在殺人罪並非重點，故不影響甲的故意型態。

（二）甲無阻卻違法與阻卻罪責事由。

（三）小結：甲成立兩個殺人罪。

三、甲可能構成§353毀損建築物罪

（一）構成要件該當性：客觀上，甲放火燒毀丙宅，致令其不堪用。主觀上，甲出於毀損故意為之，故甲有§353之毀損建築物罪構成要件該

當。

（二）甲無阻卻違法與阻卻罪責事由。

（三）小結：甲成立§353毀損建築物罪。

四、競合

（一）毀損建築物罪與放火罪：毀損建築物乃放火燒建築物的典型伴隨現象，二罪之間為法條競合之吸收關係，僅論放火罪為已足。

（二）放火罪與兩個殺人罪：屬一行為觸犯數罪名之同種想像競合關係。

五、結語：甲一個放火行為同時觸犯兩個殺人罪，從一重處斷後，論處§271 I殺人罪。

房東與房客

　　甲理財有道，將部分住屋分租。某日，甲進入房內打掃，發現承租人A在屋內堆放大量的布料、布娃娃，甲認為這些東西是易燃物，要求A儘早將這些易燃物搬走。過了一個禮拜，甲再次進屋察看，發覺A不但仍未搬走，反而堆積更多的易燃物品。甲決定請A搬家，並以存證信函通知A，內容為：「因發現A所承租的房屋放置過多易燃物，已明顯觸犯公共危險，並且違反租賃契約，限A於一個月內搬離該屋，並解除房屋租賃契約。」一個月後，A仍未搬離，且易燃物品有增無減，甲一怒之下，以鐵鍊及鎖頭將該房門鎖住，不讓A出入。試問：甲的行為是否成立刑法§304妨害他人行使權利的強制罪？

解析

一、甲反鎖A的行為可能成立§304妨害他人行使權利的強制罪，但因本案涉及容許構成要件錯誤，容有詳細討論必要。

（一）本案甲客觀上已通知A解除房屋的租賃契約，因此主觀上認為自己有權利將未依合約內容搬離的A反鎖，雖有妨害A自由的行為，但得依據民法§151及刑法§21阻卻違法。惟依據民法§151的規定，行為人

若欲主張自助行為，其須以「不及受法院或其他有關機關之援助」為要件。

（二）本案甲仍得依據民事程序請求A歸還該屋，故不符合民法§151的規定。惟甲主觀上仍係基於自助行為的意思，僅係客觀上不符合自助行為的要件，此即為容許構成要件錯誤。

（三）關於容許構成要件錯誤，學說上大致可分為四說。

1. 故意理論：依據故意理論的見解，故意包含知、欲及違法性認識（不法意識）。欠缺不法意識即欠缺故意，只成立過失犯。

2. 嚴格罪責理論：該說認為，違法性認識的錯誤，是不法意識的欠缺，此不法意識的欠缺不影響故意的成立，仍成立故意犯罪，僅得以阻卻罪責。

3. 一般的限制罪責理論：該說認為誤認阻卻違法事由的客觀情狀，應類推適用構成要件錯誤來解決。故行為人其「故意的不法」被排除，但可能成立過失犯。

4. 法律效果的限制罪責理論：該說認為，誤想防衛雖在構成要件上具備構成要件故意，但可能排除故意的罪責，因而行為在法律效果上類推適用過失犯罪處理。因其欠缺故意的責任，所以成立過失犯罪。此乃通說見解。

（四）甲的反鎖行為屬於容許構成要件錯誤，依據通說的見解採取法律效果的限制罪責理論，故不成立故意犯，而應成立過失犯。惟因§304未處罰過失犯，故甲不成立犯罪。

二、結論：甲不成立犯罪。

火車上逃難

甲搭乘火車，車廂內突然一陣騷動，許多乘客相互推擠，向前奔逃，並高聲呼喊：「殺人啊！」此時，甲為了保命，奮力推開奔跑在前的乙，致乙跌倒，嘴角破裂，送醫縫了十針。騷動平息，原來是虛驚一場，

其實只是一名男子癲癇發作，渾身顫抖，被疑行兇之兆，乘客因此紛紛奔逃。試問：甲奮力推倒乙，致乙受傷應如何論處？

解析

　　甲客觀上推開乙的的行為致其跌倒受傷，主觀上對於推開乙使其受傷亦具有認識及意欲，故具有§277傷害罪之構成要件該當性。

　　惟甲在客觀上未有任何緊急危難的情況下，卻對無辜奔逃之乘客乙作出推擠致跌倒的行為，可能成立刑法上之「誤想緊急避難（誤想避難）」行為。試分析如下：

一、誤想避難的意義：其意乃指無法完全符合緊急避難之要件。例如，雖無緊急危難的事實，但卻因誤認有此危難發生，而實施具體的避難行為。如同本題中，甲誤會火車兇殺案再起，而為緊急奔逃下，傷及無辜之第三人乙，即為誤想緊急避難。

二、關於誤想避難的法律效果應該如何評價，學說大致如下：

　1.嚴格故意論：行為人甲若欲實施緊急避難，不但要知道犯罪事實，也需知道阻卻違法之情狀。惟行為人在誤想緊急避難中，卻「不知」根本無防衛情狀！此時：將影響故意之成立，僅能考慮過失犯（視為構成要件錯誤）。

　2.限制責任論：行為人甲「若明知自己為不法行為，當然應負全責」；但是在誤想緊急避難中，行為人一直誤認自己為合法逃難行為，是故行為人應該負起之責任，為不完整之故意；所以：被限制在構成要件階段，而阻卻故意，僅能考慮過失犯（依據「構成要件錯誤」來處理）。

　3.嚴格責任論：本說認為，不法意識並非故意的要素，而係獨立之責任要素，欠缺不法意識時並不阻卻故意，僅能影響責任。若欠缺是不可避免，則阻卻責任，不成立犯罪；若欠缺是可避免，則減免罪責，可減輕或免除其刑。若採此說，則行為人成立故意犯，至於欠缺不法意識僅影響責任而已（依據「違法性錯誤」來處理）。

　4.限制法律效果之責任論：本說是一種「錯誤的獨立類型」。易言之，此既非構成要件錯誤，亦非禁止錯誤，而是一種獨立的錯誤類型，但法律

效果在罪責層次上減免故意罪責。換言之，容許構成要件錯誤並不影響行止型態的故意，而只影響罪責型態的故意，亦即：行為人仍具構成要件故意（構成要件不受影響），但欠缺責任（罪責）上的故意；惟行為人的錯誤若係出於注意上的瑕疵者，則可能成立過失犯罪（對構成要件及責任之雙重評價）。

5. 二階論（負面構成要件說）：此理論主張，構成要件（不法構成要件）係由積極性地賦予違法性基礎之要素（積極要素）之存在與消極性地否定違法性要素（消極要素）之不存在而成立（即所謂二階層理論）。從而構成要件的故意之成立，除須認識積極構成要件要素之事實外，同時以認識消極構成要件要素事實之不存在為必要；因此，有關違法性阻卻事由前提事實的錯誤，即誤認消極構成要件要素事實之存在時，與誤認積極構成要件要素事實之存在時相同，皆屬於構成要件錯誤，而阻卻構成要件的故意。

三、結論

甲對無辜奔逃之乘客乙作出推擠致其跌倒的行為，採限制法律效果之責任論較妥適，因甲雖具構成要件故意，但欠缺罪責故意，惟行為人的錯誤若係出於注意上的瑕疵，則可能有過失責任，也就是說，甲對於客觀上究竟有無緊急危難，仍應注意辨認，如當時情形能注意而不注意，則某甲對某乙之受傷，雖無故意，仍然應討論過失傷害罪之刑責（阻卻故意，考慮過失）。

行為階段與未遂犯

第十章　行為階段與未遂犯

【目次】

第一節　行為階段

　　行為階段的研究主要是針對故意行為，因過失行為是處在一種不知或不欲的心理狀態下，導致構成要件實現的情況，所以對於犯罪行為階段的研究，並不適合過失犯。刑法要區分不同的行為階段的實益，在於區分行為到底可罰與否即不同的可罰程度。尤其，應特別注意三個時點：預備犯是否有處罰；預備（Vorbereitung）與未遂（Versuch）的區別（著手時點認定）；及未遂犯與既遂犯（Vollendungsdelikte）之區分。行為階段如下：

壹、決意

　　行為人內部意思的決定、行為人出於各種不同的動機而生犯意，法諺：任何人不因思想而被處罰，單純的犯意，刑法並無處罰的規定。

貳、陰謀

　　二人以上互為犯意表示，共同協議實行特定的犯罪行為，此種陰謀行為[24]，刑法上另設有處罰陰謀犯之規定，大致上只有在內亂、外患罪（§§101 II、103 III），才有陰謀犯之處罰。換言之，只有少數犯罪才必須考慮有陰謀的行為階段，絕大多數的犯罪並不需要。

參、預備

　　行為人為了實現犯意所為之準備行為，使犯罪的實行較便利的預備階

---

[24] 林山田，刑法通論（上），2008，頁451以下；蔡墩銘，刑法精義，1999，頁287。

段。刑法原則上不處罰預備行為。例外於重大法益被侵害時才設處罰規定。例：內亂、外患、公共危險罪、殺人強盜、擄人勒贖等。並可分為：附屬的預備犯與獨立的預備犯。

1.所謂附屬的預備犯：即為形式預備犯。例如：§§100Ⅱ、101Ⅱ、173Ⅳ、185-1Ⅵ、271Ⅲ、328Ⅴ、347Ⅳ。

2.獨立的預備犯：即為實質預備犯。立法者將某些特定犯罪行為的預備階段予以犯罪化，成為獨立罪名，不使用預備犯之名稱。例如：§§87、199、204、263。

　　立法政策上，只有為了保護重大價值的法益（例如生命），才會處罰預備行為。至於比較次要的法益（例如身體、自由、財產），預備侵害的行為就不受處罰。不過，這些次要法益的預備侵害行為，可能由其他的秩序罰法加以制裁。例如社會秩序維護法§63Ⅰ：「無正當理由，攜帶用於開啟或破壞門、窗、鎖或其他安全設備之工具者（處三日以下拘留或新台幣三萬元以下罰鍰）」。要特別注意的是，於認定預備行為時要有所節制，換言之，必須行為本身已具相當危險性，並且是達到犯罪的必要條件，否則將刑罰提前至著手之前，是否能有效保護法益，是值得疑慮的。

肆、著手實行

　　行為人為了實現犯意，在預備階段之後開始實行構成要件的犯罪事實的一部行為，一旦著手實行（Anfang der Ausführung）就有成立未遂犯之可能。

伍、結果

　　針對結果犯（Erfolgsdelikte）而言，行為著手後，必須有行為結果的發生，才成立既遂，若未有該當結果之發生，即為未遂。例：殺人罪必須將被害人殺死，竊盜罪必須將他人財物，置於自己實力支配之下。以下

【圖51】說明故意犯罪行為之階段，由於陰謀並非常態，故以虛線表示。

圖51：故意犯罪行為之階段

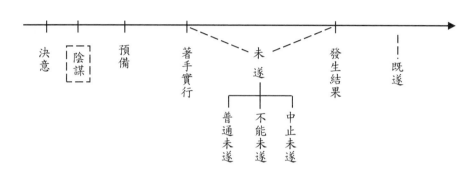

陸、預備及著手實行（未遂）之界線

行為人欲實現犯罪行為，若實現犯罪行為的階段只是在預備階段，而法律並無處罰預備犯罪之規定時，則此預備行為不構成犯罪。因一般的預備行為和犯罪既遂之間仍有一段距離，預備階段的行為還不足以動搖大眾之法感。

由於預備犯罪之故意難以掌握，吾人無法對其作出明確的證實，所以刑法原則上對預備行為並不加以處罰，只於少數特殊刑事政策理由或重大法益侵害時，才處罰預備犯。關於預備與未遂的界線，在學說上有如下爭執：

一、形式之客觀理論

本說為早期的通說，將行為的重點著重於客觀面判斷，因此有形式客觀理論（formal-objektive Theorie）的說法。主要是植基於罪刑法定原則的要求，因刑法只可處罰該當於構成要件的行為。認為犯罪的判斷，

以法定構成要件為基礎，著手與否視有無構成要件的行為加以為斷，即以構成要件行為的有無判斷是否已著手[25]。

行為人已實行嚴格意義之構成要件該當行為時，始可認為已著手實行，或行為人至少已實行部分構成要件該當行為，始可認定為著手。例如，竊盜中的「竊取」行為，必須行為人已伸手拿取，始為著手。殺人罪的「殺」之舉動，必須行為人已扣下板機，始可認定為著手。主要的缺點，因僅侷限於形式面標準時，太狹隘，故有實質客觀理論之產生。

二、實質客觀理論

實質客觀理論（materiell-objektive Theorie）亦從客觀立場出發，修正形式客觀理論的缺點。但仍有下列不同說法：

（一）必然關聯性理論

認為行為人所為的一切舉動，若與其構成要件的行為具有必然的關聯性時，才為著手行為的開始。例：侵入住宅行竊，行為人將肥皂塗抹於窗檻上防止發生聲響，於「塗抹肥皂」時已著手，因行為和構成要件的實現間已有必然關聯。

（二）危險性理論

危險性理論依行為人之舉動是否已引起所保護客體的法益形成直接危險來決定，若行為人之舉動已引起直接危險時，則已經著手[26]。例：甲欲殺人，殺人行為之前「舉槍瞄準」被害人之舉動，雖未扣下扳機，但已對特定人生命發生直接危險，故已屬一著手行為。

---

[25] Schönke/ Schröder, StGB, 30. Aufl., 2019, § 22, Rn. 26.

[26] Schönke/ Schröder, StGB, 30. Aufl., 2019, § 22, Rn. 27f.

（三）中間行為理論

本說認為著手判斷的標準應著重於行為人之舉動和實現構成要件之間，是否仍需有中間行為的介入來決定。若不須其他行為介入即可實現構成要件行為時，行為人之行為即屬已著手。例：甲欲毒殺某乙，甲將毒藥置於咖啡中，再將咖啡放入冰箱，並計畫第二天邀請乙至家中作客，請乙喝冰咖啡，加以毒殺。此時甲的「下毒行為」並不能認定為殺人罪之著手，因仍需「邀請乙至家中作客」的中間行為介入，因下毒之舉動充其量只不過為預備而已。

三、主觀理論

主觀理論（subjektive Theorie）認為未遂犯之處罰基礎，在於行為人主觀的犯罪意識，故著手始點的判斷，應單純就行為人主觀的想像為斷。本理論再分為二：

（一）單純主觀說

著手始點之判斷應以行為人之意思為標準。例：行為人欲毒殺被害人時，只要主觀上有「毒殺之意思」，即為著手。但是，本說並不可採，因僅依犯罪意思及計畫即判斷是否著手，似乎在處罰行為人之思想。

（二）變通主觀說

由於只單純處罰行為人之意思並不妥當，故其進而要求除行為人主觀犯意外，仍必須在犯意上具有「犯意飛躍」的表動，即要求行為人主觀上趨動的犯罪意思，在客觀上已形成一可察覺的行為實現。然而，縱此說已進一步要求，行為人主觀上趨動的犯罪意思（客觀上可察覺實現），但仍不可採，因仍有過分主觀之嫌。

四、主觀與客觀混合理論（折衷說）

　　主觀與客觀混合理論（gemischt subjektive-objektive Theorie）為今日通說[27]，此說之形成乃因上述幾說皆有所偏頗而形成，故認為判斷的標準應由行為人之想像出發，再加上對所欲保護之行為客體有無直接侵害來觀察。

　　當行為人的犯罪意思已在行為中顯露出來，而行為由犯罪的整體計畫觀察時，若已對於所保護客體直接產生危險時，即可認為已著手。換言之，行為人必須依犯罪計劃，開始實行與構成要件實現具有密切關係的行為，且不中斷此行為實施，可能導致客體有被侵害的結果發生，此時行為人開始實行行為時，即已著手[28]。依折衷說看法，判斷著手與否有二步驟：

1.行為人主觀上對犯罪過程的整個想像與理解。即要求行為人主觀上有認知並須具備：「具體犯罪故意」、「有計劃的內容」、「實現構成要件之條件和行為人所想像的內容相符」，例：殺人＝殺的念頭＋計畫買刀、磨刀＋刀子利、有利於殺人。

2.行為人之行為，從客觀第三人之立場評價，若行為人之行為對保護客體已形成直接危險時，即可認定行為已著手。例：行為人具「竊盜故意」、「設法製造萬能鑰匙」，希望成為行竊工具，便於行竊，此時若「製造鑰匙之舉」，和「行竊」之間仍需其他行為介入時，例：未到達被害人家，仍須搭車，則該舉動並非著手，只是預備。

---

[27] 林山田，刑法通論（上），2008，頁469；蔡墩銘，刑法精義，1999，頁284以下；蘇俊雄，刑法總論Ⅱ，1998，頁355以下。

[28] Schönke/ Schröder, StGB, 30. Aufl., 2019, §22, Rn. 40.

例1

甲知乙有名貴珠寶，並知乙不在家，甲乃攜一萬能鑰匙，駕車至乙家，甲正要開乙之家門時，適刑警巡邏經過發現將之逮捕。

→ 甲開鎖是否已著手？實務上認定僅為竊盜預備，因未「竊取」。但從理論上言，甲之舉動應屬著手，並不須達到「竊取」的動作，始能認定為著手，故為竊盜未遂。

例2

甲欲毒殺乙，於咖啡中下毒，置於乙可取得之範圍下，應該認為已經著手。此外，甲欲行竊，為順利潛入乙家，乃毒死乙之看門狗，亦應認為是「著手」。

五、小結

　　沒有一個公式可以毫無疑問地解答預備與未遂的界線。不過，依照多數的意見，如果行為人主觀上認為已經著手構成要件，並且客觀上，此一行為足以令社會大眾驚懼不安，那麼，這個行為的著手，可以認為是進入了未遂階段（這是所謂的「印象理論」──主觀與客觀理論的混合）[29]。亦即，先確定行為人主觀上犯意（犯意之基礎從其主觀的背景加以認定），接著從第三人之客觀立場評價（視行為人之舉動是否已形成對保護法益之直接危險，足以令社會大眾驚懼不安），再一併考慮是否須中間行為之輔助，決定是否已經進入著手階段。【圖52】在說明可罰的未遂與不可罰預備行為間之界限。

---

[29] Jescheck/ Weigend, Lehrbuch des Strafrecht, AT, 5. Aufl., 1996, S. 514.

圖52：可罰未遂與不可罰預備行為之界限
（參照Haft, AT, 8. Aufl., S. 226）

實現構成要件之前置階段	構成要件之實現
例如：決意殺人後購置槍枝，埋伏等候到舉槍、瞄準與食指彎曲等。	例如：扣板機、發射及中彈。
純主觀理論：單純依據行為人之理解來決定，是否已經有著手實施行為（例如，購置槍枝非為未遂，但自埋伏時起即屬未遂）。	**純客觀理論**：只有嚴格意義之構成要件該當性的行為之實行才屬著手（例如，直到扣板機方屬殺人行為之著手）。
批判：未遂階段開始太早。	批判：未遂階段開始太晚。
綜合理論：主觀客觀混合理論	
行為人依其對行為之理解……構成要件之實現直接著手故案例中在埋伏等候之際，只要被害人走近，未遂即存在，之前不是（被害人走近之前，行為人一定無法完成客觀構成要件）	

第二節　未遂犯之基本問題

壹、定義

　　已著手犯罪行為之實行，未完全實現構成要件的結果，為未遂（Versuch），亦即，故意犯罪之行為階段已經超越預備階段，已達著手實行，但尚未達完成行為（Beendigung；Abschluß der Tatbestandshandlung）或發生結果（Eintritt des Erfolges）之階段。即故意犯罪之行為人尚未達既遂狀態所成立之犯罪。§25規定：「已著手於犯罪行為之實行而不遂者，為未遂犯（Ⅰ）。未遂犯之處罰，以有特別規定者為限，並得按既遂犯之刑減輕之（Ⅱ）。」為未遂犯之基本定義。

貳、未遂犯之處罰依據

一、客觀未遂理論

　　客觀未遂理論（objective Versuchstheorie），源於費爾巴哈的「罪刑法定原則」，此與預備和著手分界之學說，均著重罪刑法定原則，故此說在19世紀時占有極重要地位，因其重點乃在於行為人客觀面造成的危險，若客觀上不足導致構成要件結果該當之行為，就不在處罰範圍之內。

　　換言之，本說著重在行為人的行為，若行為在具體狀況下對於所保護法益已產生危險，可能導致具體結果發生，則應給予處罰[30]，又稱為「具體危險說」。注重結果不法：因該行為使結果有出現之相當高可能性，故主張未遂犯亦應處罰。由於其行為在客觀上對造成構成要件之結果，有極高的實現可能，它對所保護客體已形成危險，純粹由客觀面出發，若具有實現構成要件結果的危險，即加以處罰[31]。

　　依本說，不能犯並無引起結果之危險，故當然不處罰。立法例上，如日本刑法及我國2005年的新刑法，認未遂行為之處罰範圍，不包括不能未遂，便是基於客觀理論出發。

　　然而本說的缺點是：造成行為若於客觀上沒有既遂時，就沒有處罰的理由，未遂犯的範圍可能被縮小。事實上區分行為能否發生結果亦不易判斷，未遂犯未發生犯罪結果，故若不考慮行為人的主觀面，無法得知其為「心想事不成」。換言之，若不考慮行為人之主觀要素，則無法精確掌握行為人之行為究為既遂或未遂。僅就客觀面觀察，凡未生結果者均不處罰，亦有不妥。

二、主觀未遂理論

　　主觀未遂理論（Subjektive Versuchstheorie）所著重者，在於行為人主

---

[30] Schönke/ Schröder, StGB, 30. Aufl., 2019, vor § 22, Rn. 18.
[31] Jescheck/ Weigend, Lehrbuch des Strafrecht, AT, 5. Aufl., 1996, S. 512f.

觀行為不法，以行為人犯罪意思之表動為處罰基準。即行為人已顯露出與法敵對的心態[32]，行為人已出現犯意則此行為就該罰。反對純由客觀面的條件作為未遂犯加以處罰之理由。

本說認為只要行為人具備主觀的犯罪計畫，合於既遂客觀犯罪構成要件，且已著手實行即屬可罰的未遂行為，完全以行為人主觀意思為處罰依據。所有導致之結果，不論既遂、未遂一律加以處罰，只要行為人具備「犯意」即足。因為行為人的主觀上已經顯示出，與法秩序敵對的意思。堅持這種看法的人，認為不能犯仍應處罰。採主觀說，未遂犯的範疇擴大。

不過，本說與人民的法感恐不相符，因既、未遂之間仍有不可忽視之差異，如果只關注主觀面而不顧結果是否發生，皆給予相同處罰，與人民的法感似有未合。

三、印象理論（折衷說）

客觀未遂理論與主觀未遂理論的折衷說，也就是所謂的印象理論（Eindruckstheorie），主要仍基於主觀理論出發，但同時兼顧行為對一般社會大眾的作用及印象[33]。簡言之，本說由主觀犯意的趨動，加上考慮法律秩序的和平安定是否遭危害來判斷。

若行為人已顯示其主觀犯意，且客觀行為已令大眾產生危害感，即已危害法律的安定秩序時，即具可罰性。亦即，一般人已認為其行為須以法律加以干涉，他的行為已動搖法律秩序，即屬可罰。附帶一提的是，若從「危險說」的角度論述未遂犯的處罰根據，則「抽象危險說」即為主觀、客觀混合的說法。

---

[32] Schönke/ Schröder, StGB, 30. Aufl., 2019, § 22, Rn. 21.
[33] Jescheck/ Weigend, Lehrbuch des Strafrecht, AT, 5. Aufl., 1996, S. 514.

四、我國刑法未遂犯仍採印象理論

印象理論，即主觀上，行為人有與法敵對的意思；客觀上，足使社會大眾產生不安。若達到主觀與客觀判斷的標準，該未遂行為即應處罰。由刑法處罰普通未遂的法律效果，「得按既遂犯之刑減輕之（§25Ⅱ）」觀察可知，我國刑法對於普通未遂犯的處罰既非採客觀說的不罰，亦非與採主觀說的既遂犯等同刑罰效果，而是採取折衷的印象理論。

值得注意的是，§26規定不能犯：「行為不能發生犯罪之結果，又無危險者，不罰。」修法理由謂：「關於未遂犯之規定，學理中有採客觀未遂論、主觀未遂論、或折衷之『印象理論』。參諸不能犯之前提係以法益未受侵害或未有受侵害之危險，如仍對於不能發生法益侵害或危險之行為課處刑罰，無異對於行為人表露其主觀心態對法律敵對性之制裁，在現代刑法思潮下，似欠合理性。因此，基於刑法謙抑原則、法益保護之功能及未遂犯之整體理論，改採客觀未遂論，亦即行為如不能發生犯罪之結果，又無危險者，不構成刑事犯罪。」簡言之，2005年修法時認§26之不能未遂犯宜從折衷印象理論改採客觀未遂理論。

對於修法理由的見解，本書有不同意見。因為§26的修正，實際上僅有法律效果上的改變，即由修法前的「減輕或免除其刑」修改為「不罰」。至於不能犯的判斷，仍舊以「印象理論」為標準較為妥適。對於法律效果改為「不罰」，乃是立法者對於不能犯的寬典，所以對於不能犯的認定宜採取較嚴格的標準。

有關於此，我國實務的看法，近年已經採取和本書相同之看法。例如：最高法院98上字第5197判決：「除實行行為客觀上完全欠缺足以動搖一般社會大眾之主觀安全感而毫無危險性外，行為人必須誤認自然之因果法則，非僅單純錯認事實或僅因一時、偶然之原因，致未對法益造成侵害等情狀，而係出於「重大無知」誤認其可能既遂，始有成立不能未遂之可言，……；倘非出於行為人之嚴重無知，而行為人之行為復足以造成一般民眾之不安，自非「無危險」，尚難認係不能犯。」此外，97台上字第

2824判決及101台上字第4645判決等，亦採取相同的見解。

　　最後，對於這些不同學說上處罰未遂的理由，可以一綜合【圖53】的結構加以呈現出來。

圖53：未遂犯之處罰根據
（參照Haft, AT, 8. Aufl., S. 223）

	主　觀　說	客　觀　說
基本概念	未遂犯與既遂犯確實同樣存有犯罪的意志，故未遂犯與既遂犯同樣具備應刑罰性（與責任刑法思想一致的）	未遂犯仍存有部分或全部在客觀上構成要件該當性之結果，故未遂犯比既遂犯負較輕的應刑罰性，或根本不具應刑罰性（與結果刑法思想一致的）
主張	今日仍占優勢的主觀未遂理論主張：處罰未遂的理由，是行為人意志的活動或與法敵對的意識	李斯特、貝林古典犯罪理論所代表的客觀未遂理論主張：未遂的刑罰理由，乃因該行為在客觀上已具體危害到所要保護之法益
批判（主要缺點）	惡意本身無法加以處罰，因為在時間上（如預備階段）及在事務上（如不能未遂）存在不當地擴張行為人刑法可罰性的危險	由於主觀的想像在構成要件上對於不法的規定，扮演重要的角色。故在客觀上存在心想事不成時，該想像也應該被注意
綜合理論（現代的見解）	在今日混合主客觀的理論已經被多數人所信服接受，該理論主張：	
	從主觀理論出發，未遂犯的刑罰理由是行為人的犯意（依據對行為所產生的法敵對意識）	但該行為只有在對於外部世界（直接促使構成要件之實現）產生變動時，且由其想要危害的法益，可能導致動搖法意識且侵害法律和平時，方具有應刑罰性（印象理論）

參、未遂犯之型態

一、依實行行為階段區分

（一）未了未遂（中絕未遂）

　　未了未遂（unbeendeter Versuch）指依行為人之實行行為是否已完成

而為斷，完全以行為人主觀上之意思狀況決定[34]。行為人主觀意思認為自己未實行完畢，致犯罪之構成要件未實現。

（二）既了未遂（缺效未遂）

既了未遂（beendeter Versuch）指行為人著手實行後，雖已完成實行行為，但未發生結果之未遂，而行為人主觀上認為其行為已完成，但結果沒有發生。

二、依未遂之原因區分

（一）普通未遂（§25）

一般障礙普通未遂之觀念，其情形有：既了未遂與未了未遂。(1)既了未遂是行為人已著手實行，雖已完成行為，但未發生結果之未遂。(2)未了未遂則是行為人仍想繼續為犯行，但是無法繼續做。未了未遂很可能是因為障礙，例如：持槍殺人，扳機出狀況，無法擊發。

（二）不能未遂（§26）

不能未遂（untauglicher Versuch）即不能犯，行為不能發生犯罪之結果，又無危險者。其情形有：手段不能（與迷信犯不同）、客體不能、主體不能（是否有主體不能，學說有爭執，非常容易與幻覺犯混淆）。

（三）中止未遂與準中止未遂（§27）

中止未遂（Rücktritt von Versuch）即中止犯。換言之，行為人自己決定中止犯罪行為的實施，行為人是意思決定的主宰，行為人忠誠悔悟後，乃決定阻止犯罪行為的發生。

---

[34] Wessels/ Beulke/ Satzger, Strafrecht, AT, 52. Aufl., 2022, §17, Rn. 1048; 林山田，刑法通論（上），2008，頁491。

準中止未遂為準中止犯，指犯罪結果未發生，卻非因行為人的防止行為所致，然而行為人已盡力為防止行為。

三、特殊犯罪類型之未遂

（一）過失犯

以法律有明文之規定才處罰，且過失乃於不知、不欲之情形下實施犯罪，一定要有結果發生才處罰，過失未遂犯由傳統見解觀察實無法想像。不過，由於**客觀歸責理論**把判斷重心移到客觀構成要件中，將所有故意或過失構成要件行為都認為是「製造法律所不容許的風險」，將未遂行為視為是沒有實現法所不容許的風險，故理論上仍有過失未遂犯的存在。例如：甲超速駕車肇事，路人乙因手腳敏捷而未被撞上，此屬於過失未遂的概念，但現行法不處罰之。

（二）舉動犯（行為犯）

若是舉動犯，行為人只要實施一定舉動，犯罪就馬上完成（既遂）；但有些犯罪在著手後未能立即完成行為者，如誣告罪，信已寄出，半途遺失，即有成立未遂可能[35]。

（三）加重結果犯

加重結果犯是故意實施基本犯罪，而過失產生一定加重結果之情形，若過失之加重結果未發生並不能成立未遂。因加重結果犯以法有明文產生加重結果時才予以處罰，以發生結果為前提，因此無未遂的可能。

---

[35] 林山田，刑法通論（上），2008，頁458；蘇俊雄，刑法總論Ⅱ，1998，頁361。

（四）不作為犯

1.純正不作為犯

原則上一旦違反作為義務，即既遂。但是違反作為義務卻未生結果，仍有成立未遂犯的可能。

2.不純正不作為犯

行為人以不作為方式達成作為犯罪，故於此可能成立未遂犯，即不純正不作為犯有成立未遂犯之可能。例：甲要殺小嬰兒，企圖餓死他，但小嬰兒之母親回家發現，立即餵食，致嬰兒免於一死。但有作為義務而不作為，著手時期如何判定，有時候仍有困難：

> **例**　甲久病臥床，須賴注射藥劑維生，由乙醫生（甲的兒子）每日注射二劑。日久不耐，決定不再對甲注射，乙估計甲只須五日不注射藥劑就會死亡。未料，此舉被甲於第三天時發現。甲告訴乙「你若再不注射，我就轉院」，乙迫於無奈只好繼續注射。問：乙之不作為著手始點為何？
>
> ➡ 學說上雖有認為，應在致死的最後一劑未注射時（最後救助機會理論），亦即，不作為遲誤最後一個救助機會時，始認定為著手，但此種說法，似乎已經過慢，故應該在第一天未注射時，行為人有作為義務而未作為時（最早救助機會理論），即認定為著手，較為妥當。

（五）著手犯

著手犯又稱企行犯，是指行為一經著手實行，犯罪立即既遂，無法區分既遂與未遂，故無成立未遂犯之可能。因為，行為人雖僅著手未遂階段，但已不可能對此所產生的危險加以控制。例如§100的普通內亂罪，§101的暴動內亂罪的構成要件「著手」兼指既、未遂。且未遂本身已對法益破壞，有必要將未遂與既遂等同視之。換言之，一旦著手即視為既遂。

第三節　普通（障礙）未遂犯

普通未遂犯成立之一般的構成要件如下：

壹、須有故意

有實現構成犯罪事實之決意，此決意包括直接故意與間接故意，所以過失犯不可能成立未遂犯，因過失乃於不欲和不知的狀態下實現構成要件該當之事實。

貳、著手實行構成要件之行為

著手之始期判斷已如前述，亦即先考慮行為人主觀之具體犯意、計劃之內容，接著判斷行為於客觀上是否已達開始實行之行為階段，視其是否已達著手，而非預備。如故意的原因自由行為：基本上，以引起無責任能力狀態的最早的時間點，為未遂階段的開始（例如喝完酒，放下酒杯，即為未遂的開始）。

參、欠缺構成要件之完全實現

欠缺構成要件的完全實現，亦即無發生犯罪之結果，其情形有：行為未實行完成的未遂（中絕未遂），和行為實行完成，但結果沒有出現的未遂（缺效未遂），結果非行為人所期待。

肆、法律明文處罰

刑法§25Ⅱ規定「未遂犯之處罰，以有特別規定者為限，並得按既遂犯之刑減輕之。」

伍、意外障礙所引起

這些障礙有：1.自然障礙。例：甲欲放火燒乙屋，結果下了一場大雨將火澆熄；2.物理障礙。例：甲欲槍殺乙，槍因老舊無法擊發底火；3.人為障礙。例：甲欲殺乙，乙聞風先逃；小偷聞腳步聲，以為是警察自己先溜了（前者由被害人造成，後者由行為人自己造成）。實務上曾經發生過一例：甲欲殺害一特定人，已著手實行殺害，尚未發生結果時，發現殺害對象錯誤即立刻停止行為，此停止行為是意外的障礙，人為的障礙，非中止未遂。

須注意的是，客體的出現，雖有助於著手之實施，但客體的不出現並不表示行為人無法著手。換言之：客體的出現與著手並無直接關係，必須就整體狀況加以判斷。

甲欲寄炸彈郵包給乙，包裝好後將其送至郵局寄出。

➜ 甲於付郵時，即為著手，因甲於寄出時已期待結果出現，不以乙之收到時，始認定為著手始點。

甲欲殺乙，持刀藏匿於乙之床下，待乙就寢時殺之。

➜ 應認為已經著手，較符合折衷說之見解，本案例對被保護之客體言，已有直接之危險，並不須其他中間行為介入，只要被害人一出現，即立刻產生危險，且此危險非常直接，故應屬已著手。

第四節　不能未遂犯

壹、概說

行為人若出於一犯罪決意而著手犯罪行為實行時，若未完全實現客觀的不法構成要件（包括所有客觀不法構成要件要素），即需進入未遂之檢討。造成未遂的原因：可能因犯罪行為之本質、外界原因使行為人之嘗試根本無法達成其犯罪目的，所以，不能未遂犯（untaugliche Versuch）又稱「無用的嘗試」。§26：「行為不能發生犯罪之結果，又無危險者，不罰。」

由於行為人主觀之想像與客觀事實面產生不一致之現象稱「錯誤」。不能未遂因為其所誤認的對象是事實，故為構成要件錯誤的一種，且由於「誤無為有」，是一種「反面的構成要件錯誤（umgekehrter Tatbestandsirrtum）」。

貳、有無危險

行為人基於犯罪故意著手實行，但一般人對此行為只會評價其和犯罪沒有關聯，其行為根本無法達到犯罪結果者，該行為應無危險。換言之，只有結果不發生，不是不能犯，更重要的是必須沒有危險。由於無危險的判斷不易掌握，所以借用德國刑法§23Ⅲ規定「……行為人由於重大無知（aus grobem Unverstand）錯認行為既遂可能性」的判斷，可以呼應我國§26「行為無危險」的概念。亦即，行為人因重大無知，所以對因果法則的判斷及關聯性作出完全誤解及不合邏輯的想像，致結果未發生。

此種重大無知並非表示行為人低能或智能不足，乃因行為人對某種自然法則的關聯性作不適當的認識，是完全偏離通常人所認識的想像，此種錯誤從平常人的知識經驗觀察，乃顯而易見的，只有行為人自己做完全不

同的觀察，在此情況下即無危險，應進入不能未遂來討論[36]。實務亦採用此見解，認為「除實行行為客觀上完全欠缺危險性外，行為人必須誤認自然之因果法則，非僅單純錯認事實或僅因一時、偶然之原因，致未對法益造成侵害等情狀，而係出於「重大無知」，誤認其可能既遂，始有成立不能未遂之可言。」（參照，98台上5197判決、97台上2824判決）基此，判斷行為人的舉動是否屬不能未遂，可依循下列標準為之：

一、行為人主觀上危險性之有無

行為人因本身重大無知，對一般人明知的因果歷程，做出完全離異的想像，則行為人屬不能犯。亦即，首先以一般人立場看行為人主觀上的犯罪計劃，若行為人因本身嚴重的重大無知，以致對一般人輕易可明知該行為和犯罪無關時，此行為屬不能未遂，此階段著重於行為人主觀上危險性之考慮。關於不能犯之規定，立法理由雖載明採客觀未遂理論，惟若僅著眼客觀層面之實踐，不無過度擴張不能未遂之不罰範圍，而有悖人民法律感情，自非不得兼以行為人是否出於「重大無知」之誤認作為判斷依據（參照，最高法院110年度台上字第3511號刑事判決），因此，實務亦認為，不能犯行為人主觀上有無危險之判斷，應考慮行為人主觀上是否出於重大無知。

二、行為危險性之有無

行為人的犯罪計畫符合常理，但行為人所想像的事由，由一般人觀之根本沒有發生結果之危險，只有行為人本身不知，此時行為手段屬不能犯。某些行為具備合理犯罪計劃的實行，若以一般人立場視之，客觀要件的欠缺是大眾顯而易見的，祇有行為人自己不知。即依行為本身是永遠無效的手段，誤認了事物的本質，如認為運動飲料可供墮胎，一般人均可輕

---

[36] Wessels/ Beulke/ Satzger, Strafrecht, AT, 52. Aufl., 2022, § 17, Rn. 982.

易明白,犯罪結果不可能發生,仍屬無危險,但如果行為人沒有誤認事物本質,只是偶然的失敗,如朝被害人家中開槍,恰巧被害人不在,應是普通未遂。此階段,由行為客觀的危險性出發。

> **例**　甲欲毒死乙,預購砒霜,但匆忙間「誤拿」白砂糖,將之認為是砒霜:應為普通未遂,因為一般人都深信砒霜會致命,「匆忙誤拿」只是偶然。但是,若甲出於重大無知,以為砂糖也可致人於死,食用太多導致血糖升高致死(甜死人):不能未遂,因為一般人都知道這種手段永遠不會發生致命的結果,只有甲主觀上重大無知,認為可行,但其行為又無危險性,屬不能犯。

參、不能未遂之型態

發生不能未遂的原因,亦即形成事實上或法律上不能達到行為人主觀預期結果之客觀上的原因,可能是行為人重大無知而未認識到手段不能、客體不能或主體不能。造成不能的原因可能存在兩種,如未懷胎的甲以為自己懷孕,竟然大喝運動飲料欲墮胎乃手段與客體不能的競合。

一、手段不能

手段不能(Untauglichlichkeit des Tatmittels)乃因行為人重大無知,對於其所採之方法,雖已著手,但對整個因果關係歷程做出錯誤想像,採此毫無危險的犯罪行為。例:甲深信砂糖可毒死人,所以用砂糖毒殺乙。或如,懷胎婦女以為喝大量運動飲料可墮胎,所以喝大量運動飲料欲墮胎。

二、客體不能

客體不能（Untauglichlichkeit des Tatobjekts），係指著手實行根本不存在客體的行為。例：甲對未懷孕之婦女乙，實施墮胎。或如對屍體開槍，以為該人在熟睡。此時行為人發生對己不利之反面錯誤，是誤無為有的反面構成要件錯誤。

三、主體不能

行為主體（Untauglichlichkeit des Tatsubjekts），因行為人本身欠缺構成要件所規定之行為人適格，行為人不具備行為主體所應有之條件、身分或特定關係而著手實行構成要件的行為，犯罪不能既遂。例：不具備公務員身分而收受賄賂（§§121、122）後以為成立賄賂罪；2.無保證人地位，卻自以為居於保證人地位。例：誤以為有保證人地位的一般人，對於即將溺死之人不加以救助，而以為自己犯罪。

肆、幻覺犯與不能犯

幻覺犯（Wahndelikt）是對法律規範的認識有錯誤，是一種反面的法律錯誤。行為人將規範做不利於己之擴張，認為其行為係法律規定要處罰之犯罪行為，可是在客觀事實上卻無處罰該行為之相關規範的存在。即行為人認為自己的行為已侵害某一刑法規範，但事實上並沒有該規範存在，或該規範之範圍不及於此。簡言之，幻覺犯是對「法律規範」的誤認，對法律規範的禁止行為，自己擴張可罰性界限乃反面的法律錯誤。不能犯是對「客觀構成要件要素」的誤認，對行為的主體、客體、手段誤認，乃反面的構成要件錯誤。其情形[37]有：

---

[37] Wessels/ Beulke/ Satzger, Strafrecht, AT, 52. Aufl., 2022, §17, Rn. 990ff.

1. 反面的禁止錯誤（ungekehrter Verbotsirrtum）：行為人誤（幻想）以為其行為是刑法要加以處罰的，但事實上則否。例：成年未婚異性朋友間的性行為，以為係法律所要禁止之行為。

2. 反面的容許錯誤（ungekehrter Erlaubnisirrtum）：行為人誤以為具有阻卻違法事由的行為仍是刑法要加以處罰之行為，而事實上其行為已符合阻卻違法事由的情況。例如，法警槍決犯人，誤以為其行為會成立殺人罪；又或是誤以為正當防衛的範圍僅能防衛生命、身體法益而不及於財產法益，誤以為對財產法益有所防衛之行為乃刑法所要處罰。

3. 反面的包攝錯誤（ungekehrter Subsumtionsirrtum）：行為人了解行為全部的事實，但對法律規定做錯誤的解釋，擴張法律包攝的範圍，幻想自己行為亦在制裁範圍內。例如，被強制性交之女性受孕，至醫院施行人工流產，誤認自己違反刑法所要處罰的墮胎罪。

> **例**
> 甲為整理環境，將路邊無主物燒毀；但甲自以為此舉可能構成毀損罪。但此種情形應是幻覺犯。因為甲雖認識毀損情狀之正確意義，卻將法律規範的效果做不利於己之擴張。

伍、迷信犯與不能犯

「迷信犯」（abergläubischer Versuch）是行為人希望用超自然或靈異的力量，使犯罪之構成要件發生，行為人欠缺自然的科學常識，迷信用超自然方法作為手段，欲使犯罪之構成要件發生。例：用巫術致某人於死地。泰國刑法有處罰迷信犯之規定。

關於迷信犯的觀念，應就行為人的主觀意念加以討論：

1. 迷信犯的行為人並非很認真的以為其所採取的迷信手段能使結果發生。例：甲將乙之生辰八字放在木偶身上，將木偶燒死，以此洩恨。此情形，迷信犯並不確認其行為能使結果發生，欠缺「知」的要素，欠缺構

成要件的故意，故不成立犯罪，不罰[38]。

2.行為人雖很確信其迷信手段能使結果發生。但此行為能否成立犯罪亦須加以討論。亦即迷信犯雖確信其行為能使結果發生，但因其行為非刑法意義上的行為、行為不具刑法價值，故不處罰。

3.通說認為迷信犯之觀念屬於不可罰的不能未遂之行為。迷信犯的行為並未動搖一般大眾對於法律秩序威信的維持。以印象理論看此行為，應該是不可罰的不能未遂行為。迷信行為對大眾法秩序之維繫並未動搖，應否認其可罰性。

第五節　中止未遂犯

壹、意義

　　行為人雖已實行構成要件之行為，但因出於自願而放棄行為的繼續實行或阻止結果的發生。所謂「中止」是「得為而不欲為」，「普通未遂」是「欲為而不得為」，此為德國刑法學者所創之法蘭克模式，該模式認為區別障礙未遂與中止犯的模式應係上述「欲為而不得為」或「得為而不欲為」。

貳、法律規定

　　§27 I前段規定：「已著手於犯罪行為之實行，而因己意中止或防止其結果之發生者，減輕或免除其刑。」中止犯的法律效果是減輕或免除其刑。換言之，中止犯係構成要件該當、違法、有責，只因行為人具備個人解除刑罰事由而認其可減輕或免除其刑。此個人解除刑罰事由，非於構成

---

[38] Wessels/ Beulke/ Satzger, Strafrecht, AT, 52. Aufl., 2022, §17, Rn. 984; 林山田，刑法通論（上），2008，頁505。

要件、違法性及罪責內判斷，而係可罰與否的問題，中止犯的適用，是一種個人解除刑罰事由[39]。

中止未遂犯係未遂犯之一種型態，但它是特別優遇行為人的一種寬典。構成要件必須未遂後再考慮行為人是否符合中止犯之要件，亦即，必須未遂又符合中止犯之要件，才有§27之適用。

行為必須在犯罪未達既遂時，已意中止或防止結果之發生，必須符合其中條件之一，才有§27條寬典之適用。已意中止：行為人良心發現，中止犯罪行為（消極不作為），已不再做犯罪行為之實施。防止結果發生：行為人必須有積極行為，實行犯罪行為後，結果未發生前，有一積極動作防止結果發生。

另外，2005年新法明文，§27 I 後段為「結果之不發生，非防止行為所致，而行為人已盡力為防止行為者，亦同。」此為準中止犯的規定，§27 II 則為複數行為人的中止犯及準中止犯的規定，「前項規定，於正犯或共犯中之一人或數人，因已意防止犯罪結果之發生，或結果之不發生，非防止行為所致，而行為人已盡力為防止行為者，亦適用之。」

參、中止犯減免之理由

關於中止犯的減免理由，係由於行為人著手犯罪對法益之危險性，既因已意中止行為或防止結果發生而大幅減低或消滅，其犯罪意志及法敵對性顯然低於貫徹犯行之行為人，刑罰之需求性與必要性亦較薄弱，基於刑事立法政策之考慮，乃另明定中止犯應減輕或免除其刑，俾促使行為人於結果發生前盡早改過遷善，以減輕其著手犯罪對法益的危害（參照，107台上4775判決）。學說上有以下不同的看法[40]（並請參照【圖54】的說明）：

---

[39] 林山田，刑法通論（上），2008，頁473以下；Wessels/ Beulke/ Satzger, Strafrecht, AT, 52. Aufl., 2022，§17, Rn. 1001.

[40] Wessels/ Beulke/ Satzger, Strafrecht, AT, 52. Aufl., 2022，§17, Rn. 1002ff.

一、刑事政策理論（黃金橋理論）

　　浪子回頭金不換，回頭架設黃金橋（eine goldene Brücke），鼓勵犯罪人捨棄犯罪行為的繼續，迷途知返，所以論以中止犯。

二、獎賞理論（赦免理論）

　　獎賞理論又稱為「赦免理論」。均衡行為未遂的非價，已經否定刑法對其行為之刑罰的必要性，其情形有如赦免，故又稱為赦免理論（Gnadentheorie），這是一般的通說。

三、刑罰目的理論

　　刑罰目的理論（Strafzwecktheorie）認為，無論從一般預防或特別預防的觀點，都沒有再對中止犯處罰的必要，其中止行為已顯露出對犯罪意思的不強烈，危險性亦相當輕微。因行為人之犯意並非很強烈，且行為人又再度排除法益的危險，因此動搖法規範的未遂印象已不復存在。本書認為，此見解與印象理論相連接且說理清楚，較為可採。

圖54：中止犯之減免理由
（參照Haft, AT, 8. Aufl., S. 234）

	通說見解	反對意見
中止未遂理由	**刑事政策理論**：只要行為之完成能被防止，刑法使行為人之折返搭造一座黃金橋使其迷途知退；只是刑法有時卻是生活上非常陌生的。 或 **赦免理論**：中止是值得嘉獎且應受獎勵的，但僅基於純主觀未遂理論，才可能有根據。	**刑罰目的理論**：從一般或特別預防理論言，均無處罰必要性，因行為人之犯意並非很強烈，且行為人又再度排除法益的危險，因此動搖法規範的未遂印象已不復存在。
與犯罪體系的分類一致	與不法及罪責無關的個人解除刑罰事由。	減免罪責事由。因為，不法與罪責已經被減輕至可罰性程度之下。

肆、要件

中止未遂必須結果不發生，成立中止犯的要件，可分述如下：

一、具犯罪故意

未遂犯為故意犯，中止犯必須具備犯罪的故意。

二、著手實行構成要件之行為

中止未遂，原則上僅有於行為人著手實行犯罪後始能適用，此係基於§27的規定，不過，若行為人在預備階段就中止犯罪行為，是否仍可適用中止犯減免罪責，實務向來都採以否定見解，既然法條對於中止犯的規定必須限於著手後始能適用，則對於預備階段的中止行為，就不得加以適用（參照，32上2180判決）。不過，本於刑法對有利於行為人的解釋，得類推適用[41]，故於預備階段的中止應當可以類推適用中止犯，否則無異鼓勵僅在預備階段的行為人著手實行犯罪。是故，中止預備殺人行為，應可成立預備人罪的中止犯。

三、有特別處罰未遂之規定

以上三要點，是所有未遂犯成立都要審查的前階段要件。

四、己意中止

行為人著手後，是否「己意中止」，是判斷構成中止未遂還是普通未遂的關鍵，唯有行為人發自內心，不受外力影響而中止行為繼續，才會構成中止未遂。由此亦可知，在抽象危險犯中，行為人一旦著手構成要件的行為就已既遂，自然沒有中止未遂，亦無其他未遂討論的空間。

---

[41] Roxin/ Greco, Strafrecht, AT/1, 5. Aufl., 2020, §5, Rn. 43.

只要出於行為人「自己的動機（autonome Motive）」，不論理由為何（怕處罰、怕被發現、同情、良心譴責、羞愧、悔過等），進而停止行為的繼續，均屬己意中止[42]。若行為人受外力壓迫或影響而中止，則非出於自由意願之己意中止，此時判斷標準採法蘭克模式：「余不能也，非不為也，屬普通未遂」，若是「余非不能也，乃不為也，屬中止未遂」。例如，甲要殺乙，發現殺到丙，甲立即停止：障礙未遂。又如，甲偷乙物，發現物的價值低廉，因失望停止竊取行為：障礙未遂（特定物之竊取）。

若因外觀情狀改變，所為之中止，仍出於自願中止，行為人仍有自我自由決定之意思時，仍可認為係出於自主動機的中止。例如：因被害人求饒心軟，因被害人責罵或曉以大義而放棄，因害怕牢獄之災而折返，均為己意中止；但是「風吹花影動，疑似警伯來」就不是己意中止。實務見解亦指出：依一般社會通念，可預期犯罪之結果無法遂行，或行為人認知，當時可資運用或替代之實行手段，無法或難以達到犯罪結果，上述包括行為人繼續實行將會招致過大風險，例如事跡敗露之風險等，從而消極放棄犯罪實行之情形，即非謂己意中止未遂，應屬障礙未遂之範疇（參照，108台上2649判決）。

另外，行為人己意中止，意謂著完全放棄犯罪計畫的實施，若祇因其他因素，如暫停一下延後實施，仍非中止未遂，而係普通未遂，無§27條適用。

五、中止行為

中止行為涉及未了未遂、既了未遂之問題。未了未遂與既了未遂完全由行為人主觀意思為斷，未了未遂屬於未完成行為之未遂，既了未遂是已完成行為之未遂，§27 I前段規定「已著手於犯罪行為之實行，而因己意中止或防止其結果之發生者，減輕或免除其刑。」就是區別未了未遂與

---

[42] 林山田，刑法通論（上），2008，頁483以下；Wessels/ Beulke/ Satzger, Strafrecht, AT, 52. Aufl., 2022，§17, Rn. 1008.

既了未遂之中止犯。

另外，2005年修法時，在§27 I後段增加「準中止犯」的規定。所謂準中止犯，是指結果雖然沒有發生，但與行為人的中止行為之間並無因果關係，然而因行為人欲阻止結果發生的真摯努力，故準用中止犯的寬典。對於未了未遂、既了未遂的中止犯以及準中犯的相關內容，分別說明如下。

（一）未了未遂的中止（著手的中止）

行為人完全且永久放棄犯罪行為的實行，著手後消極的中止行為，行為人放棄繼續著手。行為人**主觀**上認為仍須繼續實行才可完成構成要件的既遂，其主觀上以為其行為尚不足以達成既遂階段而放棄實施[43]。

行為人若屬未了未遂，一般來說不會採取積極作為防免結果發生，他只消極的放棄繼續作為。由於他認為結果不會發生，故無從防止結果發生。故於未了未遂，行為人雖放棄繼續作為，結果卻仍然發生時，若結果的發生和行為人之行為無重大偏離可歸責時，行為人仍須負既遂之責。

（二）既了未遂的中止（實行的中止）

行為人已完成犯罪行為，故行為人必須用積極的手段，防止結果的發生。行為人主觀上認為其採取的步驟已達既遂階段，只在等待結果發生時，而結果未發生。若屬於既了未遂，行為人認為行為已完成，所以，他必須積極防止結果發生，才能論處中止犯。

---

[43] Wessels/ Beulke/ Satzger, Strafrecht, AT, 52. Aufl., 2022, §17, Rn. 1048; 林山田，刑法通論（上），2008，頁491。

> **例**
>
> 　　夫甲為偽裝妻乙是服毒自殺，故給乙吃慢性發作毒藥，20分鐘後，甲悔悟，立即將乙送醫急救，乙未死亡。甲之可罰性如何？
> ➜ 甲符合§271Ⅱ殺人罪之未遂犯，甲行為雖屬既了未遂，出於己意中止積極救活妻乙，防止結果發生，故量刑上符合§27個人減輕、免除刑罰的情形，甲有§27條之適用。

六、結果未發生

　　結果未發生是指，犯罪行為尚未既遂才能論處中止犯。所以，未了未遂或既了未遂卻發生結果時，如行為人對行為的結果具客觀可歸責性時，仍為既遂犯。

七、中止行為與結果未發生有因果關係

　　結果未發生若非中止行為所致，原則應無法成立中止犯。不過，基於中止犯的理論精神，行為人若已盡力防止結果的發生，其努力應當仍然值得獎勵，故我國刑法特別制定準中止犯的規定，適用於中止犯的效果。刑法第§27Ⅰ後段「結果之不發生，非防止行為所致，而行為人已盡力為防止行為者，亦同。」是準中止犯的規定。也就是說，行為人已經著手或已完成犯罪行為，為了不讓結果發生，行為人必須用積極的手段防止，雖然行為人積極防止結果發生，但「結果未發生與行為人的防止行為之間欠缺因果關係」；然而，行為人的防止行為雖然無效，但已盡真摯努力（ernsthaftes Bemühen）防免結果發生者，此係指，行為人依其主觀認知已經做了避免結果發生之必要措施[44]，故為鼓勵此類行為人，立法者認為仍屬中止犯的類型，而有中止犯規定的適用。至於準中止犯的類型，有以下幾種：

---

[44] Wessels/ Beulke/ Satzger, Strafrecht, AT, 52. Aufl., 2022, § 17, Rn. 1060.

1.被害人或第三人行為介入的準中止犯

如甲故意殺乙，但甲於實行行為後，心生中止意思，急忙打電話求救，但是乙自行前往醫院（被害人）或由經過路人丙（第三人）送乙到醫院救治，使乙免於死亡：甲既了未遂，且出於己意防止結果發生，但結果不發生和甲所盡的努力，根本無因果關係。

此時甲的行為評價涉及準中止犯之概念。§27之立法目的，旨在鼓勵行為人積極防止結果發生之行為，依現行法§27 I 後段有準中止犯之適用，甲構成§271 II 殺人未遂，但量刑上有§27條之適用。

2.結果自始不發生之準中止犯

行為人以其真摯努力防止本來就不會發生的犯罪結果，但行為人仍以其真摯努力加以防止，只是中止行為與結果的不發生並無因果關係，應將行為人的真摯努力視為「準中止犯」。

例

甲之妻乙生性多忌、疑甲有外遇對象丙，因而欲毒死甲，乙於甲之湯中下毒，留下紙條離家，紙條中叮嚀甲要記得喝湯。乙找丙詳談，始知丙非甲之情婦，乙悔悟立刻叫救護車救甲。未料，甲因身體不適不想進食，而未喝當，當救護車至甲家時，始發現上情。問乙之行為如何評價？

→1.乙之行為，已經著手，可能符合§271 II 及§25的殺人未遂罪。

  2.乙之犯罪過程：欲殺甲（犯意）：不處罰；煮湯、下毒（預備）；留下紙條離家（著手實施），乙可能成立普通未遂。

  3.乙雖有己意中止及召救護車的情形，但甲未死亡和乙盡之努力沒有因果關係，因未喝湯結果之不發生自始確定。但乙有積極防止結果發生之行為，依§27準中止犯之適用，可減輕或免除其刑。

3.自然事實介入之準中止犯

行為人於實行行為終了後，雖有自然事實介入，倘行為人以盡其防止

結果發生之真摯努力時，成立準中止犯。如行為人放火後，急電消防車前來救火，在消防車抵達前，突下傾盆大雨，將火澆熄。

伍、多人犯罪情形之中止

2005年新刑法§27Ⅱ新增「前項規定，於正犯或共犯中之一人或數人，因己意防止犯罪結果之發生，或結果之不發生，非防止行為所致，而行為人已盡力為防止行為者，亦適用之。」由此可知，正犯或共犯中之一人或數人，因己意防止結果發生，或結果不發生非由於中止者之所為，祇須行為人因己意中止而盡防止犯罪完成之誠摯努力者，仍足認定其成立中止犯。

關於複數犯罪主體，有多人參與犯罪時的中止情形，可分為共同正犯的中止與共犯的中止。

一、共同正犯或共犯的中止

共同正犯不論「全體」或是「其中一人」決意中止該犯罪行為，並做了防果行為，犯罪結果也因而未發生時，中止行為人皆可成立中止未遂。所差別的是，前者的情況是共同正犯全體成立中止未遂；後者的情形是，中止者成立中止未遂，效力不及於其他未為中止行為的共同正犯。亦即只有出於己意中止之共同正犯，本人才有可能成立中止犯，且出於己意中止之共同正犯，必須成功防止犯罪結果發生才成立中止犯。

二、共同正犯或共犯之準中止犯

共同正犯或共犯中之一人或數人之中止犯必須阻止犯罪結果發生，才成立中止犯。但就§27Ⅱ後段：「結果之不發生，非防止行為所致，而行為人已盡力為防止行為者，亦適用之。」因此結果不發生，若已經確定某共同正犯或共犯中之一人或數人不成立中止犯時，仍必須審查該一人或數

人有無成立準中止犯，故只要該一人或數人盡真摯努力，雖然「結果不發生與防止行為間無因果關係」仍成立準中止犯。

值得注意的是，若該一人或數人無法阻止犯罪結果發生，但確實已盡真摯的防果行為，卻無法阻止犯罪結果的發生時，應如何處理？通說認為不能成立中止未遂，其理由在於中止犯罪之正犯必須有效阻止犯罪結果之發生始能成立中止犯，然該中止行為能在量刑時有所斟酌（§59）。

亦有認為可以成立障礙未遂，主要是以「共同正犯關係脫離」理論為基礎，主張行為人以真摯的意思為中止行為時，是切斷與其他共同正犯之聯繫，故從切斷之時點，行為人的共同正犯關係消滅，行為人只須就該時點前的行為負責。換言之，為中止行為之人（切斷者）應負的責任應是未遂責任，只是該犯罪結果仍有發生，所以不是中止未遂，而論以類似犯罪行為時因另一無關因素介入而導致因果關係進行有障礙的障礙未遂，不過，其真摯的努力亦得於量刑上加以斟酌（§59）。

＊既遂之中止？

原則上，不可能有既遂後結果已發生時，發生中止之情形。不過，刑法分則中有些規定在行為完成後，仍有類似中止犯寬減之效果。例如：§168偽證罪，是行為犯，一有偽證之舉，犯罪行為即既遂，但 §172規定，於案件裁判或懲戒處分確定前自白者，減輕或免除其刑。此效果和未遂中止的效果是相同的。其目的在於：鼓勵行為人事後自白，可使國家公權利行使不受侵害。

❖ 實例講座 ❖

瞎子的繼承人

　　甲是瞎子乙的唯一遺產繼承人，欲圖得乙之財產久矣。某日，豪雨過後，甲乙相偕外出散步。甲發現，有高壓電線掉落地上。甲心想，可以不著痕跡將乙殺死，於是，提議乙往高壓電線走去。當乙靠近電線時，甲發現鄰居丙在不遠處，怕被識破，因而及時趨前拉住乙。丙覺得甲行跡可疑，將此事向檢察官告發。試問：甲的可罰性如何？

解析

一、甲原本意欲不著痕跡將乙殺死，於是引領乙往高壓電線走去。不料當乙靠近電線時，甲發現鄰居丙在不遠處，怕被識破，因而趨前拉住乙。依印象理論，甲已顯示主觀犯意，且客觀行為也已經令大眾產生危害感（若乙再靠近電線就會有生命危險），可認定已達著手階段，而非預備。

二、甲因看到丙在不遠處才停止行為，是否構成中止未遂，容有討論空間。有論者持寬大的立場，不問有無外力影響，只要行為人放棄行為繼續，即屬中止未遂；但是本書認為，雖不問行為人中止的動機為何，但必須是不受外力壓迫或影響的前提之下，方才構成中止未遂。本例的甲之所以中止行為，是因為見到丙在不遠處，受此外力影響，因此障礙阻撓方才中止行為，故應屬障礙未遂。

三、小結：甲可成立§271Ⅱ殺人罪的未遂犯。

小三疑雲

　　甲的妻子乙性多猜忌，某日碰巧看見甲與一陌生女子丙在路上相談甚歡，遂疑丈夫有外遇。乙自認甲在外面有「小三」，乃欲毒死甲，於甲的湯品中下毒，留下紙條離家，紙條中叮嚀甲要記得喝湯。離家後，乙找疑似第三者的丙詳談後，始知純屬誤會，原來丙是珠寶業者，甲之所以與丙相識，是為了購買鑽戒給自己當結婚紀念日的禮物。乙悔悟，擔心喝湯的丈夫會死亡，即刻叫救護車救甲。但是，當天甲因身體不適並未進食。試問：乙之行為如何評價？

解析

一、乙可能構成§271Ⅱ殺人未遂罪
（一）構成要件該當性：主觀上，乙具有殺人故意。客觀上，乙已著手實行殺人行為，但未發生犯罪結果，故客觀上為未遂的型態。惟乙究應成立普通未遂或中止未遂，不無疑義。
（二）乙之殺人行為已完成，屬於行為既了的狀態，但是，乙乃出於自律且倫理上的自我要求欲中止犯罪結果之發生，雖然犯罪結果之未發生與乙的防果行為間並無因果關係，但是乙已盡力為防止行為，應構成§27Ⅰ後段「結果之不發生，非防止行為所致，而行為人已盡力為防止行為者，亦同。」的準中止犯。
（三）乙無任何阻卻違法與阻卻罪責事由。
二、小結：乙成立§271Ⅱ之殺人未遂罪的準中止犯，依§27Ⅰ後段的規定，得減輕或免除其刑。

微量的安眠藥

　　甲乙兩人共謀殺丙，兩人相約，甲買毒藥，由乙放入丙之飲料中。甲購買毒藥時，藥房老闆心疑，交給甲微量安眠藥，偽稱乃有毒藥丸，乙將

此藥丸摻入丙的飲料中，丙飲用後沉睡。稍後，甲心中不安，電告119請前去救丙，119人員抵達丙宅，發現丙只是沉睡，根本無生命危險。試問：甲乙二人行為的可罰性如何？

解析

甲乙二人可能共同成立§271Ⅱ殺人罪的未遂犯。甲有準中止犯減輕之事由。

一、甲購買毒藥時，藥房老闆心疑，交給甲微量安眠藥，偽稱乃有毒藥丸，乙將此藥丸摻入丙的飲料中，丙飲用後沉睡。雖不發生犯罪結果，但並非出於行為人重大無知，所導致的未遂。§26雖然賦予不能犯享有最優惠的待遇，不罰。但必須嚴格認定不能犯。解釋上必須將不能未遂解釋為「行為人嚴重無知下的未遂」較為合理，因此偶然的不能，不可視為不能未遂，否則會造成不能未遂的氾濫。

二、在危險的判斷上，應該以行為當時所存在的具體情狀作基礎，並且依據「一般人所認知」者，來判斷有無危險。故甲乙兩人共謀殺丙未發生犯罪結果，不符合§26「無危險」的要件。此外，對「無危險」的判斷，若採具體危險說的觀點，由於一般人以及行為人皆認知毒藥有致命的危險，結果的不發生是由於藥房老闆調包，此為偶然的因素，結論亦相同。

三、甲心中不安，電告119請前去救丙，119人員抵達丙宅，發現丙只是沉睡，根本無生命危險。犯罪結果的不發生與行為人甲並無因果關係，依§27Ⅰ前段，不能成立典型的中止犯。但是，由於結果發生前，已盡防止結果發生之誠摯努力，對結果之發生已盡其防止之能事，依§27Ⅰ後段之準中止犯規定，應屬於結果不發生之準中止犯。由於中止犯屬一種個人刑罰減免事由，乙對於結果之發生既未盡其防止之能事，依§27Ⅱ，乙無法享此條款之寬典。

四、小結：甲成立§271Ⅱ殺人罪的未遂犯，並依§27減輕或免除其刑。乙因不符中止未遂的成立要件，僅成立殺人罪的一般未遂犯，依§25得減輕其刑。

富有的房東

　　甲租屋於台北。見房東A於學區內有許多房屋待出租，出入也以跑車代步，心想A的家中應該有許多值錢的財物，進而心生歹念計畫潛入A宅行竊。某日，甲趁A出門，進入A宅行竊，不料A雖極為富有，但除了代步的跑車外，平日生活極為簡樸，家中竟無值錢之物，就連家電也破舊不堪。甲因此什麼也不想拿，空手而歸。試問，甲之行為如何論處？

解析

一、甲潛入A宅行竊的行為，可能成立§321II加重竊盜未遂罪：

（一）構成要件該當性：

　1.本案甲侵入A宅行竊，無論依主觀說、客觀說或折衷說見解，已為加重竊盜著手。但因A宅一無所有而空手而回，此等行為雖屬未遂，惟就屬不能未遂亦或是普通未遂則有疑義。

　2.不能未遂§26的規定，須符合「行為不能發生犯罪結果，又無危險」方能成立。又所謂行為無危險須行為人因重大無知，導致影響結果是否發生的判斷。亦即，依據行為人所認識之事實為基礎，由一般經驗法則判斷該行為是否發生危險。倘若以一般經驗法則觀察，該行為欠缺的客觀要件是顯而易見的，而無法發生危險，則屬不能未遂。反之，若以一般經驗法則觀察的結果，行為仍有可能造成危險，僅係偶然失敗，則屬普通未遂。

　3.本案甲侵入A宅行竊雖空手而回，但其未得手的結果係A宅內無值錢財物，依照一般經驗法則，該行為仍可能造成危險，故非屬不能未遂，而為普通未遂。

（二）違法性及罪責：甲無阻卻違法事由及阻卻罪責事由，故甲的行為具違法性及罪責。

（三）小結：甲雖空手而回，但依上所述，甲非屬不能未遂而為普通未遂。因此甲成立§321II加重竊盜未遂罪

二、甲潛入A宅的行為，可能成立§306侵入住居罪：

　　侵入住居罪係指無故侵入他人住宅的行為。今甲未得A之同意侵入A宅，又無其他阻卻違法及罪責事由，故甲成立§306的侵入住居罪。

三、競合

　　侵入住宅竊盜罪之論斷，實務與學說有不同說法。有認為兩者應成立一行為觸犯數罪名，成立§55想像競合犯，而從一重論處；亦有認為兩者應成立§50數罪併罰，而數罪併罰。本書認為，應論以想像競合，故係從重的加重竊盜未遂罪。

COVID-19

　　某A因罹患ALS（肌萎縮側索硬化症，俗稱漸凍人）臥病在床多年，日常起居都由大兒子甲照料。甲為了想早日得到父親遺產，想出一招借刀殺人之計。甲誤以為只要接觸COVID-19之居家檢疫對象就一定會被傳染，故意將A帶往機場接觸回國應居家檢疫之民眾，希望A感染病毒致死。不久A果然發呼吸不順，緊急急救後仍然呼吸衰竭而死。惟事後證實，其實A呼吸衰竭，是因ALS引發導致，與病毒無關。試問：甲該當何罪？

解析

一、甲可能構成§272 I殺害直系血親尊親屬既遂罪

　　客觀上，條件說為刑法上的原因，指任何不可忽略的條件，如果沒有此一條件，具體的結果就不致於發生。本題中，ALS死因多數為呼吸衰竭、吸入性肺炎，若使他們於有高危險感染之環境下，確實可能導致有肺炎之可能性，具有不可想像其不存在之因果關係。

　　甲在明知父親A患有絕症自體免疫力欠缺，仍帶他前往機場之高危險區域，該行為已製造法所不容許之風險，但就A之死亡不能令甲負殺人既遂之責，因為在危險與結果間產生偏離常軌的因果歷程。亦即，甲雖帶A前往機

場希望感染該病毒,並和乙死亡間有因果關係,然此死亡結果顯然是不尋常的,不能令甲負殺人既遂之責。

二、甲可能構成§272 I 殺害直系血親尊親屬罪之未遂罪

甲將其父親A帶去機場,是希望因為本身免疫力較為欠缺之A,可以因此遭感染而喪命,雖事後並未真正感染疫情,但並非出於行為人之重大無知,所導致之未遂。§26賦予不能犯享有最優惠的不罰待遇,但必須嚴格認定不能犯。解釋上,必須將不能未遂解釋為「行為人嚴重無知下的未遂」較為合理,因此偶然的不能,不可視為不能未遂,否則會造成不能未遂的氾濫。

在危險的判斷上,應該以行為當時所存在的具體情狀作基礎,並且依據「一般人所認知」者,來判斷有無危險。本件並非與常理不合,得到此病毒以目前全球趨勢而言,確實致死率極高且並無藥物醫治,故非屬不能犯。故甲之行為未發生犯罪結果,不符合§26「無危險」的要件。

客觀上,甲將其父親A帶去機場,欲使A感染肺炎。依印象理論,甲已顯示主觀犯意,且客觀行為也已經令大眾產生危害感(以一個欠缺自己免疫力之絕症病患到機場亦可能有生命危險),可認定已達著手階段。主觀上,甲具備故意的認知要素,且同時容認犯罪結果的發生,即具備決意要素,故甲具有殺人之故意。惟甲的行為並未致A死亡,而是因為ALS所導致,故未遂。甲無阻卻違法與罪責事由,故應成立§272 II 殺害直系血親尊親屬未遂罪。

三、小結:甲成立§272 II 殺害直系血親尊親屬未遂罪。

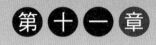

第十一章

正犯與共犯

第十一章　正犯與共犯

【目次】

第一節　正犯之概說

正犯（Täterschaft）係指行為人親自實行或以他人為道具而實行犯罪構成要件者，為正犯。

壹、正犯之型態種類

一、單獨正犯

單獨正犯（Alleintäterschaft）乃指行為人單獨實行犯罪構成要件之行為，親自實行構成要件行為的人。

二、共同正犯

共同正犯（Mittäter）係指二人以上基於犯意的聯絡，且有行為分擔，而實施犯罪構成要件。彼此有意思聯絡，而且分工實行構成要件行為的人（§28）。有如下的情形：必要的共犯（必要的參與），此具有共同正犯的性質，因為刑法條文中，某些少數犯罪，其構成要件須多數人為犯罪始可構成犯罪，又稱為「必要共犯」。此類條文大多規定於刑法分則，主要分為兩類：

1. 聚合犯（Konvergenzdelikte）：二人以上朝同一目標共同參與犯罪實行，可分為三類型：(1)聚眾犯，例如：聚眾不解散罪§149、暴動內亂相關之罪§§101、161Ⅲ、聚眾鬥毆罪§283；(2)結夥犯，例如：結夥三人以上加重竊盜罪§321Ⅰ，僅限於在場實行犯罪者始能成立；(3)共合犯，例如：三人以上共同犯的加重詐欺罪§339-4，不限於實施共同正犯，尚可包含共謀共同正犯。

2. 對向犯（Begegnungsdelikte）：兩人以上基於共同犯意，彼此相互對立之意思經合致而成立之犯罪，行為者各有其目的，各就其行為負責，彼此間無所謂犯意之聯絡，苟法律上僅處罰其中部分行為者，其餘對向行

為縱然對之有教唆或幫助等助力，仍不能成立該處罰行為之教唆、幫助犯或共同正犯[1]，若對向之二個以上行為，法律上均有處罰之明文，當亦無適用刑法第二十八條共同正犯之餘地。例如：重婚罪§237、賭博罪§266、收賄罪§122 I、行賄罪§122 Ⅲ。

三、間接正犯

間接正犯（mittelbare Täterschaft）係指以他人為工具來完成自己犯罪目的之人，乃利用他人行為實現構成要件的人（法條沒有規定）如：利用無責任能力人（例如，唆使白痴去放火）、利用他人的合法行為（例如，利用他人的正當防衛行為，傷害第三人）、利用他人無故意（或不知情）的行為（例如，在陽明山，告訴外國朋友，鳳蝶可捕、劍筍可口）、利用他人非構成要件的行為（例如，誘使盲人觸摸高壓電）、強制行為（例如，甲用槍抵住乙頭部，命乙傷害丙）。不過請注意，如果只是單純以他人為工具，直接使用強制力，則為直接正犯（unmittelbare Täterschaft）；例如，以毀損為目的，把站立櫥窗旁邊之人，用力推向櫥窗。

四、同時正犯

同時正犯（Nebentäterschaft）指二人以上各自出於不同犯意（無犯意聯絡）卻偶然地同時實行同一犯罪行為，簡稱「同時犯」。簡言之，是二個人以上，共同達成犯罪行為，但二人間並無犯意聯絡，衹是恰好有行為之分擔。例如，兩個竊賊沒有事先約定，卻同時在一間別墅行竊（法條沒有規定）。同時犯各別成立自己的罪（這和共同正犯不同；共同正犯是命運共同體）。

---

[1] Wessels/ Beulke/ Satzger, Strafrecht, AT, 52. Aufl., 2022, §16, Rn. 921.

> **例**
>
> 　　計程車司機甲超速行駛，小客車駕駛乙闖紅燈，結果甲、乙互撞，使甲車內之乘客丙當場死亡。
>
> ➔ 甲、乙之犯罪型態即為同時犯。丙之死亡，雖由甲、乙共同加工造成，但甲、乙並無犯意聯絡只有行為分擔，甲、乙均各自負過失致死之責。

貳、正犯的概念

　　為確認正犯之概念，在學說有主張應區分正犯與共犯之必要者，提出「緊縮正犯概念」與「擴張正犯概念」。另外，也有認為沒有區分正犯與共犯必要者的「單一正犯概念」，說明如下：

一、緊縮（限制）正犯概念

　　限制正犯的概念（restrktiver Täterbegriff）是指，凡親自實行構成要件行為的人才為正犯，則教唆、幫助犯均不是正犯，此為「二元犯罪參與體系」。亦即，刑法對於原來不處罰之行為，卻加以特別規定處罰。本來是正犯才加以處罰，但刑法也處罰教唆犯與幫助犯，此情形成為刑罰的擴張，係擴大刑罰的範圍[2]。

二、單一正犯概念

　　單一正犯的概念（Einheitstäterbegriff）是指，在刑法體系上，行為人沒有區分正犯與共犯的必要，每一個行為人的行為與構成要件結果之實現有因果關係者，均為正犯，因為有因果關係就有支配關係，有支配關係就是正犯。至於在犯罪過程中的行為支配的強弱，則屬於法官在刑罰裁量時

---

[2] 林山田，刑法通論（下），2008，頁31以下；蔡墩銘，刑法精義，1999，頁305以下。

的評價[3]。因為每個對構成要件有貢獻的人，均為正犯。採此說無共犯從屬性的爭議問題。

單一正犯概念又稱為擴張正犯概念（extensiver Täterbegriff）是指，並非真正實行構成要件的行為人，才是正犯，凡對構成要件之結果給與助力、原因、條件之人均為正犯。則教唆、幫助犯均為正犯。本說認為教唆犯、幫助犯本為正犯，依法律規定必須對之特別處罰，屬刑罰限制的看法，故亦稱「刑罰限制說」。因為，教唆犯、幫助犯在本質上如屬正犯，則在處罰上應和正犯相同，而今卻做出不同的規定，即對於法定不法構成要件可罰性範圍加以限制。

三、我國刑法不採單一正犯體系

我國刑法不採單一正犯體系，認為應區分正犯與共犯者，於法典中分別規定區別正犯與共犯之標準。並有共犯從屬形式上的爭議問題。2005年新法將原第一編第四章章名「共犯」改為「正犯與共犯」，此明白指出「由於我國與德國、日本同採二元犯罪參與體系，而非單一正犯體系，且目前學說見解皆認正犯與共犯有本質之不同，即正犯被評價為直接之實行行為者（如直接正犯、間接正犯、共同正犯），共犯則被評價為間接參與實行行為者（如教唆犯、幫助犯），故可知不採單一正犯體系。

參、正犯與共犯（教唆、幫助）之區分理論依據

一、以行為的外觀為判斷基準（客觀說）

客觀說（formal-objektive Theorie）認為，只有侷限於構成要件該當行為之人才為正犯；若所實行之行為為構成要件該當行為以外者，則為共犯[4]。法實證主義者持這種意見，例如，李斯特（von Liszt）是形式客觀

---

[3] Wessels/ Beulke/ Satzger, Strafrecht, AT, 52. Aufl., 2022, §16, Rn. 794.

[4] Roxin, Strafrecht, AT/2, 1. Aufl., 2003, §25, Rn. 29.

說的擁護者。他認為，只有形式上實行構成要件行為的人，才是正犯；反之，則是共犯。採取這個觀點，正犯的概念會受到限制（這叫做：緊縮的正犯概念）。這對行為人比較有利。法實證主義者認為，這種看法，比較可以實現法治國原則。不過，形式客觀說（相信感官經驗可以察覺到的才算數），無法回答間接正犯[5]，也不能圓滿處理某些共同正犯（例如，甲乙共謀殺丙，甲持刀殺丙，乙抓丙手，使不能掙脫；依形式客觀說，甲是正犯，乙是幫助犯）。

二、以行為人的意念為判斷基準（主觀說）

主觀說（subjektive Theorie）認為，正犯須以自己的利益及目的意思而實行行為，否則即為共犯，行為人的想法是什麼，決定他到底是正犯或共犯。依照這種意見，正犯的範圍可能會擴大，教唆犯或幫助犯，可能被判斷為正犯。不過，實行構成要件行為的人，在特殊的情況下，也可能被判斷為教唆犯或幫助犯。這個判斷的基準，可能對行為人不利，因為正犯的概念或許被擴張。

【圖55】即在說明從形式客觀說與極端主觀說的不同，區分正犯與共犯的不易。

圖55：正犯與共犯之區分理據

（參照Haft, AT, 8. Aufl., S. 193）

	形式客觀說	極端主觀說
根據	本理論約至1930年（之後即放棄本嚴格形式的理論）	帝國最高法院歷年判決之見解（RGSt2,160）
主張	正犯，係指行為人以其行為實現犯罪客觀和主觀構成要件之人。若缺乏其全部或部分者，僅成立共犯。	正犯以正犯之意思犯罪，將犯罪當做屬於自己之犯罪；共犯以共犯之意思犯罪，將犯罪當做屬於他人之犯罪。
主要考量	正犯意義必須嚴謹規定（緊縮正犯理論）。共犯規定成為刑罰擴張事由。	正犯意義必須寬鬆規定（擴張正犯概念）。共犯規定成為刑罰限制事由。

---

[5] Wessels/ Beulke/ Satzger, Strafrecht, AT, 52. Aufl., 2022，§16, Rn. 804.

	形式客觀說	極端主觀說
案例	甲與乙兩人共駕汽車前往他人住宅侵入竊盜；甲侵入他人住宅竊盜，乙坐於汽車內等待。只有甲得成立正犯，因為其實現竊盜罪的客觀構成要件……	……依據犯意方向，甲亦得成立正犯，乙亦得為共犯。
批判	主導犯罪的間接正犯與在背後計謀之幫派頭子無法正確掌握。	犯意形式在實務判決中偶有出現，正犯與共犯成為幾乎可隨意交替的概念。

三、主客觀擇一標準說

我國實務早期採主觀說，後則偏向客觀說，但司法院大法官釋字第109號的解釋則將主觀說之範圍擴大到極致。其採「以自己共同犯罪之意思，實行構成要件之行為者，為正犯；以自己共同犯罪之意思，實行構成要件以外之行為者，亦為正犯；以幫助他人犯罪之意思，實行構成要件之行為者，亦為正犯；以幫助他人犯罪之意思，實行構成要件以外之行為者，始為從犯」之立場。依此說法乃承認「共謀共同正犯」。這是極端擴張共同正犯的標準。

但是若認為凡以自己之利益或目的意思而參與犯罪之實施者，即為正犯並不妥適，應該以犯罪支配說的立場來說明正犯之成立較為妥當。

四、犯罪支配說（通說）

犯罪支配說（Tatherrschaftslehre）是指，在犯罪過程中，居於犯罪支配地位的人，是正犯。這種支配的情形有：1.行為支配（Handlungsherrschaft），包含直接正犯、同時正犯；2.意思支配（Willensherschaft），主要為間接正犯；3.功能支配（Funktionsherrschaft），主要為共同正犯，此外如：幫派組織的主持者是正犯[6]。

---

[6] 這個有爭議，例如Roxin認為屬於間接正犯，Roxin, Strafrecht, AT/2, 1. Aufl., 2003, § 25, Rn. 107.

　　所謂的支配,是指操控與主導整個犯罪過程,除了要求行為人的操控行為與結果間要有因果關係外,更強調的是一種強烈的支配結果實現的意志。總之,正犯是具有操縱功能的犯罪支配人物(核心關鍵人物),掌握了犯罪進行的方式、決定發生何種犯罪結果,以及有能力加速進行或阻止犯罪發生[7]。

　　目前,實務亦有運用犯罪支配說來區分正犯與共犯的理據,例如100台上6096判決指出:「在功能性犯罪支配概念下,多數人依其角色分配共同協力參與構成要件之實現,其中部分行為人雖未參與構成要件行為之實行,但其構成要件以外行為對於犯罪目的實現具有不可或缺之地位,仍可成立共同正犯。」

　　不過,應注意的是,在某些犯罪型態是無法以犯罪支配說來說明正犯的成立,也就是犯罪支配說之例外情形;其主要是透過構成要件的規定,即直接決定「誰」可以作為正犯,故又被稱之為與構成要件相關聯的正犯(tatbestandsbezoger Täterbegriff)[8],換言之若不符合構成要件特別身分要件者,不能成立正犯、共同正犯、間接正犯,而僅能論以共犯。例如:

1. 義務犯(Pflichtdelikte):義務犯的成立取決於是否違反法定構成要件明定的特別義務,而不管是否具有犯罪支配[9]。義務犯之正犯,一定要負有特別義務者,才可能成立。其他不具有特別義務的人,不能成立本罪的共同正犯或間接正犯,只能成立教唆犯或幫助犯。例如:最典型的義務犯是背信罪(§342),行為主體限於為他人處理事務之人。肇事逃逸罪(§185-4)中肇事者負有特別救助義務[10]。此外,不純正不作為犯屬於有保證人地位所生的特別義務犯。

---

[7] Roxin, Strafrecht, AT/2, 1. Aufl., 2003,§25, Rn. 10;林山田,刑法通論(下),2008,頁42;蔡墩銘,刑法精義,1999,頁317。

[8] Wessels/ Beulke/ Satzger, Strafrecht, AT, 52. Aufl., 2022,§16, Rn. 796ff.

[9] Roxin, Strafrecht, AT/2, 1. Aufl., 2003,§25, Rn. 268.

[10] Wessels/ Beulke/ Satzger, Strafrecht, AT, 52. Aufl., 2022,§16, Rn. 801.

2. 己手犯又稱親手犯（eigenhändige Delikte）：所指的是行為人必須親自實行法定構成要件，始可成立正犯，例如：重婚、血親性交罪、偽證罪、酒醉駕駛罪。如果不具法定構成要件身分之人即使有行為支配，亦只能成立共犯[11]。

3. 純正身分犯：法定構成要件中限定行為人資格，具備法定資格者始能成立犯罪，又稱為「特別犯（Sonderdelikt）」。例如：具有公務員身分者始能成立收賄罪的正犯（§§121Ⅰ、122Ⅰ）。如果不具備法定資格要件身分之人，原則上只能成立共犯。

4. 基於上述的理解，在多數人共同犯罪時，應循序做下列的檢驗過程，找出正犯或其他的共犯[12]：

   (1)誰是有嫌疑的行為人？

   (2)犯罪構成要件是否計畫決定為正犯？

       己手犯？

       身分犯？

       義務犯？

   →如為否定，繼續審查：

   (3)正犯是否依據行為支配規則產生結果？

       行為支配？

       意思支配？

       功能支配？

   →如為否定，應尋找其他得為行為人之人

       （找尋結果：可疑的人，可能只存在共犯）

       教唆犯？

       幫助犯？

---

[11] Wessels/ Beulke/ Satzger, Strafrecht, AT, 52. Aufl., 2022, §16, Rn. 799.

[12] Haft, Strafrecht, AT, 9. Aufl., 2004, S. 197.

第二節　共同正犯

壹、共同正犯之意義

　　二人以上之行為人彼此間，有共同之行為決意及行為分擔所共同構成犯罪的正犯。

　　§28：「二人以上共同實行犯罪之行為者，皆為正犯。」相對於舊刑法，乃是將「實施犯罪」修改為「實行犯罪」。其立法理由大致如下：

1. 舊刑法「實施」一語，實務多持31年院字2404號解釋之意旨，認其係涵蓋陰謀、預備、著手、實行概念在內，即承認陰謀共同正犯、預備共同正犯。然倘承認預備、陰謀共同正犯之概念，則數人雖於陰謀階段互有謀議之行為，惟其中一人或數人於預備或著手階段前，即已脫離，並對於犯罪之結果未提供助力者，即便只有陰謀行為，即須對於最終之犯罪行為，負共同正犯之刑責，如又無中止未遂之適用，實有悖於平等原則。故修正共同正犯之參與類型，確定在「實行」概念下之共同參與行為，始成立共同正犯[13]。

2. 將「實施」修改為「實行」，並無礙於現行實務處罰「共謀共同正犯」之立場。因為僅在極少數採取「形式客觀說」立場者，對於無分擔構成要件行為者，不得論以共同正犯外，因為無論「實質客觀說」或「行為（犯罪）支配理論」，均肯定共謀共同正犯之處罰。

3. 從日本之立法例中雖規定為共同「實行」，然亦承認共謀共同正犯之概念，而德國通說採取「行為（犯罪）支配理論」，亦肯定共謀共同正犯之存在，尤其，我國實務採主觀客觀擇一標準說之立場，更肯定共謀共同正犯之存在。

---

[13] 林山田，刑法通論（下），2008，頁90。

貳、共同正犯之本質

學說上對於共同正犯的本質，曾有下列說法：

一、犯罪共同說（從客觀立場觀之）

除了共同行為決意外，尚須對於特定的構成要件加以實現，也就是重視數行為人是否共同實行特定的犯罪。本說又區分為嚴格犯罪共同說，要求罪名同一；部分犯罪共同說，在同質限度內，即可成立共同正犯。

二、行為共同說（從主觀立場觀之）

重視數行為人的行為是否共同。換言之，只要有行為分擔，即可顯現其具有共同惡性，因而成立共同正犯，不以犯罪意思共同為必要條件。

三、共同意思主體說

二人以上必須有實現特定犯罪之共同目的，在實現犯罪的共同目的情況下，數人形成同心一體的共同意思主體，只要其中一人著手實行犯罪，則參與者皆為共同正犯，並不以每人均須有「行為分擔」為必要。

就§28條文觀之，可知§28採犯罪共同說之立場，但實務上見解則改採共同意思主體說。如大法官釋字第109號解釋：「以自己共同犯罪之意思，參與實施犯罪構成要件以外之行為，或以自己共同犯罪之意思，事先同謀，而由其中一部分人實施犯罪者，均為共同正犯，並不以每人有行為分擔為必要。」

參、共同正犯之成立要件

一、須有二人以上之正犯

正犯須具有責任能力，即行為人須具有正犯資格。雖然學說上有謂其

中個別之行為人是否具有責任能力，乃個別行為人應否負擔刑事責任的罪責問題，與共同正犯之成立要件無關。但是實務認為無責任能力人，既然欠缺意思要件，則應認為無犯意之聯絡，而不算入於共同正犯之數（參照，28上3242判決）[14]。本書認為，意思能力與責任能力並非具有一致的概念，再者，責任能力在於非難行為人對於規範形成不法的態度，應為個別認定之，故如係無責任能力人，仍可能成立共同正犯之數。

二、須有共同行為之決意（主觀要件）

二行為人主觀上須有共同行為之決意（gemeinsamer Tatentschluss），亦即有共同之行為決意、意思合致或彼此知情，包括：討論犯罪計畫、如何實行等，不以事前聯絡為必要，若係當場實行或以他法聯絡均可。除共同之行為決意，尚須有：互相利用他人的行為，以達自己犯罪之意願（不論為明示、默示[15]），因此數人之犯意聯絡，不以直接發生者為限，亦可經由中間人之聯繫以達成。例：甲邀乙、丙一同搶銀行，雖乙、丙間無直接連繫，但亦不妨害共同正犯之成立。

若只有單方面犯意的認識，欠缺共同之行為決意，則非共同正犯（稱片面的共同正犯），若其他共同正犯所實行的行為，逾越了原共同之行為決意的範圍（稱共同正犯的過剩），則原來的正犯不負逾越之責。

另外，指揮他人實施犯罪的共同正犯，和其他正犯有共同行為決意，雖無行為分擔，但基於指揮人地位，當然可視為行為的共同實施。例如，黑社會老大指揮手下從事違法行為，彼此間亦成立共犯正犯關係。

三、共同實行不法行為（客觀要件）

共同的行為實行之分擔，不以全程參與為必要，只須參與其中一部即可，且共同行為之實施，不限於同種行為，即不同之行為亦包括在內。例

---

[14] 蔡墩銘，刑法精義，1999，頁328。

[15] Wessels/ Beulke/ Satzger, Strafrecht, AT, 52. Aufl., 2022, §16, Rn. 824.

如：§328強盜罪，一人為強暴脅迫之動作、一人取走財物，仍為共同正犯，因異種行為之實行，亦不妨害共同行為實行之概念。

共同的行為通常以作為方式實行，但不作為亦可成立共同正犯。例如：共同遺棄無自救力之人即可能由一人作為和一人不作為共同為之；又如：倉庫管理員不鎖倉庫，故意讓同夥的人順利得手。

肆、共同正犯之類型

一、實行共同正犯

實行共同正犯，即數人一同實行犯罪行為（實行構成要件之行為者）。此為共同正犯的基本類型。

二、共謀共同正犯

本來共同正犯之成立，必須同時具備主客觀要件才能論以共同正犯，但由於「主客觀要件擇一」理論，使得實務對於共同正犯之概念，由於「共謀共同正犯」之承認，對共同正犯之種類已有極端擴張的情形。

實務見解，如釋字第109號：「共同正犯，係共同實施犯罪行為之人，在共同意思範圍內，各自分擔犯罪行為之一部，相互利用他人之行為，以達其犯罪之目的，其成立不以全體均行參與實施犯罪構成要件之行為為要件；參與犯罪構成要件之行為者，固為共同正犯；以自己共同犯罪之意思，參與犯罪構成要件以外之行為，或以自己共同犯罪之意思，事前謀，而由其中一部分人實行犯罪之行為者，亦均應認為共同正犯，使之對於全部行為所發生之結果，負其責任。」由此可知，「共謀共同正犯」因釋字第109號之概念而確立。此與共同意思主體說的想法接近，但這個概念對區別共謀共同正犯與教唆、幫助犯有實際上的困擾。

惟應注意的是，近來最高法院有認為：「共謀共同正犯，因其並未參與犯罪構成要件之實行而無行為之分擔，僅以其參與犯罪之謀議為其犯罪

構成要件之要素，故須以積極之證據證明其參與謀議……。」顯見實務對共謀共同正犯的認定，係採限縮的立場（參照，104台上539判決）。

三、相繼或承繼的共同正犯

> **例1**　甲欲殺乙，但自知成功率不大，故請丙幫忙，約好事成丙可拿30萬，乙果真被丙所殺。
> → 甲應成立教唆犯，丙為單獨正犯（直接正犯），但若依釋字第109號解釋，甲與丙為共謀的共同正犯。

> **例2**　甲之妻乙連生四胎女嬰後，甲對接生婆丙說，若這一胎又是女的，你就把她處理掉。
> → 甲應成立教唆犯，丙非甲之工具，丙尚有自主意思，故丙為直接正犯，但若依照釋字第109號解釋，甲與丙為殺人罪的共謀共同正犯。

犯意的形成不須於事前形成、縱於行為中才形成亦可，稱為相繼的共同正犯或相續的共同正犯（sukzessive Mittäterschaft）；意思聯絡形成於犯罪構成要件一部行為之後，則稱「承繼的共同正犯」，承繼或相繼的共同正犯，對於參與前的行為，亦應負共同之責。

對此，實務有稱之為「事中共同正犯」的，也就是指「行為人已著手於犯罪之實行後，後行為人中途與前行為人取得意思聯絡而參與實行行為」，意義與承繼或相繼的共同正犯相同。

至於事中共同正犯，是否亦須對於參與前的他共同正犯之行為負擔責任，實務通說認為，本於共同正犯「一部行為全部責任」法理，即在於共同正犯間的「相互利用、補充關係」，採肯定見解。因此「若他共同正犯之前行為，對加入之事中共同正犯於構成要件之實現上，具有重要影響力，即他共同正犯與事中共同正犯對於前行為與後行為皆存在相互利用、

補充關係，自應對他共同正犯之前行為負責」（參照，102年度第14次刑庭決議）。

伍、共同正犯之未遂與既遂

共同正犯的法律效果是「一部行為負全部責任」，因此，只要共同參與者之其中一人已經達到著手實行的階段，則全部的人均視為已經著手。

既遂與否的認定，亦非全部既遂始能論以既遂，只要其中一人所實行的行為既遂，其他行為人雖尚屬未遂，但各共同正犯均須成立既遂。只有在無人達既遂時，才能論以共同正犯未遂責任。

實務上見解亦認為，複數行為人遂行犯罪時，較諸於單獨犯型態，由於複數行為人相互協力，心理上較容易受到鼓舞，在物理上實行行為亦更易於強化堅實，對於結果之發生具有較高危險性，因此脫離者自須排除該危險，或阻止未脫離者利用該危險以續行犯罪行為時，始得解消共同正犯關係，不負共同正犯責任（參照，106台上3352判決）。雖然，學理上有提「著手後脫離理論」者則認為，因為共同正犯的責任是一種責任的擴張，因此為了要防止責任過於外放，只要共同正犯之一人，能切斷心理上及物理上的因果力，可以允許共同正犯脫離，否則價值不相同的行為，在刑法上卻受到相同的評價，不符合平等原則，而得論以中止犯[16]。但本書認為脫離者若無排除該危險，或阻止未脫離者利用該危險以續行犯罪行為時，仍須負共同正犯的責任。

陸、共同正犯之錯誤

一、狹義的共同正犯之錯誤

錯誤為行為人的認識與實際情形不一致（主、客觀上的不一致），於

---

[16] 林山田，刑法通論（下），2008，頁97。

共同正犯共同實行犯罪時亦有可能發生。共同正犯之中，有一人或數人發生錯誤，基於「一部行為，全部責任」的法理，共同正犯之錯誤依錯誤法理論斷。

> **例**
>
> 　甲乙丙共同謀議欲殺丁，甲把風，乙架住丁，丙拿槍欲射殺丁，未料，丙扣下扳機時卻誤中路人戊，造成戊的死亡。應如何評價甲乙丙的罪責。
>
> → 甲乙丙構成打擊錯誤。依打擊錯誤，對丁構成殺人未遂，對戊構成過失致死。依§55從一重處斷，應成立§271Ⅱ殺人未遂罪之共同正犯。

二、共同正犯之逾越

　若共同正犯中之一人逾越共同商議的犯罪計畫，則此逾越者獨立承擔逾越部分的罪責，其餘未逾越者則依照其所商議的犯罪處罰。換言之，對於其他共同正犯，超越彼此約定共同決意的過剩部分，不必負責。此係因犯罪計畫不僅是共同正犯的成立基礎，同時也是共同正犯相互歸責的界線[17]。

> **例**
>
> 　甲乙丙三人共謀夜間行竊丁家財物，行竊當下，甲見丁女美麗可人，乃將之強暴。
>
> → 甲將丁女強暴的行為已經逾越甲乙丙三人共謀行竊的計畫，故甲乙丙成立§321加重竊盜罪之共同正犯外，甲獨自成立§221強制性交罪。

---

[17] Wessels/ Beulke/ Satzger, Strafrecht, AT, 52. Aufl., 2022, §16, Rn. 826.

三、共同正犯之加重結果犯

在認定共同正犯，原則上對於犯意聯絡範圍內的犯罪行為，皆應當一併負責。加重結果犯對於加重結果之發生，並無主觀上之犯意可言。主要判斷對於客觀預見可能性，因此，共同正犯中之一人所引起之加重結果，其他之人應否同負加重結果之全部刑責，端視其就此加重結果之發生，於客觀情形能否預見；而非以各共同正犯之間，主觀上對於加重結果的發生，有無犯意的聯絡為斷。實務見解亦採相同看法（參照，91台上50判決）。

第三節　間接正犯

壹、間接正犯之意義

犯罪行為人單獨實現犯罪構成要件者為直接正犯，即規定於刑法分則中，行為人以自己一個人的行為直接完成構成要件行為之正犯。相反地，間接正犯則非行為人自己實行構成要件，而係幕後操縱的支配者利用第三人實行犯罪行為的構成要件，第三人非犯罪行為人，其僅為一項工具人（menschliches Werkzeug）。不過，此種利用他人犯罪者與行為人自己實現構成要件相同具有優勢的意思支配，故於刑法上亦評價為正犯。【圖56】顯示直接正犯與間接正犯結構上的不同。

圖56：直接正犯與間接正犯之結構關係

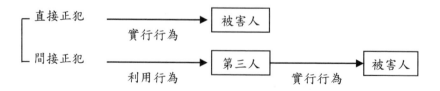

貳、間接正犯與教唆犯之區別

　　通說將正犯與共犯的區分採取「犯罪支配理論」，因此，行為究竟應成立間接正犯或教唆犯，應從犯罪支配理論檢視個案當中，支配者是否處於優勢地位[18]。以下說明間接正犯與教唆犯之異同：

1. 相同點：皆假手他人而實行犯罪行為，無親自參與犯罪行為的實行，間接正犯與教唆犯都是幕後操縱的「藏鏡人」。

2. 相異點：原則上，最大的不同在於間接正犯具有優勢的意思支配。

> 教唆犯所利用者，通常為有刑事責任能力之人。
> 間接正犯之被利用人，通常為無責任能力之人。

> 教唆犯之被教唆人，尚有自由控制意思、有自主空間。
> 間接正犯之被利用人常因被脅迫、喪失自由意思而聽從間接正犯命令而行為。

> 教唆犯之被教唆人，通常自己產生一個犯罪之決意。
> 間接正犯通常會利用不知情之人而實施犯罪行為。

> 教唆犯之始點以教唆行為為始點。
> 間接正犯以被利用人開始實行犯罪的始點為基準（有爭執）。

> 教唆犯之處罰，刑法有明文規定。
> 間接正犯為學理上之名詞，其責任和正犯完全相同，未明文規定於刑法中。

> 教唆犯之處罰，依其所教唆之罪處罰之。
> 間接正犯亦採從屬的處罰原則，處罰以利用他人犯罪為前提，若被利用人之行為無效或失敗，間接正犯並不受罰。

參、不能成立間接正犯之犯罪類型

一、純正身分犯

　　純正身分犯並非絕對不能成立間接正犯，但必須是行為人具有純正身

---

[18] Wessels/ Beulke/ Satzger, Strafrecht, AT, 52. Aufl., 2022, §16, Rn. 848.

分犯的特定資格；相反的，行為人若無具有純正身分犯的特定資格，反倒是被利用之人，也就是犯罪工具，具有純正身分犯的特定資格，則無法成立間接正犯。

例如，甲公務員計畫收賄，佯稱友人借款將返還，利用不具公務員身分且不知情的配偶乙收取賄賂。此時甲應成受賄罪的間接正犯。不具公務員身分且不知情的乙，僅是甲實行受賄行為的犯罪工具，不成立犯罪。

又如，丙非公務員，但知其配偶丁是位居要津的公務員，遂利用丁的名聲向人收賄，而丁全然不知。受賄罪係行為人具有公務員身分，始能成立犯罪的特別犯，因行為人必須具有特定身分，方有侵害法益的可能。是故，丙不具有公務員身分，不能成立受賄罪的間接正犯，而成立詐欺罪；惟有論者認為，非公務員利用公務員無意中受賄，仍可成立受賄罪的間接正犯。

二、親手犯（己手犯）

對於行為人必須親自實行構成要件行為始能成罪的類型，如血親性交罪、重婚罪、酒醉駕車罪等，無法利用他人作為行為工具以實現構成要件，故無法成立間接正犯。

三、過失犯

間接正犯居於犯罪支配的幕後藏鏡人，將第三人當作犯罪工具加以利用，必屬故意犯。相反的，過失犯對於結果發生，無法以其意思操縱，當然無法成立間接正犯[19]。

肆、間接正犯之類型

典型的間接正犯是以自己犯罪的意思，利用無故意、無責任或具阻卻

---

[19] Jescheck/ Weigend, Lehrbuch des Strafrecht, AT, 5. Aufl., 1996, S. 664.

違法事由的第三人去實現犯罪行為；假借非正犯之手而實現自己犯罪之一種正犯。此外，較新的學說見解亦有認為間接正犯也有可能利用第三人成立犯罪之情形。以下詳述之。

一、利用第三人「不成立犯罪」為工具之適格要件

（一）第三人之行為不具構成要件該當性的行為

在犯罪檢驗的第一階段即不構成犯罪。例如，行為人以欺騙的手法，使不知情的盲人觸摸高壓電線，以達殺人之目的，該被騙者的行為係在不知不覺中實行了屬於非構成要件的自殺或自傷行為，利用者成立傷害罪或殺人罪的間接正犯。

1.第三人欠缺主觀行為構成要件

例1
　　甲為圖謀鉅額遺產。令其子乙（不知情）將含毒之食物，給甲之父丙（乙之祖父）食用。丙食後，毒發身亡。
➔甲成立殺人罪，乙無殺人故意，完全不知情。故乙不構成罪（乙為無故意的行為工具）。

例2
　　餐廳老闆甲利用不知情的員工乙，用偽鈔向市場採買蔬果魚肉（乙為無故意的行為工具）。

2.第三人欠缺客觀行為構成要件

例
　　律師甲，當事人乙，乙因甲未打贏官司強迫甲自行撕毀其證書。乙利用甲毀損自己之財物，雖甲不成立毀損，乙仍成立毀損罪之間接正犯。

（二）第三人之行為可阻卻違法

利用別人合法的行為實現其不法行為之型態。例如，利用他人依法令行為、正當防衛、緊急避難等合法事由，達到自己犯罪的目的。

例1　甲欲傷害乙，想利用丙之正當防衛打傷乙，乃挑撥乙去打丙，結果丙反擊致乙受傷。甲、乙、丙三人之行為如何論處？（如三人共飲咖啡，甲告訴乙，在乙如廁的時候，丙在乙的杯中吐痰。）

　　乙：是傷害罪直接正犯。
　　丙：是正犯，但可主張正當防衛。
　　甲：傷害罪之間接正犯，乃利用丙之正當防衛，達到自己違法目的。

例2　司法警察甲逮捕無辜的乙，係基於行為人丙的供述，丙明知乙為錯誤的犯罪嫌疑人。司法警察甲可依刑事訴訟法§88-1或刑法§21的相關規定，阻卻違法。

例3　訴訟詐欺（三角詐欺）。甲以偽造之借據，提起民事訴訟，使法院做出錯誤判決，以達詐財目的，甲成立詐欺取財之間接正犯。

（三）第三人之行為是可免責的

行為人利用別人可以免責的事由，實現其不法行為之型態。例如，利用第三人沒有罪責能力、第三人可以主張減免罪責的緊急避難時，或第三人發生無法避免的禁止錯誤的情形等，以達到自己犯罪的目的，成立間接正犯。

1.被利用的工具為具免責事由之人

例1

甲利用小孩（如僅有十歲）乙去偷竊。

➜ 甲居於掌握支配之地位，乙被操控。因甲具竊盜故意，利用可免責之乙，達成犯罪之構成要件，甲成立竊盜罪之間接正犯。

值得注意的是，若此小孩乙已經十三歲，有形成反對之動機，有自由決定意識的可能，行為人對整個犯罪行為非屬完全支配地位時，則甲可能成立教唆犯。

例2

設若行為人甲妻以「死」要脅乙夫去行竊。當夫乙成立減免罪責的緊急避難時，甲成立間接正犯。

例3

甲持刀脅迫乙偷丙之名貴手錶，乙迫於無奈偷丙之錶。乙對丙可主張緊急避難，甲則是以間接正犯型態利用乙達竊取目的。

2.被利用之工具有不可避免之禁止錯誤

藏鏡人（利用者）故意使行為工具陷於無法避免的禁止錯誤（欠缺不法意識），或是藏鏡人認知行為工具處於禁止錯誤情境而加以利用；亦即，藏鏡人以其意思支配整個犯罪過程，成立間接正犯[20]。

例

甲明知捕捉陽明山上之鳳蝶乃法律所禁止之犯罪行為，卻教唆不知情之原住民乙為其捕捉，以供其製作標本，販賣圖利。

➜ 甲明知乙對於國家公園維護法禁止捕捉鳳蝶一事並不知悉，不過，甲仍利用乙之禁止錯誤以達到自己的犯罪目的，故甲成立間接正犯。

---

[20] Schönke/ Schröder, StGB, 30. Aufl., 2019, § 25, Rn. 38.

二、利用第三人成立「犯罪」之情形

（一）第三人成立「過失犯罪」時可能成立間接正犯

> 例
>
> 醫生甲利用糊塗護士乙的不注意，將某位不喜歡的病人毒死。
>
> ➡護士成立過失致死罪。醫生掌控全局，居於意思支配地位，故成立殺人罪之間接正犯。

（二）第三人成立「故意犯罪」時可能成立間接正犯

　　典型的間接正犯中的被利用者，只是利用者實現犯罪結果的單純工具，並不具任何的犯罪故意。可是在有些情形，被利用者可能具備故意犯罪的各種要素，此時利用者仍不可因此減免責任，換言之，在被利用者具有犯罪故意時，利用者仍然成立間接正犯[21]，這個稱為「正犯後之正犯」（Täter hinter dem Täter）。亦即，被利用者不再以不成立犯罪為限，即使被利用人本身成立直接正犯，幕後的操控者亦可成立間接正犯，簡言之，藉由意思支配的概念，承認正犯後之正犯。

　　正犯後正犯概念，也可能存在於組織支配（Organisationsherrschaft）的犯罪。除了可以運用在一般具有結構性嚴謹的幫派，因為幫派老大可以有至高權力的類型；此外，對於組織支配運用，也可以用以解釋公司犯罪情況，例如：公司上層指示下屬犯罪，除此之外，也可以用以解釋母公司指示子公司犯罪的情形[22]。

---

[21] 林山田，刑法通論（下），2008，頁62以下；Wessels/ Beulke/ Satzger, Strafrecht, AT, 52. Aufl., 2022, §16, Rn. 851.; Roxin, Strafrecht, AT/2, 1. Aufl., 2003, §25, Rn. 78ff, 94ff, 105ff.

[22] Wessels/ Beulke/ Satzger, Strafrecht, AT, 52. Aufl., 2022, §16, Rn. 852.

> **例**　甲知悉乙欲趁其外出旅行時，在甲住宿之旅館殺害甲，甲遂想出借刀殺人之計，欲利用乙除掉甲之仇人丙，於是計誘丙與其交換房間，乙因而誤丙為甲殺害之。
>
> → 在本例中，乙成立殺人罪之直接正犯，甲主控全局，居於支配地位，成立殺人罪之間接正犯。甲係利用乙的錯誤進行意思的操控與支配。

三、間接正犯實行行為「著手」與「終了」之判斷

（一）間接正犯的「著手」有二種看法

一是以「利用者本身行為」之開始為著手：認為著手應該單獨以利用者本身之行為做判斷，而以利用者開始或結束對於被利用者的影響時點，為間接正犯之著手時點[23]。惟此說可能導致整個犯罪行為在該時點只是處於犯罪構成要件中的預備階段，對於法益並無真正危險性存在，卻仍被認定為已著手。故以該時點為間接正犯的著手時點應是過早。

二是以「被利用者之行為」為基準，但必須和利用行為有較密切之關連。亦即，「最早」：間接正犯已完成利用行為，行為工具可由其操縱，可開始為犯罪行為。「最晚」：行為工具（被利用人）已開始實行犯罪行為。

不過，在認定間接正犯的著手，仍須於個案中做個別的判斷，如果對於法益的侵害已經進入直接的危險，利用者已經放任犯罪的進行時，應可視為著手。

---

[23] 蔡墩銘，刑法精義，1998，頁358；蘇俊雄，刑法總論Ⅱ，1998，頁421。

例1
　　複合茶店的老闆甲將顧客丙所點的飲料，加入氫酸鉀，交由不知情的服務生乙端去給丙，乙在端飲料途中不小心跌倒，摔破了杯子，始發現上情。

➜ 甲把飲料交給乙時，已經完成利用、支配行為，只是在等待死亡結果的發生，亦即在交付後，丙的生命法益已經進入直接危險階段，故成立殺人未遂。

例2
　　甲利用十三歲的乙（乙父丙為經營開鎖店之店長），回開鎖店的家中，拿取開鎖工具，再去行竊。然尚未至偷竊地點，就已被其父丙逮回。

➜ 乙已經取得開鎖工具，甲在此一時點已經放任乙為犯罪行為，所以甲仍成立竊盜未遂。

（二）間接正犯的「終了」

　　被利用人之行為結果，已符合構成要件，即為實行行為之終了（Beendigung）。例：竊盜之被利用人，已取得物的持有，縱利用人未取得持有仍為竊盜之既遂。

伍、間接正犯之錯誤（支配錯誤）

一、以間接正犯之意思實現教唆犯之事實（誤有責工具為無責工具）

　　此種情形是利用人主觀上有支配力，但是實際上對於被利用人並無任何支配力。例：誤以為被利用人無責任能力但實際上有。如甲誤以為乙是精神分裂病患者，乃利用乙去偷東西。對於此種情形如何處罰利用人，有下列數說法。

1. 主觀說——依行為人意思處罰，成立間接正犯（藏鏡人的故意是間接正犯的意思）。
2. 客觀說——依客觀事實情狀為斷，故成立教唆犯（藏鏡人的客觀法律地位是教唆犯）。
3. 折衷說——採主觀、客觀之綜合理論，間接正犯之意思已在教唆犯限度內實現了，行為單一未遂，但教唆既遂。依「所知重於所犯」做有利於行為人之方向思考，從其所犯，成立教唆既遂犯[24]。

二、以教唆犯之意思卻實現間接正犯之事實（誤無責工具為有責）

亦即，實際上教唆者對於被教唆者產生支配力，但是教唆犯不知。例如，甲不知乙為精神分裂病患，而要脅乙去偷東西。此時，(1)藏鏡人的故意是教唆故意；(2)藏鏡人的客觀上法律地位是間接正犯；(3)折衷說：藏鏡人的故意尚不足成立間接正犯，且間接正犯之意思已包括於教唆之意思內。依「所犯重於所知」從其所知，仍依教唆既遂犯處斷[25]。

三、被利用人逾越利用人之犯罪計畫

被利用人若逾越利用人的犯罪計畫，因為被利用人僅是利用人的工具，是被免責的，故被利用人並不因此而產生罪責。而利用人對於逾越部分，因為並無犯意，且對於此不法行為欠缺支配性，故亦不成立犯罪。

---

[24] Wessels/ Beulke/ Satzger, Strafrecht, AT, 52. Aufl., 2022, §16, Rn. 858; 林山田，刑法通論（下），2008，頁72以下。

[25] Wessels/ Beulke/ Satzger, Strafrecht, AT, 52. Aufl., 2022, §16, Rn. 857; 林山田，刑法通論（下），2008，頁394。

> **例**
>
> 甲唆使無責任能力之乙，打破其仇家丙宅的門窗，乙聽命行事。然乙於行為之時被丙發現，乙丙乃發生扭打，造成丙受傷。
> → 本例之中，乙之行為逾越甲的授意範圍而造成丙的傷害，故甲不成立傷害罪的間接正犯，僅成立毀損罪的間接正犯。

四、被利用人產生客體錯誤

若被利用人於實行行為時，產生客體錯誤，學說上有不同看法。**其一，採「區分說」**，即區分被利用人是否為具有故意的行為：**若被利用人係為故意行為，則依客體錯誤處理**，應由產生客體錯誤之情事是否為利用人可預見，若屬可預見的範圍，則應包含在間接正犯的間接故意範圍內，亦即間接正犯應負完全責任；另外，**若被利用人非屬故意行為，則依打擊錯誤法理解決**，因為被利用者係不知情，利用者並無賦予被利用者確定行為客體的問題。

其二，則採「間接正犯之打擊錯誤說」，因被利用者僅係利用者的工具，故與一般機械性工具無異，並無辨認行為客體究竟為何的能力，所以無庸區分工具是否為故意之行為。所以對於目的客體成立未遂，對於失誤客體成立過失犯，兩者依想像競合處理（§55）[26]。

> **例**
>
> 甲醫生欲利用不知情的護理師乙，透過注射行為將其仇家丙毒殺，乃將注射針筒內的藥物換成毒物。未料，乙注射時，竟誤將另一病人丁以為是丙，注射後造成丁的死亡。
> → 採「間接正犯之打擊錯誤說」時，甲為間接正犯，乙僅是甲的犯罪工具。甲的犯行對於丙應成立殺人未遂，對於丁應成立過失致死。依想像競合處理，甲應成立殺人未遂罪之間接正犯。
> → 但若依「區分說」，因為依據生活經驗，如果發生客體錯誤是在乙可以預見（具有故意）的範圍內時，則甲仍應負殺人既遂之間接正犯。但是，如果乙非屬故意行為時，則依間接正犯之打擊錯誤法理解決。

---

[26] 林山田，刑法通論（下），2008，頁74；蘇俊雄，刑法總論Ⅱ，1998，頁420。

第四節　共犯（參與犯）

壹、概說

一、意義

　　刑法法條原預定由一人實行的犯罪行為，卻由二人以上共同參與而實現犯罪構成要件。一般通稱所指之共犯為教唆犯（Anstifter）和幫助犯（Beihilfe）。教唆犯須有一教唆客體存在，幫助犯亦須有幫助客體存在。教唆犯與被教唆人間有主從關係，幫助犯亦同，但幫助犯和主犯間之主從關係較教唆犯之主從關係嚴密。

二、共犯獨立性與從屬性

（一）概述

　　共犯的犯罪，乃獨立於正犯以外單獨判斷，此為「共犯獨立性」。反之，由於共犯必須依附於一個主行為而成立。若無主行為存在，共犯便無所附麗，此為「共犯從屬性」。共犯從屬形式，有以下幾類：

1. 最小限度從屬：只要正犯之行為具構成要件該當性，則教唆犯、幫助犯即為正犯之從屬犯（不論是否違法、有責均成立幫助犯）。

2. 限制從屬：又稱不法從屬。正犯的行為須構成要件該當性與違法性，教唆犯、幫助犯即可成立正犯之共犯。修正後的刑法採此說。

3. 極端（或稱嚴格）從屬：又稱犯罪從屬。正犯之行為必須具備構成要件該當性、違法性與有責性時，始可成立教唆犯、幫助犯。

4. 最極端（或稱誇張）從屬：除上三者外，尚加入客觀可罰條件（刑罰的加重、減輕免除事由對於幫助犯亦有影響），若正犯於身分上有客觀可罰條件存在，教唆犯幫助犯亦受影響。

　　共犯從屬性的形式，雖有上述幾種情形，但學理上較為重要的是嚴格從屬性說與限制從屬性說的爭議。限制從屬性說認為，正犯的行為只要是

具有構成要件該當性與違法性之行為，共犯即可從屬，不以正犯行為具罪責為必要。嚴格從屬性說則認為，正犯行為必須是具有構成要件該當性、違法性與罪責的行為，共犯才能成立。於此情形，教唆一個無責任能力的精神病人犯罪，不能成立教唆犯，只能論以間接正犯，幫助一個無責任能力的人犯罪，不能成立幫助犯，但也不成立任何犯罪，因而形成處罰上的漏洞。因此，修法後的刑法採限制從屬性說的立場。

最後，以【圖57】說明共犯獨立性與從屬性之結構關係。

圖57：共犯獨立性與從屬性之結構

	構成要件該當	違法性	罪責	不法與罪責以外之要件
共犯獨立性	×	×	×	×
共犯從屬性 最小限度	○	×	×	×
限制	○	○	×	×
極端	○	○	○	×
最極端	○	○	○	○

（二）刑法採限制從屬性

2005年刑法修正時，將共犯從屬的形式，改採限制從屬性（limitierte Akzessorietät）。依限制從屬理論，§29 I 修正為：「教唆他人使之實行犯罪行為者，為教唆犯。」§30 I 修正為：「幫助他人實行犯罪行為者，為幫助犯。雖他人不知幫助之情者，亦同。」

由修法理由中皆可看出，立法者認為：採德國刑法及日本多數見解之共犯從屬性說中之「限制從屬形式」為世界潮流。依限制從屬形式之立場，共犯之成立係以正犯行為（主行為）之存在為必要，而此正犯行為則須正犯者（被教唆者）著手於犯罪之實行行為，且具備違法性（即須正犯行為具備構成要件該當性、違法性），始足當之，至於有責性之判斷，則依個別正犯或共犯判斷之。

（三）教唆犯改採限制從屬說的問題

2005年刑法修正後將舊法下的§29Ⅲ刪除，可能產生問題。舊刑法§29Ⅲ規定：「被教唆人雖未至犯罪，教唆犯仍以未遂犯論。但以所教唆之罪有處罰未遂犯之規定者，為限。」此乃為對於失敗教唆及無效教唆處罰的規定，亦即「犯罪獨立性」的立法例。

修法的理由批評共犯獨立性的立法（舊刑法§29Ⅲ）為「側重於處罰行為人之惡性，此與現行刑法以處罰犯罪行為為基本原則之立場有違。更不符合現代刑法思潮之共犯從屬性思想」。但是，共犯獨立性真的有如毒蛇猛獸？恐怕此為立法者的誤解。

實際上，共犯獨立說並非側重於處罰行為人之惡性，而是關注「共犯的行為與侵害法益的結果間」的因果關係。修法後將原本§29Ⅲ刪除，似乎有鼓勵人民教唆他人犯罪之嫌，因為，假如正犯（被教唆者）只要沒有實行構成要件的行為，教唆者便不構成犯罪，此大大提高教唆者投機的心態，也使得教唆犯罪風險的上升。

（四）幫助犯採限制從屬說之疑義

過去立法例多認幫助犯係絕對從屬於正犯而成立，被幫助者不但須實行相當於犯罪構成事實之行為，且須具備「違法性」及「有責性」成立正犯，而後幫助者，始成立犯罪。在此原則之下，倘被幫助者因其實現構成要件的違法行為欠缺責任要素時，則幫助者，當無從附麗而成立幫助犯，因此不免成為無法加以制裁之行為。為貫徹責任刑罰之本旨，並加強防衛社會，2005年修法時立法理由明白指出「共犯從屬性」修正為「限制的從屬性」。然立法理由雖然採取「限制從屬性」，但是法條文字依然為「犯罪」，似乎仍會產生疑慮。

三、共犯之可罰性

共犯可罰性的基礎何在，學說上有不同的見解：

（一）不可罰說

認為共犯的參與行為如本身並不具有可罰性，而實定法對於共犯有處罰，主要是因為共犯的參與行為所加工幫助於獨立且具可罰性的行為後轉換而來。換言之，共犯的可罰性是由正犯的可罰性借來的，而非原本固有的可罰性。

（二）可罰說

1.罪責參與理論

罪責參與理論（Schuldteilnahmetheorie）認為共犯造就了正犯行為的不法，換言之，正犯的不法行為，是由共犯所引起的，此說完全否認共犯的獨立性，並且破壞了正犯為主共犯為從的從屬性結構。

2.惹起說

惹起說（Verursachungstheorie）認為共犯的處罰基礎並非在於正犯行為的不法，而是在於共犯對於構成要件實現的導因。但因對於共犯成立基礎的認知不同又分為下列二說：

(1)純粹惹起說

純粹惹起說（reine Verursachungstheorie）承認共犯的獨立性，認為共犯與正犯的從屬關係只存在於事實上的從屬而非法律上的從屬。

(2)從屬導向之惹起說（現今通說）

從屬導向之惹起說（akzessorietätsorientierte；Verursachungstheorie）認為共犯與正犯有從屬關係，不僅只存在於事實上也存在於法律上。換言之，共犯的不法乃存在於其對於正犯規範破壞的加工上，故共犯之不法亦應取決於正犯主行為的不法程度與範圍，亦即，共犯的可罰性在於其促使或協助他人的不法。

貳、教唆犯

教唆犯為故意挑起他人犯罪意念的人（§29）。依據§29規定，教唆犯之刑事責任依其教唆之罪而定，故行為人若教唆他人殺人，應負教唆殺人之刑事責任（§271 I、§29 I、II），並依殺人罪之法定刑科處其刑。從法條規定言，教唆犯在量刑上不一定比正犯來得輕，而是依其所教唆之罪名的法定刑來量刑。

一、構成要件

（一）客觀構成要件

1.教唆行為

第三人本無犯罪意思，或犯意未確定，但因教唆行為喚起他人某種特定之犯罪意思，產生進行某種特定犯罪之決意。若被教唆人自始即有決意，只是增強決意時，應成立精神上幫助或共同正犯。不論明示、默示、忠告、囑託、刺激、指揮、命令、誘導等方式，均屬教唆之行為。

不過，不作為之方式在概念上無法使他人產生特定犯罪之決意，無從成立教唆犯[27]。此外，教唆行為必須使他人為故意犯罪，因過失犯罪在本質上並非行為人能夠事先掌握。

不過，請注意有可能存在「過失教唆」之情形，但並不成立教唆犯，因不具教唆故意。

> **例1**
>
> 甲與乙均痛恨厭惡丙。某日，甲對乙說：「像丙這種人，根本不該活在世上。」但甲並無教唆故意；不過，乙因而產生殺意把丙殺死。

---

[27] Wessels/ Beulke/ Satzger, Strafrecht, AT, 52. Aufl., 2022, §16, Rn. 882.

> **例2** 甲（為便利商店的雇員）告訴乙，其老板每星期一、三、五均會至店裡收帳。其實甲並無教唆故意，不料乙竟因此產生犯意，進行搶劫（說者無心，聽者有意）。

另外，亦可能存在有「片面教唆」之可能性，雖然通常教唆犯和被教唆犯間，須有某種程度的合意，但若被教唆人根本不知有教唆人之存在，實際上確有教唆人存在時，即有成立片面教唆之可能性。不過，由於片面教唆欠缺教唆者與被教唆者間的心理接觸。換言之，若被教唆者並未認識到其內心的犯罪意志是由何人所激發者，客觀上就不會是一個教唆他人犯罪的造意行為[28]。

> **例** 甲、乙比鄰而居。某日，甲聞乙咒罵丙（乙並無殺丙之意思），適甲亦討厭丙，甲心想既然乙也討厭丙，不妨提供手槍讓乙方便殺丙，乃放一手槍於乙住處。因乙素來討厭丙，見到手槍遂起殺意，將丙殺死。乙雖因看到手槍後，激發了殺害丙的故意，但甲未有實際將手槍交給乙的動作，客觀上也未與乙間有任何言語的接觸，非屬創造他人犯罪意思的造意行為。

2.須有被教唆之客體

被教唆之客體指他人，教唆一定之人為犯罪行為。被教唆人一定是特定的，包括可得確定[29]，至於人數多寡不一定有絕對關係，但絕對要特定對象。因教唆與煽惑兩者不同。值得注意，若被教唆者所造成的加重結果，則應視教唆者得否預見為判斷，若能預見該加重結果，則仍應對於加

---

[28] Wessels/ Beulke/ Satzger, Strafrecht, AT, 52. Aufl., 2022, § 16, Rn. 883.

[29] Wessels/ Beulke/ Satzger, Strafrecht, AT, 52. Aufl., 2022, § 16, Rn. 881.

重結果負責（參照，77台上2935判決）。

※教唆（§29）和煽惑（§§107 I ③、153、155）之區別

　　教唆是針對特定之人所為，煽惑則是對不特定多數人為之。例如，§107 I ③：「煽惑軍人不執行職務，或不守紀律或逃叛者。」§153：「以文字、圖畫、演說或他法，公然為下列行為之一者：一、煽惑他人犯罪者。二、煽惑他人違背命令，或抗拒合法之命令者。」§155：「煽惑軍人不執行職務，或不守紀律，或逃叛者」都是對不特定多數人為之。兩者之區別如下：

(1) ┌ 教唆：對特定之人為之，可得具體特定之人。
　　└ 煽惑：對不特定多數人為之。

(2) ┌ 教唆：教唆他人所實犯的通常是一特定犯罪。
　　└ 煽惑：煽惑他人犯罪通常只要可以構成犯罪或違背法令之行為
　　　　　　即可，不以特定犯罪為限。

(3) ┌ 教唆：通常不以公然方式為之。
　　└ 煽惑：通常採取較公然之方法而為煽惑行為。

(4) ┌ 教唆：方法並無限制（明示、默示、指揮、誘導…均無不可）
　　└ 煽惑：通常以文字、圖畫、演說、廣播等煽動蠱惑方式為之。

(5) ┌ 教唆：須要有確定的被教唆人。
　　└ 煽惑：不以確定人存在為必要。

(6) ┌ 教唆：依其所教唆之罪處罰。
　　└ 煽惑：必須煽惑行為本身另外獨立成罪，依各該條之法定刑處
　　　　　　罰。煽惑者就自己本身之煽惑行為獨立成罪和被煽惑人所犯之
　　　　　　罪並無關係。

（二）主觀構成要件

　　教唆之主觀要件依通說看法，需有雙重故意，即「教唆故意」及「教唆既遂之故意」。

1. 教唆故意：使被教唆人（正犯）產生犯罪意思之決定。

2. 教唆既遂之故意：須他人犯本罪既遂之教唆故意。

　　亦即，教唆犯之主觀構成要件必須具備：使被教唆人產生犯罪意思而且對犯罪構成要件結果之發生有決意。因為，教唆犯之處罰採「從屬性之惹起理論」，故教唆者須有使正犯之行為達成既遂之決意，如此才能認為有真正侵害法益之意思。否則，若無使正犯行為達成既遂決意，並無侵害法益之意思，則無從成立教唆犯。【圖58】在說明教唆犯必須具備雙重故意的結構。

圖58：教唆犯雙重故意之結構圖

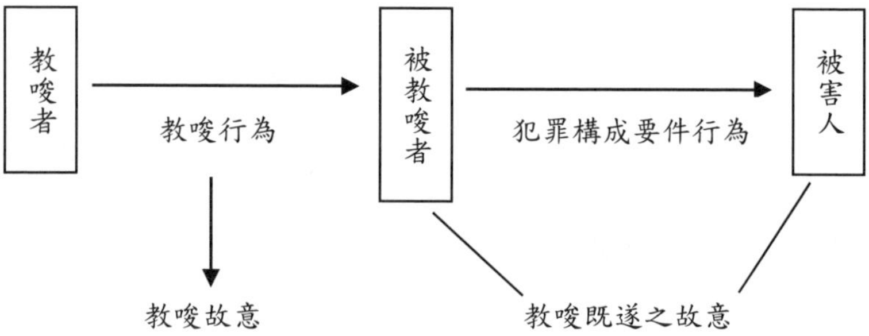

　　簡言之，教唆犯一定要具備雙重故意始可成立的理由：

1. 由教唆的本質視之：乃行為人為喚起他人從事特定犯罪行為之決意，而他人的決意通常為一種故意的犯罪，而且為一種既遂的故意。故若行為人祇有使人產生犯罪之決意，卻認為構成要件之結果不會實現，則行為人並無既遂故意。

2. 由未遂犯之定義視之：未遂犯、教唆犯均為故意犯，並無所謂過失可言，由此定義視之，行為人本身具有犯罪決意，而此決意乃為既遂之決意，而非未遂之決意。換言之，陷害教唆者並不具備既遂決意，所以並無具有侵害法益之決意。

3. 必須正犯行為成立其可罰性，教唆行為之可罰性始可能從屬於正犯之可罰性，亦即，必須正犯行為先具有可罰性，教唆行為之可罰性始可從之（共犯從屬性說）。

教唆既遂的故意，攸關「陷害教唆（agent provocateur）」的問題。教唆者應否處罰？即對於教唆犯是否應具備「教唆既遂故意」，學說上有不同看法，本書採不可罰說，說明如下：

1.不可罰說（通說見解）

教唆行為本身就是自己犯罪的具體表現，根本就屬於構成要件的實行行為，因此：教唆故意，就是基本構成要件故意，就是和構成要件行為本身的故意是相同的。故「教唆未遂意思」在刑法上並無意義，是為虛偽教唆（假教唆）並無引發他人受法益侵害的故意並無惡意。亦即，幕後的唆使者，不想引起法益破壞，欠缺攻擊法益的意思，欠缺教唆既遂故意，無處罰理由[30]。

此說認為，教唆人不僅需具備使被教唆人產生犯罪意思之決意外，仍需對構成要件結果是否發生有所認識，始可成立教唆故意。

教唆行為本身＝構成要件行為本身。教唆故意＝教唆他人產生犯罪決意＋實現構成要件結果有認識。陷害教唆之人，不具雙重故意，故不成立教唆犯。

2.可罰說

教唆行為非構成要件實行行為本身，教唆和實行行為本身必須分開。教唆故意非基本構成要件故意；教唆人只要有使被教唆人產生犯罪意思即可成立教唆故意，對於構成要件結果的發生有無認識並不重要。依本說會成立教唆未遂的責任（舊刑法§29Ⅲ）。

主張正犯只須有教唆故意（不須有教唆既遂故意），即可成立教唆犯，其理由如下：

(1)行為人對於被教唆人行為的既未遂根本無法控制，故行為人只要有教唆故意就有教唆他人犯罪的意思，就須負教唆之責。行為人祇要有使人產生犯罪的決意，即可成立教唆，至少是教唆未遂之責。

---

[30] 林山田，刑法通論（下），2008，頁113。

(2)教唆犯之教唆故意，祇要有教唆他人犯罪之意思為已足，至於被教唆人犯罪之既未遂皆屬於教唆故意，並不影響教唆犯之成立。

(3)共犯之間，是個別行為人表示其固有之反社會危險性，教唆犯所表現者乃自己固有之反社會危險性，犯罪乃依據自己的行為而受處罰，不一定要從屬於別人犯罪（共犯獨立性說）。

關於「陷害教唆」更詳細地說，又可分為兩種情況：一是誘使他人從事未遂之犯罪行為，且在著手之際，加以逮捕；二是誘使他人完成構成要件之行為，但是在犯罪成果未確保前，加以逮捕。

例1　司法警察甲執行掃黑任務，長期臥底於幫派內，某日教唆幫派弟兄搶銀行，再暗中通知警察局，於其行搶時，一併逮捕。甲並無教唆既遂故意，甲之行為應如何論處？

➜若採不可罰說，甲因並不具教唆既遂故意，故不負教唆之責。反之，採可罰說者，則認為認為甲的陷害教唆仍成立教唆犯。

例2　司法警察甲長期跟監某犯罪組織。甲知該組織掌握毒品市場，故以長期購買毒品獲得該組織信賴。甲為追查該組織幕後老大，乃表示欲購買大量毒品。未料，在毒品交付後，立刻通知警方，將該犯罪組織一網打盡。

➜本案例之甲並非只是希望正犯之犯罪達到未遂，而是雙方形式上皆既遂。不過，實務見解認為整個事件都在警方的控制之中，客觀上並沒有侵害構成要件所欲保障的法益，所以只能論以教唆未遂。再者，買受人甲並無真正購買毒品之意思，不能真正成立買賣行為，對於被陷害教唆者，應僅成立販賣毒品之未遂。

※陷害教唆與釣魚之不同

　　最高法院對於「陷害教唆」與「釣魚」的解釋不同（參照，93台上1740判決）。

(1)刑事偵查技術上所謂之「釣魚」者，係指對於原已犯罪或具有犯罪故意之人，以設計引誘之方式，使其暴露犯罪事證，而加以逮捕或偵辦者而言。而所謂「陷害教唆」者，則指行為人原不具犯罪之故意，純因司法警察之設計教唆，始萌生犯意，進而實施犯罪構成要件之行為者而言。

(2)釣魚，純屬偵查犯罪技巧之範疇，並未違反憲法對於基本人權之保障，且於公共利益之維護有其必要性存在，故依「釣魚」方式所蒐集之證據資料，原則上非無證據能力。而陷害教唆，因係以引誘或教唆犯罪之不正當手段，使原無犯罪故意之人因而萌生犯意而實行犯罪行為，再進而蒐集其犯罪之證據而予以逮捕偵辦；其手段顯然違反憲法對於基本人權之保障，且已逾越偵查犯罪之必要程度，對於公共利益之維護並無意義，其因此所取得之證據資料，應不具有證據能力。

二、教唆犯之既未遂

　　教唆犯由於分為教唆行為與本罪之實行行為，故犯罪階段的既未遂認定較為困難。§29Ⅱ：「教唆犯之處罰，依其所教唆之罪處罰之。」此為共犯限制之從屬，故教唆犯可罰或不可罰，及既未遂的處罰，決諸於本罪之實行階段。

　　教唆人之行為若生效，才有一正犯去實行犯罪行為，構成要件才會既遂、未遂。

（一）教唆既遂（正犯既遂）

　　教唆行為實施完畢且正犯產生犯罪決意並且實施。若此時正犯之行為有既、未遂之問題，也會影響教唆既、未遂之問題。教唆既遂，是既遂犯之教唆犯，即教唆成功既遂，正犯犯罪成功既遂。

　　若教唆行為實施完畢，但教唆行為本身並未喚起別人犯罪之決意，或

別人只當是瘋言瘋語，不加理會。教唆行為實施完畢，被教唆人亦想殺掉某人，卻因缺乏勇氣而不敢做。此時均未發生正犯既、未遂之問題。

（二）教唆未遂（正犯未遂）

1.狹義的教唆未遂

　　未遂犯的教唆，可能教唆既遂，正犯未遂，指正犯最後的結果是未遂。教唆既遂但因正犯未遂，使教唆犯成立教唆未遂。亦即，被教唆人因教唆行為產生故意，並且已著手但未達既遂的狀態。此對於正犯必須構成可罰之未遂犯，若被教唆者屬不能未遂時，教唆者也不成立教唆犯。

　　甲教唆乙殺丙，乙開槍卻只傷到丙之手臂。

➔乙：成立§271Ⅱ殺人未遂，甲：依§29Ⅱ論以§271Ⅱ＋§29Ⅱ教唆殺人未遂加以處罰。

2.廣義的教唆未遂（未遂教唆犯）

　　教唆行為實施完畢，但未引起他人犯罪決意，此為失敗的教唆；或他人縱產生犯意，但不實行犯罪，此為無效的教唆。此部分（舊法§29Ⅲ）雖已刪除，但是學說上仍有疑慮。

　　甲寫信教唆乙殺丙，將信寄出，其犯罪行為階段為何？有無成立教唆可能？（涉及著手問題）

➔如信被乙收到，才能是教唆行為著手。若乙收信後不加理會，未能引起乙為犯罪之決意，加以拒絕，甲仍成立教唆未遂，這是「失敗的教唆」；若乙收到信後有引起犯罪決意，卻不敢去做是「無效的教唆」；若乙收信後產生犯意也實行行為，但未殺死丙，是「狹義的教唆未遂」。

　　依舊法§29Ⅲ的處罰規定來看，不論失敗、無效或狹義的教唆未遂，均是教唆未遂之型態，均要加以處罰[31]。但是，新法已經將§29Ⅲ刪除，只保留狹義的教唆未遂。即被教唆者未產生犯罪決意或有產生犯罪決意，但未實行，教唆者雖是失敗或無效教唆都不成立教唆犯。

　　在充分掌握教唆犯之構成要件、類型及既、未遂後，最後，再以一綜合結構【圖59】，鳥瞰教唆犯的整個體系：

---

[31] 林山田，刑法通論（下），2008，頁128。

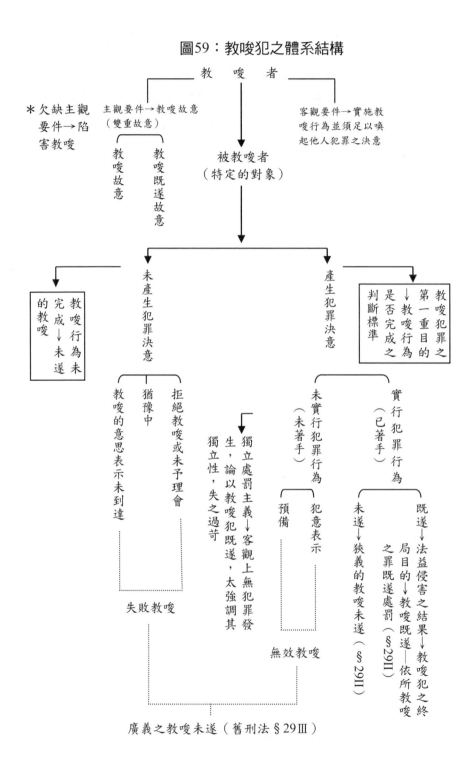

圖59：教唆犯之體系結構

三、偏離教唆故意的錯誤

（一）教唆之不足（正犯所為較其應為者為少）

教唆犯教唆正犯為較重的犯罪行為，但正犯祇犯較輕的犯罪行為。教唆犯仍僅成立輕罪之既遂，只對較少的部分負責。

> **例**
>
> 　　甲教唆乙對丙毀容，但乙卻祇對丙犯輕傷害之罪，甲可罰性如何？
>
> →1.乙論以§277輕傷既遂。
> 　2.甲之行為：(1)依共犯獨立性理論：教唆者依其教唆之罪負未遂之責，甲成立舊刑法§29Ⅲ＋§278Ⅱ教唆重傷未遂罪，因乙所為之輕傷行為，包括在甲所想像的因果歷程中；(2)依共犯從屬性理論：新刑法則將舊刑法§29Ⅲ刪除，而改採共犯從屬性。甲成立教唆輕傷既遂罪（從屬於乙）。

（二）教唆之逾越（正犯所為較其應為者為多）

正犯逾越教唆範圍，成立較重之罪。教唆犯仍就其教唆之範圍內負其責任，教唆犯對超出部分不負責，因對該逾越部分欠缺故意[32]。

> **例**
>
> 　　甲教唆乙竊盜，乙卻強盜。
>
> →1.乙論以強盜既遂。
> 　2.甲的行為：教唆犯就其教唆之範圍內負其責任，教唆犯對超出部分不負責，因對該逾越部分欠缺故意，不負教唆刑責，甲僅成立教唆竊盜的既遂。

---

[32] Wessels/ Beulke/ Satzger, Strafrecht, AT, 52. Aufl., 2022, §16, Rn. 894.

（三）正犯所為較其應為者有所不同

1. 不重要之偏離行為：教唆犯的故意仍可涵蓋，成立其所教唆的既遂罪。例如，甲教唆乙犯強盜罪，乙卻用搶奪方式完成；但乙的行為與甲主觀所想像的因果歷程並無重要偏離，因為甲的強盜教唆故意應完全包含搶奪行為，故成立搶奪罪的教唆犯。

2. 重要之偏離行為：例如，正犯發生客體錯誤時的處理方式如下：

   (1)等價之客體錯誤：國內實務認為，正犯之客體錯誤時，對於教唆犯之可罰性不生影響，因客體錯誤依一般生活經驗乃教唆人所能預見，故教唆犯仍成立教唆既遂犯（參照，24台上1262判決）。

> **例**
>
> 甲教唆乙殺丙，乙卻誤殺丁。
>
> →1.乙成立§271 I 殺人既遂。
>
> 　2.甲成立§§271、29 I II 的教唆殺人罪。

   (2)不等價之客體錯誤：

> **例**
>
> 甲教唆乙殺丙，乙因槍法不準，打中丙家中的蟠龍花瓶。
>
> →1.乙成立殺人未遂與過失犯之想像競合（§55）。
>
> 　2.甲成立教唆殺人未遂，但甲對於乙之客體錯誤有預見之可能性時，對於誤中之客體亦能成立過失犯之刑責。

　　最後，以【圖60】說明當正犯偏離教唆故意時，正犯主要行為的結構及案例處理情形。

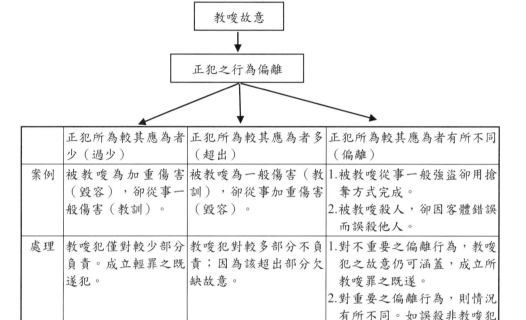

圖60：偏離教唆故意之正犯主要行為結構
（參照Haft, AT, 8. Aufl., S. 197）

	正犯所為較其應為者少（過少）	正犯所為較其應為者多（超出）	正犯所為較其應為者有所不同（偏離）
案例	被教唆為加重傷害（毀容），卻從事一般傷害（教訓）。	被教唆為一般傷害（教訓），卻從事加重傷害（毀容）。	1.被教唆從事一般強盜卻用搶奪方式完成。 2.被教唆殺人，卻因客體錯誤而誤殺他人。
處理	教唆犯僅對較少部分負責。成立輕罪之既遂犯。	教唆犯對較多部分不負責；因為該超出部分欠缺故意。	1.對不重要之偏離行為，教唆犯之故意仍可涵蓋，成立所教唆罪之既遂。 2.對重要之偏離行為，則情況有所不同。如誤殺非教唆犯之故意可想像，負教唆未遂與過失致死二罪之想像競合。倘若誤殺可以預見，則仍成立教唆罪之既遂。

參、幫助犯

　　幫助犯是精神上或物質上，協助他人實施構成要件行為的人。§30：「幫助他人實行犯罪行為者，為幫助犯。雖他人不知幫助之情者，亦同。幫助犯之處罰，得按正犯之刑減輕之。」

一、構成要件

（一）客觀構成要件

1.幫助行為

對於別人故意犯罪行為，提供幫助或減輕犯罪行為實施的困難或加速犯罪的完成。必須是構成要件以外的行為，若幫助行為乃構成要件本身的實行行為即成為共同正犯。行為不以屬於正犯實行行為之實現所不可或缺之行為為必要，僅具助力即可。

例1
　　甲欲殺乙卻無勇氣，經丙之鼓勵慫恿果真將乙殺死。丙為幫助犯（甲已有犯罪意圖，丙從旁增強堅定乙之犯罪意思）。

例2
　　甲、乙比鄰而居，互有仇隙，若甲本有殺乙之意，經丙之慫恿而將乙殺死，丙為幫助犯（對於本有犯意者加以慫恿，增加犯罪決意）。

幫助行為，須以正犯本身有一犯罪故意存在為前提，有犯罪故意在先，始有成立幫助犯之可能，否則可能是教唆犯或共同正犯。

2.提供幫助

包括心理上、物理上之幫助。心理上幫助如加強犯罪之信心或加強恐嚇之效果[33]；物理上幫助如提供物品、刀槍……。可以是自始幫助或中途幫助（相續的幫助或承繼的幫助犯）。然狀態犯之相繼幫助，必須在犯行既遂前，介入才能成立。而繼續犯則不論在既遂前或行為終了前提供助力，均能成立。

---

[33] Jescheck/ Weigend, Lehrbuch des Strafrecht, AT, 5. Aufl., 1996, S. 692.

　　幫助犯所提供之幫助，最好能減輕犯罪實施的困難或加速犯罪完成。不過，有些日常生活的舉動，例如：賣菜刀的老闆賣刀予有暴力傾向的女人，或藥房賣安眠藥給欲迷昏他人者，這些中性的日常生活行為對於正犯的實行亦有所助益，但是若此評價為刑法上的幫助行為是否妥適，不無疑問。亦即「中性的、無效的幫助」是否成立幫助犯？幫助行為與正犯之故意不法行為間是否一定要有直接因果關係？在學理上有二個不同意見[34]：

　　肯定說：幫助行為和犯罪結果間不一定須有關係，不須有效實質的幫助為必要，均可成立幫助犯，因其雖只是提供中性的幫助行為，卻有可能增加正犯侵害法益的危險或增加惹起結果的機會，升高風險，危險增加，本說主要著眼於處罰幫助犯之惡性。

　　否定說：幫助行為必須有實質有效之幫助，才屬提供幫助。故無效的幫助並不符合客觀構成要件的要求，若一有幫助行為，即成立幫助犯，似不公平。

　　實務上有認，凡意圖幫助犯罪而以言語或動作從旁助勢，直接或間接予以犯罪之便利，足以增加正犯犯罪之力量者，即屬幫助行為，縱其於犯罪之進行並非不可或缺，或所提供之助益未具關鍵性影響，亦屬幫助犯罪之行為（參照，107台上1094判決）。

　　本書認為，應從該中性幫助行為本身出發來探討是否成立為一種幫助行為，換言之，如果賣刀子或安眠藥等，這些日常生活舉止根本沒有在製造任何風險，自始不能視為一種促進他人實現犯罪的行為，刑法將無法干涉，但如果提供刀子及安眠藥的老闆知道買者要去殺人或迷昏他人時，則必須考量其是否為幫助犯。

---

[34] 林山田，刑法通論（下），2008，頁137以下；Wessels/ Beulke/ Satzger, Strafrecht, AT, 52. Aufl., 2022, §16, Rn. 901; Roxin, Strafrecht, AT/2, 1. Aufl., 2003, §26, Rn. 218ff.

（二）主觀構成要件（雙重幫助故意）

1.幫助故意

必須是基於故意而幫助他人，亦即，幫助人對正犯之實行行為及自己之行為可使正犯之行為實行更加容易有所認識。換言之，行為人為幫助行為時，須認識被幫助者在從事犯罪，且其幫助行為足以幫助他人實現構成要件。故無過失幫助之問題，若因過失而幫助別人犯罪，並不成立幫助犯，應為獨立過失犯之問題。

幫助人和被幫助人間不必有犯意之聯絡或相互認識，§30 I 明白承認「片面幫助犯」之存在。但是此種情形僅限於物質上幫助，不包含心理上的幫助。幫助犯僅就其幫助行為負責，並不須對整個實行行為全體負責。

> **例**
>
> CD音響專賣店之店員甲發現顧客乙偷東西，卻故意視而不見，此時甲的故意視而不見是違反了僱傭契約中保管店內財物之義務，是基於幫助乙竊盜之不作為，然甲乙二人並無犯意聯絡，故甲成立不作為的竊盜片面幫助犯。

2.幫助既遂故意

幫助既遂故意，指幫助者必須真意幫助行為人的犯罪行為既遂，換言之，幫助者所給予的幫助如不能使行為人完全實現犯罪結果時，為「虛偽幫助」，不能成立真正的幫助故意。例如：甲已經決意殺乙，央求丙賣毒藥丸，然丙給予甲維他命丸去殺乙。此時，幫助者是否成立該犯罪行為之幫助犯，學說上有肯定、否定二說，本書採否定見解。

肯定說：幫助犯只須具備共犯之故意，無須有正犯之故意，換言之，幫助犯只須認識到幫助行為可便利行為人的犯罪進行，不論其犯罪是否能夠既遂。又幫助行為包括心理上的幫助，所以就算幫助犯給予的是對於犯行無促進作用的物理幫助，但對於行為人仍有鼓舞犯罪的心理幫助，是而

應具備幫助故意，成立幫助犯。

　　否定說：幫助者對於犯罪既遂的可能必須有所認識，如明知無既遂可能而給予幫助，則屬於虛偽幫助，不能認為有真正的幫助故意，自不能成立幫助犯。

二、有正犯的實施行為存在

　　幫助犯是否成立，係依附從屬於正犯（共犯從屬性說）。幫助犯依附正犯而受處罰，「如無他人犯罪行為之存在，幫助犯無由成立」（參照，60台上2159判決）。§30Ⅱ：「幫助犯之處罰，得按正犯之刑減輕之。」故幫助犯與正犯適用同一法條處罰，僅能減輕其刑。

肆、正犯與共犯之競合

1. 共同正犯亦為教唆犯：成立共同正犯。
2. 共同正犯亦為幫助犯：成立共同正犯。
3. 教唆犯同時為幫助犯：依教唆犯論處（因教唆犯罪責較重）。

伍、共犯之共犯（連鎖之共犯）

　　共犯之共犯是指犯罪主體多數之重疊情形，這是指教唆或幫助不是直接對正犯為之，而是透過他人間接所為，故有謂為「連鎖之共犯（Teilnahmekette）[35]」。其型態包括：幫助幫助犯、幫助教唆犯、教唆幫助犯、教唆教唆犯。

一、幫助幫助犯

　　對於幫助他人犯罪之人更為幫助。例如：乙幫助甲殺人，丙又對於乙

---

[35] Wessels/ Beulke/ Satzger, Strafrecht, AT, 52. Aufl., 2022, §16, Rn. 923ff.

提供幫助。應論以幫助犯或不加以處罰，學說上有爭執：

1. 幫助犯說：其幫助行為仍有助於正犯犯行的進行，實與直接幫助無異，故應論以幫助犯。
2. 不罰說：基於幫助行為的從屬性，與刑法§30所規定之「按正犯之刑」減輕之有所不同，而非其所幫助之罪，故不應處罰之，但此種說法並不合理。

二、幫助教唆犯（教唆犯之幫助犯）

幫助他人教唆犯罪。例如：丙幫助甲教唆乙殺人。應論以：

1. 幫助犯說：幫助教唆者，仍應解為實行犯罪（即正犯）之幫助犯。採此說係認為正犯已經有犯意，精神上的幫助是增加正犯的犯罪的意志而已。
2. 教唆犯說：幫助教唆係對於教唆犯為便利幫助之行為，對正犯係參與使正犯形成犯意之行為，雖然作用力比較小，但是仍屬於造意犯的性質，故應論以教唆犯。

三、教唆幫助犯（幫助犯之教唆犯）

唆使他人，使之幫助第三人犯罪。例如：丙教唆甲幫助乙殺人。丙應論以：

1. 幫助犯說：基於教唆幫助仍是基於幫助之目的，此種教唆幫助行為屬於整體幫助行為之一環，故應論以幫助犯。
2. 教唆犯說：基於舊刑法§29Ⅲ教唆犯採獨立處罰的立場，教唆不以正犯為限，故應論處教唆犯。新刑法已將§29Ⅲ刪除，故未來將無此一問題。

四、教唆教唆犯

教唆他人教唆行為人為犯罪行為。例如：甲教唆乙教唆丙殺人。應論

以：教唆犯。不過，輾轉教唆與教唆教唆犯稍異。因為，輾轉教唆係指教唆他人使之實行犯罪，被教唆者已生犯罪之決意，但自己未於當時實行犯罪，反轉而教唆第三人實行犯罪。例如：甲教唆乙殺丁，乙本欲親自殺丁，卻發覺丙與丁有嫌隙，遂教唆丙殺丁，此時甲是為輾轉教唆，應成立教唆犯。

陸、身分犯之共犯

一、身分犯之意義

犯罪，如無須具備特定的身分，稱為一般犯，例如：竊盜、詐欺、殺人等罪。一般犯的相對概念是身分犯，必須具備一定的身分，才能成為犯罪類型的規範對象，如：瀆職罪。身分犯規定於§31：「因身分或其他特定關係成立之罪，其共同實行、教唆或幫助者，雖無特定關係，仍以正犯或共犯論。但得減輕其刑。因身分或其他特定關係致刑有重輕或免除者，其無特定關係之人，科以通常之刑。」

「身分犯」是指，犯罪之成立與否或犯罪之輕重與犯人之身分有關係，有時候法律將具備一定身分為構成要件或刑罰加重或減輕之原因時，此種犯罪稱為身分犯。「身分」則指，行為人本身所具之身分、地位、資格。其他特定關係：附隨於行為人本身特定之事實或特殊狀態、地位。例：承攬人、公務上持有、依法令、契約而有保護義務之人。

二、身分犯之種類

（一）純正身分犯

§31 I：「因身分或其他特定關係成立之罪，其共同實行、教唆或幫助者，雖無特定關係，仍以正犯或共犯論。但得減輕其刑。」純正身分犯是犯罪身分的問題，無此特定身分關係即不能成立犯罪。以身分或特定關係當作犯罪之構成要件為純正身分犯。例如：瀆職罪之公務員身分；偽證

罪，必須具備證人、鑑定人或通譯資格始可成罪；墮胎罪，必須有懷胎婦女之特定關係、背信罪必須具有為人處理事務之特定關係。侵占罪，必須具有持有他人之物之特定關係。其情形如下：

1.無特定關係者與有特定關係之人，共同實行犯罪行為

> **例** 甲女與其夫（公務員）共謀收受賄賂，甲女於平時不可能為收賄罪之行為主體（單獨正犯）然此時可和乙男成立共同正犯（……仍以共犯論§31 I）。

不過，亦有認為此時甲女應成立教唆收賄罪，而不可適用§31 I。因這屬於「功能支配理論」之例外情形，對於不具身分者，犯身分犯、己手犯之罪，無法成立該等犯罪之正犯，而只能依正犯的不法從屬成立教唆犯。由此可見，這顯示§31立法上有問題[36]。

2.無特定關係者教唆有特定關係之人為犯罪行為，仍以共犯論

> **例** 甲女教唆其夫（公務員）收受賄賂。甲成立收賄罪之教唆犯。

3.無特定關係卻幫助有特定關係之人犯罪，仍以共犯論

> **例** 甲妻幫助公務員乙夫，收受賄賂，甲亦成立收賄罪之幫助犯。

（二）不純正身分犯（加減身分之犯罪）

身分犯，如果身分關係只是刑罰加重或減輕的事由，稱為不純正身分犯；例如：公務員利用職務而犯傷害罪，殺直系血親尊親屬，生母殺嬰

---

[36] 林山田，刑法通論（下），2008，頁145以下。

罪。§31Ⅱ：「因身分或其他特定關係致刑有重輕或免除者，其無特定關係之人，科以通常之刑。」不純正身分犯因具備一定身分或特定關係，致刑有加重、減輕之情形，故有特別關係之人，應適用特別之刑，無身分或特定關係就無刑罰加重或減輕之問題。

1.因身分或特定關係而加重其刑者

　　甲欲謀奪其父丙之財產，乃教唆乙殺死丙。

➡甲乙兩人成立殺人罪之教唆犯與正犯關係，甲係殺人罪之教唆犯，但因甲具有直系血親卑親屬之資格，故應就其教唆殺害其父丙的行為，適用加重之§272Ⅰ之規定；乙成立普通殺人罪（§271）。

　　甲教唆乙殺害乙父丙，乙果將其父殺死。

➡乙因甲教唆殺己父丙，甲乙兩人成立殺人罪之教唆犯與正犯關係。甲為殺人罪之教唆犯；乙係殺人罪之正犯，但因乙之於丙有直系血親卑親屬之資格，依§272Ⅰ加重其刑。

2.因身分或特定關係而減輕其刑者

例

　　成年之甲與未滿十八歲之乙共同犯擄人勒贖罪，並殺死被害人。

➡依§63規定，乙不得處死刑或無期徒刑，必減其刑。甲則得處死刑（§348Ⅰ），不適用死刑之減輕其刑之寬典不適用於甲之身分。

3.因身分或特定關係而免除其刑者

例

　　甲教唆子乙，侵占其父丙之財產。

➡乙可免除其刑，甲成立教唆侵占罪。

4.無身分者教唆有身分者或有身分者教唆無身分者

> **例1**
>
> 　　非公務員之甲教唆公務員乙，就其主管之事務犯圖利罪，問甲之刑責如何？
>
> →依§31Ⅰ，甲為教唆圖利罪的共犯（沒身分的人加工於有身分之人）。

> **例2**
>
> 　　公務員甲教唆非公務員之妻乙收賄。甲乙之行為如何處斷？
>
> →乙若屬有故意的工具，成立收賄罪之幫助犯；甲成立收賄罪的正犯。
>
> 　乙若屬無故意的工具，則不處罰；甲則成立收賄罪的間接正犯。

三、雙重身分

　　雙重身分是犯罪構成要件中，同時具有構成身分及加減身分兩者在一起的犯罪類型。在此類型中，若無身分者與有身分者共同參與犯罪時，究應適用§31Ⅰ或§31Ⅱ的疑義。

　　最為典型的犯罪是：§336Ⅱ業務侵占罪就業務上持有他人之物為成立要件時，為純正身分犯。就從事業務身分關係致加重其刑，為不純正身分犯。但是，§31Ⅰ和§31Ⅱ兩者有擇一關係（排斥關係），如適用前者即不適用後者祇可選擇其一。但§336Ⅱ之特徵，不僅為業務持有（純正身分犯），亦因從事業務關係致刑有加重（不純正身分犯）。

　　這種情況，甲成立業務侵占罪（§336Ⅱ），至於乙成立何罪？因為乙所參與者，是甲的業務侵占。換言之，業務侵占是乙連結甲犯罪的基礎，故乙應該依照業務侵占處罰，而非普通侵占。主要的原因是如果認為乙成立普通侵占罪，則失去與甲犯罪的連結基礎，而甲不是普通侵占，是業務上持有並加以侵占。但這是極為少數的情形。

> **例**
>
> 　　甲為公司倉庫管理員，竟監守自盜，與乙串通竊取所看管的醬油與味精。此時無身分之乙和有身分之甲共犯§336Ⅱ之罪時，乙應適用§31哪一項？
>
> ➜若採§31Ⅱ對行為人較有利，因採§31Ⅱ只論以普通侵占罪，而非業務侵占罪。但如果認為乙成立普通侵占罪，則失去與甲犯罪的連結基礎，因為甲不是普通侵占，而是業務上持有並加以侵占。

　　由於實務見解一向採取較不利行為人的擴張解釋，使不具有身分關係的乙，亦可成立純正身分犯之共同正犯，適用§31Ⅰ的規定（參照，28上3067判決）。不過，這顯示§31Ⅰ的立法有問題。因為純正身分犯的共同實行犯罪，必須確認行為人是否具備成立純正身分犯的正犯可能性，否則使不具有身分關係者，亦可成立純正身分犯的共同正犯，並不妥當[37]。

---

[37] 林山田，刑法通論（下），2008，頁143。

❖ 實例講座 ❖

張三李四搶錢去！

　　張三及李四共同計劃搶東海石油公司的員工薪資。該二人得知公司於每月初一會派小弟搭公車前往銀行領取薪水。按二人原本計劃當小弟下車後，張三負責搶錢包，李四負責開車揚長而去。某月初一，張三與李四於站牌苦苦等候，但小弟始終沒有出現，最後兩人終因行為可疑，被巡邏警員帶回警局，供出上情。試問：張三及李四行為的可罰性如何？

解析

　　張三及李四可能成立§328Ⅳ強盜未遂罪之共同正犯：

一、張三及李四應負共同正犯之罪責

　　我國實務關於正犯與共犯（教唆、幫助）之區分理論依據，早期採主觀說，後則偏向客觀說，目前通說為「犯罪支配說」。司法院大法官釋字第109號的解釋則將主觀說之範圍擴大到以自己共同犯罪之意思，事先同謀，而由其中一部分人實行犯罪者，均為共同正犯，並不以每人有行為分擔為必要。但是若認為凡以自己之利益或目的之意思而參與犯罪之實施者，即為正犯者，應該以犯罪支配說的立場來說明正犯之成立較為妥當。亦即，犯罪過程中，居於犯罪支配地位的人，即為正犯。

　　張三及李四二人，基於搶東海石油公司的員工薪資的共同犯罪決意，且有行為分擔，足見兩人具有犯罪支配的地位，依§28規定兩人皆為強盜罪之共同正犯。

二、張三及李四應負未遂犯之罪責

　　張三及李四二人既已依其主觀之具體犯意、計劃之內容，客觀上也已達開始實行之行為，其舉動已形成對保護法益之直接危險，足以令社會大眾驚懼不安。至於犯罪結果未發生，是由於小弟始終沒有出現，巡邏警員趕至，

可見行為中止係受外力直接壓迫而非出於自由意願之己意中止，屬§25之障礙未遂。

三、結語

　　由於§328Ⅳ罰及未遂犯，張三及李四二人成立強盜未遂罪之共同正犯。

> ### 你買賓士，我逮人！

　　警探甲接獲線報，得知某竊盜集團，專偷名貴汽車。甲於是委請線民乙，與該集團接洽，表示有意購買一輛賓士汽車。該集團行竊時，甲與同事當場逮捕多人。試問：甲和乙是否有罪？

解析

一、本案中，警探甲只有教唆他人實行犯罪之故意，但欠缺教唆既遂之故意。對於教唆犯是否應具備「教唆既遂故意」（即陷害教唆是否成立教唆犯），學說上有不同看法：

（一）依照可罰說的見解，教唆行為非構成要件實行行為本身，教唆和實行行為本身必須分開。教唆故意非基本構成要件故意；教唆犯所表現者乃自己固有之反社會危險性，犯罪乃依據自己的行為而受處罰，不一定要從屬於別人犯罪。所以，教唆人只要有使被教唆人產生犯罪意思即可成立教唆故意，對於構成要件結果的發生有無認識並不重要。

（二）不可罰說認為，教唆行為本身就是自己犯罪的具體表現，根本就屬於構成要件的實行行為，因此：教唆故意，就是基本構成要件故意，就是和構成要件行為本身的故意是相同的。行為人本身必須具有犯罪決意，而此決意必須為既遂之決意，而非未遂之決意。換言之，陷害教唆者並不具備既遂決意，所以並無具有侵害法益之決意。

（三）本書認為，由於可罰說係立基於共犯獨立性說，但揆諸新法之立法理由，不採共犯獨立性說，而係採限制從屬的立場，足見可罰說的見解已不足採，故應採不可罰說較為妥當，教唆犯一定要具備雙重故意始可成立。

二、結語

警探甲於該集團行竊時，甲與同事當場逮捕多人。顯見甲欠缺教唆既遂之故意，且風險亦在甲所控制下，故甲不成立竊盜罪之教唆犯。線民乙本身並無犯罪行為之決意，其與竊盜集團虛以委蛇，只是在協助警察破案，所以乙無罪。

三人尋仇

甲乙丙三人與張三有仇。某日，甲等人探知張三將於某飯店用餐，乃共謀殺害張三，甲持槍、乙持開山刀、丙持西瓜刀共同前往。抵達時，丙接大哥大後匆忙離去。甲、乙兩人對張三展開圍殺，幸好張三躲得快，只被甲槍傷及手臂，乙未砍中張三卻誤中一起用餐的李四，李四傷重，送醫不治死亡。試問：甲乙丙三人之可罰性如何？

解析

一、甲、乙、丙三人具有共同正犯之關係

甲、乙、丙三人事前謀議殺害張三，具有犯意之聯絡，且相互間亦有行為之分擔，依§28的規定為共同正犯之關係。應注意者，共同正犯之間有「一部行為，全部負責」之原則。

二、甲可能成立§271Ⅱ殺人未遂罪

（一）構成要件該當性：甲出於殺人之故意，實行殺人行為，但卻僅傷及張三，未發生死亡之結果，故為§271Ⅱ之殺人未遂構成要件該當。

（二）甲無阻卻違法與罪責事由。

（三）小結：甲成立§271Ⅱ殺人未遂罪。

三、丙可能成立§271Ⅱ殺人未遂罪

（一）構成要件該當性：丙事前與甲、乙謀議殺害張三，主觀上有殺人之故意。惟丙接獲大哥大後，先行離去，是否成立中止犯，不無疑義。共同正犯之中止，必須要有積極的防果行為，始能成立中止未遂，丙單純放棄殺人行為，卻無積極之防果行為，自無法成立§27之中止未

遂。且依共同正犯「一部行為，全部負責」之原則，丙雖未實施殺人行為，仍應就甲行為之部分負責。是故，丙應具有殺人未遂（普通未遂）之構成要件該當。

（二）丙無阻卻違法與罪責事由。

（三）小結：丙成立§271Ⅱ殺人未遂罪。

四、乙可能成立殺人未遂罪與過失致死罪

（一）構成要件該當性：乙以殺人故意砍殺張三，未中，具殺人未遂之構成要件該當。乙砍殺，未中張三，誤中李四，李四送醫不治死亡，此種情形乃學說上所稱「打擊錯誤」，就失誤的客體應成立過失犯罪，故就李四而言，乙另具有過失致死罪之構成要件該當。

（二）乙無阻卻違法與罪責事由。

（三）小結：乙成立殺人未遂與過失致死二罪，但二罪屬§55一行為觸犯數罪名之想像競合，從一重之殺人未遂罪處斷。

五、結語：甲乙丙三人是共同正犯，成立§271Ⅱ殺人未遂罪。

五萬，幫我縱火！

　　甲與乙因債務糾紛結怨。某日，甲趁乙全家出外旅遊之際，以五萬元代價唆使丙，將乙的房舍燒毀。當丙攜帶放火工具前往乙宅時，因形跡可疑，被巡邏警察逮捕。試問：甲、丙的可罰性如何？

解析

一、乙可能成立§173Ⅳ預備放火罪

（一）構成要件該當性

　　主觀上，丙有放火燒毀有人居住之住宅的故意，客觀上，丙之行為因尚未著手，僅屬預備階段。故丙有預備放火罪之構成要件該當。

（二）丙乙無阻卻違法與阻卻罪責事由。

（三）小結：丙成立§173Ⅳ預備放火罪。

二、甲可能成立§§173Ⅲ、29教唆放火未遂罪

（一）甲不成立教唆犯

　　甲教唆丙放火，主觀上有教唆故意與教唆既遂故意，客觀上有教唆行為致乙萌生放火決意，屬於§29之教唆犯。但§29採「共犯從屬性說」之立場，亦即被教唆者未產生犯罪決意，或雖生決意卻未實行者，教唆者皆不成立教唆犯。據此，甲不成立教唆犯。

（二）甲不成立教唆放火未遂罪。

　　這樣的評價，與一般人民的法感情恐有違背，可見現刑法對於教唆犯的規定似有不妥。事實上，在2005年刑法修正之前，本有§29Ⅲ的規定，「被教唆人雖未至犯罪，教唆犯仍以未遂犯論。但以所教唆之罪有處罰未遂犯之規定者，為限。」也就是說，修法前甲的行為成立教唆放火未遂罪。但2005年時卻將之刪除，理由是該款處罰行為人的惡性，與刑法處罰犯罪行為的原則有違。不過，本書認為修法的理由有待商榷，因為「共犯之獨立性」實非側重於行為人的惡性，而是重視共犯個別的行為與法益侵害間的因果關係。相反的，在現行法下，正犯若未實行犯罪行為，便不處罰教唆犯，反而有鼓勵教唆他人犯罪之嫌。

三、結語：丙成立§173Ⅳ預備放火罪；甲則不成立犯罪。

謀殺親父

　　某A慢性病臥病在床多年，日常起居都由大兒子甲照料。甲為了想早日得到父親的遺產，遂想出一招借刀殺人之計。雖然A仍有堅強的求生意志，但是甲竟然摹仿A的字跡捏造一封信，信中表明希望好友乙能讓幫助自己無痛苦死亡。隨後，甲將信拿給乙看，希望乙能成全A的意願，而乙也信以為真。此後，乙趁A熟睡時，以枕頭將A蒙住口鼻使其窒息而死。試問：甲、乙有何刑責？

解析

一、乙的行為

（一）乙殺死A可能成立§271殺人罪

　　　客觀上，乙以枕頭將A蒙住口鼻使其窒息而死之行為與A之死亡結果具有因果關係，乙客觀可歸責。乙主觀上具有殺人故意。乙無阻卻違法事由，亦無阻卻罪責事由，成立§271殺人罪。

（二）乙殺死A可能成立§275Ⅰ受囑託殺人罪

　　　客觀上，乙未得A之囑託，但主觀上誤認受有A之囑託而殺之，此時發生正面構成要件事實之錯誤。學說認為，此時仍應依行為人主觀之認知，而得成立本罪，因本罪之所以相較普通殺人罪為輕，係因得囑託為一客觀不法之減輕要素。此情形宜比照德國立法例，凡行為時誤以為輕法構成要件事實前提存在時，其故意之違犯，僅得以輕法處罰。例外依行為人乙主觀之認知，而論以本罪之既遂。

二、甲利用乙將A殺死，可能成立§272殺害直系血親尊親屬罪的間接正犯

　　　甲、A之間有直系血親尊卑親屬之關係。雖乙論以受囑託殺人罪以如前述，然乙實質上既未得A之囑託，其行為時係一普通殺人罪，且前揭構成要件事實錯誤僅發生於乙。是故，甲主觀上仍係利用乙殺人；且客觀上，甲利用乙完成殺人既遂。復甲以誤導之方式使乙陷於錯誤，故客觀上對乙具有意思支配。又，甲無阻卻違法事由與阻卻罪責事由，成立§272殺害直系血親尊親屬罪的間接正犯。

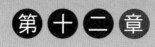

第十二章

過失犯

第十二章　過失犯

【目次】

【圖次】

第一節　過失犯之基本概念

壹、過失之意義

　　過失是行為人依客觀情況，違反了客觀必要的注意義務（指行為人違反一般理智謹慎之人所應有的注意）及主觀必要的注意義務（指行為人違反在個別情形下所應盡到的注意），在負有義務且依個人情況亦有能力及可能注意，卻對構成要件的實現沒有注意。過失犯之研究，已由過去的棄兒變成寵兒。對於過失犯之研究應有其獨特的構成要件成立之方式，即過失犯有「過失之作為」與「過失之不作為」。

　　過失與故意同，均具有雙重評價之功能（過失具有行為型態與罪責型態之雙重評價功能）。行為人若盡相當之注意就能認識、避免犯罪結果之發生，竟因欠缺注意或欠缺認識致發生結果，應負過失責任。

　　依照古典犯罪論體系，主觀構成要件的檢驗，屬於犯罪判斷的第三階段（有責性）的範疇。古典犯罪論體系建立在實證哲學（知識論上的經驗主義）的基礎上。這個體系的支持者，把故意、過失當作責任型態，他們認為，故意與過失是行為人主觀上對於客觀世界變化的心理關係（這叫做心理責任論）。這種心理關係，容易憑經驗加以驗證。法學上，擁護經驗主義或邏輯實證論或實證哲學的人，稱之為法實證主義者。法實證主義者認為，法律的素材只有實證法，自然法不是法律的素材。

　　現今通說不認為故意、過失僅是罪責項下所檢驗之項目而已，認其具有雙重評價之功能，必須於構成要件該當性與罪責兩階段檢驗。

　　換言之，視過失屬於構成要件的一部分，是從目的行為論以來，包括新古典與目的犯罪論體系的發展而出。故過失犯在構成要件審查的重點為：「客觀注意義務的違反」及「違反義務行為與結果間的因果關係與歸責」的內容。而有無注意義務的個人能力，則屬罪責層次的檢驗。

　　過失行為的處罰，以法律有明文規定者為限。現行法中處罰過失犯，

通常只有實害犯及危險犯，而無舉動犯及純正不作為。因過失犯的成立須結果發生為其前提。故舉動犯：只要構成要件之行為方式出現，犯罪即成立，故無過失成立之可言。純正不作為犯由於類似舉動犯之概念，亦無成立過失之可能。

過失犯是在不知及不欲之心態下實現構成犯罪之事實。其不法內涵及罪責較故意犯為輕，刑法對於過失犯之處罰，只有對生命、身體等重大法益才會加以處罰。因此，過失犯的處罰也是刑法最後手段性之展現，只有在重大法益受侵害時，始具應刑罰性。刑法實務上，如過失致死或過失致傷在過失犯罪所占的比例很高，尤其是交通過失犯，此外醫療過失也是常見的型態。

貳、過失犯體系地位之演變

一般認為過失犯之所以能夠成立，主要在於「注意義務之違反」，而注意義務的內涵為何？傳統的意見與較新的意見，雖從不同方向去思考，但基本上仍是在說明同樣的內涵，那就是過失犯的體系地位的改變，說明如下：

一、古典犯罪論的過失理論或純粹的罪責理論

古典的過失理論對注意義務之內容，重在「結果預見之可能性」，譴責結果責任。認為有預見結果發生之可能，即使行為人已盡防止結果發生的義務，結果仍不免發生，亦成立過失。違反注意義務，應預見而不預見即具非難可能性，認為故意與過失在不法層次上是無法區分的，所強調的重點在於「結果非價」。

體系上，古典過失理論將過失放在罪責當中檢討，這種說法就是「純粹的罪責理論」，認為過失是能盡注意而未盡注意，是行為人主觀上欠缺對法益所必須關心的態度。這是古典犯罪論體系的說法。

二、新古典犯罪論後的過失理論

　　新的過失理論認為過失以「結果迴避義務」為內容，譴責行為人之行為責任。行為人預見結果會發生，應採取適當之迴避結果發生之措施，卻不為之，主要在譴責其不為迴避行為，是一種行為責任，其所強調者為「行為非價」，在體系上將過失犯的客觀注意義務的違反，認為是「構成要件要素」之一，亦即，在「構成要件該當性」中檢討過失，所以是一種「不法理論」的見解。

　　由於過失具雙重評價性質，違反注意義務非只是內心注意義務之違反，而且是行為具備一定關係之違反義務。預見可能性，能提供當作選擇結果迴避之基準，換言之，過失犯之注意義務是一種結果迴避義務，迴避特定結果而應採取適當措施之義務，著重行為之責任，所以，如果行為人已盡其避免結果發生之義務，但結果仍然發生時，其行為仍屬「合法」或沒有不法，不必再進入罪責的判斷。

三、客觀歸責理論

　　由於 Roxin 提出客觀歸責理論後，過失犯的體系被完全重新架構。實際上，重新架構過失不法的內容，也是客觀歸責理論對於構成要件理論最大的貢獻。因為，依照客觀歸責的檢驗結果，如果在客觀構成要件上可以歸責者，至少應該成立過失犯罪。因此，客觀歸責理論之中所謂「規範保護目的」、「注意義務的違反關連性（結果迴避可能性性）」、「預見可能性」的判斷，都被包含在過失犯中加以審查。從目的犯罪論體系發展而出，過失可以理解為「潛在的」目的行為，過失自有其「行為非價（Handlungsunwert）」的本質。如甲在加油站使用打火機點菸不慎，引發火災，其過失本質在於製造法律所不容許的風險，而非消極未採取注意措施。

　　依據客觀歸責理論，已經能夠處理過失犯罪的所有問題，因此是否成立過失犯罪應依序檢驗：(1)行為與結果有因果關係。首先，必須是過失

的結果與行為間有條件上的因果關係，亦即該行為是發生結果所不可想像其不存在的條件。這是條件說的基本運用，與故意犯相同；(2)客觀可歸責。客觀可歸責乃因為行為人製造法所不容許的風險，並且實現法所不容許的風險，又結果之發生在構成要件效力範圍內[1]。

> 甲邀請乙到雨中散步，乙卻被雷擊斃而死。
> → 依舊過失理論：甲的行為符合過失致死的構成要件且違法，但是欠缺過失罪責，犯罪不成立。
> → 依新過失理論：甲的行為基本上並無過失，主觀構成要件不該當，犯罪不成立。
> → 依客觀歸責理論：甲的行為客觀上並不可歸責，邀請他人在雨中散步應無製造法律所不容許的風險，客觀構成要件不該當，故犯罪不成立。

第二節　過失作為犯之構成要件

壹、客觀之構成要件

如前所述，過失犯的成立，因學說演進而有不同的體系地位，尤其客觀歸責理論的提出，更讓過失犯的檢驗有完全不同以往的風貌。不過，本書認為客觀歸責理論的內涵雖可作為補充判斷過失犯之輔助，但仍無法完全取代立法上對過失所提出的判斷標準（§14）及目前實務對過失犯的認定。因此，仍從故意作為犯之思考模式出發，亦即過失作為犯與故意作為犯之構成要件檢驗，都必須具備有：行為主體、行為（一為故意行為，一為過失行為）、行為客體、行為結果（因果關係與客觀歸責）。不過，過失作為犯之客觀構成要件需要特別檢驗過失犯的特別要素，亦即，「客觀注意義務的違反」與「客觀可預見結果並且能避免」兩個要件。「違反注意

---

[1]　Roxin/ Greco, Strafrecht, AT/1, 5. Aufl., 2020, §11, Rn. 49.

義務（Sorgfaltspflichtverstoβ）」是「行為不法（行為非價）」；至於是否違反注意義務，必須藉助結果發生的「可避免性」與「可預見性」[2]加以判斷。

一、過失行為

　　過失行為的內涵與故意行為不同的是，要特別檢驗過失行為人是否有「客觀必要注意的違反」與「客觀預見是否可能」兩項要素：

（一）客觀注意義務的違反

　　行為人違反一般理智謹慎之人所應有的注意。行為人如違背客觀的注意義務，亦即，行為人違反一般理智謹慎之人所應有之注意[3]，其行為具有過失犯的行為不法，亦即客觀歸責理論中之「製造法律所不容許的風險」。需要特別注意的是，各種規範及注意誡命是一種原則性的提示，是客觀最低限度之注意而已，受規範者應盡力注意，不要有過失行為。例如，不能因交通案件有信賴原則（法所容許的風險）之適用，就排除所有的客觀注意義務。以下說明容許危險與信賴原則的關係：

1.容許危險

　　容許危險（erlaubtes Risiko）乃因，隨著社會生活複雜化，危險的行為日益增加，侵害法益的可能性亦與日俱增，但該種行為又為維持現代生活所不可或缺。因若將這些行為均加以禁止，社會生活將陷於癱瘓停滯不前。亦即，雖然行為本身具危險性，但若其已遵守必要規則，沒有怠於行使社會生活所必要的注意義務時，縱使侵害法益，我們也認為此行為是可以加以容許的[4]。

　　評價是否為容許的危險，有一些標準可以遵循，例如：非常具體的運

---

[2] Wessels/ Beulke/ Satzger, Strafrecht, AT, 52. Aufl., 2022, §18, Rn. 1114f.

[3] 林山田，刑法通論（下），2008，頁182。

[4] Roxin/ Greco, Strafrecht, AT/1, 5. Aufl., 2020, §11, Rn. 66f.

動比賽規則、交通法規或衡量利益與危險間的關係；但如行為是社會所非難且無益的行為，像「飆車」既違反交通規則又無社會利益，應不被容許。不過，救護車為了救人行駛路肩，雖有危險，但有非常重要的社會利益，應被容許。

最後要注意的是，關於容許危險的體系地位，到底應置於構成要件當中或違法性中來檢驗，與是否承認客觀歸責理論的內容有關。較傳統的見解認為容許的風險屬於超法定的阻卻違法事由。但承認客觀歸責理論，使得「不容許風險的創造」成為過失犯構成要件所要檢驗的要素之一。

2.交通事件中的信賴原則

信賴原則（Vertrauensgrundsatz）係指，在危險活動中，若行為人本身未違規，且可信賴他人的行為是遵守規範而沒有製造任何危險，縱產生危險，亦不可被歸責[5]。此多適用在交通事故領域，對於交通事故的刑事責任範圍，予以某種程度合法化的理論。因為參與道路交通使用者，可信賴被害人或第三人會採取適當行動，縱使因被害人或第三人之不適當行動而致法益侵害，行為人本身並不須負責。例如，駕駛員完全依規定駕車，若突然有行人快步由人行道衝入車道，致駕駛人煞車不及撞上行人：駕駛員有信賴原則之適用。因為，凡遵守交通規則而仍發生意外事故，即使造成別人法益的被侵害，也能基於信賴原則主張這是法所容許的風險。

> **例**
>
> 　　甲夜間開車，停車時並依規定開照明設備，但乙因騎車太快而撞上甲之車身？
>
> ➜甲可主張信賴原則，因其已謹慎照明，並無違反義務。因為，謹慎行事之人，可以信賴其同胞也是同樣謹慎行事，除非有特殊情形，否則應認為謹慎行事之人已盡相當之注意義務。

5　Roxin/ Greco, Strafrecht, AT/1, 5. Aufl., 2020, §24, Rn. 21ff; Wessels/ Beulke/ Satzger, Strafrecht, AT, 52. Aufl., 2022, §18, Rn. 1120.

基於信賴原則，我們可以期待其他人必定會有理性的作為。但高速動力機械使用之必要與人的生命法益之保障相較時，信賴原則必須受限制。所以，如果無法相信被害人能依通常要求而採取行動時，就沒有信賴原則之適用。如：對於被害人是小孩、精神病、殘障者、醉漢……時，均不得主張信賴原則。

> **例**
>
> 　若駕駛員已依規定駕車，見路旁有孩童嬉戲，他應減速行車，而駕駛員竟不為減速，致一孩童為撿球而衝入車道，駕駛員煞車不及撞上該孩童時，駕駛員無信賴原則之適用。74 年台上 4219 號判決，即謂：「關於他人之違規事實已極明顯，同時有充足之時間可採取適當之措施以避免發生交通事故之結果時，即不得以信賴他方定能遵守交通規則為由，以免除自己之責任。」

我國司法實務從民國 70 年起（參照，70 台上 6963 判決、74 台上 4219 判決），即承認信賴原則之適用。另外，行為人自己違反義務時，也不能主張信賴原則[6]。如 84 台上 5360 判決謂：「汽車駕駛人對於防止危險發生之相關交通法令之規定，業已遵守，並盡相當之注意義務，以防止危險發生，始可信賴他人亦能遵守交通規則並盡同等注意義務。若因此而發生交通事故，方得以信賴原則為由免除過失責任。」

3.醫療事件中的信賴原則

除了在交通事件中的信賴原則運用，反映在醫療行為上，同樣的可以發現已經發展至醫療團隊分工的階段。沒有醫療分工的醫療在現代醫學已經無法想像，故醫療分工是當前社會所必須容許的風險。在容許風險的概念下，自然就有信賴原則的適用[7]。信賴原則運用於交通事故無論是學說

---

[6]　Wessels/ Beulke/ Satzger, Strafrecht, AT, 52. Aufl., 2022,　§ 18, Rn. 1120.

[7]　Roxin/ Greco, Strafrecht, AT/1, 5. Aufl., 2020,　§ 24, Rn. 25ff.

或實務見解，已無疑義。但於醫療分工的風險及過失責任的認定，行為人可否援引信賴原則而免責，是個值得關注的問題。基本上，醫療分工行為，以是否有受到指示上的拘束為標準，分為垂直分工與水平分工。信賴原則的適用，關鍵在於醫療參與者有無遵守注意義務，因為每位醫護人員都是專門職業技術人員，對於本身工作領域的專業知識及工作態度，應可被合理期待符合一定水準和小心謹慎[8]。

（二）客觀預見可能

行為人是否有預見客觀注意義務的破壞，應就客觀作判斷，亦即以行為人對於結果的發生有「客觀預見可能（objektive Vorhersehbarkeit）」為前提[9]。實務見解也認為，過失犯以行為人對於結果之發生，應注意並能注意而不注意為成立要件，是被告應否論以過失犯，當以其有無違反注意之義務及對於危險行為之發生有無預見之可能而疏於注意致發生危險之結果為斷（參照，91 台上 4857 判決）。

換言之，行為人有無客觀注意義務之違反必須結合客觀預見可能的判斷。而且應依行為人之職業或其他類似性質交易範圍內的一般平均人之要求來決定[10]。例如，醫療行為的「專業規範」即是醫療過失案件中之特別規範的客觀注意義務。因此有無符合醫療過失除應審查一般規範的注意義務外，還要兼顧行為人的特殊認知或能力等，如：醫師的醫療行為是否成立過失致死或過失致傷，除一般規範注意義務的違反的審查之外，尚須審查醫療行為中的特別專業的規範。

---

[8]　張麗卿，信賴原則在醫療分工之適用——以護士麻醉致死案為例，東海大學法學研究，33 期，2010 年 12 月，頁 45 以下。

[9]　Wessels/ Beulke/ Satzger, Strafrecht, AT, 52. Aufl., 2022, §18, Rn. 1115; 林山田，刑法通論（下），2008，頁 177 以下。

[10]　林山田，刑法通論（下），2008，頁 182。

二、發生結果

過失犯大都屬於結果犯，故是否成立過失犯，必須發生結果，其實就是客觀歸責理論的「實現法所不容許的風險」。這裡必須檢驗是否有構成要件結果的發生。換言之，除了有因果關係和客觀可歸責外，依照通說認為仍須結果必須有避免可能。

（一）過失行為與結果有因果關係

過失行為必須是結果之原因，這裡的因果關係乃依條件說決定是否有結果出現。被害人與有過失時並不影響因果關係之考量，只可能為法官量刑之依據。因果關係的檢驗，依條件說言，是一種自然、科學的經驗。

（二）結果可以歸責

是否可以歸責，要考慮結果與行為間是否具備常態關聯性與結果是否屬於規範保護目的之範圍[11]，亦即，違反行為與結果雖具因果關係，但如欠缺危險關係時，仍不具客觀可歸責。因結果與行為間不具備常態關連，如所違反之注意規則在空間界限的保護目的範圍外，不負過失之責。

> **例**
> 　　甲開車雖然闖紅燈，但已離開闖紅燈現場，行駛五百公尺後，有一小孩乙突由路旁衝出，撞上甲車，乙當場死亡，甲之可罰性如何？
> →法律規定不得闖紅燈，乃在減少交岔路口車輛相撞之危險，而遠離交岔路口之安全，已非「不得闖紅燈」之交通規則所規範保護之目的。此時行為人之肇事地點的交通行為若符合交通安全規則，又無其他違背注意義務之行為，則其行為對於結果係不可歸責。甲亦可主張信賴原則，發生車禍時之行為均合乎規定，也沒有違背注意義務，故不可歸責甲。蓋行為人依義務之情況遵守義務，但結果仍會發生，行為人之行為與結果，雖有因果關係，但客觀上不可歸責。

---

[11] Wessels/ Beulke/ Satzger, Strafrecht, AT, 52. Aufl., 2022,　§18, Rn. 1127s; Roxin/ Greco, Strafrecht, AT/1, 5. Aufl., 2020,　§11, Rn. 84. 這個部分的詳細說明，可參照本篇第4章構成要件中「因果關係與客觀歸責理論」的說明。

（三）結果必須具有可避免性

即使行為人在遵照義務的情形下，結果同樣會發生，行為人的行為與結果雖然有因果關係，但在客觀上是否可以認為對該行為人不能苛責，通說以為結果是無可避免的，亦即無客觀可歸責性（有疑時應採利於行為人的解釋）[12]。

但依照 Roxin 的「風險升高理論（Risikoerhöhungtheorie）」要歸責[13]。亦即對於結果是否應該具備客觀可歸責性，有二種主張：如果客觀可歸責：負過失責任。如果客觀不可歸責：因無論如何都不免發生結果，不負過失的責任（多數通說）。Roxin 的風險升高理論與是否客觀可歸責有關，其中最著名的兩個案例：

例1
> 醫生開刀時，未使用較好之麻醉藥，致病人死亡。後經鑑定，病人有特殊體質，即使用較好之麻醉藥，病人仍不免死亡。

例2
> 卡車司機駕駛超車經過腳踏車，因未保持適當距離，致腳踏車騎士摔倒死亡。經鑑定，縱保持適當距離，騎士仍不免於死，因騎士當時已爛醉。

上述兩個案例，基於於風險升高理論：醫生及卡車司機均客觀可歸責，仍負過失責任。因未使用較佳之麻醉劑及未保持適當之距離，使得發生結果的風險提高，故仍具有過失責任。這是對過失有無之認定及成立採更謹慎的態度，對行為人的要求更高。但是，適用本理論的結果，將限縮了罪疑唯輕原則之適用範圍及過度擴張歸責的範圍，因此，該理論並未被

---

[12] Wessels/ Beulke/ Satzger, Strafrecht, AT, 49. Aufl., 2022, §18, Rn. 1132.

[13] Roxin/ Greco, Strafrecht, AT/1, 5. Aufl., 2020, §11, Rn. 89f.

通說所接受。不過，要特別注意的是，依照風險升高理論，行為所違反者必須是「規範目的所要避免的風險，剛好是實際上所發生的風險」。例如：超車必須有適當距離的規範，乃為避免騎士被捲進輪下的風險，行為人若違反，才能以行為人違反義務至升高風險加以歸責。但是如果欠缺此種關連性，行為人即使違反注意義務，並未實現法所不容許的風險，行為人仍無庸負責。

貳、主觀之構成要件

由於過失犯的構成要件該當性沒有故意犯那麼明顯，較難區分客觀與主觀的構成要件該當，故有認為過失犯並無所謂的主觀構成要件。但是無論如何行為人若有預見注意義務之破壞，又有客觀可歸責時，為「有認識過失（bewusste Fahrlässigkeit）」（§14Ⅱ）。亦即，在客觀可歸責之情況下，行為人有預見卻相信不會發生為「有認識的過失」，此乃過失犯成立之特殊的主觀構成要件要素。換言之，行為人認知到自己的行為可能導致結果發生，卻違反注意義務相信結果不至於真的會發生，而未採取任何防止結果發生的措施。

> **例**
> 媽媽認知孩子可能會喝下該藥，卻相信他一定不會喝，而未將藥放置於安全的地方，以致小孩因喝下該毒藥而身亡：有認識不作為過失。

至於無認識過失（unbewusste Fahrlässigkeit §14Ⅰ），與過失行為人之主觀無涉，因為無認識過失之行為是在毫無認識的情狀下，實現不法的構成要件，為客觀之構成要件要素。換言之，行為人於行為時，因違反注意義務而導致結果發生，但行為人事先卻對此情形，完全沒有認知。

例

媽媽忘了拿開危險藥品，致小孩誤食死亡：無認識不作為過失。

第三節　過失作為犯之違法性與罪責

壹、違法性

原則上，具有構成要件該當之行為，即具有違法性的表徵，但是，如果有阻卻違法事由，則例外否定其違法性。過失犯，違法性的認定，和故意犯相同，亦因一個形式上具有過失構成要件該當的行為之實現，而表徵過失行為之違法性。因此，過失的構成要件該當，違法性就已成立[14]。

關於阻卻違法性的事由：與故意犯同。例如：正當防衛、緊急避難、推測承諾。不過，關於正當防衛、緊急避難除了客觀的情狀存在外，一般也要求行為人的主觀防衛或避難等意思。因此，僅具防衛或避難情狀，而不具防衛或避難意思的過失行為，因為行為人主觀上無防衛或避難意思。原則上，不能主張正當防衛或緊急避難阻卻違法，但此種過失行為雖不能阻卻違法，卻因欠缺可罰性，屬於「不罰的過失未遂」行為[15]，所以過失犯不能主張正當防衛與緊急避難。但是，學說上有認為仍可主張正當防衛與緊急避難者，亦即過失行為雖欠缺「主觀阻卻違法要素」，但其要求程度不能像故意犯一樣，即使行為人沒有認識到有正當防衛或緊急避難的客觀違法情狀存在，仍能主張該阻卻違法事由[16]。

此外，過失犯的重要阻卻違法事由，是「推測承諾」；尤其，特別適用於醫療刑法領域，如：重大意外事故發生時，因為沒有足夠的醫療用

---

[14] Wessels/ Beulke/ Satzger, Strafrecht, AT, 52. Aufl., 2022, §18, Rn. 1141; Roxin/ Greco, Strafrecht, AT/1, 5. Aufl., 2020, §24, Rn. 102.

[15] Roxin/ Greco, Strafrecht, AT/1, 5. Aufl., 2020, §24, Rn. 103..

[16] Wessels/ Beulke/ Satzger, Strafrecht, AT, 52. Aufl., 2022, §18, Rn. 1142.

品，但醫師為了挽救傷患的性命，只好實施緊急的手術，卻不小心造成傷患更重大的傷害，此無意引起的傷害結果，可依推測的承諾阻卻違法（或依照緊急避難阻卻違法）。然而，有些阻卻違法事由，不可能適用於過失行為。如依法令的行為（逮捕現行犯、父母懲戒未成年子女等），不可能是過失，所以「依法令」的阻卻違法事由，不適用於過失犯。

貳、罪責

過失犯行為人之過失罪責，乃因行為人怠於為一個具有良知理性且小心謹慎的人，在同一情狀下所應有的注意，客觀注意義務的破壞是否可避免加以考量。過失犯罪責的內涵，大致上與故意犯之檢驗相同。亦即，必須有罪責能力、有不法意識、行為人對於注意義務之個別認識能力與履行能力，可要求行為人符合注意義務之期待可能。

一、有無責任能力

與故意犯之判斷相同。亦即，行為人必須年齡成熟與精神健康。

二、不法意識與禁止錯誤

依通說無論是故意犯或過失犯，不法意識都是不可或缺的罪責要素。只是在故意犯的類型，所要求的是「顯在的不法意識」，對於過失犯的類型，則只是要求「潛在之不法意識」。潛在的不法意識是指行為人若對於構成犯罪之事實有正確的認識，行為人就會認知到其行為是違法的。有認識過失可能發生禁止錯誤，當行為人知道自己逾越了容許的風險，並可能實現構成要件，卻錯以為有阻卻違法事由，此時即發生禁止錯誤。

行為人明知具體事件對於客觀注意之要求，對他而言是一種法義務，若其行為所造成的結果是法律所要加以非難否定的，既然行為人有認知行

為違法，即具不法意識[17]。換言之，有認識過失犯可能發生禁止錯誤。如果行為人有不可避免的禁止錯誤：過失罪責被阻卻。行為人若有可避免的禁止錯誤：過失罪責仍然成立，只是部分減輕或免除。

例
　　婦產科醫生甲重感冒在家休養，突然發生有孕婦難產，甲急速趕回醫院。甲因病已無安全駕駛的能力，也知道可能肇事，但是甲認為可以為了救該名難產的婦人而駕車，應可主張緊急避難，結果撞死路人乙。醫師甲出現了有認識過失致人於死的禁止錯誤。如果這錯誤本可避免，醫師的罪責減輕，減輕過失致死的處罰。如果這錯誤實在難以避免（假設有律師朋友錯給建議），得免除刑罰（§16參照）甲應屬於有認識過失的禁止錯誤。

三、注意義務的認識能力與履行能力

　　「過失責任」乃依行為人「個人能力」及注意義務之破壞是否可避免加以檢驗。過失行為人被處罰，乃因行為人有主觀預見可能。亦即，行為人在個別的情況下，對犯罪構成事實的預見可能，這種行為人對危險認知之可能性，乃行為人的特別認知，是依照行為人個人的主觀能力可預見，否則不負過失責任。其決定標準在於行為人個別認識能力及履行能力。如駕駛訓練班的學員，因個人辨識能力欠缺，不認識駕駛的危險性，又沒有經驗，無法履行避免車禍發生，在認識能力及履行能力有欠缺的狀況下，應考慮排除其罪責。

　　如果行為人自知自己能力不夠，卻仍去承擔超越其能力之事務，則仍具過失罪責，此即「超越承擔之過失」（Übernahmefahrlässigkeit），這是

---

[17] Wessels/ Beulke/ Satzger, Strafrecht, AT, 52. Aufl., 2022, §13, Rn. 679; 林山田，刑法通論（下），2008，頁198以下。

行為人因為自己疏失以致無法避免結果之發生。

> 例
>
> 　　貨車司機甲，已連續駕車數小時，卻仍開車送貨，甲終因疲勞過度致車禍致人於死、甲應負何責？
>
> ➔ 甲應成立業務過失致死罪。甲已知自己無能力開車，竟仍開車上路致生車禍，甲的過失乃因超越自己能力的承擔所造成。

四、符合注意誡命行為之可期待性

　　行為人因內在或外在的因素，形成強大的壓力，致其履行義務顯有特別之困難，那麼，要求行為人符合注意誡命的行為，即無期待可能性，應可減輕或免除過失之罪責。

> 例
>
> 　　媽媽在燙衣服，見幼子跌傷，趕忙送醫急救，忘記拔掉插頭致生火災：無認識過失之無期待可能性。

　　在詳細說明過失犯的構成要件、違法性及罪責後，再以【圖 61】說明成立過失犯的三個階段檢驗之內容。

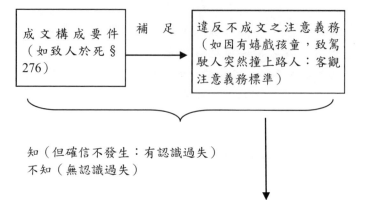

圖 61：過失犯之三階段檢驗
（參照 Haft, AT, 8. Aufl., S. 161）

第一階段：
客觀構成要件
之補充

成文構成要件
（如致人於死 §
276）

補　足

違反不成文之注意義務
（如因有嬉戲孩童，致駕
駛人突然撞上路人：客觀
注意義務標準）

第二階段：
主觀構成要件

知（但確信不發生：有認識過失）
不知（無認識過失）

第三階段：
罪責

避免違反注意義務之個人能力（如上
述中的駕駛，一個清醒且健康的行為
人對在合理情況下，要求其緩慢駕車
行為，應是可能的：主觀注意義務標
準）

第四節　過失作為犯之未遂犯、正犯與共犯

在清楚掌握過失作為犯之犯罪判斷架構（過失作為犯之構成要件該當性、過失作為犯之違法性與罪責）後，以下說明其與未遂犯、正犯與共犯的情形。

壹、未遂犯

過失犯之領域中沒有成立未遂犯之可能。其因有二：一是未遂犯必須行為人具備實現構成要件之決意進而實行構成要件之行為才有可能成立，而過失犯欠缺實現構成犯罪事實之決意，故無成立未遂犯之可能。二是過失犯必須構成要件是行為不法與結果不法並存的情形下才能成立，而未遂犯並無結果不法的情形，因此過失犯無由成立未遂犯。

貳、共同正犯

　　共同正犯之構成要件必須是兩個以上行為人出於共同之行為決意，而過失犯不可能形成兩個人以上共同之行為決意，故原則上過失犯無成立共同正犯之餘地。不過，學說上仍有不同見解[18]。

　　一是，成立「同時犯」（Nebentäterschaft）。本說以「犯罪共同說」為基礎，認為共同正犯的成立，除客觀上對於「特定之犯罪」的行為須有所共同外，主觀上亦須對於「共同實行特定之犯罪」有意思之聯絡。故共同行為人相互間以認識犯罪事實為必要（故意之共同），而過失係以缺乏對犯罪事實完整的認識，並不存在上述之意思聯絡，因此，共同正犯之成立範圍僅限於故意犯。亦即，二人以上之正犯因無意思之聯絡，雖然同時或幾乎同時各自實施犯罪，只不過各自單獨成立犯罪，無相互認識亦無相互利用關係，乃成立「同時犯」。

　　二是，成立過失共同正犯（fahrlässige Mittäterschaft）。此說以「行為共同說」為基礎，以為共同正犯僅以共同行為之認識為要件，不必皆有共同犯罪之認識，故數人之共同行為有過失者，無論其為共同過失，或一方有過失，皆無害共同正犯關係的成立。換言之，所謂共同過失，即數人僅認識某行為而有共為之意思，而於該行為構成犯罪之事實因不注意而未認識，故其共同行為均成立過失共同正犯。且從§28 之規定文義看，亦無否認過失共同正犯之概念，故在具體個案中行為人不僅違反各自的注意義務，對於其他行為人之違反注意義務亦有過失，形成一個整體的不注意。

---

[18] Wessels/ Beulke/ Satzger, Strafrecht, AT, 52. Aufl., 2022, §16, Rn. 835.

> **例**
>
> 　　甲乙為房屋的建築工人，負責將已不能使用之磚頭清除，甲與乙幾乎同時將磚頭往下方丟，因不注意而將路過之行人丙砸死，事後卻無法證明甲或乙所投擲的磚塊擊中丙。
>
> ➜ 此時甲、乙應成立何種共犯關係，有二個不同主張：
>
> 　一、甲乙成立同時犯，不成立過失共同正犯
>
> 　　　依此主張，甲乙並沒有犯意聯絡，所以只能成立同時犯。
>
> 　二、甲乙成立過失共同正犯
>
> 　　　依此主張，甲乙二人共同為丟下磚塊之行為，對於會砸到丙的事實，因不注意而未認識，其行為成立過失，所以甲乙應論以過失共同正犯。

參、間接正犯

　　過失作為犯與間接正犯的情形，可分下述說明：

一、被利用者之過失行為是刑法上不處罰的行為

　　此種情形是指間接正犯利用被利用者之過失行為，進行不法的犯罪行為，惟該被利用者之過失行為係刑法所不處罰之行為，例如：甲利用乙誤取他人之物品的過失行為，以竊取他人財物。乙之過失誤取他人物品的行為，不為刑法所處罰，因此只有利用他人過失行為的行為人甲成立竊盜罪之間接正犯，被利用者乙不成立犯罪。

二、被利用者之過失行為是刑法上處罰之行為

　　此種情形是指，間接正犯利用被利用者之過失行為進行不法的犯罪行為，而該被利用者之過失行為係刑法所處罰之行為。例如：甲利用乙過失致丙死亡的行為，達到甲欲故意殺害丙的目的。因為乙的過失致人於死之行為是刑法所處罰之行為，所以亦成立過失犯，而甲是利用者所以成立殺人罪之間接正犯。

肆、共犯

一、教唆犯

教唆犯之成立必須行為人具有教唆之故意，過失犯並沒有故意之存在，所以無由成立教唆犯。

二、幫助犯

幫助犯之成立必須行為人具備幫助之故意，過失犯並沒有故意之存在，故沒有幫助犯之成立餘地。

第五節　過失犯之其他問題

壹、過失型態

刑法的過失型態區分為：無認識過失（§14 I）、有認識過失（§14 II）。值得一提的是，2019 年 5 月修法前，刑法另有普通過失、業務過失的區分。所謂的業務是指，基於事實上的社會生活地位，反覆實施的事務。至於修法前的業務過失則是指，從事一定業務之人，對於其業務活動上，因過失而發生構成要件結果；其與普通過失所生的犯罪相同，但因注意義務不同，故修法前業務過失的處罰，較普通過失較重。但是，由於現行法已無業務過失，目前有關過失的類型，有意義的區分就是無認識過失（§14 I）與有認識過失（§14 II）。

一、無認識的過失

無認識過失（行為破壞了客觀上應該遵守的注意義務），純屬客觀的現象面，與行為人的主觀無涉。無認識過失，應該屬於客觀構成要件的檢驗。§14 I：「行為人雖非故意，但按其情節，應注意並能注意，而不注

意，為過失。」為無認識過失。

　　所謂「應注意」乃指行為人負有客觀注意義務（預防並防止犯罪發生之義務）該「客觀上應遵守的注意義務」可能來自法律規範，例如道路交通法規。此外，在生活領域中的種種工作規範或活動規範，如運動規則、商品製造規則、醫事規則等，而這些規則的創設主要在預防危險發生，皆屬社會生活中所應注意者，而其內容的注意程度，應就具體事實及客觀標準予以認定。

　　所謂「能注意」：具有注意能力之人，能實踐其注意義務之能力，或已盡注意義務，卻依然不免結果發生之情況。

例1
　　夜深，甲認為路上無人，從樓上拋物而下，擊傷行人。甲製造了不被容許的危險（行為破壞了客觀上應該遵守的注意義務），這是客觀構成要件（因果關係）所要檢驗的。

例2
　　甲攜上膛之手槍（應注意）誤觸扳機，卻（不注意）以致槍枝走火誤傷乙：無認識的過失。

二、有認識的過失

　　行為人對於構成犯罪的事實，有預見發生之可能性，但行為人確信它不會發生。有認識過失，則必須在主觀構成要件上作判斷，判斷行為人有無注意能力與注意可能。詳言之，除了必須過問行為是否製造了不被容許的危險（破壞了客觀上應該遵守的注意義務），還要追問行為人主觀的認知能力與注意可能。

　　認知能力和注意可能，以一般小心謹慎的理性主體為標準。但是，行為人如有比較高的認知能力與注意可能，則以行為人較高的能力為主。例

如，專精的外科醫生，在手術時，只是遵守醫療規則是不夠的，還要以其專精的醫術，更提高警覺。不能做到這一點，就是製造了不被容許的危險。

§14Ⅱ：「行為人對於構成犯罪之事實，雖預見其能發生而確信其不發生者，以過失論。」此為有認識過失。

> **例**
>
> 　　甲舉槍向樹開火，知乙站在樹旁，甲可能因槍法不準而遭誤射，但甲卻相信自己之槍法應不致於射到乙，結果竟射傷乙：有認識的過失。

有認識過失比無認識過失更須譴責，因為行為人既然有預見結果發生之可能，就應該採取迴避措施，而不應放任自己的行為，故在量刑上應較重。此外，有認識過失與間接故意（未必故意）的區分不易[19]。簡言之，有認識過失：我知道可能會發生何事，但我相信，不會那麼糟糕！具備「確信其不會發生的信念」、「不希望、沒有容忍結果發生」。間接故意：我知道可能會發生何事，但想，即使發生又如何？具備事實認識但「容忍其發生」沒有確信它不發生的信念，而且結果之發生也不違背其本意，在不違其本意的情況下，有事實的認識而且容忍發生的心態。這是§13Ⅱ：「行為人對於構成犯罪之事實，預見其發生，而其發生並不違其本意者，以故意論。」的規定。

值得注意的是，行為人遇見結果的發生，在心態上可能是認為不發生的有認識過失，亦有可能有任其發生的間接故意，但是只要無法證明行為人是否心存故意，就應認定其為有認識的過失，這也是「有疑應利於被告」的展現。

---

[19] 關於有認識過失與間接故意的區分，詳參本篇第五章的「主觀構成要件」。

貳、過失程度

一、民法上之過失有程度之別

民法上之過失分為：重大過失、具體輕過失、抽象輕過失。亦即，民法上所謂過失，以其欠缺注意之程度為標準，可分為抽象的過失、具體的過失，及重大過失三種。重大過失：異常高度地怠於交易所必要之注意，欠缺一般人的注意義務，稍加注意即可防止結果發生，但行為人卻不注意，此乃忽略結果之發生具有極高的可能性。

具體輕過失：欠缺與處理自己事務為同一之注意。抽象輕過失：欠缺與善良管理人所應有的注意程度。應盡善良管理人之注意（即依交易上一般觀念，認為有相當知識經驗及誠意之人應盡之注意）而欠缺者。

二、刑法上之過失並無程度之別

刑法上之過失並無程度區分，過失程度輕重，原則上只可當做量刑參考的依據，與過失之成立無關。

不過，將「重大過失（grobe Fahrlässigkeit）」列入刑法立法之考量的依據，主要要處罰高程度的注意違反之過失，重大過失較普通過失有更高的不法內涵。例：德國刑法有「重大過失」的規定，例如：德國刑法§345 II規定：「公務員如果輕率執行自由刑、剝奪自由保安處分或行政機關的命令，處一年以下自由刑或科罰金。」因為如果公務員知道執行處罰的要件並不存在，卻予以執行，是接近故意的濫權，也是輕率（重大過失）濫權；亦即，行為人對於結果的發生有嚴重的疏忽[20]。此外，德國刑法§II處罰輕率過失的洩密；德國刑法§315c處罰出於重大違反交通法規且毫不猶豫的危險駕駛，毫不猶豫就是輕率[21]。簡言之，行為人只要稍加注意，就可以避免犯罪發生，這樣就很難主張沒有過失。所以處罰輕率過

---

[20] Roxin/ Greco, Strafrecht, AT/1, 5. Aufl., 2020, §24, Rn. 81.

[21] Roxin/ Greco, Strafrecht, AT/1, 5. Aufl., 2020, §24, Rn. 85.

失（Leichtefertigkeit），具有攔截的作用。

　　將重大的過失作為「截堵的構成要件」，亦即儘管不能證明行為有故意，但可以因為破壞重大的義務，而認定有過失。換言之，一有輕率過失即構成犯罪，防堵行為人以其不具過失而規避刑法制裁。這個對於一些在舉證上較困難的犯罪型態，有立法之必要[22]。因為重大過失的輕率是一種高度的過失，重大的違反注意義務，忽略損害發生的高度可能性。

　　進言之，違反特別重大的注意義務，不僅考慮行為的客觀面（不法內涵），並要衡量輕率行為的社會意義，這種輕率過失的法理，是指雖無具體結果預見之可能，但其行為若可能導致某種災害，而此災害亦為行為人所預見，且已產生不安狀態時即可要求行為人負責。換言之，不以追究行為人有故意為必要，只要有破壞重大義務的情形，即有過失，此亦符合現今社會生活的型態。因食品製造、藥物、食品公害醫療事故等，均與大型企業主有關，於產業高度使用之時代，要直接追究企業主之責任很難。故預見可能是指，只要具備危懼感之預見可能性即足，如此對於處理因新科技應用所生危害，不以行為當時的具體情況發生為準，更能掌握企業主的責任。於此之中，注意義務的違反，是有預見可能性而未預見，表示已經對別人法益的一種藐視，可視為是企業主的一種「重大的輕率過失」。

---

[22] 林山田，刑法通論（下），2008，頁 174。

❖ 實例講座 ❖

遲到的救生員

　　甲、乙均爲救生員，甲在上班結束後，乙遲遲未至，甲乃逕行離去，甲離去不久，乙未到時，恰有泳客溺斃事件，試問：甲、乙何人應負責？

解析

一、甲逕行離去不盡照料義務之行爲，應負§276過失致死罪之不作爲犯：

　1.甲具有不作爲犯之保證人地位

　　甲因爲是救生員，其保證人地位係來自契約或事實上的承擔。惟其是否得以抗辯其已經下班，本案危險應由乙承擔？甲係因在乙未到之前，對於整個游泳池仍有危險監督義務，故其仍應負擔保證人地位。

　2.甲具有過失不作爲之情形

　　由於乙未到場，故甲對於現場泳客之生命身體安全仍應負有照料義務，以防止發生意外，但其卻選擇離開游泳池不盡其注意，顯然違背客觀上注意義務；此外，其離開而無人看管，依照一般人觀點而言，均得以合理預見泳客溺斃之可能，故難認甲不具有客觀預見可能性。故如果甲未離開亦可以防止泳客溺斃，故甲亦有作爲可能及迴避結果可能性。

　3.不作爲與作爲等價

　　如果甲離去行爲所致乙死亡，其不作爲之評價應予作爲之評價相當。

　4.因果關係

　　甲的過失與乙死亡之間難認無相當因果關係；且亦具有客觀可歸責性。

　5.甲無任何阻卻違法事由，且有罪責，故甲成立過失致死罪。

二、乙因未接班，故乙無責任。此際乙尚未發生保證人地位的問題。

深夜的加班人

　　甲深夜加班，由於工作疲勞，不慎撞傷路上行人，甲立即下車查看，發現該路人正是與自己有過嚴重衝突的情敵乙。甲明知乙傷勢沉重，仍不顧而去。隔天見報，該路人已死亡。試問：甲的行為應如何處罰？

解析

一、甲開車撞傷乙的行為可能構成§284 I前段之過失致傷罪

　　依照條件說，如果沒有甲開車不慎就不會有乙之傷害結果發生。亦即甲的行為製造了法律所不被容許的危險，而具有因果關係，且該危險行為導致結果的發生，因果歷程又是在其構成要件的效力範疇內，可認定甲的行為在客觀上對乙之傷害具因果關係。

　　在主觀構成要件上，雖甲對乙之死亡，有所預見而不顧離去，但就甲開車撞傷乙而言，僅具「事後故意」，是行為時並沒有存在的故意，在行為之後才萌生故意不是刑法意義的故意。因此甲在主觀上有注意能力，但竟不注意，係§14 I的「無認識過失」，仍得依過失致傷罪處罰。

二、甲明知乙傷勢沉重仍不顧而去的行為可能構成§271 I殺人罪

　　依前所述，甲既然製造了法律所不被容許的危險間具有因果關係，依刑法§15 II規定，甲負有防止結果發生的義務，對乙死亡的結果應有所預見，但卻不為任何救助，任令乙死亡結果的發生，也不違背其本意，是§13 II的「未必故意」，因此甲應該論以殺人罪。

三、結語

　　由於甲所成立的過失致傷罪與殺人罪是出自不同的犯意，依照§50，併合處罰。

自信的槍手

　　甲是奧運射擊金牌得主，對於自己的槍法一直都非常有自信。某日，

甲舉槍向樹開火，知樹旁有乙，但確信自己槍法很準應不會傷及乙，未料，竟將乙射死。試問：甲之可罰性如何？

解析

一、甲可能構成§276之過失致死罪

（一）構成要件該當性

客觀上，甲之開槍行為乃造成乙死亡結果之原因。主觀上，甲認識到乙可能遭到誤射，即有預見犯罪結果之發生。此時甲應屬有認識之過失或未必故意，應具體判斷之。對於未必故意與有認識之過失，其共通點在於「均有預見犯罪結果之發生」，所不同者，在行為人的主觀心態。亦即，有認識過失行為人主觀上認為「那不會發生的」；未必故意行為人主觀上認為「就算發生也沒關係」。

本例中，甲有預見犯罪結果發生之危險性，但確信一定不會發生而為射擊行為，由於甲對犯罪結果有客觀預見可能性並違反客觀注意義務，應屬有認識之過失。故甲有過失致死罪之構成要件該當。

（二）甲無任何阻卻違法事由。

（三）罪責

甲無阻卻罪責事由。按其情節，甲有主觀預見可能性與注意義務破壞可避免性，故具有過失罪責。

二、結語：據上所述，甲成立§276過失致死罪。

違規停車

甲開車到大賣場購物，因找不到停車格，為圖方便，竟將車違規暫停在大賣場外面道路旁劃有紅線處，且未並打閃燈提醒其他用路人注意。適逢乙騎著自行車靠近甲違規停車處，突然重心不穩，撞擊甲車後，倒地流血不止，送醫急救，縫了五針。試問：甲之行為應如何論處？

解析

一、甲可能成立§284過失致傷罪

　1.乙重心不穩，受到傷害倒地流血不止，係因甲的違規停車所致

　2.甲違規停車，違反道路交通管理處罰條例之規定，然甲所違反的禁止違停規定，其規範保護意旨，是否應包括防免用路人因意外撞擊違停車輛所導致的傷害，而得以成為過失致傷罪之客觀注意義務來源，則不無疑問。有認為得作為客觀注意義務之來源。畢竟，禁止違規停車之規範所要防免之對象，除為避免造成交通不便利，更有避免生命與身體法益遭受風險在內。然而，亦有論者認為，行政責任與刑事責任須分別以觀之，並非行政違規行為當然就有刑事過失之責，仍須回歸刑法原則判斷，即違規停車行為是否為肇事原因，是否具備因果關係。

　3.惟本書認為，無論採取何種見解，其結論殊途同歸，即甲違規停車之行為，與乙之受傷結果間有條件因果關係，而甲違規停車的行為係違反客觀注意義務，製造法不容許之風險，乙受傷結果等同於風險已經實現，該當過失致傷罪之不法構成要件。

二、甲無阻卻違法事由及減免罪責事由，故成立本罪。

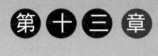

第十三章

不作為犯

第十三章　不作為犯

【目次】

【圖次】

第一節　不作為犯之基本概念

什麼都不做，也會有罪嗎？關於不作為犯的兩種型態：純正不作為犯與不純正不作為犯。以下分別說明之。

壹、純正不作為犯

純正不作為犯（echte Unterlassungsdelikte）乃只能用不作為的方式才可以實現刑法的構成要件。例如：§306Ⅱ滯留不退去罪，§149聚眾不解散罪、§194不履行賑災義務罪、§112留置要塞罪。純正不作為犯有獨立的構成要件，但是數量並不多。基本上，純正不作為犯不會有任何的結果（與單純的舉動犯一樣，屬於同一個概念範疇，與結果犯在概念上係對立範疇）。換言之，只要單純違反刑法規定的作為義務，馬上可構成犯罪。其所觸犯者為「誡命規範（Gebotsnorm）」（不為應為）[1]。純正不作為犯，大多是舉動犯之型態。所謂舉動犯（行為犯）：行為人只要實現構成要件所描述事實，即可成立犯罪之犯罪類型。

貳、不純正不作為犯

不純正不作為犯（unechte Unterlassungsdelikte）乃通常以作為才可能成立的犯罪，行為人以不作為的方式加以實現。例如：受託餵狗，故意不餵食，將狗餓死（不作為的毀損罪）。基本上，作為犯大多可以用不作為的方式加以實現。但是有例外，例如：重婚、血親相姦。

個別的不純正不作為犯，並沒有獨立的構成要件（刑法沒有這樣的法條：以不救助的方式殺人者，處十年以上有期徒刑）。不純正不作為犯的實證法上的總依據是§15。例如，不餵狗，將狗餓死的例子，法條的援用

---

[1] Wessels/ Beulke/ Satzger, Strafrecht, AT, 52. Aufl., 2022, §19, Rn. 1153.

是§354及§15。不作為殺人的法條依據是§271與§15。

不純正不作為犯的解釋，比起純正不作為犯，要困難得多。不純正不作為犯的問題多，而且困難。一般而言，判斷一個行為是不是成立（不純正的）不作為犯，主要的問題在構成要件該當性的判斷。

不純正不作為犯乃以某種不作為達到結果的發生。不作為之人乃以一「保證人」之地位（Garantenstellung）負有義務，其本身之不作為與法條所規定的作為之構成要件相當，換言之，其不作為與作為等價（評價相當）。例如，嬸姆以「餓死嬰兒之不作為」與§271殺人罪之「殺」之作為等價。

行為人用不作為之方式違反刑法規範。此規範乃規定以作為方式實現不法構成要件，而行為人卻以不作為之方式違反之。此等不純正不作為，必須發生結果始可成罪，所以大多是結果犯。其所觸犯者為「誡命規範（作為犯所觸犯的是禁止規範Verbotsnorm）」。不過，要注意的是不成立不純正不作為犯之情況：§168偽證罪、§237重婚罪。

通常，對於區分作為與不作為並不困難，但是在存有多重行為（或雙重行為）時，即產生不易區別的問題[2]，應分別以下情形：

一、作為與不作為同時發生

行為並非單純之作為或不作為，而是作為與不作為同時存在之複合行為，係指行為人整體行為包含積極的作為和消極的不作為，其結果係由同一行為人同時之不作為與作為所造成。此時存在不作為和作為的複合行為，此時究應成立不作為犯或作為犯，應以行為的方式所賦予的實質內涵加以區分，即以刑法規範評價的重點作為決定之標準，由於不作為是作為之補充型態，故只要招致結果的行為是由作為方式所產生，不作為就退居其次，論以作為犯。

例如，在德國曾經發生，廠主將受病菌感染羊毛，未經消毒處理即直

---

[2] Wessels/ Beulke/ Satzger, Strafrecht, AT, 52. Aufl., 2022, §19, Rn. 1157ff.

接交給員工作業，不幸導致員工受到感染死亡。交給員工是「作為」；不加工去除受病菌感染的羊毛是「不作為」。本案例中的歸責重點并非單純交付原料行為的「作為」，而應在於未按規定消毒的「不作為」，廠主對於未遵照規範的不作為，是導致員工死亡的直接原因，反而單純交付原料行為，只是法所容許的中性行為，所以這種不作為並非居於交付行為的補充地位，而是在於所違背法律規範的期待方式；亦即，違背誡命規範的過失不作為犯。

二、作為與不作為先後發生

上述情形屬於未盡注意義務的過失不作為犯，但故意的不作為犯也是會發生。某些行為是由行為人之作為與不作為先後發生所共同造成，於此經常討論的案例是「阻止救援」或「中止救援」的情形；亦即，阻止他人救援或中止自己一個正在進行中的救援活動[3]。

> **例1**
>
> 　　阻止救援案：甲落水將溺死，救生員乙見狀拋下繩索給甲，乙於收繩之際，另一泳客丙發現甲是自己的死敵，竟以剪刀將繩子剪斷，適有另名救生員丁拿著救生圈經過，乙要求借用，丁卻不予理會。如何評價丁？
>
> ➡ 丁為救生員理應作為，卻拒絕不作為，其拒絕借用救生圈的舉動，為阻止他人救援；因丁有保證人地位，故負不純正不作為殺人責任。

---

[3] Wessels/ Beulke/ Satzger, Strafrecht, AT, 52. Aufl., 2022, §19, Rn. 1160; 林山田，刑法通論（下），2008，頁241。

> **例2**
>
> 　　中止救援案：甲落水將溺死，乙見狀拋下繩索給甲，拉近一看竟是情敵，隨即鬆手。應如何評價乙？
>
> ➜乙對甲言，並沒有保證人地位（無救助義務），鬆手的舉動若理解成不作為（不救人），乙無罪。然乙拉甲時，甲已出現生機，鬆手舉動卻消滅了這個生機。故鬆手，並非不救人，而是殺人。由於乙拉近時，甲已有生機，鬆手是中止自己一個正在進行中的救援活動作為，故不是不救人「不作為」，而是殺人的「作為犯」。

　　上述關於作為、不作為之區分，不論其為同時發生或先後發生，可能因保證人地位之有無而使侵害同一法益的行為，在作為、不作為的判斷上出現不同的結果。如果一行為是具有作為、不作為等雙重意義的行為，其作為、不作為判斷究竟是作為或不作為，不在於外顯的動作，關鍵在於「法律規範所責難的重點」及「保證人之地位之有無」[4]。

> **例**
>
> 　　關閉心肺機案：醫師認為病患救治無望，乃關閉其心肺機（不為繼續有效的救助），致病患死亡。
>
> ➜醫生對病患乃基於保證人地位，對其有救治義務，所以規範評價的重點在於「應為繼續努力救治，卻中止醫療行為」的不作為。表面看，醫師不救治，不從事病人所期待的有效行動。病人死亡，是醫師不救人，醫師是不作為殺人。但是，若為不具保證人地位之第三人，若有關閉心肺機的舉動時，法律規範評價責難的重點，則屬於作為犯。故作為或不作為，判斷的關鍵，不在外表的動靜，而是規範的要求及是否具有保證人地位。

---

[4] Wessels/ Beulke/ Satzger, Strafrecht, AT, 52. Aufl., 2022, § 19, Rn. 1159; 林山田，刑法通論（下），2008，頁236以下。

第二節　不作為犯之構成要件

壹、故意不純正不作為犯之構成要件

一、客觀構成要件

　　故意不純正不作為犯的客觀構成要件該當性必須檢驗：有沒有違法的結果發生；結果的出現與不作為的因果關係；保證人地位的來源（救助人的地位），例如，基於法令、基於自願承擔義務（通常是契約）、基於危險的前行為、基於親密的生活關係、基於危險共同體、基於危險來源的監督義務；保證人在生理與現實上的救助可能（期待可能性）（超越能力，就無義務）；不作為必須與作為等價（等價條款）等。以下分別詳加說明上述構成要件的內容。

（一）行為主體

　　行為主體，最主要是指保證人地位的來源（救助人的地位），法律上依據的總源頭為刑法§15。§15Ⅰ：「對於犯罪結果之發生，法律上有防止之義務，能防止而不防止者，與因積極行為發生結果者同。」本條是我國刑法關於保證人地位的規定，稱「法律上有防止義務者」即所謂居於保證人地位之人。但保證人地位的來源不只一種，因此保證人地位在具體個案中，可能發生雙重甚至多重的保證人地位。例如甲（醫生）乙為夫妻，乙生病時至甲的診所治療，甲便因事實上的醫療行為，及與乙具有夫妻關係，而居於雙重的保證人地位。

　　故，只有保證人才有不作為犯構成要件該當性的可能。保證人地位是不純正不作為犯的行為主體特定身分，必須在法律上可以保證這項結果不出現的人（如醫師）才有不作為犯構成要件該當性之可能。

　　關於保證人地位發生之原因，會隨著時代演進而有不同，早期對保證人地位的來源，偏限於法律義務的概念上，如法令、契約、危險的前行

為，但是，現今學說認為不應侷限於形式上的原因，應著重實質上要素。例如，不以法律上有效的契約締結為前提，而是事實上承擔保證責任者即成立保證人地位，這主要是考慮社會倫理上的理由，故居於管控支配的位置，才有保證人地位。依此理由對於保證人地位發生之原因，可以從以下二大基本類型瞭解[5]：

(1)保護者（或照顧者）的保證

保護者（或照顧者）的保證（Beschützergarantenstellung），是指對於某種法益的特別保護義務（Schutzpflichten für bestimmte Rechtgüter），亦即，法益有許多不確定的危險，誰要保護此法益？這是對於法益無助狀態的保護或照顧。【圖62】呈現很多不確定的危險，可能形成對法益的危害，所以必須加以照顧或保護。

圖62：保護義務之結構圖
（參照Haft, AT, 8. Aufl., S. 185）

對某種法益的特別保護義務〈如，社會應對精神病患加以保護〉

關於對特定法益的保護義務（Schutzpflichten für bestimmte Rechtsgüter）之保護者，其保證人地位的情形有如下述：

①特定近親關係，親密的共同生活關係或生活共同體：長久的共同生活可形成保證人地位。如同居人之間、夫妻、父子、兄弟姊妹、有婚約者……等[6]。不過，如果已經欠缺實際生活關係的親屬，如已經分居的夫

---

[5] Roxin, Strafrecht, AT/2, 1. Aufl., 2003, § 32, Rn.3ff; Wessels/ Beulke/ Satzger, Strafrecht, AT, 52. Aufl., 2022, § 19, Rn. 1174ff.

[6] Wessels/ Beulke/ Satzger, Strafrecht, AT, 49. Aufl., 2022, § 19, Rn. 1180.

妻、沒有共同生活的未婚夫妻、沒有往來的兄弟姊妹等彼此不負保證人義務[7]。

②危險共同體（Gefahrengemeinschaft）：特定共同體關係，即多數人組合的團體，建立在團體成員相互幫助扶持及排除危險的基礎上。例：登山隊、探險隊[8]。

③事實上承擔保護義務：保護義務的自願承擔，承擔人對於被保護人具有保護者的地位。例：嬸姆、救生員、嚮導、警察、醫師。要注意的是，保護義務之承擔跟職業並無必然關係，它是事實上的承擔，與契約是否存在完全無涉[9]。

④由於法令規定有保護義務之特殊成員：此為結合特別保護義務的特殊成員，亦即，法人組織或國家機關執行公權力時，執行職務之公務員對相對人及民眾有保證人義務。如精神衛生法中的「保護人」規定、法人機關的管理人[10]（公司的董事、經理人）、醫師或警察。

(2)監督者（或保全者）的保證

監督者（或保全者）的保證（Überwachungsgarantenstellung, Sicherrungsgarantenstellung），是指對於特定危險來源，具有保持安全的義務；亦即，有許多不確定的法益正遭受一項危險的威脅，社會本身需要由誰保護？這是對於危險來源的監督。不同於保護者的保證係針對特定人作保護，監督者的保證並未限定特定範圍的保護客體，換言之，只要是居於監督者保證地位之人，即負擔控管之義務，具有義務防止的危險源對任何不特定人造成侵害結果。【圖63】表示對於危險源的監督與保證。

---

[7] Roxin, Strafrecht, AT/2, 1. Aufl., 2003, §32, Rn. 13, 45.

[8] Wessels/ Beulke/ Satzger, Strafrecht, AT, 52. Aufl., 2022, §19, Rn. 1181.

[9] Roxin, Strafrecht, AT/2, 1. Aufl., 2003, §32, Rn. 13; Wessels/ Beulke/ Satzger, Strafrecht, AT, 49. Aufl., 2022, §19, Rn. 1182.

[10] Roxin, Strafrecht, AT/2, 1. Aufl., 2003, §32, Rn. 77.

圖63：監督義務之結構圖
（參照Haft, AT, 8.Aufl., S.185）

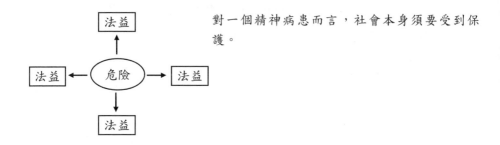

對一個精神病患而言，社會本身須要受到保護。

有關監督者的保證，可分為危險的前行為、對危險源的監督義務與基於法令規定之監督義務，分述如下：

①危險的前行為（Ingerenz）：§15Ⅱ規定，「因自己行為致有發生犯罪結果之危險者，負防止其發生之義務。」製造危險的行為人，有防止危險發生之義務，即§15Ⅱ所稱的保證人地位類型。因為製造危險的人必須負責排除危險。

而危險的前行為，可細分為「違反義務的前行為」及「合乎義務的前行為」。「違反義務的前行為」才具有保證人地位[11]，但仍須各別考慮個案情形。亦即，行為人必須因危險前行為製造了損害發生的危險，為了避免後續發生更大的危難，所以有義務須將該危險排除。此外，應注意必須是「違反義務」之前行為所招致。例如甲開車不小心，因而撞傷路人，甲對於該名路人應加以救治，不能撒手不管。

但若不是自己造成的危難（如該名路人是被另外一名駕駛乙所撞傷），僅是袖手旁觀，便無需負責，因為此時並無保證人地位，就可以不加理會。只是這種情形如果發生在德國可能就會構成犯罪，這是指德國刑法§323c規定的災難不救助罪[12]。

---

[11] Wessels/ Beulke/ Satzger, Strafrecht, AT, 52. Aufl., 2022, §19, Rn. 1195.; Jescheck/ Weigend, AT, §59 4a, S.625；林山田，刑法通論（下），2008，頁254以下。

[12] Roxin, Strafrecht, AT/2, 1. Aufl., 2003, §32, Rn. 145.

例

　　甲、乙玩互勒脖子之遊戲，丙經過不理，致甲死亡，丙有無保證
人地位？

→依照德國刑法§323c規定一般協助義務之規定，對於災害的發生，意外
事故、公共危險或困境發生時，根據行為人當時的情況有救助可能性，
對自己無重大危險，亦不違反其他的主要義務，卻不去救助時，可處一
年以下有期徒刑或併科罰金，是「純正不作為犯」的一種，依此見解，
案例中的丙有可能依德國刑法§323c處罰，但我國刑法並無處罰的規
定，丙也無保證人地位。

　　另外值得注意的是，「合乎義務的前行為」，縱使造成他人後續的危
險，原則上並不會發生危險前行為之保證人地位，例如正當防衛。但是，
如果傷害到無辜的第三者時，則應有防止結果繼續發生的救助義務，常見
狀況如緊急避難[13]。

例1

　　甲打乙，乙反擊，甲休克倒地，乙不顧而去，致甲死亡，乙有無
保證人地位？

→乙行為是實施「正當防衛的行為」（合乎義務的前行為），打傷攻擊者
時，被害人是否有保證人地位？若前行為是正當防衛而實施，無保證人
地位。因實施防衛者，並不負有一般不純正不作為之責任，即正當防衛
後不須負結果發生的排除責任，亦即，正當防衛者對於攻擊者之生命身
體法益，不具有救助義務。

---

[13] Roxin, Strafrecht, AT/2, 1. Aufl., 2003, §32, Rn. 181/ 186.

> ### 例2
>
> 　　甲騎機車，乙開卡車違規迎面而來，甲為閃避乙的卡車，撞上路邊行人丙，丙因而死亡，甲有無保證人地位？
>
> ➜甲的行為是實施「緊急避難」，實施緊急避難將無辜的路人撞傷，其是否有防止義務？是否有保證人地位？因為緊急避難後對於後續的不幸結果，要負結果排除的保證人責任。因為有保證人地位，所以有結果排除之義務。因此於緊急避難致傷害無辜的他人：若是甲以故意殺人之意思離去，成立§271及§15的不純正不作為之殺人罪。若是甲有認識可能會死，但其樂觀的認為不會死而離開現場，成立有認識的過失致死；若是甲無認識可能會死，但被撞的無辜者死了，則成立不純正不作為犯之無認識過失致人於死。

②對危險源的監督義務：法律上有義務監督及控制他人行為之人，必須防止被監督人的行為可能造成別人的損害。

危險物的持有人有危險來源控制的義務，此種危險源的監督責任，係指特定物在可支配的範圍內，對於有可能造成侵害他人法益之危險物品存在時，必須控制危險，防止危險發生，這是交易安全義務的法理[14]。例：動物的飼養、有毒物品的存放、汽車持有、招牌之設置、產品的製造等[15]。

③基於法令規定之監督義務：法令本身是一重要的保證人地位產生之來源，因法令規定而使保證人具有監督之義務（包含習慣法）。如監護人對禁治產人的監督義務、父母對子女、老師對學生、商品製造人對產品安全監督的責任。

（二）行為客體

不作為犯罪所侵害行為客體與故意作為犯相同，可能是人身、物、機關組織。

---

[14] Roxin, Strafrecht, AT/2, 1. Aufl., 2003, §32, Rn. 108.

[15] Wessels/ Beulke/ Satzger, Strafrecht, AT, 52. Aufl., 2022, §19, Rn. 1086.

（三）行為（不作為型態）

1.不為期待行為

指不作為行為人不為特定之行為。此所謂「特定之行為」，乃指在生理上或現實上的救助可能性，能期待行為人可能迅速且能確實防止構成要件該當的結果發生，但行為人卻做出不為特定行為的決定，未採取任何措施，使結果發生。這是對於規範所期待的行為，不予作為之情形。

能否被期待的狀態，是一個客觀事實，屬於客觀構成要件的判斷。如家中失火，父親因擔心自己的生命危險，不敢貿然衝進屋裡救出自己的女兒，由於現實上的無能為力，女兒因而被燒成重傷，此種不幸不能責怪父親，因為客觀上的救助是不可能的，因為現實上無能為力，即無法律救助義務。也就是說，必要的救助行為，對於規範的接受者，在生理現實上必須有「作為能力」；如果行為人無行為能力、生理缺陷、空間限制、欠缺救助所必要的能力、知識、經驗或工具等，即無救助可能。簡言之，必要的救助行為對規範的接受者，在生理上及現實上有可能實行救助行為卻不為時，才可對之做譴責，否則是強人所難。因此，§15規定，法律上有防止義務，能防止而不防止者，與因積極行為發生結果同，本條之「能防止」，即為「作為能力」之規定。

2.不作為必須與作為等價（等價條款、相當條款）

等價條款（Entsprechensklausel）依通說見解，是指「行為等價」，亦即，實施方法等價，只有在犯罪成立的行為上做等價的評價，非結果等價，因此非以結果惹起或出現為等價的評價。刑法§15 I 後段規定「與因積極行為發生結果者同」，即表明不作為必須與作為等價。

（四）不作為與結果發生之因果關係與客觀歸責

不作為犯的因果關係，雖有他行為說、先行為說、結果條件說等不同見解，不過以「假設的因果關係（hypothetische Kausalität）」（或稱之為準因果關係；quasi-Kausalität）為通說。申言之，不作為和結果之間的因果

關係，是一種「條件說」的反面思考。至於客觀可歸責否，則是出於評價上的判斷。

之所以稱「假想的因果關係」，因其無真正作為的出現，如果行為人為被期待的行為時，構成要件該當的結果就不會發生。亦即，以幾近確定的可能性（Sicherheit grenzender Wahrscheinlichkeit）加以認定，「如果法所期待的行為被實施，構成要件結果就不至於發生」，那麼，不作為與結果有評價上的關係，而行為人之不作為與構成要件該當結果有因果關係[16]。實務見解亦同，如「……刑法對於不作為犯之處罰，並非僅在於不履行作為義務，還須考慮如予作為，能否必然確定防止結果發生，而非無效之義務，以免僅因結果發生之「可能性」，即令違反作為義務之不作為均負結果犯罪責，造成不作為犯淪為危險犯之疑慮。從而，必行為人若履行保證人義務，則法益侵害結果「必然」或「幾近」確定不會發生，始能令之對於違反作為義務而不作為所生法益侵害結果負責。」（參照，106台上3780判決）。

對作為犯言，如果法律上禁止的行為沒有被實行的話，構成要件該當的結果就不至於出現，也就是「如無前者，即無後者」。反之，對不作為犯而言，則必須做相反的思考，亦即，如果法律所命令的行為被實行的話，構成要件該當的結果就不至於出現，也就是「如有前者，便無後者」的概念[17]。不過，在不作為犯的場合，如果行為被實行，結果卻仍發生，結果的發生就不可歸責於行為人。因為，必須有防止結果發生的事實可能性（結果的避免可能性），但行為人卻不作為，方具可罰性。

二、主觀構成要件

故意不純正不作為犯的主觀要件是指，行為人主觀上具「不作為故

---

[16] Schönke/ Schröder, StGB, 30. Aufl., 2019, § 13, Rn.61; Wessels/ Beulke/ Satzger, Strafrecht, AT, 52. Aufl., 2022, § 19, Rn. 1203.

[17] 蔡墩銘，刑法精義，2007，頁130。

意」，對客觀之不法構成要件有認識後，又決意不作為。行為人認識到保證人地位的事實及結果可以避免發生的事實，卻仍執意不為任何行為。另外，關於其他特殊之主觀不法要素，如不法所有意圖，亦須檢驗。

這種主觀的構成要件故意是指，必須有認識而決意不作為之不作為故意，不作為犯的故意和作為犯之作為故意是相同的，有「直接不作為故意」：明知構成犯罪之事實又決意不作為的不作為故意；和「間接（未必）不作為故意」：容忍構成要件事實之發生（聽任自己不作為），亦即行為人對其「不作為」所造成之構成要件該當結果之發生有預見，卻仍決意「不作為」聽任其自然發展，終使構成要件該當結果發生。不作為犯大都屬於這個類型。

例

甲欲毒死妻乙，甲於咖啡中下劇毒。未料，乙和乙之叔母丙一起喝，甲雖無殺丙之意，但怕事跡敗露未說出上情，乙和丙因而死亡。此時甲對丙是不作為的未必故意，對乙則是直接故意。

貳、過失不純正不作為犯之構成要件

過失的不純正不作為犯是因過失而做一不足夠的應為行為，以致發生結果，如此情況是刑法規定所要處罰的，則成立過失不作為犯，亦即不作為之過失行為不法乃在於因違反客觀注意義務，竟未從事足以防止構成要件該當結果發生之行為。

過失不純正不作為，乃結合過失犯與不純正不作為犯之構成要件，故在判斷上，必須同時檢驗「過失犯」與「不純正不作為犯」兩者的構成要件要素。不過，兩者對於構成要件要素的檢驗有些是會重疊的，但有些則是個別單獨必須具備的內涵。例如：過失犯及不純正不作為犯都必須檢驗：構成要件結果之實現；過失犯必須特別檢驗：客觀注意義務的違反與客觀預見可能性；不純正不作為犯則必須檢驗，如保證人地位、不為期待

之行為以及不作為必須與作為等價，等等。以下用一個例子說明：

例

甲與乙去啤酒屋暢飲，大醉開車離去，啤酒屋老闆丙，未加阻止。甲急駛撞上路旁電線桿，致甲乙當場死亡。甲父認為，丙若阻止甲酒醉開車，這個死亡車禍應該不會發生，憤而對丙提出過失致死罪的告訴，試問丙有罪嗎？

→ 一、構成要件該當性

1. 構成要件結果之實現

過失不純正不作為犯本質上屬於結果犯。本案例中有甲和乙死亡之結果，故有構成要件結果之實現。

2. 不為期待之行為（未為避免結果發生之行為）

行為人不為我們能期待可能迅速且確實防止構成要件該當的結果發生的行為，反而因過失而未做或未盡力做我們期待的防止構成要件該當結果發生的行為，以致發生結果。丙若勸阻大醉的甲開車，很可能避免結果發生，丙的確未為合乎期待的行為。

3. 作為的可能性（防止結果發生的事實可能性）

指行為人在生理上及現實上對於實行防止行為必須是可能的，也就是說在行為人可能為避免結果發生的行為而不為時，才可對之加以譴責。丙是酒店老闆，酒店中有無數客人，丙若一一在客人蹣跚離去時，強要客人改變離去方式，丙之生意非但無法進行，還可能招來誤解，引起生命身體或重大的財產危險。因此，即使認定丙有從事勸阻行為的可能，對於丙的勸阻行為，在現實上也沒有作為的期待可能性。

4. 因果關係與客觀歸責

不作為犯和結果間之因果關係，是一種準因果關係。也就是說，如果行為人有做被期待的行為時，構成要件該當的結果就不會發生。換言之，這裡的因果關係，必須確認過失不作為是結果發生之原因。在過失不作為與結果發生具有因果關係之下，還必須該結果與行為間具備常態關連，或與規範保護目的相干且該結果具備可避免性，該行為人的不作為才具有客觀可歸責性。甲並非單獨飲酒，若其酒伴乙仍然清醒，該乙應是被期待勸阻甲開車的人。易言之，丙之不勸阻，未必與甲的車禍有關。又酗酒駕車並不一定發生撞上電

線桿導致甲乙死亡的結果，亦即，結果的發生與過失不作為間並不具備常態的關聯。所以，即使認定丙的不作為與車禍發生有因果關係，丙也未必可以歸責。

5.保證人地位

保證人地位是不純正不作為犯的行為主體特定身分，必須在法律上保證這項結果不出現的人，才有不作為犯構成要件該當性之可能。沒有任何法令規定，酒店主人應阻止醉酒客人開車，所以無法認定丙具有保證人地位。又在啤酒屋中，老闆不可能強迫或要求客人飲酒。換言之，客人的酒醉，純由客人引起，丙並非直接製造甲的醉酒危險，所以不具有危險源監督的義務。

6.不作為必須與作為等價

這裡所指的是「行為等價」，亦即在實施方法上做等價的評價，非以結果惹起或出現為等價的評價。刑法§15後段規定「與因積極行為發生結果者同」，即表明不作為必須與作為等價。丙的未加勸阻之不作為，無法與積極實施的行為做相同評價。

7.客觀注意義務的違反與客觀預見可能性

客觀注意義務之違反是指，行為人違反一般理智謹慎之人所應有的注意。有無客觀注意義務之違反，應以行為人之職業或其他類似性質交易範圍內的一般平均人的要求來決定。

客觀預見可能性是指，有認識之過失。詳言之，除了必須過問行為是否破壞了客觀上應該遵守的注意義務，還要追問行為人主觀認知能力與注意可能。該認知能力和注意可能，以一般小心謹慎的理性主體為標準。如果任何小心謹慎的人在同一情況下，均無法預見或避免結果之發生，即欠缺結果非價。

丙未加勸阻甲開車，並不是在製造法律所不容許之風險，並且結果的發生在客觀上是無法預見及避免的，因為依其營業狀況及認知，丙沒有能力也無法注意必須對每個酒醉的客人從事勸阻開車的行為，或提供安全回家的方法或工具。

二、違法性與罪責

本案例中無任何阻卻違法事由或罪責問題，無須檢驗。

三、結論

丙不成立不作為犯之過失致死罪。

　　此外，過失不純正不作為犯的成立，不得僅因行為人違反身為保證人地位之「作為義務」，即認違背「注意義務」，而立即課予行為人杜絕所有可能發生危害結果之絕對責任。換言之，概念上不可將「作為義務」與「注意義務」兩者相互混淆。保證人地位僅是行為人「作為義務」之前提，無法從保證人地位直接導出「作為義務」之內容。仍應以行為人在客觀上得否預見並避免法益侵害結果為其要件；亦即，應依日常生活經驗是否有預見可能，且於事實上是否具有防止避免之可能性作為認定依據，進而判斷行為人是否違反「注意義務」，從而該結果之發生，才可歸責於保證人之過失不作為，方得論以過失不純正不作為犯（參照，107台上4276判決）。

第三節　不作為犯之違法性

　　不作為犯的違法性與作為犯相同，經由構成要件該當性而表徵其違法，並且因合法化事由阻卻構成要件該當行為的違法性，但必須必須特別注意「義務衝突」的問題。通說認為「阻卻違法的義務衝突（rechtfertigende Pflichtenkollision）」是不作為犯之獨特的阻卻違法事由[18]。如有合法事由之發生，即可阻卻違法。這些事由只要符合事實情狀，均有其適用，如正當防衛亦可想像不作為的防衛行為。

　　不作為犯之違法性，可經由作為義務衝突的法理來阻卻其違法性。即針對行為人而言，因具有為數法律上之作為義務，而為履行其一，必須犧牲另一作為義務時（超法規阻卻違法之義務衝突），此義務衝突是不作為犯獨特的阻卻違法事由。

　　因為，當有二個或二個以上的作為義務同時出現，而行為人只能履行其一時，無法對其不履行另一義務之結果負責。例：父攜二子划船遇大風

---

[18] Roxin, Strafrecht, AT/2, 1. Aufl., 2003, 16/115ff.; Wessels/ Beulke/ Satzger, Strafrecht, AT, 52. Aufl., 2022, §19, Rn. 1212.

浪，二子均落水，父只能救其中一子，對於另一子，不能認其應成立不作為犯之故意殺人。

若作為義務與作為義務，衝突時如屬同階（等價）的作為義務：履行其一而不履行其他義務時，可以阻卻違法性。如屬不同階的作為義務：履行高階而不履行低階義務時，亦可主張阻卻違法之義務衝突。至於位階關係決之於：危及法益的價值、危險的遠近、發生損害可能性的高低，加以綜合判斷[19]。

第四節　不作為犯之罪責

不作為犯之罪責層次與作為犯相同，必須檢驗不作為犯的罪責能力、罪責型態或減輕罪責等相關要素。於此特別說明，關於不作為犯的保證人義務錯誤及有無期待可能性。

壹、不作為犯保證人義務之錯誤

不作為犯的不法意識是指，行為人對於應為特定行為的法律命令規範有所認識。但是，如果行為人有認識到產生保證人地位之事由，卻因為出於法律上錯誤，誤以為法律准許其不作為，此時不作為行為人產生的是誡命錯誤（Gebotsirrtum）。

關於不作為犯不法意識不具備所產生的錯誤，首先，必須區分構成要件錯誤與誡命錯誤的不同：

一、不作為犯之構成要件錯誤：不作為的行為人因錯誤對構成保證人地位之各種情狀欠缺認識，不知自己居於「保證人地位」，行為人對於保證人地位的錯誤（Irrtum über die Garantenstellung），構成要件錯誤，排除故意。亦即，不作為之行為人只要對於不純正不作為犯客觀構成要件有關

---

[19] Wessels/ Beulke/ Satzger, Strafrecht, AT, 52. Aufl., 2022, §19, Rn. 1213.

的事實，欠缺認識即會形成錯誤，通常是對於保證人地位有關的事實缺乏認識，乃「構成要件錯誤」。

> **例**　父親甲帶兒子乙到海邊游泳度假，甲閱報時，不知兒子乙游泳發生危險，未予救助，甲根本沒有認識到關於保證人地位相關的事實，故甲無不作為殺人故意，發生「不作為犯之構成要件錯誤」。

　　二、不作為犯之誡命錯誤：如果行為人對負有保證人義務有錯誤時或誤認其不履行保證人義務是法律允許的，不法意識產生錯誤，因錯誤而不知其不作為是違法的。亦即，不作為犯的行為人對於應為特定行為之法律命令有誤認，因誤認而不作為時，其責任可能被減免或排除（視錯誤能否避免而定）。這是「不作為犯之違法性錯誤」，大都發生於行為人對於作為義務（保證人義務）的不知或誤解（Irrtum über die Garantenpflicht），以致欠缺不法意識[20]。

> **例1**　父攜子至海邊度假游泳，父看報時，聞求救聲，以為是不認識的泳客，並非其子，不予救助。父之行為如何評價？
> → 父親對於作為義務（保證人義務）有不知而欠缺不法意識。
> 父對子有保證人地位：構成要件沒問題。
> 違法性：無任何阻卻違法事由。
> 罪責檢驗時：發生「誡命錯誤」，父親以為自己不具有履行之義務（保證人義務錯誤）。此時依照§16的規定，視錯誤能否避免，若錯誤無法避免，罪責被排除，錯誤可避免，僅可減輕罪責。

---

[20] Jescheck/ Weigend, AT, 1996, S.636; Wessels/ Beulke/ Satzger, Strafrecht, AT, 52. Aufl., 2022, §19, Rn. 1216.

> **例2**
>
> 　　年邁父親甲認為對於長期不孝忤逆的兒子乙，無救助義務，在目睹乙發生危險時，認為不救助也是合法的，這是父親對於救助義務有誤解的「保證人義務錯誤」。但這應該屬於「可以避免的誡命錯誤」，僅能依§16後段的規定，減輕罪責。

　　簡言之，作為犯之禁止錯誤，是行為人因錯誤，而不知其「作為」係違法的；不作為犯的誡命錯誤，是行為人因錯誤而不知其「不作為」係違法的。不作為犯之誡命錯誤可分為：

1. 直接誡命錯誤：行為人以為其不作為是法律所允許的。
2. 間接誡命錯誤：行為人以為有阻卻違法事由存在，可以阻卻不作為的違法性（容許錯誤）。

　　換言之，具有保證人地位的人，不知自己有履行保證人義務時，是欠缺不法意識，發生誡命錯誤，亦即，不認識，可能因此阻卻罪責，所以「保證人義務」是一項違法性要素。這和對於阻卻違法事由之不認識是相同的，此種誡命錯誤可能阻卻責任。依照§16如果錯誤不可避免，便寬恕其罪責；可以避免，則視情形減輕罪責。

　　此外，要注意不純正不作為犯也會形成「反面錯誤」的情形，通常反面錯誤是行為人的錯誤，對己不利。

1. 反面構成要件錯誤：是指不作為行為人將不符合不純正不作為犯客觀構成要件的事實誤認為存在，有故意，不過，因為是事實面的錯誤，所以成立不能犯。

> **例**
>
> 　　承上例，父子到海邊度假。兒子嬉鬧故喊救命，父親甲誤認其子乙在海中溺水，心想乙平常令人嫌惡，突生讓其發生意外之故意，而不予救助。實際上乙是在潛水，此時甲可能是不能犯。

2. 反面誡命錯誤：這是因不作為行為人自己創設或擴張了作為義務（保證人義務）的範圍，自認不作為會成立犯罪，這是「幻覺犯」。

> **例**
>
> 承上例，父子到海邊度假。父親甲目睹其他不熟識的泳客溺水死亡，認為對於這種見死不救的情形，會成立不作為殺人罪。

　　在掌握了不純正不作為犯的不法意識與誡命錯誤後，最後以一綜合體系【圖64】說明，不純正不作為犯之構成要件與誡命錯誤及反面錯誤組合情形：

圖64：故意不純正不作為犯之錯誤

	正向錯誤 （有利）	反向錯誤 （不利）
構成要件	構成要件錯誤： （對於保證人地位的事實欠缺認識：阻卻故意）	反面構成要件錯誤： （將不存在的保證人地位事實誤為存在：不能犯）
規範	誡命錯誤 （保證人義務錯誤）	反面誡命錯誤 （幻覺犯）

貳、不作為犯之期待可能性

　　關於欠缺為規範行為之期待可能性，亦即前述之「不為期待之行為」。由於本書認為，不為期待行為是在現實上及生理上的不可能，如果保證人無法為期待之行為，應該是一種客觀的事實，屬於客觀構成要件要檢驗的部分，故當不作為犯主張其欠缺為合乎規範行為的可能時，不能作為超法定的減輕或寬恕罪責事由（有爭議）。

　　在完全掌握不作為犯之相關要件後，最後以【圖65】呈現不作為犯成立的判斷內容。

圖65：不作為犯成立判斷之體系圖

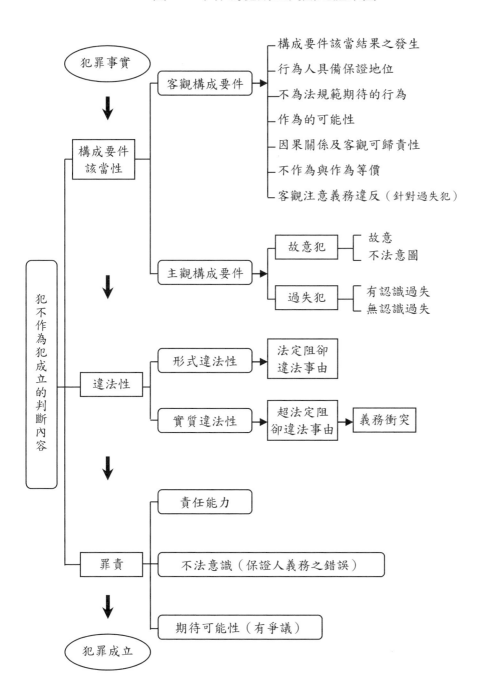

第五節　不作為犯之行為階段與未遂犯

與故意作為犯相同，在故意不作為犯也有行為階段與未遂犯的問題。分述如下：

壹、純正不作為犯之未遂犯

純正不作為犯可以想像成立未遂犯的狀況，例如，行為人未完成「不作為之構成要件」或犯罪結果未發生。但現行刑法所規定之純正不作為犯，如§149之聚眾不解散罪，§306Ⅱ滯留不退去罪，均無處罰未遂。

貳、不純正不作為犯之未遂犯

行為經著手而認定其為未遂犯，而著手之時點，依預備與未遂階段區分（主客觀混合說）。「不純正不作為犯之著手」乃不作為人「有主觀認識」及不作為在「客觀上有結果發生之危險性」。

學說上雖有「最早救助機會理論」及「最後救助機會理論」的不同，但是基於主客觀的理論，如果行為人主觀認識，其不作為已經對客體有實現極高的危險，極可能導致客觀上法益受到侵害的危險時，即為著手，此即「直接法益危險理論」。不過，行為人的不為救助，如果是放任因果流程發展，儘管危險非立即發生在其不作為時，即屬著手，故在發生因果流程中有人介入致未生結果，行為人仍不能主張結果未發生，而不負責任[21]。

---

[21] Wessels/ Beulke/ Satzger, Strafrecht, AT, 52. Aufl., 2022, §19, Rn. 1221.

> **例**
>
> 　　如果褓姆以欲餓死嬰兒的意思離開家，則褓姆著手的起點非第一次的最早機會救助，亦非最後一次應餵而未餵食的時點；而是放任嬰兒單獨在家，離開房子時為著手時點，此為「直接法益危險理論」。因此，如鄰人聞嬰兒哭聲而餵奶，所以嬰兒未死，褓姆不能主張免除不純正不作為殺人未遂的責任。

　　理論上，不純正不作為犯也可能因為實行行為障礙或失敗而成立普通未遂。此外，亦有下列兩種中止行為：

1. 不純正不作為犯之未了未遂之中止：行為人主觀認為「若為誡命應為之行為」，即足以防止結果發生；亦即，行為人認為救助機會仍有出現之可能。例如，褓姆主觀上認為只要再給嬰兒吃奶，即能保住嬰兒性命。

2. 不純正不作為犯之既了未遂之中止：行為人主觀上除了有「誡命應為之行為」外，還需要有其他必要措施，才足以防止結果發生，亦即，行為人主觀上認為已不再有救助機會了。例如，再給嬰兒吃奶，也不能保住嬰兒性命，必須趕快送醫急救，才能救治嬰兒性命。

　　最後，不純正不作為犯之中止未遂之成立必須不純正不作為犯出於「己意中止」，再以一「積極作為」防止結果發生（積極之防果行為）。亦即，行為人採取有效防止結果發生之積極行為。

　　此外，犯罪結果之不發生，如果是屬於中止行為與結果不發生間沒有因果關係的準中止犯（§27 I 後段）時，能否適用？因為準中止犯成立的前提，必須是行為人有防果的誠摯努力，故當行為人具備準中止犯努力防止結果發生的真誠時，雖然結果不發生是被害人或第三人行為介入，仍成立準中止犯[22]。

---

[22] Wessels/ Beulke/ Satzger, Strafrecht, AT, 52. Aufl., 2022, §19, Rn. 1224.

第六節　不作為犯之正犯與共犯

以不作為方式參與犯罪的型態，有可能是以不作為參與的共同正犯、間接正犯、教唆犯或幫助犯。

由於不作為犯具有不作為的特性，故在間接正犯不存在。至於教唆犯也只有「教唆不作為」而無「不作為教唆」，因而只有不作為參與者的共同正犯與幫助犯（幫助者具有保證人地位時，可能以不作為方式幫助成立犯罪）。但是成立犯罪之前提，都必須是不作為者具有保證人地位[23]。

> **例**
>
> 　　年輕單身母親甲有幼女一名，甲為了讓男友乙開心，竟然不顧狠心男友乙對自己哭鬧中的女兒拳打腳踢，甲之罪責為何？
>
> ➜本案較大爭議問題是甲的不作為在整個犯罪評價上，應屬於不作為之共同正犯還是不作為的幫助犯，此部分有學理上爭議：
>
> 1. 主觀理論（subjektive Theorie）：以行為人主觀上認知作為判斷屬於正犯或共犯。
> 2. 犯罪支配理論（Tatherrschaftstheorie）：以行為人之不作為是否對於整體犯罪存在決定性影響因素，如果具有決定性影響因素則應評價為不作為正犯。
> 3. 正犯理論（Tätertheorie）：不作為犯評價重點在於特別義務違反，因此只要行為人具有保證人地位即一概成立正犯。
> 4. 幫助犯理論（Gehilfentheorie）：行為人之不作為與直接作為犯比較，該不作為犯僅具有補充性，故無由以正犯相繩。
> 5. 區別理論（differenzierende Theorie）：以違反保護義務或監督義務為區分。違反保護義務部分，因為保護義務人對於保護法益者有較特別親近關係以及對於受保護人具有排他性的維護關係，因此會被評價為正犯。違反監督義務部分，基於在犯罪的危險控制區分正犯或共犯，當行為人已經參與且使該危險無法控制或收回，此時若該危險具有積極性影響，就會被評價為正犯；反之，若該危險僅作為一種犯罪支撐或支助，則被評價為共犯。

---

[23] Wessels/ Beulke/ Satzger, Strafrecht, AT, 52. Aufl., 2022，§ 19, Rn. 1210.

→批評：對於不作為犯，要明確區分保護義務或監督義務，並非容易的事，可能導致判斷上更為混亂。

本書認為，犯罪支配理論於此仍一併適用，亦即正犯評價上仍應以具有犯罪歷程影響力者為要，這是區分正共犯一貫的理論，不論在作為或不作為犯均應採之。故本案甲有能力阻止一切犯罪歷程，即表示甲之不作為影響著整個犯罪歷程結果，故甲屬於傷害罪之共同正犯。

❖ 實例講座 ❖

日月潭悲歌

甲女與剛認識不久的男友乙在日月潭划船，乙一時興奮，想在船上擁抱親吻甲，但卻被甲所拒，而乙被拒後因身體失去重心而掉入潭中。甲本可救起乙，然唯恐乙再對其為不利的舉動，遂將船划離現場，乙因不諳水性，終告滅頂。試問：甲的可罰性如何？

解析

一、甲女可能構成§271Ⅰ之殺人罪之不純正不作為犯

依通說，保證人地位的來源不只一種，例如：基於法令、基於自願承擔義務、基於危險的前行為、基於親密的生活關係、基於危險共同體、基於危險來源的監督義務等。甲、乙雖認識不久，但既為戀愛中之情侶戶外郊遊，應具有一定程度之信賴關係，有相互幫助扶持及排除危險的義務。換言之，甲、乙互負保證人地位。乙掉入潭中，甲本可救起乙，然唯恐乙再對其為不利的舉動，遂將船划離現場，乙因而滅頂。甲認識到保證人地位的事實及結果可以避免發生的事實，卻仍執意不為任何行為，此不作為與作為等價，甲成立不作為之殺人罪。

不過由於§15之危險前行為必須是「違反義務之前行為」才可構成保證人地位。乙向甲索吻遭拒，乙是因甲之正當防衛行為而掉入潭中，甲之前行為是因正當防衛之實施而造成，此為「合乎義務之前行為」，並不負有一般不純正不作為之責任，亦即甲正當防衛後不須負結果發生的排除責任。

二、結語

亦有認為，因為甲女並不具有保證人地位，所以不予論罪。

車禍的悲劇

　　醫生甲受召喚，趕赴車禍現場。現場有嚴重傷患乙丙二人，但是救護車的醫療設備只許救助其中一個，甲於是放棄丙，致被放棄的丙，失血過多死亡。試問：甲的可罰性如何？

解析

一、醫生甲可能構成§271 I之殺人罪之不純正不作為犯

（一）構成要件該當性

　　醫生有保證人地位。對於任何一名傷患，醫生都有救助的可能；如果對丙救助，丙可能不死。所以醫生不救助的行為，實現了殺人行為。

（二）違法性

　　醫生的殺人行為，有無合法事由？這裡要思考，並非緊急避難，因為避難行為應該是一個積極的作為，「什麼都不做」無法用來避難，所以緊急避難並非醫生殺人行為的合法事由。合法的事由，屬於超法定的阻卻違法事由。對於不作為犯，最重要的阻卻違法事由，是義務衝突。對於行為人只能履行其中的某個義務，而且履行的義務和不履行的義務，法益的價值相等，行為人只要履行了部分的義務，就不違法。易言之，在這個衝突的情境下，行為人不履行某個義務，法秩序不認為有任何的社會損害性。

二、結語

　　甲雖然實現了殺人行為，但基於義務衝突，甲的不作為殺人並不違法，所以無罪。

噴漆經銷商

　　甲、乙、丙、丁、戊均為A公司負責人，該公司經銷母公司製造的一種噴漆，於70年代A公司改變此種噴漆之化學成分，上市不久即發生產品使用者，有健康受損之情形，甚至須住院治療。此事發生後A公司曾就有

疑問之產品作檢驗，卻未找出消費者健康受損之原因，該公司再次改變噴漆之成分繼續行銷市場，而原來仍在市場銷售產品並未加以回收。不久，又生消費者因使用該噴漆致生健康受損情形，計有二十件，其中十件爲使用改變新成分之噴漆，十件爲使用舊產品所致，所有公司負責人都知道消費者健康受損事件。試問：甲、乙、丙、丁、戊可罰性如何？

解析

一、甲等人可能構成§284過失傷害罪

　　本案所攸關的問題在於「過失不純正不作爲犯」的內涵，亦即，不作爲之過失行爲乃在於違反客觀注意義務未從事足以防止結果發生的行爲。

（一）構成要件該當性

　1.構成要件結果之實現

　　可能是傷害、重傷或業務上的過失傷害。

　2.不爲期待之行爲（未爲避免結果發生的行爲）

　　不爲期待之行爲是指，公司並無迅速確實防止構成要件之實現。當消費者因使用該公司之產品以致健康受損，社會大眾即有期待公司可能迅速且確實防止該產品對消費者傷害結果發生的行爲，可是該公司負責人，並未做成讓社會大眾所期待的防止構成要件該當結果發生的行爲。

　3.作爲的可能性（防止結果發生的事實可能性）

　　防止損害發生的回收行動，對於公司而言，應屬可能。因爲，公司負責人採取回收行動能及時阻止經銷商繼續銷售該產品，依照現今通訊設施的便捷應不成問題。且從利益衡量的觀點，財產損失與消費者的健康損失，顯不相當，因而，即使公司將蒙受重大的財產損失，亦應採取回收行動，以保護消費者的健康。

　4.因果關係與客觀歸責

　　商品的使用與傷害之間有因果關係。消費者因爲使用皮革保養品而健康受損，是可以認定的事。雖然檢驗結果無法確認產品的何種成分造成消費者的健康受損，但是，如果沒有其他更明顯的原因引起消費者的健康受損，那麼該產品與消費者的健康受損之間的因果關係，就無法否認。公司負責人與

消費者的健康受損有因果關係，因為，如果公司採取回收行動，不繼續販賣，消費者就不致於健康再受損害。

5.保證人地位

　　不作為犯的成立，以作為義務（保證人地位）之存在為前提，商品製作人有義務，保護消費者依規定使用產品時，不受傷害，否則應負損害賠償責任（民法§191-1前段規定參照）。至於商品製造人自何時點應負保證人地位，應從所生產的商品有危險開始，亦即，銷售的商品已經有危險（有消費者的健康受損）才可以使製造人承擔義務。該公司所製造的產品已經發生危險就顯示出未盡保護義務。在公司負責人得知消費者健康受損事件後，負責人就有保證人地位，應防止危險繼續發生（§15）。至於消費者受損事件未被告知之前，公司負責人並無保證人的地位。

6.不作為與作為等價

　　甲、乙、丙、丁、戊同為公司的負責人，對於消費者的健康應共同負保護責任，對於已經出現危險的產品，應共同負責加以回收銷毀。如甲、乙、丙、丁、戊共同決議，不採取回收行動，即應共同承擔刑法上的責任。因為，表明不回收與§15Ⅰ後段「與因積極行為發生結果者同」故其不作為與作為等價。若是負責人之中有主張回收，因其他人拒絕，致回收的主張無法實現，仍應與其他人共同負責，除非主張回收之人，極力防止產品繼續出售，始有可能免責。

7.違反客觀注意義務與客觀預見可能性

　　公司生產噴漆，該種產品為化學製品，本屬危險物品，因此安全為生產該產品時之首要條件，故對於該產品的危險注意，應屬客觀注意義務，其危險性也是屬於一般人在主觀上可以預見認知的。由於該公司曾對有疑問的產品檢驗，並未發現引起消費者健康受損的原因。嗣後繼續銷售（改變化學成分）應認為公司樂觀地相信，未回收與改變成分後的產品，不致於再造成消費者的健康損害，因而缺乏傷害的故意，但公司對於消費者可能健康受損，應有預見，而且客觀上也有注意義務，對於注意義務的違反，應有過失。

（二）違法性及罪責均無問題。

二、結語

　　多數消費者的健康受損，均由於公司不回收所造成，由於消費者健康受損情形，係由該舊產品，或改變成分的新產品所致，故成立二個§284過失致傷罪。

搶匪輓歌

　　甲夜行，遇搶匪乙。乙持刀脅令甲交出錢包，甲反擊，乙倒地流血，甲不顧而去。翌日，早掃的清道夫發現乙倒臥在血泊之中，已經因失血過多死亡。試問：甲的可罰性如何？

解析

一、甲之反擊行為，可能構成§277Ⅰ傷害罪

（一）構成要件該當性

　　客觀上，乙之受傷結果（倒地流血）與甲之行為間，具有結果原因與結果歸責之關係；主觀上，甲對傷害結果有所預見，並進而實施傷害行為，故具有傷害之故意。故甲有傷害罪之構成要件該當。

（二）違法性

　　乙持刀要脅甲交出錢包，屬於現在不法之侵害，故甲基於防衛意思所為之防衛行為，自得主張§23之正當防衛阻卻違法。

（三）小結

　　據上所述，甲的反擊行為不違法，故不成立傷害罪。

二、甲之離去行為，可能構成§§271、15之殺人罪之不純正不作為犯

（一）構成要件該當性

　　不純正不作為犯在客觀上必須要違反一個作為義務，學說上關於有無作為義務，應視行為人有無「保證人地位」。本案甲有無保證人地位，端視甲是否有「危險前行為」。依通說看法，危險前行為須係「違背義務之前行為」，由於甲之行為乃正當防衛，依通說見解，正當防衛後不須負結果發生的排除責任，故甲不具有保證人地位。

（二）小結

　　據上所述，甲無保證人地位，故無防止結果發生的作為義務，甲之離去行為，不具殺人罪不純正不作為犯之構成要件該當性，不成立殺人罪之不純正不作為犯。

　　要注意的是，本例若依德國刑法§323c之「一般協助義務規定」，對於災害之發生，意外事故或公共危險或困境發生時，根據行為人當時之情形有救助可能性，對自己無重大危險，亦不違反其他的主要義務，卻不去救助時，可處一年以下有期徒刑或併科罰金。則本例中之甲，有可能依德國刑法§323c處罰之。

二、甲之離去可能構成§293Ⅱ遺棄致死罪

　　遺棄罪之成立需有積極的遺棄行為，本例中的甲對乙並無積極遺棄行為，故構成要件不該當，不成立§293Ⅱ遺棄致死罪。

四、結語：甲依現行法不成立犯罪。

第三篇

競合論

【目次】

【圖次】

競合論

第一節　概說

　　「競合論」或日本學說所稱之「罪數論」乃是介於犯罪論與刑罰論間之一個領域，是研究行為之單複數及決定其罪數之理論。因為，當行為人實現多數的犯罪構成要件時，到底要以多數或一個犯罪構成要件作為犯罪宣告之依據及量刑，是競合理論中所要解決的問題。亦即，針對行為人個別之犯罪行為予以認定，選擇適用最恰當的法條及其處罰，也就是「罪數之決定」。

　　故，犯罪成立後，仍需審查應該成立何罪、幾個罪，及如何宣判。其思考順序如下：

1. 可能該當何罪（構成要件該當性之檢驗）。

2. 有無阻卻違法事由。

3. 有無罪責。

4. 競合與罪數問題之檢驗。

5. 結論：成立何罪，如何宣告罪名及刑罰。

　　傳統學說上的「罪數理論」之研究，主要在區分一罪與數罪的不同。一罪是指實質上一罪（單純一罪、包括一罪、法條競合……）與裁判上一罪（想像競合）。數罪是指實質競合（數罪併罰）。這種罪數理論深刻影響刑事訴訟法上論述「案件單一性」與「案件同一性」及「裁判既判力」的內容。茲以【圖66】說明罪數理論之相關結構。

圖66：罪數理論之結構

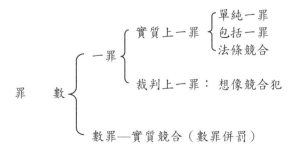

由於一個行為可能成立數罪；數個行為可能成立一罪，這個混雜的罪數現象，必須先澄清行為的概念。所謂的一罪，包含實質上一罪與裁判上一罪，而實質上一罪可能是單純一罪、包括一罪或是法條競合，分依以下述情況論之：

壹、單純一罪

單純一罪指物理意義與法律評價，都相當一致的單一行為。例如，開槍殺人，開槍的物理行為與殺人罪的法律評價，完全一致。在這個概念下，「繼續犯」應該屬於單純一罪，行為人意思的改變，會影響犯罪狀態的繼續與否。繼續犯之行為，自始至終僅有單一行為[1]，惟該行為在性質上通常均繼續進行一定期間，始行完成。以私行拘禁為例（§302 I），把人關起來的物理行為，與私行拘禁罪的法律評價，完全一致。

貳、包括一罪

包括一罪指行為人基於一個意思決定，實施同一構成要件且有密接關連性的數行為，亦即自然意義（或物理意義）的數個行為，侵害同一之法益，而法律評價上為一個罪[2]。其情形依通說見解有如下述：

1. 接續犯：指數行為於同時同地或密切接近之時地實施，侵害同一之法益，各行為之獨立性極為薄弱，依一般社會健全觀念，在時間差距上，難以強行分開，在刑法評價上，以視為數個舉動之接續施行，合為包括之一行為予以評價，較為合理，則屬接續犯，而為包括之一罪（參照，86台上3295判決）。例如同一犯意下，以階段的方式接續進行，持續下毒多日，殺害同一人，終將人毒死。多日的下毒行為，全部在一個殺人

---

[1] Schönke/ Schröder, StGB, 30. Aufl., 2019, vor §52, Rn. 91.

[2] 張麗卿，牽連轉想像與連續轉包括，月旦法學教室，59期，2007年9月，頁16以下。

罪的構成要件上，我國實務認為僅能論以一個殺人罪論處，因為以毒藥殺人，殺人的傷害行為，已被吸收於殺人行為之內（參照，19上133判決），不過，此種情形應是接續犯，只是實務用「吸收關係」處理。

2. 集合犯：集合犯是指構成要件上及預定有複數之同種行為反覆實施之罪。立法者在構成要件上所規定之行為，本來就預定其有反覆實施之性質，故行為人縱然實施多次行為，仍包含在該行為所有之概念範圍，僅包括的成立一罪。諸如：

(1)偽造犯：偽造行為指無制作權限之人，冒用他人的名義制作。例§§210、211、212偽造私文書、公文書、證書罪。

(2)收集犯：收集行為指收藏蒐集，包含收買、收受、受贈、互換等一切收歸自己持有支配的一切行為。例§196Ⅰ收集偽造貨幣犯。

(3)販賣犯：販賣即指交易行為。例如《槍砲彈藥刀械管制條例》§§5、5-1、6、7，其皆處罰販賣受法律管制的槍砲彈藥刀械。

(4)吸食犯：特別指吸食毒品的相關犯罪。例如《毒品危害防制條例》§10施用毒品罪。例如，A於2004年間因施用第一級毒品，已經裁定觀察勒戒，且執行完畢，猶自2006年8月上旬起至同年12月10日止，多次施用第一級毒品海洛因，嗣於2006年12月11日，在臺北市為警查獲，並扣得海洛因一包。若A就公訴人起訴犯罪事實坦承不諱，且查獲當日所採尿液經送鑑定確有嗎啡陽性反應。對於這類犯行，實務上認為如能證明被告共有幾次施用行為，即依數罪併罰，並定其應執行刑。實務的看法是「刑法修正施行後多次施用毒品之犯行，採一罪一罰，始符合立法本旨。……某甲於刑法修正施行前連續施用毒品部分，應依刑法第二條第一項之規定，適用修正前連續犯之規定論以一罪；刑法修正施行後之多次施用犯行，除符合接續犯之要件外，則應一罪一罰。」（參照，96年度第9次刑庭決議）但是，吸食毒品往往因為上癮而會有反覆吸食的行為，故行為人縱然實施多次行為，仍應包含在該行為所有的概念範圍，是集合犯，僅成立包括的一罪。

　　承上述得知，包括一罪可能發生法條競合的現象；單純一罪則不會出現法條競合的現象。關於罪數的判斷，行為概念的理解，不要被物理意義的行為所侷限，應該依照法律評價去思考。這一點，對於法條競合的處理，深具意義。

　　另須注意的是，接續犯和集合犯只是包括一罪的例示類型之一，新法修正後不排除有新型態的包括一罪類型出現。例如，某甲在一個晚上，反覆進出某乙住宅，搬完所有貴重物品，前後計有十次，將所竊物品放在自己汽車，揚長而去。在舊法時期實務會論以連續犯，但是在連續犯廢除後，立法理由認為應在實務運用上對於合乎「接續犯」或「包括的一罪」之情形，認為構成單一之犯罪，以限縮數罪併罰之範圍，避免過苛。本例中，由於某甲每次進入乙宅搬運物品之行為都足以成立一個竊盜罪，不符嚴格接續犯之概念。又竊盜罪本身欠缺「反覆實行」的特性，亦不符合集合犯之概念。但某甲係基於一個意思決定，實施同一構成要件且有密接關連性的數行為，亦即，屬自然意義的數個行為，侵害同一之法益，在法律上應被評價上為一個罪，是為包括一罪的新類型。

第二節　競合論體系

　　稱「競合論體系」所處理的模式，主要係借重德國競合理論的處理模式，亦即，行為人之行為實現數個構成要件時，法律應如何適用的思考問題，內容攸關到行為人若觸犯數罪名時「罪名如何宣告」，及行為人若觸犯數罪名時「刑罰如何宣告」。一行為可能成立數罪，數行為可能成立一罪或數罪，究竟成立一個罪或數個罪（罪數的判斷），應該先從行為單數或複數的意義加以澄清。

壹、行爲單數與行爲複數

競合論之出發點，首先在確定行為單、複數之問題，透過這個判斷標準來區分法條競合、想像競合與實質競合的不同。這個簡單區分何種競合的檢驗，可從【圖67】中的競合檢驗的流程中得知。【圖68】則是說明整個競合體系的結構關係。

圖67：競合檢驗之流程

（參照Haft, AT, 8. Aufl., S. 288）

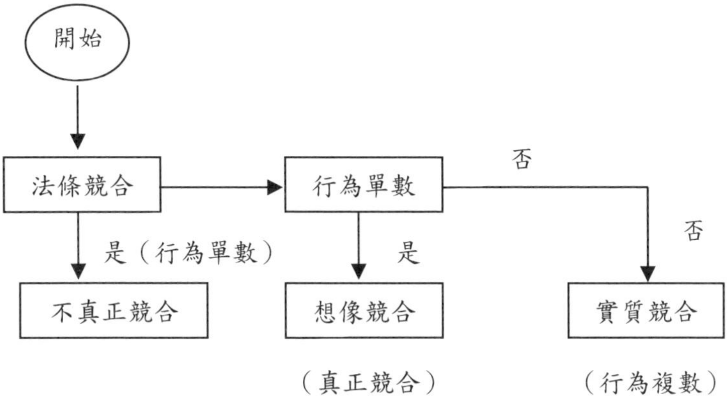

圖68：競合體系之結構

- 競　合
  - 真正競合
    - 想像競合（行為單數、犯罪單數）
    - 實質競合（行為複數、犯罪複數）
  - 非真正競合（假性競合）
    - 法條競合（行為單數）
    - 與罰之後行為（行為複數）

簡單地說，犯罪競合論之體系思考，須依循下列為之：

1. 首先，判斷競合犯罪係行為單數或複數。
2. 接著，排除不真正競合之法條競合與不罰之前後行為。
3. 確定成立真正競合後，行為單數、犯罪單數乃 § 55之想像競合；行為複

數、犯罪複數為§50以下之實質競合。

4. 最後，依量刑規定，宣告罪刑。

　　換言之，行為單、複數決定後，才可判斷之後的有無雙重評價或有無充分評價的問題，亦即，能否以其中的一個構成要件，把整個犯罪的不法內涵充分評價完成的問題，這個標準是以「法益被侵害的情形」來決定，故行為單數侵害數法益是「想像競合」，行為單數侵害一法益是「法條競合」，行為複數侵害數法益是「實質競合」，行為複數侵害一法益是不罰之前後行為，這種行為單、複數與競合間的關係，可從【圖69】中看出其間的關係。

圖69：行為單複數與競合之結構

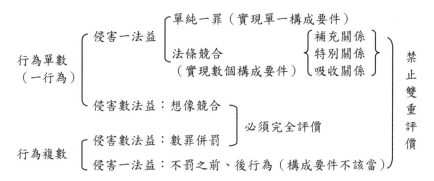

　　由於屬於何種競合關係，必須先確認行為單數或行為複數的不同，在確認行為不屬單數後，剩餘者即屬行為複數。由【圖70】可以看出行為單數與行為複數的結構。

圖70：行為單數與行為複數之結構圖

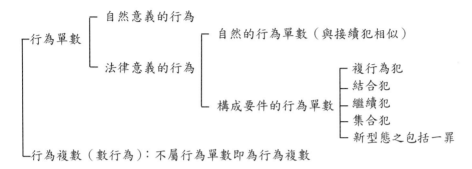

　　行為單數的情形，依照通說看法為「自然意義的一行為」與「法律意義的一行為」兩大類型：

一、自然意義之一行為

　　自然意義之一行為，即「單純之行為單數」，行為人出於一犯意顯現一個意思活動。不問侵害之法益為何。例：殺一刀、開一槍。

二、法律意義之一行為

1. 自然之行為單數（natürliche Handlungseinheit）：行為人完全出於實現一次構成要件之意思，經由一系列有關的同種行動，反覆的實現構成要件的行為，各個動作間有緊密的時間地點的關連性而完成構成要件行為[3]。例：小偷到超商偷數物，甲對乙多次下毒致乙死亡，此類似「接續犯」之觀念。

2. 構成要件的行為單數（tatbestandliche Handlungseinheit）：即「法的行為單數」，從刑法分則構成要件之規定，就法律觀念，將數個自然意思、活動、融合為一法律上概念之行為視為一個法、社會評價之單元而成為一個法的行為單數，乃構成要件的一行為，此與「法條競合」的觀

---

[3]　Roxin/ Greco, Strafrecht, AT/1, 5. Aufl., 2020, §33, Rn. 31.

念相似。諸如：

(1)複行為犯之行為單數：指同一構成要件上所規定之數行為，彼此具有方法、目的或原因結果之關係，如妨害自由、傷害他人身體並竊取他人財物的強盜行為（複行為犯），全部在一個強盜的構成要件，被做了非價判斷，成立一罪。另如，行為人對同一犯人先予藏匿、復使之隱蔽，僅成立§164 I 藏匿人犯罪。

(2)結合犯之行為單數：傳統上亦將結合犯屬包括一罪型態，如§332 I 強盜殺人的結合犯，物理意義上有強盜與殺人的行為，但全部被掌握在§332的構成要件上；這個條文對於又盜又殺的行為，做了完整的否定評價（非價判斷）。不過，本書認為結合犯應該是屬行為複數，應認為是實質競合的特別規定方式較妥。

(3)繼續犯之行為單數：例如私行拘禁罪、酒醉駕車[4]。

(4)集合犯之行為單數：例如施用毒品罪（毒品危害防制條例§10）。

貳、罪名之宣告

各種競合的罪名宣告，除法條競合屬於非真正競合，只構成一罪外（只宣告一罪名）。若行為人實際上已侵害數法益，為數犯罪時，不論是一行為觸犯數罪名之想像競合或數行為觸犯數罪名的實質競合，不管刑罰如何宣告，所犯數罪都必須在判決主文中加以評價，否則無法符合對行為人的數行為「必須完全評價」的法則。

參、刑罰之宣告

行為具有各種競合的現象時，宣告的刑罰可能是單一刑罰，可能是併合處罰。

---

[4] Schönke/ Schröder, StGB, 30. Aufl., 2019, vor §52, Rn.91.

　　一、單一刑罰：雖行為人觸犯數罪名，但判決時不就數罪名分別宣告其刑罰，而直接就數罪中，包括的確定一個刑罰。如：想像競合犯。

　　二、併合處罰：判決時先就數罪名，分別宣告其刑罰，再用加法合併所有刑罰而定行為人應受之刑。如：數罪併罰。

　　至於確定刑罰上、下限原則。在實務及學說上有數原則：

1. 併科原則（累積原則）：針對不同類型之刑罰合併執行的觀念，無任何限制。各構成犯罪分別宣告其刑罰，再用加法方式決定其應執行刑度。例如：同時宣告有期徒刑與罰金刑時，兩者併合處罰（刑法§51⑨）。

2. 吸收原則：吸收原則是就各犯罪構成要件間，選擇其中一法定刑或擇其中一宣告刑，作為法官確定刑罰上、下限之標準。其類型有：

   (1)犯罪的吸收：擇最重之犯罪論處。

   (2)法定刑的吸收：擇最重之法定刑論處。

   (3)宣告刑的吸收：擇最重之宣告刑加以宣告。

   (4)執行刑的吸收：執行其中最重的宣告刑。

　　實務上則主要針對死刑、無期徒刑與從刑之褫奪公權，法院判決時雖分別宣告其罪之刑，但在定應執行之刑時，則以重刑吸收輕刑，最後僅執行重刑，輕刑則被吸收不予執行（刑法§51①②③④⑧）。

3. 限制加重原則：也稱為限制原則，針對同種類行之刑罰而生。其方式為依各個構成犯罪分別宣告其刑罰，再於其宣告之最重刑以上加以認定其應執行之刑度，但刑度並不超過各宣告刑之累積總和範圍。換言之，當被告所犯數罪屬於同種類之刑時，法官裁量應執行刑之範圍，最上限為該種類刑罰宣告刑之全部加總，下限為宣告刑之各罪中最長的刑度。實務上則經常將限制加重原則運用在有期徒刑、拘役及罰金刑（刑法§51⑤⑥⑦）。

4. 現行法之規定

   (1)§§50～54：併科原則、吸收原則、限制加重原則。

   (2)§55：吸收原則。例如想像競合犯，從一重處斷。

第三節　法條競合

壹、法條競合之意義

　　法條競合（Gesetzeskonkurrenz）係一行為侵害一法益，卻同時該當數個構成要件，祇能論以單純一罪，又稱法規競合或法律單數（Gesetzeseinheit）。由於法條競合係對同一構成犯罪事實之行為，同時有數個該當之構成要件，如適用其中最恰當之構成要件，即足以充分評價行為之全部的不法及罪責內涵，其他的構成要件即不須再評價而被排除。此種觀念乃植基於「雙重評價禁止原則（Doppelbewertungsverbot）」所衍生。即刑法上有種種犯罪構成要件之排列，此排列不過是各種法益侵害行為用來判斷是否成立犯罪之具體標準。

　　由於法律在保護法益時，出現保護法益同一之情況，所以一行為該當數構成要件，而該數犯罪之構成要件目的在保護相同法益時，因「法益保護同一」之觀點，可從不同角度認定，故於法條競合之外觀上，會顯現多種不同態樣[5]。行為人雖實現許多構成要件，但經由解釋並非所有的構成要件均可適用，若其中一構成要件之不法內涵已經能包括其他構成要件，並能使其不法內涵得到完全評價時，那麼僅能適用其中一構成要件即可。

　　對於侵害同一法益之行為，刑法祇能宣告犯罪一次，且祇有一次處罰其行為之必要性時，雖於立法上可能有種種考量而對於相同之法益侵害類型有相當多的規定，但於執法層次上，不能因立法技術之問題，而使行為人受到雙重的評價，司法上仍應堅持對之宣示一次且論以一罪，否則即形成一罪數罰的情形。

　　由於立法技術上常出現，同一基本構成要件有多數立法之情形，或不同之基本構成要件也有多數立法之情形，以上情形均為法條競合，不可

---

[5] 甘添貴，罪數理論之研究，2006，頁91以下。

對行為人宣告多次刑罰。由於衹有一刑罰權存在，非數刑罰權存在，因此才稱非真正競合，不能同時引用數罪名當作數犯罪之宣告及處罰。法條競合所欲處理的問題是，透過一恰當適度的犯罪及刑罰的宣告，尋找出合乎「比例原則」之犯罪刑罰宣告之方式。由於禁止雙重評價，因此法條競合之目的乃在尋求一最恰當評價行為的方法。

貳、法條競合之型態

法條競合可能出現的型態有三種：

一、特別關係

特別關係（Spezialität）的法條競合是指，特別條款與普通條款的競合，是犯罪之間的包含關係（Einschlußverhältnis）。例如：§272（殺害直系血親尊親屬）之於§271（普通殺人），§321（加重竊盜）之於§320（普通竊盜），§306（無故侵入住宅），§226-1（強制性交）而故意殺害被害人之於§271。

二、補充關係

所謂補充關係（Subsidiarität），係指次要行為階段的法律規定，只是主要階段的行為規定的補充。例如：§§271Ⅲ、271Ⅱ之於§271Ⅰ。

三、吸收關係

所謂吸收關係（Konsumtion），係指行為人實施一個主要的犯罪行為，在生活經驗上，必須同時實施其他次要的犯罪行為；這些次要的犯罪行為，被主要的犯罪行為所吸收。例如：§221（強制性交）之於§354（毀損）、§304（強制）、§302（私行拘禁）、§277（傷害）。

法條競合之所以有諸多型態乃因：「保護法益同一」之關係，所以，

「特別關係」：構成要件顯示出法益保護同一性。「補充關係」：明示法益保護之同一。「吸收關係」：階段式的法益保護之同一（默示之補充）。至於「擇一關係」，雖有爭議，但是依現在通說的見解已認為其根本不是法條競合的類型，因為其屬於平行式的法益保護同一。茲再詳述如下：

（一）特別關係

1. 指一法條包含另一法條之全部要素，故二構成要件呈現一種從屬性之關係，法諺「特別條款優先於一般條款而適用」。從屬性，係指乙概念為甲概念中之一部分，甲概念的範圍較大，乙概念的範圍較少，以圖形表示則為一個大圓包括一個小圓在其中。

2. 由於「法益保護同一性」之關係，故有以下各種類型：

   (1)變體構成要件和基本構成要件

   例：§271殺人罪、§272殺害直系血親尊親屬與§273義憤殺人罪，此即基本構成要件和變體構成要件（變體包含基本）。

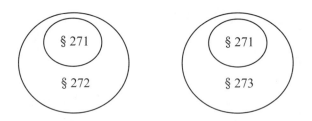

   (2)加重結果構成要件和過失構成要件

   例：§277Ⅱ傷害之加重結果犯、§278Ⅱ重傷致死之加重結果犯與§276過失致死間，呈現特別關係。加重結果犯，是一種加重結

果之構成要件，基本構成要件是故意犯罪，加重結果是一過失犯罪，所以§276是過失致死的一般規定（加重包含過失）。

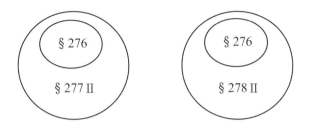

(3)個別（狹義）構成要件和一般（廣義）構成要件

　　例：§221強制性交罪、§328強盜罪、§304強制罪。強制性交包含強制、強盜亦包含強制之意味，因此特別包含一般。竊盜、詐欺和背信之觀念亦同。

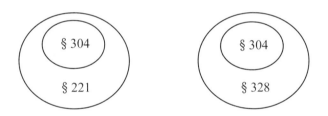

3. 特別刑法和普通刑法間仍有法條競合的現象，雖然學說上有所謂特別刑法和普通刑法間，應適用特別法優於普通法原則，只要有例外法的規定，原則法即被排斥無適用之餘地，故謂特別刑法與普通刑法間，並非法規競合之現象，但這是用封鎖的概念來解決真正具有法規競合的現象。故如僅以籠統的「特別法優於普通法」之原則，否定二者間有法規競合之現象，似有不妥。

　　由於「重刑觀念」作祟，所以重覆制定之特別刑法數量非常多。此種特別法包括特別刑法及廣義之特別刑法（附屬刑法），此種糾纏現象，如僅用「特別刑法優於普通刑法之原則」認為二者間根本不會形成所謂法規競合之現象，雖可省卻麻煩，卻無法解決真正存在於特別刑法和普通刑

法間的法規競合現象。因此，特別刑法和普通刑法間，當然也有法條競合之情形，例如，現役軍人酗酒駕車罪（軍刑§§1、53）與一般人的酗酒駕車罪（§185-3），若實現軍刑§§1、53必然也同時會實現§185-3，故現役軍人酗酒駕車僅成立軍刑法之酗酒駕車罪（這個與§271 I 及§272 I 的特別關係，並無不同）。同理§121 I 與貪污治罪條例§5 I 間之關係，仍應按競合的法理來解決。

（二）補充關係

1. 補充關係乃法條明示法益保護同一性之關係，一條款祇是補助性的適用而已，而且該刑法條款對主要條款而言，是具備一補充地位。不同的刑法法條間係針對相同法益之不同攻擊狀態而加以保護。
2. 兩個構成要件間存在著補充關係時，補充條款與主要條款間產生一定之交集，呈現干涉性的關係。干涉性係指，甲概念與乙概念有部分要素相重疊，但尚有各自獨具之要素，以圖形表示即為兩個有交集的圓。

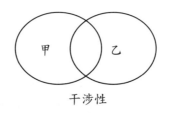

干涉性

3. 補充關係之型態

　　對同一法益之侵害，有攻擊強度較高之主要條款可應用時，就不須再適用攻擊強度較低之補充條款。法諺「主要條款優先於補充條款而適用」。補充關係是法條呈現重疊交集之現象，適用上祇適用攻擊強度較高之法條即可。簡言之，在適用上應考量：此法條和他法條比較之結果，他法條有較重之刑罰規定時，此法條對他法條而言，即具補充性地位。

　(1)明示之補充關係

　　若某一法條本身已明白表示，該法條係於其他法條不適用時，才有適用該某一法條之餘地，亦即，該某一法條已經先明示自我排除適用，讓

其他法條優先適用。如槍砲彈藥管制條例§21「犯本條例之罪，其他法律有較重處罰之規定者，從其規定。」

(2)默示之補充關係

法條文字並未明示出補充關係，但從立法解釋得知，該法條僅於其他法條不適用時，始有適用餘地，此種互補性質是透過解釋得知。

例：陰謀、預備、未遂與既遂犯之關係（各法條間有相同之攻擊方向）。不同的刑罰規定，針對同一法益保護設有不同侵害程度的保護階段，此種侵害「階段不同之補充關係」情形有：

①同一犯罪行為不同階段之補充關係：就同一行為的階段性言，刑法所規定陰謀、預備、未遂，對既遂而言，當然具補充關係。適用攻擊強度較重之條款，例如：殺人未遂罪與殺人既遂罪[6]。

②貫通犯之補充關係：貫通數階段性行為所形成之犯罪，各個階段之行為本身即為犯罪行為，例：殺人罪是貫通傷害罪之貫通犯，傷害相對於殺人而言是屬於補充條款，殺人既遂是成立殺人罪，排斥傷害罪之成立。

③危險犯與實害犯之補充關係：刑法規定危險犯對實害犯言，具有補充的地位，如遺棄罪與殺人罪[7]。

④參與型態不同之補充關係：若從犯罪支配理論來解釋共犯對正犯、幫助犯和教唆犯、作為和不作為之補充關係，事實上並無實益。只要從行為之角度言，論以外在客觀顯現之最後行為即可，似無解釋為補充關係之必要，亦即，純粹就正犯、幫助犯、作為犯之各別行為構成要件來觀察，是不是補充並無特別重要性。

（三）吸收關係

吸收關係屬於階段式的保護法益同一性，吸收關係之存在與否，今

---

[6] Wessels/ Beulke/ Satzger, Strafrecht, AT, 52. Aufl., 2022, §20, Rn. 1268.

[7] 林山田，刑法通論（上），2008，頁341。

仍頗多爭論。我國實務上最常用吸收關係，造成理論上的不連貫及混亂現象。吸收關係，在學說上之理解，大致有二：

1.典型伴隨關係的吸收

典型伴隨關係的吸收即指，二個犯罪構成要件間的一種典型的伴隨關係，亦即，事實經驗上，實現某一犯罪構成要件時，會有很高的機率同時會實現另一個犯罪構成要件[8]。例：殺人伴隨毀損衣物的行為，所以殺人吸收毀損。又如，強制性交時，伴隨被害人衣物及身體之侵害，僅論以強制性交罪即可。但是，法益的重要性並非絕對，逕採吸收關係可能造成不公平現象，典型之伴隨關係是從經驗歸納出的機率關係來認定是法律競合。立法者於立法時只考慮生命法益的保護，完全以生命為主，若伴隨有傷害或毀損之情形，全然不考慮在內，是否妥當，也值得懷疑。而且實務上完全以「重刑吸收輕刑」更擾亂了吸收關係的適用。

2.法益侵害階段關係的吸收

對相同法益就不同程度之侵害行為所做的數個規範間之關係（實際上是一種默示的補充關係）。例：預備殺人、殺人未遂、殺人既遂。法律對於相同之生命法益，就不同程度之侵害，分別做規定，故殺人既遂吸收未遂。殺人未遂吸收預備殺人。其實這是吸收關係之擴張。「法益侵害階段關係的吸收」指同一法益可能有許多侵害階段，基於法律保護之同一性，才有吸收關係之產生。關於法益侵害階段之吸收關係，有以下幾類：重行為吸收輕行為、實害行為吸收危險行為、高度行為吸收低度行為，後階段行為吸收前階段行為。茲再分別說明如下：

(1)重行為吸收輕行為

「重行為」、「輕行為」顯然是二行為，並不符合法條競合上「一行為」之觀念，若重行為吸收輕行為是二個行為，當然不是法條競合。若從

---

[8] Wessels/ Beulke/ Satzger, Strafrecht, AT, 52. Aufl., 2022, §20, Rn. 1270; 林山田，刑法通論（下），2008，頁342以下。

侵害大小之角度視之，對於相同法益做不同程度之侵害分別所做之規範。例：重傷害罪和普通傷害罪間，於一行為之情況下，若輕重所指為法定刑之輕重，便衹有一行為，而有數罪名表示保護法益之同一，才可能吸收。

　　例：破窗入屋行竊，實務上以為係加重竊盜罪足以排除毀損及侵入住宅罪。事實上本例有三行為，並非一行為，不符合法條競合之概念。

　　如要承認重行為吸收輕行為，但前提必須侷限於一行為，且數罪名保護之法益是同一的，才可能成立。

(2)實害行為吸收危險行為

　　必須法益保護同一，法益保護是否同一影響吸收與否，看法益種類是否相同，法益種類不同，就不能吸收。例：殺人罪（保護生命法益）、恐嚇罪（保護自由法益），故二罪不可吸收。

(3)後階行為吸收前階行為

　　是否能完全吸收不可一概而論，仍必須就具體情形來討論。例：既遂犯未遂犯間，一行為保護之法益及範圍均同一，故成立法條競合。

(4)高度行為吸收低度行為

　　實務立場似乎傾向流於刑度的吸收，即高刑度的行為吸收低刑度的行為。例：①偽造文書和行使偽造文書，行使行為吸收偽造行為，論以「行使偽造文書」。②偽造貨幣和行使偽造貨幣→偽造之原意乃在於行使，所以理應由行使吸收偽造，但是刑度上偽造貨幣罪卻高於行使偽造貨幣罪，故造成偽造行為吸收低刑度之行使行為，論以「偽造貨幣罪」（參照，24年7月總會決議〈39〉）。事實上，行使、偽造係二行為，與法條競合的原則並不符合，實務的看法有待商榷。

　　附帶一提，學理上也有認「擇一關係」為法條競合之類型，但是，擇一關係是二法條間具有相互排斥之要素為前提，二個完全不同之構成要件，二者不可併存，且是平行式的法益保護同一性之情況。因此，其非法條競合關係，而係同時有數法條，數法條間彼此對立排斥，若擇定其一，則不能適用其他條款。例：侵占罪和背信罪，兩者之犯罪事實，並非該當

「侵占罪」，又該當「背信罪」，而是行為人所犯事實實係侵占或背信之構成要件解釋後，選擇其中一個恰當法條來適用的問題。這兩個概念是互相獨立，且無任何交集產生，用圖形表示即為兩個獨立的圓。

異質性

　　最後，以【圖71】說明一行為與法益保護之間，所呈現的法條競合關係結構。

圖71：法條競合之型態

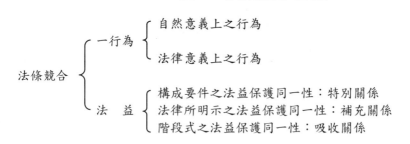

參、不罰（與罰）之前後行為

　　不罰之前後行為，類似法條競合中之補充關係與吸收關係，但與法條競合僅一行為不同者，其前後有數行為，故是法條競合的鄰接概念[9]。問題在於：是否為法條競合下之補充或吸收關係，或者是法條競合之外的獨立概念？有必要加以澄清。

---

[9]　Wessels/ Beulke/ Satzger, Strafrecht, AT, 52. Aufl., 2022, §20, Rn. 1274.

一、不罰之後行為

不罰之後行為（straflose Nachtat）又稱「與罰後行為」（mitbestrafte Nachtat）是指，犯罪行為發生後行為人為確保或利用前行為所得之不法利益，而對於同一法益的另一次破壞情況。由於它不是再另行破壞其他法益之行為，故屬併合於前行為加以處罰之後行為，又稱與罰的後行為。例：竊盜後之處分贓物行為或毀損行為、殺人後之遺棄屍體行為，其後之行為須能夠獨立成罪。

若依法條競合「一行為」之標準視之，不罰之後行為因具備二行為，故非法條競合觀念，既非屬法條競合，究竟以何種理由支持對後行為不處罰？在學說上有：

1. 構成要件理論：例如，竊盜後之銷贓行為，並不害及第三人之法益，故不處罰其後行為。行為人對其竊盜所得之物加以處分，其不法行為不可能再一次侵害被害人的法益，亦即，不可能再犯侵占罪。易言之，已經沒有侵害法益的風險。

2. 競合理論：不法取得財產行為之後行為，仍符合侵占行為之觀念，祇不過此侵占行為是竊盜行為的「與罰之後行為」。立法者已經一併考量在內，按照法條競合的法理解決，但這種說法並沒有實證的基礎，而且決定在概率上並不妥當。實因立法者已一併考慮行為人必定會有此行為方式出現，故於立法時已「與罰」於竊盜行為之後，但是這種說法令人質疑。

本書認為，與罰，是基於與前行為一併處罰，乃行為有複數之不真正競合，因之採構成要件理論，銷贓之後行為才屬不罰之後行為。但是，不罰之後行為，並非法條競合之問題，且與法條競合無關，雖然類似於法條競合之吸收關係，此種典型之前後關聯乃因行為人必須實行後之行為，確保犯罪地位所致，解釋上應認為後行為根本欠缺構成要件該當性而不處罰。

二、不罰之前行為

　　不罰之前行為（straflose Vortat）又稱「與罰前行為」（mitbestrafte Vortat），類似於「法條競合中之補充關係或吸收關係類型」，因為，行為人雖然實施前後二個行為，但前行為只是後行為之前階行為，處罰後行為即能包括前行為[10]，在適用上較無疑義。但仍須注意，若受害法益屬於不同法益持有人時，即不得論與罰之前行為。【圖72】說明不罰之前後行為不屬法條競合之現象。

圖72：非法條競合之型態

```
非 ┌─ 數行為：實質競合（真正競合）
法 │
條 ├─ 一行為：想像競合（真正競合）
競 │
合 └─ 不罰前後行為：構成要件不該當（非法條競合）
```

第四節　真正競合

　　真正競合係指一行為的想像競合與數行為的數罪併罰之競合型態，首先，以【圖73】說明真正競合型態之結構圖。

圖73：真正競合之型態

```
┌─ 一行為：想像競合（§55行為單數、犯罪複數）
│
└─ 數行為：實質競合（§50行為複數、犯罪複數）
```

---

[10] Wessels/ Beulke/ Satzger, Strafrecht, AT, 52. Aufl., 2022, §20, Rn. 1275.

壹、想像競合

一、定義

§55:「一行為而觸犯數罪名者,從一重處斷。但不得科以較輕罪名所定最輕本刑以下之刑。」此為想像競合犯(Idealkonkurrenz)之規定,與法條競合不同處乃,想像競合是行為人侵害了數個法益,而法條競合則是行為人侵害了同一法益。亦即想像競合是行為人以一犯意而為一行為,竟破壞數法益,而觸犯數個不同之罪名或數次觸犯同一罪名。一行為,侵害數法益,構成數罪名,但裁判上從一重處斷。例如,放置一顆定時炸彈,炸死五人;或開車撞死兩人(同種想像競合)。放置一顆定時炸彈,炸死五人、重傷二人、輕傷五人、毀壞店面二家(異種想像競合)。不過,請注意:

1. 侵害社會法益或國家法益的行為,可能有許多個人同時受到侵害,但仍只是侵害一個法益,不能認為想像競合。例如,寫一封誣告信(§169),指稱有三人犯罪。這個行為所侵害的法益,主要是國家司法權的運作。又例如,一個放火行為延燒三家;一個在飲水機下毒的行為,造成二十個人中毒。這個放火(§173)或下毒(§190)的行為,主要侵害的是公共安全。警察執行勤務時,侮辱在場三名員警,成立一個侮辱公署罪,僅侵害一個國家法益(參照,85台非238判決)。

2. 指桑罵槐,或是使用廣泛式的語言罵人,只成立一個侮辱罪。例如,罵人一家五口都是豬;或辱罵開罰單的交通警察,所有的警察都是有牌照的流氓。

二、種類

1. 同種想像競合:一行為而破壞數同種法益,多次實現同一構成要件。例:開一散槍,擊斃數人。
2. 異種想像競合:一行為而破壞數不同種法益,實現數不同構成要件。

例：開一散槍除殺人外，並毀損數物。

三、要件

（一）一行為

對於想像競合犯「一行為」的標準，我國實務見解較嚴格，著重「決定意思之單一性」，屬「自然意義之一行為」。至於自然的行為單數（法律意義下之一行為）（例如接續犯），因為是規範評價上的一行為，往往不是刑法上對行為數的終局判斷，就必須受到規範目的之限縮，例如所侵害者為個人的生命時，應該不能論以一行為。例如：甲接續用二槍，殺死乙、丙，應該認為是行為複數的數罪併罰較為妥當。

所謂「行為」：包括教唆、過失行為，並不以故意行為為限。例：以一教唆故意，教唆數人犯罪，構成教唆之想像競合。又如，一個失火行為，同時燒毀數物及燒傷數人。

值得注意的是，德國將想像競合犯的一行為，稱之為「同一行為」（具有實行行為的同一性），採較為寬鬆看法，尤其是在繼續犯罪的類型，認為分別起意之第一行為與第二行為間，因為行為部分合致的情形，亦可能成立想像競合。亦即，將本屬犯罪複數的犯罪，視為想像競合的處斷上一罪；該原屬數行為的數個數罪，認為因繼續行為的貫穿，而成立想像競合，從一重處斷（第一種解決方式）。

> **例**
> 　甲將乙拘禁於密室後，又將其拳打腳踢，打到重傷，不良於行。並恐嚇乙不得說出上情。
> ➔ 甲犯§302之私行拘禁及§278重傷害罪與§305恐嚇罪，重傷行為與恐嚇行為本屬實質競合之關係，但由於此二罪與私行拘禁行為，具有同一行為的關係，透過私行拘禁罪的夾結，**使甲所犯之「三罪屬同一行為」，成立想像競合關係。**

從上述案例的適用情形得知，繼續犯「類似夾子」一般，能將其他犯罪夾在一起；亦即，可能存在於犯罪既遂後與犯罪終了之間，將本屬實質競合關係的犯罪行為，分別與第三個犯罪行為成立想像競合關係時，透過第三個犯罪行為的夾結或封鎖將三罪依想像競合處罰。將本屬犯罪複數的犯罪，視為想像競合的處斷上一罪；該兩罪原屬數行為數罪，但夾結效果則認為因繼續行為貫穿，而成立想像競合，從一重處斷。此稱為「想像競合犯的夾結（或涵攝）效果」（Klammerwirkung）[11]。

近日，我國實務的判決，亦發生因想像競合及數罪併罰適用結果，造成法院最後諭知之刑度及判決結果，不符合國民法感情期待的情形。該案為台版柬埔寨被告曾犯12個「加重詐欺」罪，最後卻只判「10月有其徒刑」。這也是因為適用「想像競合犯的夾結」效果的典型運用（參照，黃國昌前立委臉書貼文摘要）。

該案係被告於參與組織犯罪（繼續犯）期間，犯下「組織犯罪條例§3之參與犯罪組織罪（6月~5年，併科100萬元以下罰金）」、「洗錢防治法§3之洗錢罪（6月~7年，併科500萬元以下罰金）」、「刑法§339-4之加重詐欺罪（1年~7年，併科100萬元以下罰金）」，依刑法第55條「想像競合」之規定，僅「從重」論「加重詐欺罪」，共12個「加重詐欺罪」。由於「加重詐欺」的法定刑為1年有期徒刑以上。法官可以依刑法第59條的「顯可憫恕」酌減「6月有期徒刑」。

接著，更因為12個「加重詐欺」罪，每罪法官僅宣告6月有期徒刑，12罪之**總宣告刑**為6年。依刑法第51條第5款「數罪併罰」之規定，在「各刑中之最長期以上」（即6個月）與「各刑合併之刑期以下」（即6年）之間，決定「執行刑」。最後法院宣告**執行刑**「10個月」，同時依刑法第41條規定，因每罪各別的宣告刑只有「6月」，得易服社會勞動，不必入監。

---

[11] 柯耀程，刑法競合論，2012，頁288以下。

從上述實務適用想像競合及數罪併罰結果，的確造成不符合國民法感情期待，故為解決現行個案量刑及定刑問題，應有將§55修改為「一行為而觸犯數罪名者，從一重處斷，<u>得加重其刑至二分之一</u>。但不得科以較輕罪名所定最輕本刑以下之刑。」之修法必要（2023年7月4日法務部刑法研究修正小組會議結論，本人為法務部刑修委員之一）。未來，量刑上於「得加重其刑至二分之一」之後，應能使法官於量刑及定應執行刑時更富彈性，使裁量更加謹慎明確。

其實，我國就想像競合及數罪併罰相關規定，與德國立法例相近，德國實務也有發生類似我國實務遭遇之問題，以下是德國實務及學說的看法。換言之，德國學說上對同一行為如何適用想像競合的方法，仍有歧見，除了上述**將本屬犯罪複數的犯罪，視為想像競合的處斷上一罪加以評價，過於優惠行為人，導致有悖國民期待**，另外提出其他二種（第二種及第三種）的解決模式，稱為「除夾結化」。

第二種解決方式，認為，因第一種解決方式，應將**繼續行為分割為數段**，亦即，他罪（如§278與§305）先行個別與繼續行為（§302），從一重處斷形成想像競合後，再依實質競合處理。換言之，並不考慮繼續行為的性質，認為是「另行起意」來作為分開繼續行為與他行為的判斷基準。只是這種處理方式可能造成繼續行為被評價數次的現象，又有違雙重評價禁止的原則，因為繼續犯不應加以割裂，分別和不同的狀態犯重複評價。

第三種解決方式，則認為，**繼續犯只能先和重傷罪依照想像競合，先成立重傷罪處斷後，然後，重傷罪再和另一個恐嚇罪併合處罰**。這樣比較可以避免將繼續犯加以割裂，分別和不同的狀態犯重複評價的疑慮[12]。

值得注意的是，行為人加入電信詐騙集團，構成「參與犯罪組織罪」，具有繼續犯的屬性，又為數次詐欺行為，關於犯罪組織罪與數次詐

---

[12] Wessels/ Beulke/ Satzger, Strafrecht, AT, 52. Aufl., 2022, §20, Rn. 1284.

欺行為競合之方式，我國實務於111台上字第171判決的見解，採取第三種解決方式。該號判決認為**參與犯罪組織罪為繼續犯**，犯罪一直繼續進行，故該參與犯罪組織**與其後之多次加重詐欺取財之行為皆有所重合**，然因行為人僅為一參與犯罪組織行為，侵害一社會法益，屬單純一罪，**應僅就該案中與參與犯罪組織罪時間較為密切之首次加重詐欺取財犯行，一併審理論以參與犯罪組織罪及加重詐欺取財罪之想像競合犯，而其他加重詐欺取財犯行，祇需單獨論罪科刑即可（數罪並罰）」。**如此可避免將繼續犯加以割裂，因為先讓參與組織罪與行為人第一次觸犯的集團詐欺（加重詐欺）行為成立想像競合後，再和另外的其他詐欺行為成立實質競合，就可以避免將繼續犯割裂，又分別和不同的狀態犯罪，有重複評價的疑慮。

（二）觸犯數罪名

雖行為人僅為一行為，但是卻觸犯數罪名。學說上又可依觸犯同種罪名或相異罪名，區分為同種想像競合或異種想像競合，前者如一顆炸彈炸死五個人，觸犯五個殺人罪，後者則為行為人揮刀砍人，將人砍死之同時，也砍到被害人身後的蟠龍花瓶，則行為人觸犯§271殺人罪與§354毀損罪。

（三）侵害數法益

1. 專屬之法益：以法益所有之數目，計算法益數。如一個失火行為造成屋內四人死亡，同時觸犯公共危險及過失致人於死，且侵害數個生命法益，均屬想像競合，從一重過失致人於死處斷（參照，70台上1595判決）。
2. 非專屬之法益：如財產法益，以財產監督權之個數，計算法益數。例：侵入學生宿舍，偷曬衣場之衣物，觸犯一竊盜罪。或竊取保險箱內珠寶及有價證券，因侵害同一個監督權，故不生一行為觸犯數罪名的問題（參照，62台上407判決）。

依刑法規定，從一重處斷，是指刑罰上之法律效果，而非罪名宣告上之法律效果。法定刑從一重罪之法律效果。換言之，從一重之刑罰處斷，非從一重之罪名處斷。何以認為從一重？主要是基於刑事政策考量，因行為人的行為祗有從一重之價值而已。刑之比較依§35定之，依主刑之輕重比較刑度之輕重。

另外，§55但書規定：「但不得科以較輕罪名所定最輕本刑以下之刑。」這種處理方式乃「限制吸收的原則」，因為想像競合，應從一重處斷，遇有重罪之法定最輕本刑較輕罪之法定最輕本刑為輕時，裁判者仍得在重罪之最輕本刑以上，輕罪之最輕本刑以下，量定其宣告刑。此種情形，將與法律規定從一重處斷之原旨相違背。如所犯罪名在三個以上時，量定宣告刑，不得低於該重罪以外各罪法定最輕本刑中之最高者，故科刑的上限是最重罪的最重法定刑，下限則是數罪中最高的最輕本刑。

例如，甲沒有醫師資格卻執行醫師業務並開立中藥，屬於一行為同時觸犯醫師法第28條密醫罪（法定刑為6個月到5年）及藥事法第82條製造偽藥罪（法定刑為10年以下）；依據§55條但書規定，則量刑範圍則限縮為6個月以上10年以下[13]。

新近實務亦認為，想像競合該條但書特別規定「不得科以較輕罪名所定最輕本刑以下之刑」，主要在於避免科刑偏失。至法條（規）競合，本質上為單純一罪，純屬數法條之擇一適用，而排斥其他法條之適用，既無明文限制，於量定宣告刑時，自不受刑法§55但書規定之拘束（參照，105年度第10次刑庭決議）。

---

[13] 張麗卿，裁判上一罪自首之效力－最高法院刑事大法庭108年度台上大字第3563號裁定評釋，月旦法學雜誌，304期，2020年9月，頁155以下。

貳、實質競合（數罪併罰）

一、定義

實質競合（Realkonkurenz），是真正的競合。亦即裁判確定前犯數罪者，併合處罰之（§50），本條的適用較無爭議。數個不同的犯罪決意，實施數行為，侵害數法益，成立數罪名。例如，行竊後放火燒房子。數罪併罰的處理，特別注意§51的規定，定其執行刑。

§51規定，數罪併罰，分別宣告其罪之刑。於數行為觸犯數罪名之情況，採併罰主義。於罪名上，數罪併列，就其所犯各罪，分別宣告其刑，再合併處罰。行為人出於數犯意，為數行為亦實現數構成要件，構成數罪。而此數罪均可在同一訴訟程序中，接受制裁的一種競合現象。

二、種類

1. 同種實質競合。例如，分別殺了五個人。
2. 異種實質競合。例如，甲殺了一人，再偷東西。

三、要件

（一）必須是同一人觸犯數獨立之罪

亦即，必須沒有不罰前行為的情形，即使是共同正犯也可以有實質競合之可能。例如，二人共同殺人、放火。不以一人為限。

（二）所犯之數罪必須均為司法機關所能判決者為限

若為軍法機關依照特別刑法所判決者，應不包括在內。審判體系包括軍事審判體系及司法審判體系，此處之實質競合，主要以司法體系中可處理、追訴之犯罪者為限。

（三）必須是裁判確定前所犯之數罪

裁判包括、有罪、無罪、免訴、不受理、管轄錯誤等種類，但此之裁判以有罪判決為限，不包括無罪、免訴等其他裁判。

四、處罰原則

實質競合的處罰的方法，以併罰為原則。§50 I 規定，「裁判確定前犯數罪者，併合處罰之。」不過，若未對數罪併罰設限，恐怕將造成併罰範圍於事後不斷擴大，而違背法安定性，所以有§50 I 但書規定，以明確併罰範圍。具體而言，原則上，採併罰方式；但是若數罪之間是(1)得易科罰金之罪與不得易科罰金之罪；(2)得易科罰金之罪與不得易服社會勞動之罪；(3)得易服社會勞動之罪與不得易科罰金之罪；(4)得易服社會勞動之罪與不得易服社會勞動之罪的情形時，則不得數罪併罰。

此外，§50 II「受刑人請求檢察官聲請定應執行刑者，依第五十一條規定定之。」若受刑人向檢察官聲請定應執行刑者，則仍依照§51併合定其執行刑。

> **例**　甲乙丙三人為了討債而圍堵丁，將其逼迫於圍牆下，丁在他們逼迫下，跳下有10公尺高的圍牆駁坎死亡，甲乙丙再將丁屍體丟棄於市區停車場內，應如何評價？
>
> ➡ 甲乙丙應成立妨害自由致死罪以及遺棄屍體罪的共同正犯。但是前者屬於不得易科罰金之罪，後者屬於得易科罰金之罪，對於遺棄屍體罪部分不得與妨害自由致死罪併罰。但是，若行為人向檢察官聲請定應執行刑者，則仍應依照§51規定，合併定期執行刑。

併罰的目的在於算出最後應執行的刑罰，亦即定「執行刑」。換言之，數罪併罰定執行刑，分為二個階段。首先是法院就實質競合之各罪，分別宣告其罪之刑（§51 I 前段），接著按以上的數個宣告刑度，依照

§51Ⅰ後段的規則再定出一個執行刑。依據§51規定，包含三種立法原則：

1. 吸收原則：§51①②③④⑧。即僅執行其一，如死刑、無期徒刑，只執行前者，不執行後者。
2. 限制加重原則：§51⑤⑥⑦。全部加總的宣告刑期為「上限」，以各罪中最長的宣告刑期為「下限」。
3. 併科原則：§51⑨，又稱累加原則，也就是全部相加合併執行。

五、兩裁判以上之實質競合

　　若有兩個裁判以上的有罪判決，則依據§52：「數罪併罰，於裁判確定後，發覺未經裁判之餘罪者，**就餘罪處斷**。」。宜注意的是，若餘罪發覺時，先前之確定裁判已經執行完畢，則餘罪縱使是在裁判確定後始發現，仍應與裁判確定之罪定應執行刑。實務見解（參照，47台抗2判決）認為執行完畢後仍得補行數罪併罰。因為既然餘罪也是裁判確定前所犯，假如當初與裁判確定之罪合併審判，本有定應執行刑之適用，則餘罪縱使是在裁判確定後始發現，仍應與裁判確定之罪定應執行刑。由於所謂「就餘罪處斷」，文義上並沒有排除在餘罪處斷後，適用刑法53條準用第51條合併定應執行之可能。此可從§53：「數罪併罰，有二裁判以上者，依第五十一條之規定，定其應執行之刑。」處理之，得到印證。

六、定執行刑後各罪中有受赦免者

　　定執行刑後各罪中有受赦免者，依§54：「數罪併罰，已經處斷，如各罪中有受赦免者，餘罪仍依第五十一條之規定，定其應執行之刑。僅餘一罪者，依其宣告之刑執行。」

參、牽連犯與連續犯刪除後競合適用之情形

2006年刑法施行後，數罪併罰章中，將僅剩實質競合犯與想像競合犯兩種，數罪併罰章中，全屬犯罪競合之規定，因此，罪數判斷之問題更形重要。原則上，某行為事實經評價為一罪，即無進入數罪併罰章之餘地；須其評價上為數罪，始進入數罪併罰章，再進一步決定其係屬想像競合，抑或實質競合。

關於想像競合犯，刑法只對其處斷效果修正，並未對其成立要件作何變更，雖係科刑一罪，惟其實質乃係連結數個評價上一罪而合併為科刑一罪。不過，雖是科刑一罪，因行為人所觸犯之犯罪，實際上，乃為數罪，故法院於判決主文上，仍應將其所觸犯之數罪，亦即不論其為輕罪或重罪，均應將其罪名，同時並列，不得僅論以重罪，而置輕罪於不顧，此乃想像競合之釐清（澄清）功能。且法院依最重罪名之法定刑為準，作為處斷刑之判斷依據，而為刑罰裁量時，仍應審酌行為人所觸犯各罪之不法內涵與罪責內涵。亦即法院於決定其處斷刑時，無論重罪或輕罪，均應一併予以評價，而在最重罪名之法定刑內，量處一個適當之刑罰。

另外，由於2005年刑法修正時，將牽連犯與連續犯之規定予以刪除。分別說明如下：

一、牽連犯

（一）牽連犯之概念及刪除理由

犯一罪而其方法或結果之行為犯他罪名者，稱為牽連犯（舊§55後段規定）。此乃我國獨有之立法例；將牽連犯與想像競合犯，同規定於舊§55，且法律效果均為「從一重處斷」。

在舊刑法之下，關於牽連犯之成立要件，依通說認應具備下列要件：(1)須係數個行為；(2)觸犯數罪名；(3)犯罪行為間須具方法、目的或原因、結果之牽連關係；(4)須侵害數個法益；(5)行為人對於數個犯罪行

為，主觀上須具概括犯意。因其犯罪行為，須係複數，其法益侵害，亦係複數，而與法條競合、包括一罪等本來一罪有異。

由於想像競合犯之實質根據，通說均以「單一行為之處罰一次性」作為說明，至牽連犯之實質根據，則難有適當之說明，且其存在亦不無擴大既判力範圍，而有鼓勵犯罪之嫌，爰將牽連犯之規定予以刪除。

（二）牽連犯廢除後之法律適用

牽連犯係數行為，將之廢除後，依具體情況，分別論以想像競合或數罪併罰。如為數罪併罰者，乃屬於不真正競合，例如：路人拾金不昧報警招領，警員卻利用職務之便侵占，後為掩飾犯行又偽造失主領回文書，應論侵占與偽造文書二罪實質競合。

值得注意的是，以前被實務認為是行為單數牽連犯的案例，如行使偽造文書以詐欺取財、為竊盜而侵入住宅，均具有行為單數的特性及實行行為的全部重疊，最高法院認為：「刑法修正刪除牽連犯之規定後，於修正前原認屬於方法目的或原因結果之不同犯罪，其間有實行之行為完全或局部同一之情形，應得依想像競合犯論擬。」（最高法院97年台上字第3494 號判決），故此部分仍應依想像競合犯論處。故應依想像競合犯論處，均非數罪併罰。又原來被認為是行為複數的牽連犯的案例，如殺人後棄屍，雖是行為複數，則應屬「不罰後行為」。

二、連續犯

（一）連續犯之概念及刪除理由

連續數行為而犯同一之罪名者，以一罪論，但得加重其刑至二分之一（舊§56）。行為人出於一概括犯意，連續數個可以獨立成罪之故意行為，分別觸犯數個構成要件相同之罪名者為連續犯。

連續犯的規定之所以應予廢除，乃因：(1)立法上僅以具有連續關係的行為，即擬制成為一罪的處理方式讓人質疑立法者的恣意，法律效果雖

加重為二分之一，但在前提不明的情況下，仍然無法讓人信服；實務上對於概括犯意的認定，已經和分別起意的認定不加區別，不禁讓人質疑數罪規定的效果，已受到威脅；(2)「為數個同種之行為」與「犯同一之罪名」的解釋與範圍，無法掌握並失之寬鬆，難以遏阻犯罪並失卻刑罰的公平，而且就算是具有一定的結構關係，也很難說明為何各自獨立的犯罪行為，不依實質競合處理，卻還依連續關係解決，嚴重違反平等原則；(3)連續犯的處罰方式，無異鼓勵行為人一再犯罪，尤其不合理的判決確定力的作用，使得未經發覺的犯罪，亦因「既判力」的影響，無法再追訴，影響司法威信甚鉅。

（二）連續犯刪除後之法律適用

連續犯廢除後，由於其所連續實施的數個行為，已分別獨立構成犯罪，因其侵害數個法益或對於同一法益為數次性之侵害，故為數罪。不過，有關部分犯罪，例如：十分鐘內在同一捷運車廂內竊取三個不同被害者之皮包（竊盜罪具接續犯性質），或以器械材原料反覆實施印偽鈔（偽造貨幣罪具集合犯性質）等行為，可能因適用數罪併罰而生刑罰過重之不合理現象，故在實務運用上應對於合乎「接續犯」或「包括的一罪」之情形，認為是行為單數構成單一之犯罪時，仍應論以想像競合，從一種處斷，以限縮數罪併罰之範圍[14]。

特別注意的是，究竟是以數罪併罰論處，或論接續犯、包括一罪，仍應回到個案判斷。譬如，「多次投票行賄行為，在刑法刪除連續犯規定之前，通說係論以連續犯。鑑於公職人員選舉，其前、後屆及不同公職之間，均相區隔，選舉區若亦已特定，以候選人實行賄選為例，通常係以該次選舉當選為目的。是於刪除連續犯規定後，苟行為人主觀上基於單一之犯意，以數個舉動接續進行，而侵害同一法益，在時間、空間上有密切關係，依一般社會健全觀念，難以強行分開，在刑法評價上，宜視為數個舉

---

[14] 林山田，刑法通論（下），2008，頁356。

動之接續實行，合為包括之一行為予以評價，較為合理，即得依接續犯論以包括之一罪。否則，但如係分別起意，自仍依數罪併合處罰。」（參照，99年度第5次刑庭決議）

依此，連續犯廢除後，對於原本成立之接續犯、集合犯或想像競合犯之犯罪，不會因連續犯廢除而擴大其範圍，因連續犯本質仍屬於行為複數，不同於行為單數的接續犯、集合犯或想像競合犯，因此不會因為連續犯之廢除而有擴大範圍之疑慮。亦即，先判斷是行為單數或行為複數，若是行為單數時僅成立一罪，不生實質競合。最後，要注意，雖然實質競合（數罪併罰）規定，新舊法皆同，但因納入舊牽連犯的類型、舊連續犯的類型以及舊常業犯類型，所以，適用範圍擴大許多。

❖ 實例講座 ❖

新臺幣製造機

甲長期失業缺錢花用，某日在卡通頻道上看見有一隻機器貓的口袋中有一臺可以自行製造鈔票的奇幻道具，竟異想天開仿效之，遂自行製造鈔票花用。甲研讀各種偽造鈔票技巧，打造一臺「新臺幣製造機」，成功印製千元新臺幣一萬張，甲用這筆錢在B牌汽車銷售中心成功購買一輛車。汽車銷售員在甲離開銷售中心後，發現甲使用偽鈔，乃火速報警處理。試問：甲之刑責為何？

解析

一、甲的行為可能構成的犯罪

（一）甲偽造貨幣的行為，成立§195 I偽造貨幣罪。

（二）甲將偽鈔拿去買車的行為，成立§196 I行使偽幣罪；行使偽鈔的行為含有詐欺的性質（參照，42台上410判決），是使用詐術使他人陷於錯誤的行為，亦成立§339 I詐欺罪。

二、競合

（一）偽造貨幣罪與行使偽幣罪

實務認為，偽造貨幣係高度（重罪）行為，吸收行使偽造貨幣的低度（輕罪）行為，兩者為法條競合的吸收關係，故僅成立§195 I偽造貨幣罪。但是，法條競合的前提是一行為侵害一法益，偽造與行使偽幣行為是複數行為，以吸收關係處理恐有疑問。偽造與行使偽幣侵害法益相同，均是貨幣公信與交易安全，而行使偽幣並未逾越偽造貨幣的不法內涵，且就危險性觀之，偽造貨幣的危險遠大於行使，故刑度設計上，偽造貨幣罪的刑度也高過行使。是故，偽造貨幣罪行使偽幣罪之間應屬不罰後行為的概念，僅論前行

為之罪，即偽造貨幣罪。

（二）行使偽幣罪與詐欺罪

　　實務向來認為，行使偽幣的行為吸收詐欺行為。學界則多認為，行使偽幣與詐欺所侵害的法益不同，應非法條競合；行使偽幣與詐欺是一行為觸犯數罪名，應依想像競合處理，從重論§196Ⅰ行使偽幣罪。又如前述，行使偽幣罪與偽造貨幣罪的競合係論以偽造貨幣罪。

三、結論：甲的行為成立§195Ⅰ偽造貨幣罪。

夜行大盜

　　神偷甲乃夜行大盜，探知暴發戶乙家中有許多貴重物品。某夜，甲開車前往乙宅，先以拌有劇毒的狗食，將兩隻看門的大狼犬毒斃，並破壞保全系統，潛入乙宅。甲想趁乙熟睡，搬完所有貴重物品，前後計有十次，反覆進出乙宅，將所竊物品放在自己汽車，揚長而去。試問：甲的可罰性如何？

解析

一、甲可能構成§321Ⅰ之加重竊盜罪

　　甲基於竊盜故意，侵入乙家中行竊既遂，該當於§320Ⅰ普通竊盜罪與§321Ⅰ①②之加重竊盜罪之構成要件。普通竊盜罪與加重竊盜罪乃法條競合中之特別關係，僅適用特別條款之加重竊盜罪處罰即為已足。又加重竊盜罪的六款加重構成要件係屬擇一關係，行為只要該當六款之一者，即可構成該罪。即使其行為情狀重複符合同一個罪名的平行而並存的多種加重構成要件，仍只成立一個加重竊盜罪，因行為人只基於一個竊盜故意，而為不同階段之行為不應重複評價。

　　至於甲將兩隻看門狗毒斃並侵入乙宅，涉及§354毀損罪及§306侵入住宅罪的部分，與加重竊盜罪之間乃犯一罪而其方法或結果之行為犯他罪名，在舊刑法下應論以牽連犯，但2005年廢除後，應依具體情況，分別論以想像

競合或數罪併罰。就本題的情形,由於甲係基於一個犯罪故意在方法或手段上觸犯他罪名,若併合處罰,似嫌過苛,應論以想像競合犯,從較重之加重竊盜罪論處。

二、甲前後十次加重竊盜的行為,應可認為屬於包括一罪

甲出於一個概括竊盜犯意,連續為數個同種行為觸犯「構成要件同一」之罪名,在舊法時期實務通常會論以連續犯。連續犯廢除後,立法理由認為應在實務運用上對於合乎「接續犯」或「包括的一罪」之情形,認為構成單一之犯罪,以限縮數罪併罰之範圍。但是如果原先認定連續犯之案件皆改以接續犯處理,會造成接續犯範圍不當擴張。且接續犯本身並無加重其刑之規定,對於行為人之科刑反而過於優厚,可能與立法目的相違。然若原先認定連續犯之案件,均以數罪併罰處斷,似嫌過苛,本例中,由於某甲每次進入乙宅搬運物品之行為都足以成立一個竊盜罪,不符嚴格接續犯之概念。且竊盜罪本身欠缺「反覆實行」的特性,亦不符合集合犯之概念。由於甲係基於一個意思決定,實施同一構成要件且有密接關連性的數行為,亦即,在法律上應被評價為一個罪,仍可被當成是拓展的接續犯或新型態之包括一罪來處理。

三、結語

甲成立§321 I之加重竊盜罪,由於甲前後十次加重竊盜的行為在刑法評價上,「各具獨立」,每一次的行為「皆可獨立成罪」,非屬行為單數的接續犯,如果實務上因為連續犯之廢除而擴大認定接續犯之概念,則顯違修法本旨,然按數罪併罰,亦宜過苛,故應可認定為包括一罪,再從宣告刑期上詳加審酌,以避免量刑過輕。

炸彈的威力

高校生甲見電視報導「美國有學生持槍進入校園掃射,造成多名師生死亡」的新聞,心想自己高中重考一年,又被留級,將屆二十歲卻還在念高中,而身邊友人都已經在大學享受青春,越想越生氣,把怨恨轉嫁到學校的老師與同學身上,於是打算模仿美國校園恐怖事件,以發洩心頭之

恨。某日，甲在甫下課的教室丟一顆炸彈，致老師乙與學生丙當場死亡，打掃工人丁受重傷，教室桌椅與乙的皮包被燒毀。試問，甲的行為該如何處斷？

解析

一、甲丟炸彈炸死老師乙及學生丙，可能構成§271Ⅰ殺人罪

　　客觀上，甲在甫下課的教室丟一顆炸彈，乃是足以侵害他人生命法益之殺人行為，乙丙因甲所丟的一顆炸彈而發生死亡之結果，故有因果關係及客觀歸責；主觀上，甲認識其行為足以侵害他人之生命，而仍決意為之，故有殺人之故意。甲無阻卻違法及罪責事由，故甲丟炸彈炸死老師乙及炸死學生丙成立二個殺人罪。

二、甲丟炸彈造成丁重傷，可能構成§278Ⅰ重傷罪

　　客觀上，甲丟一顆炸彈，乃是足以侵害他人之身體健康法益之受到重傷害之行為，丁因甲所丟一顆炸彈而受重傷，且有因果關係及客觀歸責；主觀上，甲認識其行為足以造成他人之重傷，仍決意為之，故亦具重傷之故意。甲無阻卻違法及罪責事由，故甲丟炸彈造成丁重傷成立重傷罪。

三、甲丟炸彈燒毀桌椅及乙的皮包，可能構成§176準放火罪

　　本罪之成立，係故意以爆裂物炸燬住宅等以外之物罪為要件，且燒毀之原因係由於爆炸所致，亦即藉其爆風、高熱等急烈膨脹力，致其物毀壞或焚燬。客觀上，甲所丟一顆炸彈，係屬爆裂物，而教室桌椅與乙的皮包，乃是住宅等以外他人所有之物（§175Ⅰ），甲丟炸彈燒毀教室桌椅與乙的皮包，乃是以爆裂物炸燬他人之物的行為；主觀上，甲認識其行為足以炸燬教室桌椅及乙的皮包，甲丟炸彈燒毀教室桌椅及乙的皮包仍決意為之，故亦具有準放火罪之故意。甲無阻卻違法及罪責事由，仍成立本罪。

四、甲丟炸彈燒毀桌椅及乙的皮包，可能構成§354普通毀損罪

　　本罪之成立，係故意毀棄、毀壞文書建物等以外他人所有之物，或致令不堪用，足以生損害於公眾或他人為要件。客觀上，教室桌椅，乃是使他人之物永久滅失的銷毀行為，並以造成學校的損害；主觀上甲認識其行為係銷毀他人之物，仍決意為之，故亦具有毀損之故意。甲無阻卻違法及罪責事

由，故甲丟炸彈燒毀桌椅及乙的皮包成立毀損罪。

五、競合

　　甲在甫下課的教室丟一顆炸彈，成立二個殺人罪、一個重傷罪、一個準放火燒毀住宅等以外之物罪，二個普通毀損罪。但因甲僅有一個丟炸彈的行為，雖觸犯數罪名，侵害數法益，應成立§55規定「想像競合犯」，從重論以殺人既遂罪。

　　不過，想像競合在本質上具有「數罪性」，同時具有所謂的「釐清功能」，倘行為人之一行為所該當的多數不法構成要件，均有其獨立的不法內涵與罪責內涵，因此，法官在判決主文對行為人的行為所做的犯罪宣告上，應該表明行為係成立多數犯罪，而非僅論以重罪，捨棄輕罪；否則，將無法釐清行為的整體不法內涵與罪責內涵。易言之，法官於符合想像競合犯之情況，必須在判決主文中，將輕罪與重罪的條文全部加以引用，再依法就數罪名中的最重法定行範圍內，宣告行為人所應科處的刑罰，絕非在判決主文中只須論重罪，而不用論輕罪的部分。此外，依§55但書規定之量刑「封鎖作用」，對於想像競合犯之處斷，法官在量刑時「不得科以較輕罪名所定最輕本刑以下之刑。」以免量刑的輕重失衡。

公墓悲劇

　　七歲小孩乙父母雙亡，與任職於公墓管理員之舅舅甲生活。甲素來不喜歡乙，明知乙個性膽小，仍不顧其心理健康可能受到影響，每天逼迫乙在睡前觀看十八禁的血腥、恐怖影片；若乙因而哭鬧，甲就以惡劣的語言羞辱乙。一日，甲見乙哭鬧不休，趁著夜半墓園無人，將乙獨自一人關在墓園中數小時，任憑乙情緒崩潰哭喊，而不予理會。翌日，乙又哭鬧不休，甲再度將乙關進墓園，因為臨時有要事處理，請其好友丙暫代看管公墓，並告訴丙「我把乙關在墓園練膽，不論他如何哭鬧，都不要理他。等我回來後，會帶他回家」。是夜，乙被關在墓園後極為驚恐，嘗試爬樹越牆逃出，卻不小心從高處跌下，頭部著地。幾小時過後，甲回到墓園欲帶乙

回家時，發現乙已經死亡。試問：甲之刑責為何？

解析

（一）甲可能成立§286妨害幼童發育罪

　　甲對乙長期的不當管教，可能該當「對於未滿十八歲之人，施以凌虐或以他法足以妨害其身心之健全或發育者」，成立§286Ⅰ妨害幼童發育罪。所謂凌虐，依§10Ⅶ「謂以強暴、脅迫或其他違反人道之方法，對他人施以凌辱虐待行為。」本罪之行為如具有持續性，對同一被害人實施，在外形觀之，其舉動雖有多次，亦係單一之意思接續進行，仍為單一之犯罪。本案中，甲不顧乙的身心健全發展，每天逼迫乙在睡前觀看十八禁的血腥、恐怖影片，或以惡劣的語言羞辱乙及之後將其獨自一人關入墓園等行為，應已構成妨害幼童發育罪。

　　至於甲之行為是否另外成立傷害罪？雖然在本案中，乙似乎並無身體健康上傷害，但參照最高法院32上2548判決見解，對於他人實施暴行或脅迫使其精神上受重大打擊，即屬傷害人之健康。是故，甲致使乙情緒崩潰、心靈重創等心理上傷害，亦應論以傷害罪；但實務一向認為，因凌虐成傷者，乃屬法條競合。故甲的行為論以§286Ⅰ之罪已足，不另論傷害罪。

（二）甲第一次將乙關在墓園，可能成立§302私行拘禁罪

　　§302私行拘禁罪，保護人身自由法益，故其構成要件為違背被害人之意思、使其身體遭不法外力拘束、侷限於一定空間之內，而不得任意離去者屬之，客觀上，甲拘束乙之身體自由，應有本罪該當。

（三）甲第二次將乙關在墓園，可能成立§302Ⅱ私行拘禁致死罪

　　甲第二次將乙關在墓園，乙為逃走，不幸自高處墜下而死。甲的行為成立私行拘禁，應無疑問；此處必須檢討乙的死亡結果，與甲行為間是否具有因果關係。在此認為，一個對兒童負有教育養護責任之人，不應擅自將兒童置於隔絕、無人聞問之狀態中，故甲與乙之死亡結果之間，具備條件因果關係，且此一結果應屬客觀上可加以預見之情形，故依§17加重結果犯之規定，甲雖然並非故意致乙死亡，但仍須對於乙之死亡結果負責，故成立§302Ⅱ私行拘禁致死罪。

（四）競合

甲所成立§§286 I、302 I、302 II等罪，但由於妨害幼童發育之行為貫串二次私行拘禁行為，故應如何處理學理恐有爭議：有認為妨害幼童發育之行為繼續著，且其中有二次私行拘禁行為，故皆會產生夾結效果，致使三個罪名均處於想像競合的關係。亦有以為夾結效果影響科刑問題，故應當有所限制，僅限於重罪可以夾結輕罪，輕罪無法夾結重罪；另有以為，夾結效果之主張並無法合理說明其理由內涵，直接不承認有此學理。本書以為，在看待一行為的立場不應過度嚴苛，以免致使行為人被過度苛責，故應採以贊同夾結效果的想像競合。

本案雖採以夾結想像競合，然就夾結處理方式有爭議：有主張夾結罪應與先與第一個被夾結罪成立想像競合，從一重處斷後，再與其他夾結罪成立實質競合，最高法院亦有採此見解者（如107台上1066判決）；亦有主張夾結罪與被夾結罪應先各自依想像競合之例從一重處斷，接著再論以實質競合合併處罰。**本書以為避免將繼續犯加以割裂，分別和不同的狀態犯重複評價的疑慮，應採實務見解較為妥適，故本案甲之妨害幼童發育罪應先與第一次施行拘禁罪成立想像競合從一重處斷後，再與私行拘禁致死罪成立實質競合。**

綜合性案例題型

建商甲欲收購A地段土地興建商用大樓，乙於該地段經營一家小型居酒屋已久，該店是其與亡妻的心血結晶，故一再拒絕甲收購的要約。甲的計畫受阻，便說動了自己的司機丙去砸店，讓乙做不成生意，丙爽快答應，希望能報答甲對自己長久以來的照顧。當晚丙和好友丁吃宵夜時，提到自己要替老闆砸店，丁為表示支持，便主動出借木棍一支供其使用。丙將木棍帶回後，擔心木頭材質不耐敲打，最後還是決定用自己的鋁質球棒。

數日後，丙帶著鋁棒前往乙的居酒屋，在路邊等到店家打烊關門，見店內僅剩乙一人，便翻牆潛入乙的居酒屋，並以球棒四處猛敲，打破許多餐具和裝潢擺飾；乙上前制止，也被丙亂打一陣而受傷。乙忍痛趁機衝進

廚房拿起菜刀，丙起身後揮舞球棒反擊乙，乙爲自保朝向丙的腿部及手臂劃了數刀，丙受傷後轉身由後門逃出居酒屋。乙持菜刀追了出去，丙於倉惶驚恐中跌倒在地。乙見狀猛力揮刀砍下，竟將丙的左手掌自手腕處斬斷。乙見狀怒氣稍微平復，返回店內報警並委請警方電召救護車，丙則倉皇拾起斷掌自行勉力前往一旁的醫院急診室。由於傷口整齊，且在黃金接合時間內進行手術，丙的左手於術後復原良好，未留下任何永久性的功能障礙。試問甲、乙、丙、丁之行爲在刑法上應如何評價[15]？

解析

一、丙的部分

（一）丙翻牆潛入乙的居酒屋，成立§306 I 無故侵入住宅罪

　　客觀上，居酒屋僅於營業時間存有允許不特定人進入的概括同意，丙進入時居酒屋已打烊，即不開放不特定人於此時進入，自屬未得有權限者之允許，在物理上進入他人支配之場所，從而該當客觀構成購要件。主觀上，丙具有故意。而丙無任何阻卻違法與阻卻罪責事由，故成立本罪。

（二）丙以球棒敲打餐具及擺設，成立§354毀損器物罪

　　客觀上，丙損壞店內財物的行爲與結果間具有因果關係與客觀可歸責，且此行爲足生損害於乙；主觀上，丙具有毀損故意，且丙亦無阻卻違法及阻卻罪責事由，成立本罪。此外，本案中丙以球棒敲打餐具及擺設是受甲所唆使，丙應成立本罪的正犯還是共犯，值得討論。我國實務關於正犯與共犯之區分理論依據，早期採主觀說，後則偏向客觀說，但司法院則將主觀說之範圍擴大成爲主客觀擇一標準說；目前學說大多採「犯罪支配說」。**本書採取犯罪支配說**，即在犯罪過程中，居於犯罪支配地位者，能掌控、主宰整個犯罪構成要件的實現，對於整個犯罪過程居於操控主宰的支配地位的核心關鍵人物始爲正犯。依此，丙是一個能夠自主決定的主體，可自行決定是否實行犯

---

[15] 當學習刑法總則至「競合論」後，學習者已經可以解決更複雜的刑法問題；如同本題，涉及多人、多行爲態樣的問題。這也是目前司法官、律師考試刑法題型的趨勢；在答題上，除了引用相關學說或實務見解外，也應就本案之論斷附具個人見解。

行以及如何實行犯行，故為正犯。

（三）丙持球棒攻擊乙，成立§277 I 傷害罪

客觀上，丙持球棒攻擊乙的行為，與乙受傷的結果間具有因果關係與客觀可歸責性；主觀上，丙具有傷害故意。丙無阻卻違法及阻卻罪責事由，成立本罪。

（四）競合

丙係基於傷害乙及毀損乙之物品之目的侵入住宅，可見行為人自始就是為了要違犯他罪而侵入住宅，屬於修法前牽連犯，惟牽連犯廢除後應如何論斷行為人犯罪行為之競合，不無爭議。有認為牽連犯廢除後行為人之數個犯罪即應個別論處，成立數罪併罰；惟亦有以為牽連犯廢除後，只要繼續犯和違法狀態繼續期間所違犯的狀態犯之間存有「目的關聯」，則繼續犯和該他罪就應成立想像競合的關係。本書以為避免刑罰過度擴張，對於此種具有目的關聯的犯罪，應當以新型態的想像競合犯處理較為妥適（近似看法如107台上1066判決）。

惟，若採想像競合的立場，由於與侵入住宅罪處於想像競合關係的罪名有兩個（毀損罪與傷害罪），但這兩個罪名相互之間，卻是處於行為複數的關係，應如何處理；亦即，如何處理「想像競合犯的夾結（或涵攝）效果」，有不同主張：1.有認為侵入住宅具繼續犯性質，由於毀損與傷害均和本罪處於行為單數的關係，本罪產生夾結效果，所以毀損罪與傷害罪應先各自分別與侵入住宅罪，依想像競合從一重處斷，接著再論以實質競合，將之合併處罰。2.另有認為，夾結效果影響科刑，應當有所限制，所以重罪可以夾結輕罪，輕罪無法夾結重罪。3.又或認為，夾結效果應按時間先後順序，先夾結先發生的犯罪，再與後發生的犯罪數罪併罰。當然，也有完全否認夾結效果主張者，因為夾結效果無法合理說明其理由與內涵，故提出應先將處於實質競合的兩罪數罪併罰，定出決定執行刑的範圍（上限與下限）後，再與侵入住宅罪適用想像競合，依其中較重的刑度處斷。綜此，**本書認為**，在評價想像競合犯的一行為時，不應過度嚴苛，以免致使行為人被過度苛責，故贊同想像競合犯的夾結效果；不過，為避免將繼續犯加以割裂，分別和不同的狀態犯重複評價的疑慮，比較理想的方式是，應採取前述3.的立場；亦即，丙之侵入住宅

罪先與毀損罪成立想像競合，從一重處斷後，再與傷害罪成立實質競合。

二、甲的部分

（一）甲要求丙砸店的行為，構成教唆毀損罪。甲教唆丙毀損，主觀上有教唆故意與教唆既遂故意，客觀上有教唆行為致丙萌生放火決意，故該當§29的教唆。甲無阻卻違法及阻卻罪責事由，成立本罪。

（二）甲只有要求丙砸店，不構成教唆傷害罪。因為，教唆犯就其所就教唆之範圍內負其責任，教唆犯對超出部分並不負責，此為「教唆之逾越」，故其對該逾越部分欠缺故意，不負教唆刑責。本案中，丙之傷害罪，雖與甲的唆使砸店行為有關聯，然而屬於教唆之逾越，故甲對該傷害罪部分欠缺故意，不負教唆刑責。

三、丁的部分

　　客觀上，丁提供木棍的行為，足以使丙能夠更容易實行毀損行為，係屬幫助行為；且丙之毀損罪成立，已如前述，因而有一可供從屬之不法行為。然有疑義者，丙實施犯罪並未使用丁所提供之木棍，即幫助行為與既遂結果是否需具有因果關係，倘若欠缺因果關係，是否仍得論以毀損罪之幫助犯。

　　對此，有認為如係物質幫助，則必須對既遂結果產生實際的幫助效果、具有直接且重要的貢獻，才能論以既遂犯的幫助；但亦有認為，幫助既遂犯的成立，就算該行為在個案中無任何效用，欠缺因果關係的幫助行為、無效的幫助行為，仍不妨礙幫助犯之成立。**本書認為**，丙自始未將丁之木棍攜帶至犯罪地，該木棍亦未對毀損罪之既遂結果有任何因果關係，故丁僅提供木棍的行為，難謂得成立幫助行為；又，雖然丁對於丙為老闆砸店之事表示贊同，但似乎並沒有讓丙更易於實現犯罪構成要件，或使其行為造成更大損害，也未對丙有實質的心理影響，亦恐難認其成立精神上之幫助犯。

四、乙的部分

（一）在居酒屋內，乙朝丙的手臂及腿部劃了數刀，是正當防衛

　　客觀上，乙傷害丙身體之行為與丙受傷之結果間具有因果關係與客觀可歸責性；主觀上，乙具有故意。由此來看，乙可能構成§277Ⅰ傷害罪。在違法性上，客觀上乙面臨丙所製造之現在不法侵害，其防衛手段屬適當且必要，主觀上乙具有防衛意思，故得依照§23正當防衛之規定阻卻違法，不成

立本罪。

（二）乙砍斷丙手掌的行為，不成立重傷害既遂罪

　　依§278 I 規定，「使人受重傷者」成立重傷既遂罪。客觀上，乙將丙之手掌砍斷，但丙之手掌事後經手術接回，其復原良好，且未留下任何永久性的功能障礙，是否仍屬該當§10 IV「毀敗或嚴重減損一肢以上之機能」，值得討論。本書認為，重傷所要求之「毀敗」判斷時點，應以事後觀之而非行為當下，因此重傷應限於終生無法回復，始能適用；此亦為最高法院實務向來採行的見解。據此，既然丙復原良好，且並未留下永久性之功能障礙，自不該當「毀敗或嚴重減損機能」之要件，即非重傷害。因此構成要件不該當，乙不成立本罪。

（三）乙砍斷丙手掌的行為，可能成立§278 III 重傷罪之未遂犯

　　在構成要件該當性，主觀上，乙具有重傷故意；客觀上，乙已著手而未達於既遂。當乙砍丙時，丙已放棄侵害而欲逃跑，亦即丙對乙之侵害行為已然過去，此時並無正當防衛之前提事實存在，顯無成立正當防衛之可能。但是，學說上有認為，此時係接續於正當防衛之後，能否主張「延展型防衛過當」而減免其刑。惟本書認為該情形，恐不符合延展型防衛過當之要件，因丙已被乙砍傷逃跑，乙處於絕對優勢，應無所謂因惶恐等心理因素，而在時空密接下所為之防衛過當。因此，乙無阻卻違法事由，亦無阻卻罪責事由。

　　最後，就個人減免（解除）刑罰事由而言，乙著手後因己意中止犯行（報警並電召救護車），但重傷結果之不發生係因丙自行就醫，即該結果非乙之防果行為所致，而係丙自行拾起斷掌前往一旁之醫院自行就醫，乙雖離開現場返回店內報警，並電召救護車，本書認為，其防果行為尚有未盡，非屬「已盡力為防止行為」，而係因外力之介入致未發生結果，仍屬障礙未遂，而非§27 I 後段之「準中止未遂」。所以，乙成立重傷罪之障礙未遂犯。

第四篇

犯罪的法律效果

犯罪的效果概論

　　刑法對付犯罪者或實施刑事不法行為之人，有三種方式，分別是刑罰、保安處分與沒收。刑罰兼有刑罰理論之中，應報、一般預防及特別預防的思想；保安處分建立在特別預防理論的基礎上，以預防再犯為制度設計的主軸；沒收則是對於犯罪事實的處置，依據所沒收之物，可能有預防犯罪的考量，或類似禁止不當得利的衡平機制。

　　公平的報應、嚇阻犯罪與矯治罪犯，是刑罰的三大目的。刑罰（Strafe）分為主刑與從刑。主刑有死刑、無期徒刑、有期徒刑、拘役及罰金；從刑則是褫奪公權。其中，關於死刑、無期徒刑、有期徒刑及拘役的執行，主要適用《監獄行刑法》。刑罰是最嚴屬的國家制裁，有最後手段性。刑法為減緩刑罰的嚴屬，有設計若干措施減緩刑罰，諸如緩刑、假釋、易刑處分、裁判免刑、自首減刑等。除了減輕刑罰的規定外，刑法針對受刑罰後，法定期間內又再次故意犯罪之人，設有累犯制度，這是刑法唯一的刑罰加重規定。

　　保安處分（Maßregeln）為了削弱行為人的未來再犯危險性，以達到社會保安功能[1]。刑法保安處分共有七種，分別是感化教育、監護處分、禁戒處分、強制工作、強制治療、保護管束及驅逐出境。保安處分的執行，除法律另有特別規定外，均適用《保安處分執行法》。保安處分可能與刑罰並行，希冀藉此削弱罪犯的再犯危險，例如施用毒品罪是典型，對施用一級或二級毒品且有毒癮者，除了刑罰，亦會同時宣告禁戒處分（即毒品危害防制條例的勒戒、強制戒治）。但若行為人欠缺罪責，不構成犯罪，則保安處分將單獨發動，目標在於行為人的再社會化，例如欠缺罪責的未滿十四歲行為人實施不法行為，因不構成犯罪，不能宣告刑罰，只能以感化教育導正。

　　沒收（2016年刑法修改為主刑）與刑罰、保安處分一樣，都是刑法的獨立法律效果。沒收得與刑罰、保安處分一同發動；與保安處分相同，雖未至犯罪，亦可發動；但與保安處分針對行為人不同，沒收係針對行為事

---

[1]　Roxin/ Greco, Strafrecht, AT/1, 5. Aufl., 2020, §1, Rn. 3.

實而生，依據不同的行為事實，產生相對應的沒收類型。為實施不法行為所需的違禁物、供犯罪所用及預備犯罪之物，應將之沒收；為避免因不法行為獲得利益，犯罪所生之物、犯罪所得，應將之沒收。

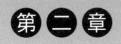

第二章

刑罰之種類

第二章　刑罰之種類

【目次】

第一節　刑罰之種類

刑法將刑罰分為主刑、從刑（§32），茲分述如下：

壹、主刑

主刑（Hauptstrafe），是對於犯罪行為得獨立科刑的刑罰，有生命刑、自由刑及財產刑。

一、生命刑

生命刑即死刑（Todesstrafe），是剝奪犯人的生命，使之永遠與社會隔絕，是最嚴厲的刑罰。關於死刑，最富爭議的問題是「死刑存廢」。死刑是人類自古便有的刑罰制度，其歷史幾乎等同於刑法的歷史；但隨著人類文明的發展，特別是基於人性尊嚴、人道主義的呼聲，死刑制度面臨存廢的挑戰。現在已有不少國家廢除死刑；沒有廢止的，死刑科條也漸趨減少。

支持死刑廢止者，主要有以下理由：(1)恐逾越罪刑相當性。死刑的受刑人，除面對死亡的恐怖之外，還要面對被執行死刑的恐怖，是雙重恐怖，也就是雙重的應報；(2)違反倫理的要求。死刑的執法人員，其執行死刑的行為，該當殺人罪的構成要件，但因係依法令的行為，得阻卻違法，而不構成犯罪；但這些人畢竟以殺人為職業，國家似不允許有這種職業存在；(3)不符合現代的刑事政策。從刑事政策的觀點視之，死刑仍停留在報應思想，並不符合特別預防思想，即便犯人有改過自新的決心，卻因死刑的執行而沒有任何機會。同時，死刑無法有效嚇阻犯罪，無助於一般預防；(4)最受詬病的是，死刑非死即活，是無法區分程度的刑罰，沒有任何酌量空間，一旦執行死刑，將沒有任何挽回的餘地；但是法官非

神，可能誤判，若因誤判而錯殺，將因人為錯誤而造成無法彌補的缺憾，無異是司法謀殺。

相對的，支持死刑留存者，主要有以下理由：(1)滿足正義的要求。此來自應報思想，講求罪刑均衡，亦不得濫用，只有對於極惡的罪犯，方才施以死刑，如此符合人民情感的期待，並且永遠根除後患；(2)合乎經濟原則。執行死刑後，可以避免就該受刑人在監獄管理上的各項支出；(3)維持社會秩序。死刑具有刑罰中最強的威嚇力，有預防犯罪的效果；同時，可以避免私刑，也就是避免因國家不執行死刑，讓被害人家屬、親友怨憤不平，而萌生私下尋仇的念頭；(4)因誤判而造成錯殺，並非死刑本身的問題，而應將焦點放在刑事訴訟上，只要本於無罪推定，妥善運用證據法則，輔以現在的科技，應當可以避免誤判。又，沒有任何刑罰是人道的，也沒有任何刑罰能發揮絕對的預防犯罪效果，若以死刑不人道，或質疑死刑對於預防犯罪的成效，作為廢止死刑的理由，則其他刑罰也將面臨相同的問題。簡言之，利用刑事訴訟的缺失、死刑欠缺人道精神或預防犯罪效果，作為廢除死刑的理由，所有的刑罰都可能被廢除。

死刑應否廢除的問題，必將隨著社會變遷而改變。本書認為，死刑存廢的雙方，均有其道理，但在法律制度設計上，特別是像死刑這種牽扯人民法感情至深的制度，應當審慎面對，不應空想地加以論斷。可以確定的是，立法上應屏除唯一死刑，使法官在個案上有裁量空間；本於刑罰謙抑性，我們也不應該擴張死刑的適用。以臺灣的歷史文化背景，加以當前的人文制度、社會狀況，殊難否認死刑仍為今日不得已的一種制裁，故現階段而言，不得不認其有存在的必要。

近年來，我國對於死刑的判決非常謹慎，尤其在兩公約的的要求下開啟「死刑辯論程序」，死刑的判決與執行均顯得非常慎重[2]。

2　兩公約是「公民與政治權利國際公約」及「經濟社會文化權利國際公約」兩項公約的簡稱。2009年立法院三讀通過了此兩項國際公約，並另外制定「兩公約施行法」，明定其具有國內法的效力。公約強調死刑的科處須經過嚴格、公正、有權尋

二、自由刑

　　自由刑是，國家剝奪犯罪人身體自由的刑罰。近代刑事政策以自由刑為刑罰的重心，係因為自由刑具有彈性，能因應犯罪情節輕重，加以伸縮，最足以收矯正犯人反社會性的效果，亦足以表彰刑罰功能。依刑法規定，自由刑有三種：

1. 無期徒刑：將惡性重大之犯罪人，終身禁錮於監獄中，使之與社會隔離，又稱為長期自由刑，而無期徒刑是自由刑中最嚴厲的一種終身監禁的刑罰制度，監所人員對於終身監禁人難以施行感化。受刑人長期監禁多和社會隔絕，依統計人被關十幾年後就會缺乏社會能力，寧可永遠待在監獄中，不再重新踏入社會，這和特別預防思想相違。

2. 有期徒刑：對於犯人在一定期間內剝奪其自由權。§33③規定，有期徒刑為二月以上十五年以下，但遇有加減時，得減至二月未滿或加至二十年。

3. 拘役：拘役為自由刑中最短期者，性質與有期徒刑略同，所異者，僅期間極短。刑法對於拘役的時期，規定最少一日以上，最多六十日未滿。但遇有加重時，得加至一百二十日（§33④）。

　　在自由刑中，最受關注的是短期自由刑的問題。所謂短期自由刑，依§§41、42，應是六個月以下之自由刑，包括六個月以下宣告之有期徒刑及拘役。短期自由刑的弊病是，受短期自由刑宣告者，多係惡性輕微的犯罪人，這些犯人一旦置身囹圄，易自暴自棄；同時在獄中，又易受其他犯人的惡習感染，非但未收感化之效，出獄後反有變本加厲之虞。再者，短期自由刑的刑期短暫，改善與教育的作用，實難發生效果，可謂利少弊多[3]。是故，近代刑事政策乃尋求補正的對策。

　　求特定權利的程序，且締約國有義務把死刑的適用範圍侷限於「情節最重大之罪」。

[3]　Roxin/ Greco, Strafrecht, AT/1, 5. Aufl., 2020, §4, Rn. 27.

　　為補救上述弊病，乃有主張採取下列辦法者：(1)由執行短期自由刑之本身加以補救，如緩刑制度的採用；(2)由短期自由刑的替代措施加以補救，如以罰金刑替代；(3)由改善短期自由刑的執行方法加以補救，如分類分監管理，同一監內酌用分房制度等；(4)由運用不定期刑制度加以補救。所謂不定期刑，即對於犯人所為自由刑的宣告，不預定期間，而待受刑者於執行中的改善情形，隨時決定其中止執行的制度。我國刑法基於罪刑法定原理，未採用此制；然於少年事件處理法、竊盜犯贓物犯保安處分條例，已採用相對不定期刑制度。

三、財產刑

　　財產刑就是，剝奪犯人財產的刑罰，即罰金。§33⑤針對罰金的規定：「罰金：新臺幣一千元以上，以百元計算之。」刑法總則不設最多額的規定，而將其最高金額設於刑法分則有關的條文中，此外，罰金刑乃現行刑法制度中運用的最多的一種刑罰手段，也是最可用於救濟短期自由刑弊端的一種刑罰制度。此外，罰金也可以達到一般及特別預防的作用，剝奪犯人的金錢，亦為剝奪他另一種形態的自由，例如享受、消費的自由，所以可以達到一般及特別預防的效果。

　　目前刑法科處罰金的方式，可分為四種：

1. 專科罰金：又稱單科罰金，以罰金為唯一之法定刑，而不得科處他種主刑之謂。如§266 I 賭博罪，處五萬元以下罰金。
2. 選科罰金：以罰金與其他法定刑併之，由法官擇一科處，如§320 I 竊盜罪，處五年以下有期徒刑、拘役或五十萬元以下罰金。
3. 併科罰金：除處其他法定刑亦可同時併科罰金，蓋就犯人之危險性言，應科以自由刑，另就犯人之貪得性言，又得科以罰金者。如§336 I 公務侵占罪，處一年以上七年以下有期徒刑，得併科十五萬元以下罰金。
4. 易科罰金：法定最重本刑為五年以下有期徒刑，而受六月以下有期徒刑或拘役之宣告，得易科罰金，以代替其所宣告刑之執行，但確因不執行

所宣告之刑難收矯正之效，或難以維持法秩序者，則不得易科罰金，此明文規定於§41。

貳、從刑（褫奪公權）

依2016年修法前§34規定，從刑（Nebenstrafe）有褫奪公權、沒收、以及追繳、追徵或抵償。2016年修法後，依§36規定，從刑僅有褫奪公權一項，其餘皆已刪除；從刑是依隨主刑而宣告，沒有主刑就沒有從刑。更精確的說，沒有死刑或自由刑的宣告，便沒有褫奪公權的宣告。

褫奪公權是指，國家剝奪犯罪者在公法上所享有的特定權利能力的刑罰。亦即使犯罪者喪失享有公權之資格，故又稱為名譽刑、資格刑或能力刑。褫奪公權乃基於應報思想而出發，藉以減低犯人之人格及其法律上之地位之措施。在今日綜合理論下之褫奪公權，乃是藉特定資格之限制，以減少犯人再度危害社會之機會的一種預防措施[4]。

一、褫奪公權之內容

褫奪公權制度，就社會防衛立場觀之，係剝奪犯罪行為人二種資格，分別是擔任公務員及公職候選人的資格（§36）。關於公職候選人的意義，所謂公職，指執行國家公務的職位；所謂候選人，指有被選舉權之人。舉例而言，總統、副總統的候選人，縣市首長的候選人，立法委員的候選人等。

刑法修正以前，褫奪公權的範圍尚包括「行使選舉、罷免、創制、複決四權」之資格。此四種乃依憲法§17之規定，人民所得享有的參政權。2005年的修法已將該款刪除。此乃因為選舉、罷免、創制、複決四權之行使資格，係不分犯罪情節、犯罪種類，齊頭式的剝奪人民選舉權之

---

[4] 張麗卿，刑法褫奪公權制度之存廢，台灣法學雜誌，46期，2003年5月，頁116以下。

行使，似與受刑人之再社會化目的有悖，則迭遭質疑其與預防犯罪之關係[5]。為兼顧預防犯罪及受刑人再社會化之理想，宜修正褫奪公權內涵，將選舉、罷免、創制、複決等參政權行使之限制，移於「公職人員選舉罷免法」、「總統副總統選舉罷免法」中規範，以與憲法§23以法律限制基本權利行使之必要性、比例原則相契合。

　　至於褫奪公權的種類，可以分為無期褫奪公權、有期褫奪公權：

1. 無期褫奪公權：宣告死刑或無期徒刑者，宣告褫奪公權終身，又稱為「法定褫奪」（§37Ⅰ）。

2. 有期褫奪公權：宣告一年以上有期徒刑，依犯罪之性質認為有褫奪公權之必要者，宣告褫奪公權一年以上十年以下，又稱為「裁量褫奪」（§37Ⅱ）。其要件為：

    (1)宣告一年以上有期徒刑：宣告之刑為一年以上有期徒刑，方可宣告褫奪公權；至法定本刑如何，在所不問，於數罪併罰之案件中，亦以各罪之宣告刑為準，若各罪之宣告刑均為一年以下，則縱執行刑超過一年以上，亦不得宣告褫奪公權，因宣告未滿一年有期徒刑者，犯罪情狀多屬輕微，並無褫奪公權之必要。

    (2)依犯罪之性質，認為有褫奪公權之必要者：所謂犯罪之性質，指喪失廉恥等情形。有無必要，由法院酌量之，且不限於故意犯，在過失犯，只要法院認為有必要亦有可能宣告褫奪公權。

二、褫奪公權之效力

　　§37Ⅳ、Ⅴ規定：「褫奪公權之宣告，自裁判確定時發生效力（Ⅳ）。依第二項宣告褫奪公權者，其期間自主刑執行完畢或赦免之日起算。但同時宣告緩刑者，其期間自裁判確定時起算之（Ⅴ）。」關於褫奪公權之效力，可分述如下：

1. 效力的期間：或為終身，或為一年以上十年以下。

---

[5] 林山田，刑法通則（下），2008，頁481。

2. 效力發生時期：無論依§37 I 褫奪公權終身，或依§37 II 之有期褫奪者，自裁判確定時發生效力（§37IV）。

3. 褫奪公權之期間（指有期褫奪）：有期褫奪公權者，自主刑執行完畢或赦免之日起算。此之「赦免」包括特赦及減刑，而不包括大赦。蓋如經大赦，則刑罰之宣告已失其效力，自無何時起算之可言。

　　自法理言，刑罰之宣告應自裁判確定時起，發生效力，褫奪公權既為從刑之一種，當應作相同的解釋，不因其為終身褫奪或有期褫奪而有所差別（參照，司法院院字2494解釋）。依§37 V，主刑執行完畢或赦免之日為有期褫奪公權之期間起算日期，並用以澄清有期褫奪公權除生效日期外，另有其期間之起算日期，兩者不容混淆。又，§74 V 規定「緩刑之效力不及於從刑與保安處分之宣告。」因緩刑期內主刑無從執行，同時宣告緩刑時，其期間自裁判確定時起算之。

第二節　主刑重輕之標準

　　刑法僅規定主刑有輕重之分，而從刑沒有規定。刑罰的重輕與刑罰適用關係重大，如§2 I 規定法律有變更時，比較刑罰的輕重，適用最有利於行為人的法律。主刑重輕的標準，其順序依§35的規定。

壹、不同之刑之重輕

　　主刑之重輕，依§33規定的次序定之（§35 I 參照），其順序為：死刑為最重，無期徒刑次重，有期徒刑又次之，拘役再次之，罰金為最輕。例如§271 I 殺人罪，處死刑、無期徒刑或十年以上有期徒刑；§278 II 傷害致人於死罪，處無期徒刑或十年以上有期徒刑。至於從刑無所謂比較，故本條之規定不適用於從刑。

貳、同種主刑之重輕

　　同種之刑（即指有期徒刑與罰金之同種主刑），以最高度的較長或較多者為重。最高度相等者，以最低度的較長或較多者為重（§35Ⅱ）。有兩種比較方式：

一、比較最高度

　　比較最高度即以法定刑期之較長或金額較多者為重，其比較方式如下：

1. 有期徒刑以最高度之較長者為重：如§210偽造私文書罪，處五年以下有期徒刑，§211偽造公文書罪，處一年以上七年以下有期徒刑。二者刑種同為有期徒刑，但以偽造公文書罪最高之刑期較長，故偽造公文書罪為重。

2. 罰金以最高之較多者為重：如§254販賣偽造仿造商標商號之貨物罪，處六萬元以下罰金，§266之賭博罪，處三萬元以下罰金，二者主刑同為罰金，自以§254所定之最高額較多為重。

二、期較長者為重

1. 有期徒刑以最高刑度相等者，以最低刑度之較長者為重：如§210之偽造私文書罪，處五年以下有期徒刑，§325Ⅰ搶奪罪，處六月以上五年以下有期徒刑，二者同為有期徒刑，最高度亦均五年以下，但最低度以搶奪罪之六月以上較偽造私文書罪之一百二十日以上為長，是以搶奪罪為重。

2. 罰金只能比較最高度，無最低度之比較：罰金依刑法分則之規定，其最低度均為一千元以上。故只能依最高度比較，如最高度相同，則依下列標準定之。

參、不能依前項定重輕之補充規定

　　為使刑之重輕判斷更趨明確，§35Ⅲ規定：「刑之重輕，以最重主刑為準，依前二項標準定之。最重主刑相同者，參酌下列各款標準定其輕重：一、有選科主刑者與無選科主刑者，以無選科主刑者為重。二、有併科主刑者與無併科主刑者，以有併科主刑者為重。三、次重主刑同為選科刑或併科刑者，以次重主刑為準，依前二項標準定之。」整理§35可知，有下列四種情形：

1. 各罪法定刑的重輕，應以最重主刑為準，依§35ⅠⅡ定其輕重。
2. 二罪的最重主刑相同，而不能依§35ⅠⅡ定其重輕者，如一罪有選科主刑者，他罪並無選科主刑者，則以無選科主刑者為重。
3. 二罪的最重主刑相同，而不能依§35ⅠⅡ定其重輕者，如一罪有併科主刑者，他罪並無併科主刑者，則以有併科主刑者為重。
4. 二罪的最重主刑相同，而其次重主刑同為選科刑或併科刑者，以次重主刑為準，依§35ⅠⅡ的標準定其重輕。

第三章

刑罰之適用

第三章　刑罰之適用

【目次】

【圖次】

第一節　各種刑罰之適用

壹、刑罰適用之意義

　　刑罰之適用，乃指審酌犯罪情狀，依據刑法規定，對於犯人科以適當之刑罰。有關刑罰適用的階段可分述如下：

1. 法定刑：法定刑是法律上所抽象規定之刑罰。申言之，對於一定之犯罪行為，刑法分則各條所規定其處罰之刑。在罪刑法定原則下之法定刑，有兩種立法原則：

   (1)絕對法定刑原則：何種行為係犯何種罪名，應科何種刑罰，均以條文規定，法官無選擇伸縮之餘地。例如：2002年1月修正前的§348Ⅰ：「犯前條第一項（擄人勒贖）之罪而故意殺被害人者，處死刑」

   (2)相對法定刑原則：對於某種犯罪行為，法律僅規定科刑之標準，在此法定刑標準範圍內，予法官以選擇伸縮之權者。刑法採相對法定刑為原則，絕對法定刑為例外。例如§271：「殺人者，處死刑、無期徒刑或十年以上有期徒刑。」即為相對法定刑，法官可在此刑度內，依自己之心證而決定其應有之刑度。

2. 處斷刑：處斷刑是對一定犯罪，依法定之事由，於裁判時選擇法律所定之刑或就法律上加減之刑，而決定賦予特定犯人之刑罰。申言之，在特定之刑事案件中，依法律所定之事由，修正法定刑而得具體處斷之刑罰。例如公務員假借職務上之權力傷害人者，依§134，加重其刑至二分之一，則應將§277傷害罪之法定刑度加重至二分之一，再於該範圍內處斷。

3. 宣告刑：宣告刑者，乃裁判上實際量定對外所宣示之刑罰。申言之，即裁判法官就特定犯罪，在處斷刑之範圍內，如法定刑未經修正者，即在

法定刑之範圍內，量定一定之刑罰，而為科處之宣示者。例如甲殺人，處有期徒刑十二年。

4. 執行刑：執行刑者，乃數罪併罰中，就各罪之宣告刑，合併而定其應執行之刑罰。申言之，狹義的數罪併罰，於實質上數罪經分別宣告其罪之刑，依法律之規定，乃就各罪之刑合併之結果，所定應執行之刑罰。例如李四各別起意犯了三罪，分別判有期徒刑一年、二年、三年，則應於三年以上，六年以下之限度內，定其執行刑。

貳、刑法上量刑之標準

我國刑法總則中，並無「量刑（Strafzmessung）」之用語，僅於§57中有「科刑」一語，此之「科刑」應包括廣義及狹義量刑之概念；廣義之量刑，係指法定刑或處斷刑有兩種以上刑可供選擇，除選擇刑種外，並決定刑期或金額。狹義之量刑即對法定刑或處斷刑之範圍內對自由刑之刑期或財產的金額加以量定。有關刑罰裁量的原則，得依二方面加以說明：

1. 就刑罰施用之目的言，多數學說係傾向於「以應報為主，預防為輔」之折衷說。故法官於從事量刑之際，首應以罪責之輕重、大小比例為考量之標準，再就一般預防與特別預防之目的予以調整，務求刑當其罪，使刑罰之施用符合比例性原則，不得過度強調威嚇之一般預防目的或教化之個別預防功能。

2. 就刑罰裁量事實的審酌，則應遵守下列二項原則：
   (1)有利不利事實兼併審酌原則：刑事訴訟法§2 I 就此亦有類似之宣示，惟此於酌科裁量之際，尤應為法官嚴格遵行之重要準則。
   (2)禁止雙重評價原則（Verbot der Doppelverwertung）：此即對法條所規定之構成要件要素，禁止在刑罰裁量中再度當作刑罰裁量事實，重加審酌而作為加重或減輕刑罰之依據。因為構成要件要素已為裁量決定各該犯罪行為之法定刑的標準，故不應於刑罰裁量時，再度作為裁量宣告刑之考量依據。例如：§272條殺直系血親尊親屬罪，

已將行為人與被害人間之親屬倫常關係作為決定法定本刑之依據，於量刑之際，自不得再據之為由，又援引§57作為加重量刑之準據。

　　近代刑法之立法原則，大抵採用相對法定刑與絕對宣告刑兩種原則，其目的無非在求罰當其罪，並以發揚教育刑之精神。然犯罪情狀，複雜萬端，如何始足以審酌至當，各國多有審酌標準與伸縮範圍之規定，此即刑之酌科與加減。刑之酌科即量刑的準繩，依§57的規定，有如下述：

1. 犯罪之動機與目的：即構成犯意之原因，如殺人之動機，出於復仇或謀財，或出於義憤，都為法官判刑之考量。犯罪之企圖，如為供揮霍而竊盜或為治病而竊盜。

2. 犯罪時所受之刺激：即犯罪時所受之鼓動或感觸，如激於義憤而殺人。

3. 犯罪之手段：即犯罪時所使用之方法，如以殘暴之方法殺人。

4. 犯人之生活狀況：即犯人之日常生活情形，如富裕、失業。

5. 犯人之品行：即犯人之品德與素行，如素行溫和，偶然傷人。

6. 犯人之智識程度：即犯人辨別是非與理解事理之能力與程度，如知法犯法。

7. 犯人與被害人之關係：即犯人與被害人平時之情感及其他相互關係，如有無恩怨、口角，或其他生活上之關係（例如：同事親友）；且犯人與被害人在犯罪行為上之關係，亦在其內。按犯罪之原因，常與犯人及被害人間，在行為時之互動密切相關，此種犯人與被害人在犯罪行為上之關係，亦屬科刑時應予考量之標準，故亦得包含犯人與被害人在犯罪行為上之關係。

8. 犯罪行為人違反義務之程度：因邇來處罰違反義務犯罪之法規日益增多，而以違反注意義務為違法要素之過失犯罪發生率，亦有增高趨勢（如車禍案件，醫療糾紛案件），犯人違反注意義務之程度既有不同，其科刑之輕重，亦應有所軒輊，又就作為犯與不作為犯（如§149）而言，其違反不作為義務或作為義務之程度，亦宜審酌以為科刑之標準。

9. 犯罪所生之危險或損害：即犯罪行為對外界所生影響之程度。
10.犯罪後之態度：如怙惡不悛宜受較重之刑罰，悔悟者則可處以較輕之
　刑。

第二節　刑罰之加重

壹、刑罰之加重

　　刑罰的加重，有二種情形：

1. 審判上的加重：審判上的加重，即由審判法官酌量加重的意思。刑法僅
　限定科罰金時可以適用。即科罰金時，應依§58之規定：「科罰金時，
　除依前條規定外，並應審酌犯罪行為人之資力及因犯罪所得之利益。如
　所得之利益超過罰金最多額時，得於所得利益之範圍內酌量加重」，亦
　稱之為「酌加」。
2. 法律上的加重：法律上的加重，即依法律規定的原因，而加重其刑，分
　一般加重和特別加重。一般加重即依刑法總則規定關於一切犯罪所共同
　適用的加重，例如刑法總則§47規定的累犯加重。特別加重即依刑法分
　則規定對於某種犯罪，特別加重其刑罰，例如：§134的公務員假借職
　務上的權力、機會或方法，以故意犯第四章瀆職罪以外之罪，§170的
　誣告直系血親尊親屬罪等。

貳、累犯之加重

一、累犯之意義

　　累犯是犯罪人於犯罪裁判確定後，受一定刑罰之執行後，更犯一定
之罪的意思，亦即累次重覆犯罪。犯人既受刑之執行，自當知所悔改，如
於出獄未久，再行犯罪，足見尚未遷善，基於特別預防之觀點，應予加重

其刑，一則使犯人有所警惕，再則使其受較長的時間之教誨，以期徹底悔悟，改過自新。

二、累犯之成立要件

依照§47，累犯的成立要件有下列數端：

（一）須曾犯罪

如果前次犯罪，僅處拘役或罰金，則不發生累犯問題，死刑亦同。惟死刑經減刑為無期徒刑或有期徒刑者，即符合累犯的要件。

（二）須前次所受徒刑的處罰執行完畢或一部執行而赦免者

所謂執行完畢，包含確定裁判的刑期全部執行終了，及經假釋期滿未被撤銷的「以已執行論」（§79），至一部之執行而赦免後，與一部執行赦免兩者不能分離，缺一不可。所謂赦免，係指因特赦、減刑、免其刑之執行（§§2Ⅲ、9）而言，不包含大赦，因一經大赦，罪刑即完全消滅，等於沒有犯過罪，自不生累犯問題。又所謂執行兼指易科罰金的「已執行者」及羈押期間的「折抵刑期」在內（§§44、37-2）。

（三）須執行完畢或執行一部而赦免後五年以內故意再犯罪

因為犯人如果在五年內不犯罪，就可見前次所受刑罰，已收相當效果，五年後縱然再犯罪，科以通常之刑，亦足收效，不必認為累犯加重其刑。若犯人已受刑的執行，而不知改過，出獄未及五年，仍然犯罪，可見惡性尚深，應受累犯加重刑罰的制裁。

犯罪行為人之再犯係出於故意者，固有適用累犯加重規定之必要；惟若因過失再犯者，因難據以確認其刑罰反應力薄弱，故宜以勸導改善等方式，促其提高注意力，避免再犯，不宜遽行加重其刑，須以故意再犯者，始成立累犯。

（四）須再犯有期徒刑以上的罪

有期徒刑以上的罪，包含死刑、無期徒刑在內，且均係就法定本刑來說。至拘役罰金是有期徒刑以下的罪刑，當然不包括；因法定拘役罰金之罪，均係輕微事件，不足證明惡性重大，自無依累犯處罰之必要。

（五）受本國普通法院的裁判

須前所犯之罪係受本國普通法院之裁判（§49），若為外國之裁判，依§9規定，僅為一事實，並不生法律上效力。

（六）擬制的累犯

此外，須注意者尚有「擬制的累犯」，即§47Ⅱ：「第九十八條第二項關於因強制工作而免其刑之執行者，於受強制工作處分之執行完畢或一部之執行而免除後，五年以內故意再犯有期徒刑以上之罪者，以累犯論。」因為，保安處分本有補充或代替刑罰之功用，§98Ⅱ的強制工作處分與刑罰之執行效果得以互代，強制工作處分亦有累犯適用。

三、累犯的處斷

值得注意的是，對於累犯的處斷，刑法規定加重本刑「至」二分之一。有關累犯加重本刑部分，是否違反憲法一行為不二罰原則？又其一律加重本刑，是否違反憲法罪刑相當原則？大法官釋字第775號解釋（2019年2月）指出，累犯制度並不違反「一事不二罰」的憲法原則。但是，累犯一律加重處罰的規定，不分情節，則違反憲法第23條的比例原則，不符合罪刑相當的憲法原則。有關機關應自本解釋公布之日起兩年內，依本解釋意旨修正之。

此外，針對刑法第48條前段及刑事訴訟法第477條第1項有關累犯更定其刑部分，是否違反憲法一事不再理原則？第775號解釋指出：刑法第48條前段規定「裁判確定後，發覺為累犯者，依前條之規定更定其

刑。」與憲法一事不再理原則有違，應自本解釋公布之日起失其效力。因為，刑法第48條前段規定既經宣告失其效力，刑事訴訟法第477條第1項規定：「依刑法第48條應更定其刑者──由該案犯罪事實最後判決之法院之檢察官，聲請該法院裁定之。」應即併同失效。

第三節　刑罰之減輕

壹、刑罰之減輕

　　刑罰之減輕是指於刑罰之裁量範圍內，法官認為適宜時，得以減輕其刑。刑之減輕可分為二種：

一、法律上之減輕

　　法官量刑時，基於法定原因，而減輕其刑。又可分為：

1. 一般減輕：即基於刑法總則規定之原因，而為減輕其刑之宣告，適用於具備此項條件之任何犯罪。其又可分為必減與得減。
   (1)必減：其依法必減者，則裁判官即無審酌餘地，又稱絕對減輕。例如§63。
   (2)得減：其得由法官依職權裁量者為得減，又稱為相對減輕。例如：§§16、18Ⅱ Ⅲ、19Ⅱ、20、25、30Ⅱ、62。
2. 特別減輕：即基於刑法分則之規定，對於特定之罪，減輕其刑。亦有必減與得減之分：如§§102、122Ⅲ但、166、167、244、301等。

二、審判上之減輕

（一）酌減

酌減乃法官審酌一切情狀而減輕之意，故又可稱為酌量減輕。§59：「犯罪之情狀顯可憫恕，認科以最低度刑仍嫌過重者，得酌量減輕其刑。」關於本條之規定，其要點如下：

(1)犯罪之情狀顯可憫恕：按科刑時，原即應依§57規定審酌一切情狀，尤應注意該條各款所列事項，以為量刑標準。本條所謂「犯罪之情狀可憫恕」，自係指裁判者審酌§57各款所列事項以及其他一切與犯罪有關之情狀之結果，認其犯罪足堪憫恕者而言。惟其審認究係出於審判者主觀之判斷，為使其主觀判斷具有客觀妥當性，宜以「可憫恕之情狀較為明顯」為判斷基準。

(2)認科以最低度刑仍嫌過重者：依實務上見解，本條係關於裁判上減輕之規定，必於審酌一切之犯罪情狀，在客觀上顯然足以引起一般同情，認為縱予宣告法定最低刑度猶嫌過重者，有適用本條之規定。

此外，§60規定，「依法律加重或減輕者，仍得依第五十九條之規定酌量減輕其刑。」故刑罰依刑法或罪犯減刑條例減輕之後，仍得再為審判上之減輕，即是審判上之減輕。

（二）得減

刑法中關於得減的規定，得區分為刑法總則部分與刑法分則部分說明：

1. 刑法總則部分：可避免的禁止錯誤（§16），關於限制責任能力人的行為（§§18ⅡⅢ、19Ⅱ、20），障礙未遂犯（§25），幫助犯（§30Ⅱ），以及自首（§62）。

2. 刑法分則部分：行賄罪的自白（§122Ⅲ），特定親屬犯便利脫逃罪（§162Ⅴ），和誘略誘犯送回或尋獲被誘人（§244），略誘送回或

尋獲被略誘人（§301），以及擄人勒贖未取贖而釋放被害人（§347V）。

（三）必減

刑法上唯一必減的規定為§63關於老幼處刑之限制。§63規定：「未滿十八歲人或滿八十歲人犯罪者，不得處死刑或無期徒刑，本刑為死刑或無期徒刑者，減輕其刑。」

＊「選科」、「酌科」與「酌減」之區別

　　刑罰之科處，在一定範圍內，准許法官斟酌犯情，而為裁量的情形，有「選科」、「酌科」與「酌減」。以下分別說明之：

1. 選科：乃指法定刑罰，規定二種或二種以上之刑罰，由法官予以選擇其中之一而加以適用。例如，死刑或無期徒刑或有期徒刑之選科（§271Ⅰ）。

2. 酌科：指法官科刑時審酌一切情狀，以定為科刑輕重之標準。例如，§57規定，科刑時應審酌一切情狀，尤應注意下列事項，為科刑輕重之標準：犯罪之動機、目的、手段，犯罪時所受之刺激、犯人之生活狀況、品行、智識程度……等。此外，科罰金刑時，除依上述外，並應斟酌犯人之資力及因犯罪所得之利益。如所得之利益超過罰金最多額時，得於所得利益之範圍內酌量加重（§58參照）。

3. 酌減：因各個犯罪情狀不同，遇有客觀上可值憫恕之犯罪情狀時，儘管科處法定刑之最低刑度，仍嫌過重者，依§§59、60之規定，賦予法官相當之裁量權，對於具有此等特殊犯罪情狀之案件，得酌量減輕其刑至較法定最低度為輕之刑度。但如法定最輕本刑為拘役時，即使酌減之，仍不能超出其刑種之範圍，故無適用酌減之餘地。

4. 「選科」、「酌科」與「酌減」在適用上，三者皆為刑法所賦予法官刑罰適用之裁量權；「選科」乃為刑種方面之裁量：「酌科」與「酌減」則為刑度方面之裁量。其適用裁量依「選科」、「酌科」、「酌減」之先後順序為之。

貳、自首之減輕

一、自首之意義

自首乃犯罪人於犯罪未被發覺前，自行申告其犯罪事實於該管公務員，而接受裁判。符合自首，得減輕裁判。刑法採自首「得減」之立法，此乃因為：按自首之動機不一而足，有出於內心悔悟者，有由於情勢所迫者，亦有基於預期邀獲必減之寬典者。對於自首者，如一律必減其刑，不僅難於獲致公平，且有使犯人恃以犯罪之虞。採得減主義，既可委由裁判者視具體情況決定減輕其刑與否，運用上較富彈性。

二、自首之成立要件

（一）須對於未發覺的犯罪

未發覺者，乃指「犯罪事實」及「犯人」皆未為「偵查機關」知悉而言，其情形有二：犯罪事實尚未被發覺及知其犯罪事實，但不知犯罪之人是誰。所謂偵查機關，係專指偵查主體及偵查輔助機關而言（即檢察官及司法警察），不含政風機關（參照，104台上721判決）。

已發覺，係指有偵查犯罪職權之公務員已知悉犯罪事實與犯罪之人，所謂知悉，固不以確知其人為該犯罪之人為必要，但必其犯罪事實，確實存在，且為該管公務員所確知，始屬相當，如犯罪事實並不存在而懷疑其已發生，而為該管公務員所不知，僅係推測其已發生而與事實巧合，均與已發覺之情形有別（參照，75台上1634判決）。

（二）須告知自己所犯的罪

自首須告知自己所作的犯罪行為。因由被害人告知者稱為告訴，第三人告知者稱為告發，因訊問而告知者，稱為自白，均非自首，故須犯人自己告知其犯罪，才生自首的效力。告知的方法無限制，無論口頭或書面，抑或託人代為告知，均無不可，但原則上應向該主管公務員為之。所

謂該管公務員，刑法上雖未列明，然依刑事訴訟法§244規定內容觀察，檢察官與司法警察官員均屬於該管公務員。至告知的事實不以完全和事實相符為必要，例如某甲本為故意殺人，而自首告知為過失致死，或正當防衛殺人，亦不影響自首的成立。

（三）須申告後自動接受該管公務員的裁判

受該管公務員裁判者，乃自赴審判機關，甘受裁判其罪的意思。倘以書面為自首的告知，同時即行逃匿，而不接受裁判者，即與自首之條件不相符合；至於自首後於審判中對其犯罪「事實」有所主張或辯解者，係被告辯護權之行使，不能僅據此之一端即謂被告無接受裁判之意思。

三、自首之效力

§62規定：「對於未發覺之罪，自首而受裁判者，得減輕其刑。但有特別規定者，依其規定。」自首的效力，原則依本條「得」減輕其刑，所以法官可以對於是否減刑有其斟酌之權。

本條但書係自首之特別規定，應注意者刑法分則規定犯§100Ⅱ（內亂罪之預備犯）、§101Ⅱ（暴亂、內亂罪之預備或陰謀犯）、§122Ⅲ（行賄罪）、§154Ⅱ（參與犯罪之結社罪）者如自首（§102，§122Ⅲ但書、§154），均減輕或免除其刑，此自首減免為必減，有優先適用的效力，法官無斟酌之權。

※自首與自白之區別

一、自白

自白可分審判上自白與審判外自白，前者乃被告在審判庭上，對法院供述自己所為之犯罪情形。此種自白因在公判庭為之具有任意性；後者乃被告在審判庭以外，對法院以外之機關所為之供述自己犯罪之情形，例如在偵查中所為之自白，我國刑事訴訟法之自白兼指以上兩者而言。

二、自首與自白之區別：

1. 自首乃對於未發覺之犯罪為之；自白乃對已發覺之犯罪為之。

2. 自首，依刑法總則得減輕其刑；自白則為證據之一種，而並不一定能獲減刑。

3. 自首，僅得就自己之犯罪為之；而共同被告之自白則可作為共犯之證據。

第四節　刑罰之免除

刑罰之免除係指於刑罰之裁量範圍內，法官認為適宜時，得以免除其刑。刑之免除與免除刑之執行有異；免除刑之執行，為法院已具體宣告刑之存在，不過因法定事由之關係，免除其刑之執行而已。關於刑之免除有二：

壹、審判上之免除

審判上之免除乃指，依法官之職權，酌量免除其刑，亦稱酌免。§61的意思是，所犯之罪情節輕微，顯可憫恕，依審判上減輕其刑（指§59規定），仍嫌過重者；法官得依職權，免除其刑。茲分述其要件如下：

1. 犯最重本刑為三年以下有期徒刑、拘役、或專科罰金之罪，得免除其刑。

2. 所犯須情節輕微，顯可憫恕，係指犯罪之情節甚為輕微，顯然值得憫惻及宥恕而言。

3. 須依§59規定減輕其刑仍嫌過重；法官認為所犯罪之法定刑與實際犯罪情節不相適應，雖依§59規定酌減其刑，仍嫌過重時，即得免除其刑。

刑法上，此三者之規定旨在救濟依§59規定酌減其刑，仍嫌過重者，以求情法之平，且與刑訴法上檢察官不起訴處分規定相呼應。

另外，依據§61規定可酌免的情形如下：

1.最重本刑為三年以下有期徒刑、拘役或專科罰金之罪。但§§132Ⅰ、143、145、186及對於直系血親尊親屬犯§271Ⅲ之罪，不在此限；2.§§320、321之竊盜罪；3.§§335、336Ⅱ之侵占罪；4.§§339、341之詐欺罪；5.§342之背信罪；6.§346之恐嚇罪；7.§349Ⅱ之贓物罪。

在充分掌握各種減輕刑罰與免除刑罰之相關內容後，最後，以【圖74】呈現減免刑罰事由的體系架構。

貳、法律上之免除

法律上之免除即依法律規定免刑之原因，宣告免除其刑。又可分為一般免除及特別免除：

一、一般免除

一般的免除其刑，規定於刑法總則者有：

1. 得免：正當防衛行為過當者，得減輕或免除（§23但）；緊急避難行為過當者，得減輕或免除（§24但）。
2. 必免：中止未遂犯，必減或必免（§27）。

二、特別免除

基於刑法分則的規定，對特別犯罪適用之免除。亦有「必免」（§288Ⅲ）、「或免」（§§102、122Ⅲ但、154Ⅱ、166等）與「得免」（§§275Ⅲ、324Ⅰ、338、343、351等）之分。

圖74：減免刑罰事由的體系表

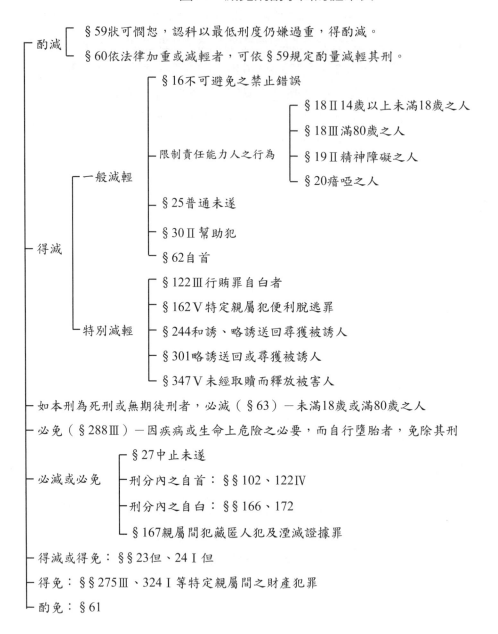

第五節　刑罰之加減方法與順序

有關刑罰之加減方法與順序，可分述如下：

壹、主刑加減之方法

主刑加減之方法，大致如下：

一、死刑的減輕：§64規定，「死刑不得加重。死刑減輕者，死刑減輕者，為無期徒刑。」

二、無期徒刑的減輕：§65規定，無期徒刑不得加重。無期徒刑減輕者，為二十年以下十五年以上有期徒刑。無期徒刑之減輕效果，應與死刑及有期徒刑之減輕效果，具有合理之差異為當。據此，無期徒刑減輕之效果，應以二十年以下十五年以上有期徒刑為當。

三、有期徒刑及罰金的加減：§67規定，有期徒刑及罰金有最高度和最低度之分，遇加重或減輕時，應就其最高度和最低度同時加減之。

四、拘役的加減：§68規定，拘役加減者，僅加減其最高度。

貳、同時併加減之情形

有二種以上的主刑者，加減時併加減之（§69）。

參、刑罰加減之順序

刑罰加減的順序，有以下二種：

1. 二種以上加重或減輕：有二種以上刑之加重或減輕者，遞加或遞減之（§70）。有二種以上之減輕者，先依較少之數減輕之（§71Ⅱ）。
2. 加重同時減輕：刑有加重及減輕者，先加後減，此又稱之為「加減競合」。「先加後減」較「先減後加」對於犯人有利，如死刑、無期徒刑

依規定不得加重（§§64、65），先加後減，先加等於不加，實際上只有減而不加，故較為有利。反之，如先減後加，則加減均可生結果，對被告較為不利。

刑罰之執行

第四章 刑罰之執行

【目次】

【圖次】

第一節　易刑處分

　　易刑處分在2016年修法後，成為獨立的專章，即第五章之二「易刑」。在說明相關內容前，先以【圖75】鳥瞰其中的意義及要件：

圖75：易刑體系圖

易刑處分
- 易科罰金
  - 意義：對於輕微犯罪處短期自由刑者，為免執行困難，特准易科罰金
  - 要件
    - 1.須犯最重本刑為五年以下有期徒刑之罪
    - 2.須受六個月以下有期徒刑或拘役的宣告
    - 3.須因不執行所宣告之刑亦能收矯正之效，或能維持法秩序
- 易服勞役
  - 意義：被科處罰金之受刑人，逾法定期間（1.二個月；2.新法增加分期付款的機制），無力完納罰金，而以勞役代之
  - 要件
    - 1.須於二月期滿後仍不完納
    - 2.須經強制執行仍不完納
    - 3.勞役期限不得逾一年（刑法§42Ⅲ）
- 易以訓誡
  - 意義：受拘役或罰金的宣告，而犯罪動機在公益或道德上顯可宥恕，得易以訓誡
  - 要件
    - 1.須受拘役或罰金之宣告
    - 2.須犯罪動機在公益或道義上顯可宥恕者
- 易服社會勞動
  - 意義：受徒刑或拘役宣告，因已符易科罰金之要件而未聲請易科罰金或受六月以下有期徒刑、拘役之宣告，而不符易科罰金之要件，得以提供社會勞動
  - 要件
    - 1.有期徒刑、拘役易服社會勞動：
      - (1)須符合易科罰金之要件而未聲請易科罰金
      - (2)受六月以下有期徒刑或拘役之宣告，而不符易科罰金要件
      - (3)須非因身心健康之關係，執行顯有困難或易服社會勞動，難收矯正或難以維持法秩序者
    - 2.罰金易服勞役之易服社會勞動
      - (1)須為罰金刑易服勞役
      - (2)須非易服勞役期間逾一年、入監執行逾六月有期徒刑併科之罰金、因身心健康關係而執行社會勞動顯有困難

壹、易科罰金

一、易科罰金之意義

　　設立易科罰金之制度，可謂係為救濟短期自由刑執行之弊。蓋刑期過短之自由刑，不僅難收刑罰之效，且因入獄執行，易染惡習；同時行為人因受拘禁，不僅易生自暴自棄之情緒，日後執行完畢後亦有社會復歸之困難，由於短期自由刑之執行，其弊端遠大於利處，故各國刑法莫不設易科罰金之制度加以救濟。

　　§41 I規定：「犯最重本刑為五年以下有期徒刑以下之刑之罪，而受六個月以下有期徒刑或拘役之宣告者，得以新臺幣一千元、二千元或三千元折算一日，易科罰金。但易科罰金，難收矯正之效，或難以維持法秩序者，不在此限。」

二、易科罰金之要件

　　易科罰金，應具備下列要件：

（一）須犯最重本刑為五年以下有期徒刑以下之刑之罪

　　所謂最重本刑，指法定本刑，並不包含依總則加重或減輕的情形在內。至於分則上的加重則包含之，例如，公務員假藉職務上的機會，犯§339 I的詐欺罪（五年以下），依§134規定加重其刑至二分之一結果，其最重本刑已超過五年，因併合處罰之結果，亦不得易科罰金。至本條前段雖僅稱有期徒刑以下之刑之罪，拘役罪刑當然包含在內，惟本刑如為罰金，自無所謂再予易科之理。

（二）須受六個月以下有期徒刑或拘役的宣告

　　若數罪併罰案件之數罪均得易科罰金或易服社會勞動，惟其應執行之刑逾六月者，依§41Ⅷ規定，仍得依§41 I至Ⅳ及Ⅶ規定，處以易科罰金。

（三）因不執行所宣告之刑，亦能收矯正之效或能維持法秩序

雖符合前述二項條件，但如因不執行所宣告之刑，恐難收矯正之效或難以維持法秩序時，仍不得易科罰金。

三、易科罰金之效力

§44規定：「易科罰金執行完畢者，其所宣告之刑，以已執行論。」因為易科罰金，原係徒刑或拘役之代替，雖然易科，其效力仍與受徒刑或拘役的執行者相同。若原宣告之刑為有期徒刑，於易科罰金執行完畢後，五年內再犯有期徒刑以上之罪者，仍應以累犯論。

貳、易服勞役

一、易服勞役之意義及要件

罰金經過法定完納期間而不完納，並經強制執行而實係無力完納者，得為易刑之處分，亦即，易服勞役。

易服勞役的成立要件有二，分別規定在§§42Ⅰ、Ⅱ：

§42Ⅰ「須受刑人於易科罰金之裁判確定後，逾兩個月而不完納其罰金。但依其經濟或信用狀況，不能於二個月內完納者，得許期滿後一年內分期繳納。遲延一期不繳或未繳足者，其餘未完納之罰金，強制執行或易服勞役。」

§42Ⅱ「依前項規定應強制執行者，如已查明確無財產可供執行時，得逕予易服勞役。」過去，罰金逾裁判確定二個月不完納者，必須經強制執行程序，確屬無力完納，始得易服勞役。惟實務上，如已查明受判決人確無財產可供執行時，尚須經此形式上之強制執行程序，則徒增不必要之勞費並耗費時日，有待改善，經研酌，以得逕予易服勞役為宜。所以此項的修正是配合實務的運作。

二、易服勞役之方法

易服勞役的折算方法，係依據§42Ⅲ規定，「易服勞役以新臺幣一千元、二千元或三千元折算一日。但勞役期限不得逾一年。」又，§42Ⅳ規定，「依第五十一條第七款所定之金額，其易服勞役之折算標準不同者，從勞役期限較長者定之。」

若行為人犯金融七法，即《銀行法》、《金融控股公司法》、《票券金融管理法》、《信託業法》、《信用合作社法》、《保險法》、《證券交易法》的罪與他罪有數罪併罰之情形，於定應執行刑之罰金部分，因本法與上開金融七法規定不一，而有數個易服勞役之折算標準，為杜法律適用之爭議，所以2005年修法的時候，增訂§42Ⅳ以從期限較長者定折算標準。

另外，易服勞役不滿一日的零數不算（§42Ⅶ）。易服勞役期內，繳納罰金者，以所納之數，依裁判所定的標準折算，扣除勞役的日期（§42Ⅷ）。

四、易服勞役之效力

易服勞役執行完畢者，其所受宣告之刑，以已執行論（§44），但易服勞役只為易刑處分，原係罰金之代替，不能視為徒刑之執行，自不生累犯之問題，亦不得據為不能宣告緩刑之事由，因必須有實際刑罰之執行。

參、易以訓誡

一、易以訓誡之意義及成立要件

易以訓誡者，以訓誡代替拘役或罰金之執行之謂。「訓誡」即告誡其以往之犯罪，訓導其將來不再犯罪。

易以訓誡之成立要件，§43規定：「受拘役或罰金之宣告，而犯罪動機在公益或道義上顯可宥恕者，得易以訓誡」，其要件為：(1)須宣告刑為拘役或罰金；(2)須其犯罪動機在公益或道義上顯可宥恕。

三、易以訓誡之方法及效力

易以訓誡與否，由法官自由斟酌裁量，如予易以訓誡，則以裁判時併宣告之；易以訓誡由檢察官執行之，其方法由檢察官自由斟酌情形，以言詞或書面為之，均無不可。此外，執行訓誡完畢者，其所受宣告之拘役或罰金，以已執行論（§44）。

肆、易服社會勞動

一、易服社會勞動之意義及要件

易服社會勞動乃本受徒刑或拘役宣告之受判決人，已符易科罰金要件而未聲請易科罰金或受六月以下有期徒刑、拘役而不符易科罰金要件，得提供社會勞動六小時折算一日，易服社會勞動（§41Ⅱ、Ⅲ）。罰金易服勞役者，除有法定情形，亦得提供社會勞動六小時折算一日，易服社會勞動（§42-1）。

易服社會勞動之要件，依§§41Ⅱ至Ⅳ、42-1規定如下：

（一）有期徒刑、拘役易服社會勞動之要件

1. 須符合易科罰金之要件而未聲請易科罰金者：依§41Ⅱ規定，符合易科罰金之要件而未聲請易科罰金者，得以提供社會勞動六小時折算一日，易服社會勞動。

2. 受六個月以下有期徒刑或拘役之宣告，而不符易科罰金之要件者：依§41Ⅲ規定，受六個月以下有期徒刑或拘役之宣告，而不符易科罰金之要件者，亦得以提供社會勞動六小時折算一日，易服社會勞動。所謂受

六個月以下有期徒刑或拘役之宣告，而不符易科罰金之要件者，乃指行為人雖受六個月以下有期徒刑或拘役之宣告刑，惟其所犯之罪法定最重本刑已逾五年有期徒刑之人。

3. 須非因身心健康之關係，執行顯有困難或易服社會勞動，難收矯正或難以維持法秩序者：依§41Ⅳ規定，若因身心健康關係，執行顯有困難或易服社會勞動，難收矯正或難以維持法秩序者，即不得易服社會勞動服務。

（二）罰金易服勞役者之易服社會勞動要件

1. 須為罰金刑易服勞役者：依§41Ⅰ規定，罰金於裁判確定後兩個月不完納，後遭強制執行仍無力完納者，得易服勞役。
2. 須非下列情形之一：(1)易服勞役期間逾一年；(2)應執行逾六個月有期徒刑併科之罰金；(3)因身心健康之關係，執行社會勞動顯有困難。

（三）數罪併罰易服社會勞動之要件

　　2009年1月21修正增訂§41Ⅷ的原規定，易服社會勞動於數罪併罰時，其應執行之行未逾六月者，始得適用之。如行為人犯十罪，各宣告有期徒刑五個月，數罪併罰合併宣告應執行之刑為四年，其所應執行之刑，既非短期自由刑，如仍允許其易服社會勞動，實已扭曲易服社會勞動之精神，因此不得易服社會勞動。

　　司法院大法官釋字第662號解釋謂：「對各得易科罰金之數罪，由於併合處罰定其應執行刑之結果逾六個月，而不得易科罰金時，將使原有得易科罰金之機會喪失，非受自由刑之執行不可，無異係對已定罪之行為，更為不利之評價，已逾越數罪併罰制度之本意。」故於2009年12月30日再次修正易服社會勞動，於數罪併罰之數罪均得易服社會勞動，其應執行之刑逾六個月者，亦適用易服社會勞動之規定。

三、易服社會勞動之履行期間

有期徒刑、拘役易服社會勞動，依§41Ⅱ、Ⅲ規定，易服社會勞動履行期間原則上不得逾一年。若屬數罪併罰應執行之易服社會勞動，其應執行逾六月者，依§41Ⅸ規定，履行期不得逾三年。惟其應執行之刑逾六月者，履行未期不得逾一年。

至於罰金易服勞役者之易服社會勞動，依§42-1Ⅱ規定，罰金易服勞役者之易服社會勞動，履行期間不得逾二年。

四、不履行或未履行完畢社會勞動之處理

有期徒刑、拘役易服社會勞動依§41Ⅳ規定，無正當理由不履行社會勞動或履行期間屆滿仍未履行完畢者，依§41Ⅱ易服社會勞動者，分別執行原宣告刑或易科罰金。依§41Ⅲ易服社會勞動者，應執行原宣告之刑。此外，若數罪併罰應執行之刑易服社會勞動而有正當理由不履行社會勞動或履行期間屆滿仍未履行完畢者，依§41Ⅹ規定，於應執行所定之執行刑，而數罪均得易科罰金者，另得易科罰金。

罰金易服勞役者之易服社會勞動依§42-1Ⅲ規定，罰金易服勞役者的易服社會勞動，若無正當理由不履行社會勞動，情節重大，或履行期間屆滿仍未履行完畢者，執行勞役。另外，依§44規定，易服社會勞動執行完畢者，其所受宣告之刑，以已執行論。

第二節　刑期之計算與羈押之折抵

壹、刑期之起算

自由刑以期間計算，故關於刑期之起算，極為重要。我國刑法規定，刑期自裁判確定之日起算，裁判雖經確定，其尚未受拘禁之日數，不算入刑期內（§§37-1、37-2參照）。蓋裁判確定至開始執行，其間尚須

經過若干程序，若於開始執行之日起算，未免於受刑人有所不利，故為上述之規定。但裁判雖經確定，而尚未拘禁者，其未受拘禁之日數，當然不得算入刑期以內。

貳、羈押折抵之方法

立法例上對羈押折抵辦法有採明文規定羈押日數算入刑期之內，或依一定之標準抵免罰金者；或採裁判原則，即刑法僅規定羈押日數折抵刑期之標準，而折抵與否，由法官審酌之。§37-2 I 規定：「裁判確定前羈押之日數，以一日抵有期徒刑或拘役一日，或第四十二條第六項裁判所定之罰金額數」，可知我國係採法定之原則。

§37-2 II：「羈押之日數，無前項刑罰可抵，如經宣告拘束人身自由之保安處分者，得以一日抵保安處分一日。」經宣告拘束人身自由之保安處分者（例如強制工作），受處分人亦失去其自由，在性質上與刑罰相近，如於執行前曾受羈押，而無刑罰可抵者，顯於受處分人不利，§37-2 II 使羈押之日數亦得折抵保安處分之日數，以保障受處分人之權益，並解決實務上之困擾。

參、羈押折抵之立法理由

受刑人由於偵查或審理上之必要，於裁判確定前受法院羈押者往往歷時甚久，雖非刑之執行，然其在羈押期間喪失身體自由，與執行刑罰無異，如置諸不問，無異延長其刑期，故有羈押折抵之辦法。

肆、另案羈押之折抵

另案羈押之日數，原則上不能折抵本案之刑期，惟實務上以他罪之羈押日數，如在本案發覺之後者，可以折抵本案之刑期。例如：甲犯A案

被押，於偵查中發覺又犯B案，結果A案宣告無罪確定，B案被判徒刑，其羈押日數折抵徒刑，應自B罪發覺後羈押之日起算（參照，31院2385解釋）。另外，依37院解字3862號：「戰爭罪犯在國外拘禁期間，雖非罪嫌而受拘禁，仍不得於執行時折抵刑期。」故犯人於引渡前，在外國羈押之期間，不能折抵刑期。

第三節　緩　刑

壹、緩刑之意義及立法理由

緩刑是對於特定情形下的犯人，為避免短期自由刑的弊害，獎勵犯人改過遷善，將刑罰置於停止執行的狀態，於一定期間內，受刑人如無犯罪行為，即確定免除其刑罰的執行，因而使宣告的刑罰失其效力的制度。又緩刑之立法理由如下：

1. 緩刑可以避免短期自由刑之流弊：短期自由刑之對象大部分為初犯及微罪犯，此等人犯，惡性不深，一旦置之監獄，易染惡習，且往往改善之效未果，流弊已生。現代刑事政策用以補救之方式不一而足，如易科罰金、易以訓誡等均屬之，但以緩刑成效較著。

2. 緩刑可保全犯人之廉恥，以促進其悔改、羞恥之心，尤以初犯及微罪之人，惡性未深，天良未泯，尚能愛惜名譽。若因行為之初誤蹈法網，即置之監獄，往往使其自甘墮落，如此便與刑法目的相違。若善用緩刑之制，可以猶豫刑之執行，藉以保全其廉恥，啟其自新之路，收效自大。

貳、緩刑之要件

一、緩刑的要件

§74規定得宣告緩刑者，須具備下列要件：

（一）須受二年以下有期徒刑、拘役或罰金的宣告

所謂受二年以下有期徒刑、拘役或罰金之宣告，係指宣告刑而言，至其法定本刑如何，並非所問。故法定本刑或最重本刑雖在二年以上，如因減輕或選科，以致宣告二年以下有期徒刑、拘役或罰金者，亦屬之。數罪併罰，各個宣告刑均為兩年以下有期徒刑，而所定執行刑亦在二年以下者，應得諭知緩刑，惟亦有認為此種情形，已見行為人惡性之頑劣，主張不得緩刑者。

（二）審酌行為人過去罪行

如果行為人未曾因故意犯罪受有期徒刑以上刑之宣告者，或前因故意犯罪受有期徒刑以上刑之宣告，執行完畢或赦免後，五年以內未曾因故意犯罪受有期徒刑以上刑之宣告者，方得緩刑。

因過失犯，惡性較之故意犯輕微，且以偶蹈法網者居多，而緩刑制度，既為促使惡性輕微之被告或偶發犯、初犯改過自新而設，自應擴大其適用範圍，使其及於曾因過失犯罪受徒刑以上刑之宣告者。

（三）須法院認為以暫不執行為適當

犯人縱具備以上二要件，不得即謂可以緩刑，猶須具備「暫不執行為適當」的情況才可緩刑。一般以為應否緩刑，應注意其犯罪的客觀條件，即犯罪結果之影響及危險性的輕微與否為準，此外，應注意其主觀的條件，即行為人的責任能力、故意過失、素行、性質、動機、目的及事後態度如何，亦同時需注意行為人對於刑罰的感應力如何，以作為綜合之斟酌較為適宜，如：過失犯、激於義憤犯、正當防衛過當犯、緊急避難過當犯、青少年犯、偶發犯、以及因不知法律、急公好義致觸犯刑法之人犯等、均可為緩刑的對象。

二、緩刑的法律效果

依§74 I 規定，緩刑得宣告二年以上，五年以下。又依§74 II、III 規定，附加緩刑負擔或指令，且應附記於判決書內，此為「附負擔的緩刑」。

緩刑宣告，得斟酌情形，命犯罪行為人為下列事項：(1)向被害人道歉；(2)立悔過書；(3)向被害人支付相當數額之財產或非財產上之損害賠償；(4)向公庫支付一定之金額；(5)向指定之公益團體、地方自治團體或社區提供四十小時以上二百四十小時以下之義務勞務；(6)完成戒癮治療、精神治療、心理輔導或其他適當之處遇措施；(7)保護被害人安全之必要命令；(8)預防再犯所為之必要命令。

此外，應注意的是，緩刑的效力不及於從刑與保安處分宣告（§74V）。但褫奪公權係對犯罪行為人一定資格之剝奪與限制，以減少其再犯罪機會，其性質上兼有預防犯罪與社會防衛之目的，故於緩刑內執行褫奪公權，並未悖於緩刑之本旨。

保安處分兼有社會防衛及改善教育之功能，如法官依各項情形綜合判斷，就主刑部分為緩刑宣告，惟基於社會防衛及改善教育之目的，同時為保安處分之宣告時，故保安處分之宣告與本條暫不執行為適當之緩刑本旨亦不合。

參、緩刑之撤銷

緩刑制度原為考量其係初犯，鼓勵自新，倘犯人原非善類，或不知悔過，則實施緩刑，顯不適當，即有撤銷之必要。茲將撤銷緩刑之情形，分述於後：

一、應撤銷緩刑

緩刑前或緩刑期內因故意犯他罪，而在緩刑期內受逾六月有期徒刑之宣告確定者（§75 I）

按緩刑制度係為促使惡性輕微之被告或偶發犯、初犯改過自新而設，如於緩刑期間、緩刑前故意犯罪，且受不得易科罰金之有期徒刑以上刑之宣告確定者（意即應入監服刑），足見行為人並未因此而有改過遷善之意，此等故意犯罪之情節，不宜給予緩刑之寬典，而有「應」撤銷緩刑宣告之必要。另增加前項撤銷之聲請，於判決確定後六月以內為之（§75 II）。但是依§§75 II、75-1 II撤銷緩刑宣告者，不在此限（§76但）。即便撤銷緩刑之裁定緩刑期滿後，其刑之宣告，並不失其效力。

二、得撤銷緩刑

2005年刑法修正時增設§75-1（裁量撤銷）規定：「受緩刑之宣告而有下列情形之一，足認原宣告之緩刑難收其預期效果，而有執行刑罰之必要者，得撤銷其宣告：

1. 緩刑前因故意犯他罪，而在緩刑期內受六月以下有期徒刑、拘役或罰金之宣告確定者。
2. 緩刑期內因故意犯他罪，而在緩刑期內受六月以下有期徒刑、拘役或罰金之宣告確定者。
3. 緩刑期內因過失更犯罪，而在緩刑期內受有期徒刑之宣告確定者。
4. 違反負擔或指令情節重大者。

本條採用裁量撤銷主義，賦與法院撤銷與否之權限，特於§75-1 I規定實質要件為「足認原宣告之緩刑難收其預期效果，而有執行刑罰之必要」，供作審認之標準。

又，為貫徹緩刑期內未能改悔自新而更犯罪者，不宜繼續許其緩刑之旨意，並配合§75 II撤銷緩刑期限之規定，於§75-1 II規定「前條第二

項之規定，於前項第一款至第三款情形亦適用之。」換言之，主管機關欲行使裁量撤銷緩刑之期限亦應在判決確定後六個月內為之。

肆、緩刑之效力

§76規定，緩刑期滿而緩刑之宣告未經撤銷者，其刑之宣告失其效力。因為受緩刑宣告，既不復犯罪，則已勉勵自新，自宜寬其既往，使與未曾犯罪者回復同一的地位，此即所謂「附條件之刑罰宣告制度」，所以嗣後再犯罪仍無妨為緩刑的宣告，而因未執行，亦不發生累犯的問題。然而，緩刑若經撤銷，則仍須執行裁判所宣告之刑。

又§76但書之規定，依§§75Ⅱ、75-1Ⅱ撤銷緩刑宣告者，不在此限。本法對於緩刑制度採罪刑附條件宣告主義，認緩刑期滿未經撤銷者有消滅罪刑之效力，對於緩刑期內更犯罪或緩刑前犯他罪，縱於緩刑期間內開始刑事追訴或為有罪判決之宣告，如其判決確定於緩刑期滿後者，不得撤銷其緩刑。但是為配合刑法修正時所增加的§§75Ⅱ、75-1Ⅱ，並重申其修正原旨，依但書規定，凡依§§75Ⅱ、75-1Ⅱ之規定聲請撤銷者，即便撤銷緩刑之裁定在緩刑期滿後，其刑之宣告，並不失其效力。

第四節　假　釋

壹、假釋之意義及立法理由

假釋是受刑人受徒刑之執行未屆滿出獄刑期，而具備了法定的要件，提前許其出獄，如果出獄後行狀善良，在其所餘刑期或特定期間內，未經撤銷者，則該尚未執行之剩餘刑期，以已執行完畢論。實務有稱「假釋制度係對於已受一定期間徒刑執行之受刑人，因透過監獄之處遇，有事實足認其改過遷善，無再犯罪之虞時，許其附條件暫時出獄，本質上屬自由刑之寬恕制度之一」（參照，100台抗811裁定）。假釋之立法理由則是：

一、補救長期自由刑之弊

蓋無期徒刑及長期的有期徒刑，犯人身繫囹圄，由於日期過長，雖具悔改之心，難有出獄之望，不免自暴自棄，故有假釋制度之設，對於有悛悔實據，而執行又已達一定期間者，准其提前出獄，如能於一定期間內未經撤銷，即不再執行。如此，對已有悛悔實據者，即可免除不必要之執行，而對於尚在悛悔中者，又具鼓勵作用，促其努力向善。

二、具有教育犯人之功能

刑罰的目的，在使犯人復歸社會，而此種教育行之於圍牆內之監獄，有時甚感不足，且犯人之社會適應性，只有在現實自由之社會活動中，加以觀察，始屬確實，故假釋制度具有教育犯人之作用。因之，以社會復歸為目的之自由刑，須採取假釋制度。

三、可疏通監獄，貫徹刑罰經濟原則

犯人一旦被判刑收容於監獄，則不僅國家損失人力，且監獄開支，耗費公帑。以當前刑事政策在達成特別預防之目的，如受刑人服刑至一定期間，有悛悔之實據，能改過遷善，自無繼續監禁之必要。如此不僅可以疏通監獄之壅塞，且可減少國庫負擔，貫徹刑罰經濟之目的。

貳、假釋之要件

對於假釋的要件，§77設有規定，其可以分為三種要件，分別為：一、實質要件，二、形式要件，以及三、程序要件。分別敘述如下：

一、實質要件

具有悛悔實據，否則，假釋後，將再危害社會，顯非假釋的本旨。所謂實據，監獄方面於執行中，應依「行刑累進處遇條例」等規定分別切實考察，就其作業、操作、實任分數等考評結果等核定，不能憑空認定。

二、形式要件

（一）須受徒刑的宣告與執行

假釋以執行徒刑的受刑人為限，死刑、拘役、罰金等，均不能適用假釋的規定。因死刑係剝奪人的生命，自無所謂假釋，拘役刑期甚短，在此最短的刑期中，欲知犯人是否能以悔悟，無從考察，所以不適用假釋。受罰金的宣告者，無須入獄受執行，而易服勞役，為期亦短，自無假釋之可言。

（二）須刑之執行逾法定期間

無期徒刑逾二十五年，有期徒刑逾二分之一、累犯逾三分之二。

因我國對於重大暴力犯罪被判處無期徒刑者，於服刑滿十五年或二十年後即有獲得假釋之機會，然其再犯之危險性較之一般犯罪仍屬偏高，一旦給予假釋，其對社會仍有潛在之侵害性及危險性。近年來多起震撼社會之重大暴力犯罪，均屬此類情形。因此目前之無期徒刑無法發揮其應有之功能，實際上變成較長期之有期徒刑，故應提高無期徒刑，以達到防衛社會之目的有其必要性，爰將無期徒刑得假釋之條件由過去的十五年提高至執行逾二十五年，始得許假釋。

而無期徒刑累犯部分，因刑法修正後之無期徒刑假釋至少需執行二十五年，對被告已有相當之嚇阻效果，而人之壽命有限，累犯如再加重五年或十年，似無實益，如其仍無悛悔實據，僅可不准其假釋，且為避免我國刑罰過苛之感，所以修正後的刑法並無無期徒刑累犯之假釋條件之適用。

必須留意的是，依據司法院2021年2月5日推出的釋字第801號解釋，針對§77Ⅲ：「無期徒刑裁判確定前逾一年部分之羈押日數算入第一項已執行之期間內。」規定宣告失效。主要理由是，首先，有關裁判確定前未逾1年的羈押日數不算入無期徒刑假釋之已執行期間內部分，導致無期徒刑受刑人與有期徒刑受刑人間，就裁判確定前的羈押日數可否折抵、已及算入假釋已執行期間，存在無正當理由的差別待遇。再者，裁判確定前的羈押，無論是一般性還是預防性羈押，也無論被告最後被判無期徒刑或有期徒刑，對人身自由的限制跟不利影響，實際上並無不同，是以，本條規定顯與憲法§7平等原則有違。

（三）須非不得假釋之情形

此外，§77Ⅱ將有關有期徒刑不適用假釋規定之情形作一規定如下：

1.重罪累犯而三犯者不得假釋

犯最輕本刑五年以上有期徒刑之罪之累犯，於假釋期間、受徒刑之執行完畢，或一部之執行而赦免後，五年以內故意再犯最輕本刑為五年以上有期徒刑之罪者。

此一立法理由乃是：對於屢犯重罪之受刑人，因其對刑罰痛苦之感受度低，尤其犯最輕本刑五年以上重罪累犯之受刑人，其已依第一項規定（執行逾三分之二）獲假釋之待遇，猶不知悔悟，於假釋期間、徒刑執行完畢或赦免後五年內再犯最輕本刑五年以上之罪，顯見刑罰教化功能對其已無效益，為社會之安全，酌採前開美國「三振法案」之精神，限制此類受刑人假釋之機會。

2.犯性犯罪經評估再犯危險並未顯著降低

犯§91-1所列之罪，於徒刑執行期間接受輔導或治療後，經鑑定、評估其再犯危險未顯著降低者。為配合§91-1之修正，則性侵害犯罪之加害人進入強制治療之程序，理應依監獄行刑法接受輔導或治療後，經評估、

鑑定其再犯危險並未顯著降低者，始有接受刑法強制治療之必要；反之，如受刑人依前開規定接受輔導或治療後，其再犯危險顯著降低，即可依假釋程序審核是否有悛悔實據，而准予假釋。

三、程序要件

具備上述要件後，須由監獄依法定程序報請法務部，該部可就全盤情形斟酌准否，必經核可後，方得假釋，以昭慎重。

參、假釋之撤銷

假釋制度，本因受徒刑執行的受刑人悛悔有據而設，如果貌為改善，或有始無終，而於假釋中更有犯罪行為，足見其惡性尚未改悔，不能收假釋的效果，自當回復刑罰的執行。刑法規定應撤銷假釋的原因為：

§78Ⅰ：「假釋中因故意更犯罪，受逾六月有期徒刑之宣告確定者，撤銷其假釋。」此外保安處分執行法§74-3規定，得撤銷之事由，即違反前條各款情形之一，情節重大者(1)保持善良品行，不得與素行不良之人往還；(2)服從檢察官及執行保護管束者之命令；(3)不得對被害人、告訴人或告發人尋釁；(4)對於身體健康、生活情況及工作環境等，每月至少向執行保護管束者報告一次；(5)非經執行保護管束者許可，不得離開受保護管束地；離開在十日以上時，應經檢察官核准（保安處分執行法§§74-2、74-3）。最後，宜注意的是，假釋一旦撤銷則應繼續執行刑罰。

為呼應司法院釋字第796號解釋，§78Ⅰ於2022年1月12日修正，該條舊法規定：「假釋中因故意更犯罪，受有期徒刑以上刑之宣告者，於判決確定後6月以內，撤銷其假釋。」不分受假釋人是否受緩刑或6月以下有期徒刑之宣告，以及有無基於特別預防考量，使其再入監執行殘刑之必要之具體情狀，僅因該更犯罪受有期徒刑以上刑之宣告，即一律撤銷其假釋，致受緩刑或6月以下有期徒刑宣告且無特別預防考量必要之個案受假

釋人，均再入監執行殘刑，於此範圍內，其所採取之手段，就目的之達成言，尚非必要，牴觸憲法§23比例原則，與憲法§8保障人身自由之意旨有違，應自本解釋公布之日起失其效力。

肆、假釋之效力

§79Ⅰ規定：「在無期徒刑假釋後滿二十年，或在有期徒刑所餘刑期內未經撤銷假釋者，其未執行之刑，以已執行論。但依第七十八條第一項撤銷其假釋者，不在此限。」

此所謂「以已執行論」，即係說明假釋的效果，用意在獎勵受刑人，亦即假釋制度的真精神。此時，凡假釋期間，都視作受執行的期間，換句話說：即因假釋後滿一定年限或滿所餘的刑期，原有待執行之刑，即被消除於假釋中。因假釋期滿未經撤銷，以已執行論，所以嗣後如於五年內再犯罪，不能緩刑，如再犯者為有期徒刑以上的罪時，並應依累犯論科。

§79Ⅱ規定：「假釋中另受刑之執行、羈押或其他依法拘束人身自由之期間，不算入假釋期內。但不起訴處分或無罪判決確定前曾受之羈押或其他依法拘束人身自由之期間，不在此限。」

受刑人於假釋期間內，既已獲不起訴處分或無罪判決確定，其所曾受之羈押或其他拘束人身自由之期間，自無排除於假釋期內之理。爰參酌冤獄賠償法§1之法理，明定不起訴處分與無罪判決確定前曾受之羈押或其他依法拘束人身自由之期間，仍算入假釋期內。

有合併執行徒刑時，假釋期間為§79-1的規定：「二以上徒刑併執行者，第七十七條所定最低應執行之期間，合併計算之。前項情形，併執行無期徒刑者，適用無期徒刑假釋之規定；二以上有期徒刑合併刑期逾四十年，而接續執行逾二十年者，亦得許假釋。但有第七十七條第二項第二款之情形者，不在此限。依第一項規定合併計算執行期間而假釋者，前條第一項規定之期間，亦合併計算之。前項合併計算後之期間逾二十年者，準

用前條第一項無期徒刑假釋之規定。經撤銷假釋執行殘餘刑期者，無期徒刑於執行滿二十五年，有期徒刑於全部執行完畢後，再接續執行他刑，第一項有關合併計算執行期間之規定不適用之。」另外，§93Ⅱ規定，假釋出獄者，在假釋中應付保護管束。

伍、假釋與緩刑之區別

1. 前者為救濟長期自由刑之弊害而設；後者為救濟短期自由刑之弊害而設。
2. 前者以有刑之執行為前提；後者則自始即免刑之執行。
3. 前者為司法行政處分，故不經裁判為之；後者為裁判上審酌事項，故須以裁判宣告之。
4. 前者「必須付」保護管束（§93Ⅱ）；後者則「得付」保護管束。但是於§93Ⅰ①②時例外。
5. 前者之執行刑，最低須在六個月以上；後者之宣告刑為二年以下有期徒刑、拘役或罰金。
6. 前者之期間屆滿，其殘餘刑期，視同已執行完畢，故得成立累犯；後者期間屆滿，宣告之刑失其效力與未受刑之宣告者同，故不成立累犯。

第五章

刑罰之消滅

第五章　刑罰之消滅

【目次】

【圖次】

刑罰權的行使可能因為有法定事由之存在，使得刑罰權因而消滅，此等刑罰權消滅的事由學說上稱為處罰的障礙，包括有：赦免與時效（追訴時效與行刑時效）。

第一節　赦　免

赦免指行政權依據法律之規定，介入刑事司法以捨棄法律規定之刑事追訴與處罰。此等捨棄有可能捨棄全部刑事程序，即捨棄自偵查以至執行之全部程序之「廣義之赦免」，亦有僅捨棄確定判決之執行程序之「狹義之赦免」。

赦免具有多面性之目的，如緩和法律規定之嚴苛、補救立法或司法之缺陷、修正錯誤之判決等。依赦免法之規定，赦免包括大赦、特赦、減刑、復權（赦免法§1），均由總統依赦免法之規定行使之（憲法§40）。今分述如下：

壹、大赦

大赦乃對特定罪犯或一般罪犯，普遍地捨棄其刑事追訴與處罰，故在刑之宣告前大赦者，追訴權即因而消滅，若在刑之宣告後大赦者，其宣告失卻效力（赦免法§2）。易言之，行為人一經大赦，即不受刑事追訴，若已受刑之宣告者，則不但不必執行宣告刑，而且刑之宣告亦失效，視同自始未受刑之宣告。此外，大赦程序應經立法院議決（憲法§63）。

貳、特赦

特赦乃對受判決確定之被告捨棄其刑之執行，故受罪刑宣告之人經特赦者，免除其刑之執行，其情節特殊者，得以其罪刑之宣告為無效（赦

免法§3）。又總統得命令行政院轉令主管部為特赦之研議（赦免法§6）。經總統命令特赦者，由主管部發給證明予受赦免人（赦免法§7）。

參、減刑

減刑乃減輕特定罪犯或一般罪犯之判決確定之宣告刑而為執行，故受罪刑宣告之人經減刑者，減輕其所宣告之刑（赦免法§4）。總統得命令行政院轉令主管部為減刑之研議，但全國性之減刑，得依大赦程序辦理（赦免法§6）。經總統命令減刑者，由主管部發給證明予受赦免人（赦免法§7）。

肆、復權

復權乃使受褫奪公權之人，回復其被褫奪之公權（赦免法§5）。總統得命令行政院轉令主管部為復權之研議，經總統命令復權者，由主管部發給證明予受赦免人（赦免法§§6、7）。

第二節　時　效

壹、時效之意義及立法理由

所謂時效，係依法律規定，因一定期間之經過，而發生權利得喪之效果者。刑法上的時效，係因時間經過，而發生消滅刑罰追訴權或刑罰行刑權效果的制度。刑法創設時效之立法理由[6]，如下：

---

[6] 張麗卿，新刑法時效規定之沿革與評析，月旦法學雜誌，128期，2006年1月，頁142以下。

一、證據蒐集困難

犯罪之追訴，必須根據證據，如時間過久，則蒐集證據困難，不易獲得正確之裁判。故犯罪經一定期間後，即不得再予追訴，此乃對追訴權時效而言。又犯罪之證據倘因長時間之經過，其辨識之正確性及證明力必生困難，以之作為論罪科刑之依據，顯與人權保障之道相悖。

二、符合刑罰目的

犯罪人犯逃避追訴或執行，必多惶恐不安，其經長時間之心神苦痛，亦不啻於身受刑罰之制裁。另者，於逃避中為防併罰，類多能安分自守，不敢再蹈法網，其既不再為惡，實無異已達刑罰抑制犯罪目的，自無再予以追訴與執行之必要。

三、公權力怠於行使

國家既怠於行使追訴或執行之公權力，刑罰權自應趨於消滅。

四、尊重一定之事實狀態

時效制度之設計，不外對長久存在之狀態加以尊重，藉以維持社會秩序，理論上，刑法之時效制度與民法之時效無異，係尊重長時間經過而形成之安定事實狀態，刑法規定刑罰權因時效而消滅者，亦同此旨。

貳、刑法規定之時效

刑法規定之時效有二，亦即追訴權時效，及行刑權時效，分述於後：

一、追訴權時效

追訴權時效是犯罪發生後，基於法律之規定，因一定期間之經過，不提起公訴或自訴，刑罰請求權即因而消滅之制度。追訴權時效的期間與計算依§80 I的規定，追訴權因下列期間內未起訴而消滅：

1. 犯最重本刑為死刑、無期徒刑或十年以上有期徒刑之罪者，三十年。但發生死亡結果者，不在此限。
2. 犯最重本刑為三年以上十年未滿有期徒刑之罪者，二十年。
3. 犯最重本刑為一年以上三年未滿有期徒刑之罪者，十年。
4. 犯最重本刑為一年未滿有期徒刑、拘役或罰金之罪者，五年。
5. 沒收，除違禁物及有特別規定者外，逾§80條規定之時效期間，不得為之。若沒收標的在中華民國領域外，而逾上述時效完成後五年者，亦同。

按追訴權的性質，係檢察官或犯罪被害人，對於犯罪，向法院提起確認國家刑罰權之有無及其範圍之權利。因此，追訴權消滅之要件，當以檢察官或犯罪被害人未於限期內起訴為要件。蓋未起訴前，法院基於不告不理原則，無從對於犯罪之國家刑罰權確認其有無及其範圍；自反面而言，倘經起訴，追訴權既已行使，原則上即無時效進行之問題。

偵查期間除有法定事由外，時效並不停止進行，如時效期間過短，有礙犯罪追訴，造成寬縱犯罪之結果，為調整行為人之時效利益及犯罪追訴之衡平，§80 I各款之期間，與舊刑法相較，已依最重法定刑輕重酌予以提高。

二、行刑權時效

行刑權時效是於科刑裁判確定後，基於一定之原因，不能執行其刑，而由於時間的經過，刑罰的執行權因而消滅，不得再執行的意思。行刑權時效的期間依§84 I的規定，行刑權因下列期間內未執行而消滅：

1. 宣告死刑、無期徒刑或十年以上有期徒刑者，四十年。

2. 宣告三年以上十年未滿有期徒刑者，三十年。

3. 宣告一年以上三年未滿有期徒刑者，十五年。

4. 宣告一年未滿有期徒刑、拘役、罰金，七年。

　　行刑權，既係以執行已確定之科刑判決為目的，故行刑權之消滅要件，當以未於期限內執行刑罰為其要件。2005年刑法修正後，§80追訴權時效期間已適度提高，所以為配合追訴時效的延長，§84 I 各款關於行刑權時效之期間，亦適度提高。

　　實務上常有於保安處分執行完畢後，該他罪刑罰之行刑權時效罹於消滅之情形，實有違宣告刑罰之本質。為避免適用§90發生疑義，特參照竊盜犯贓物犯保安處分條例§3 II 規定意旨及立法體例，於§84 II 但書為類似的規定，即因保安處分先於刑罰執行者，§84 I 行刑權時效期間，自保安處分執行完畢之日起算，俾於保安處分執行完畢後，仍可執行其刑罰。

三、追訴權時效與行刑權時效之區別

1. 前者根本消滅犯罪與刑罰；後者僅得消滅刑罰之執行權。

2. 前者以法定刑為計算標準；後者以宣告刑為計算標準。

3. 前者自犯罪成立之日起算，但是犯罪行為繼續者，則自行為終了之日起算，若保安處分先為執行，則由保安處分完成之日起算；後者自裁判確定之日起算。

4. 前者因保存證據不易，且犯罪是否成立，尚未可知，故期間較短；後者則罪刑業經確定，故期間較長。

　　為能清楚顯示期間的差異，特以【圖76】呈現如下：

圖76：追訴權時效與行刑權時效比較表

	追訴權	行刑權
死刑、無期徒刑、十年以上有期徒刑	30年或無時效	40年
三年以上十年未滿之有期徒刑	20年	30年
一年以上三年未滿之有期徒刑	10年	15年
一年未滿有期徒刑、拘役、罰金或專科沒收	5年	7年

參、追訴權時效之相關問題

一、追訴權時效期間之起算

依刑法規定，追訴時效期間自犯罪成立之日起算，但犯罪行為有繼續狀態者，自行為終了之日起算（§80 II）。由於犯罪類型不同，所謂犯罪成立之日，略有出入：

（一）行為犯與結果犯

行為犯應以行為完成之日為犯罪成立之日。結果犯因以結果之發生為必要，始成立既遂，故結果犯之未遂犯固以行為完成之日為犯罪成立之日，但結果犯之既遂犯，則應以結果發生之日為犯罪成立，加重結果犯亦自結果發生之日起算。

（二）正犯與共犯

共同正犯以共同正犯中之最後成立犯罪之日起算，教唆犯則以教唆行為成立之日起算，幫助犯則以正犯成立犯罪之日起算[7]。間接正犯：間

---

[7]　林山田，刑法通論（下），2008，頁606。

接正犯係利用他人之行為而成立之犯罪，故以被利用之他人之行為成立犯罪之日起算。

（三）繼續犯與狀態犯

繼續犯係犯罪行為之繼續，自該繼續行為終了之日起算（§80Ⅱ但）。狀態犯自犯罪成立之日起算。

二、追訴權時效之停止

（一）追訴權時效停止之情形

時效停止係指開始起算進行中之時效期間，因法律所定之事由發生而停止其繼續進行。§83Ⅰ：「追訴權之時效，因起訴而停止進行。依法應停止偵查者或因犯罪人逃匿而通緝者，亦同。」停止追訴權時效進行之原因，列舉如下：

1.法律上之原因

(1)犯罪是否成立或刑罰應否免除，以民事法律關係為斷者，檢察官應於民事訴訟終結前，停止偵查，停止時效之進行（刑事訴訟法§261）。

(2)因被告心神喪失或疾病須停止審判時，停止時效之進行（刑事訴訟法§294）。

(3)被告犯罪之是否成立以他罪為斷，而他罪已經起訴者，得於其判決確定前，停止本罪之審判，停止時效之進行（刑事訴訟法§295）。

(4)被告犯有他罪已經起訴應受重刑之判決，法院認為本罪科刑於應執行之刑無重大關係，得於他罪判決確定前停止本罪之審判，停止時效之進行（刑事訴訟法§296）。

(5)對於總統、立法委員，因憲法上所定之情形，不能開始偵查或審判時，停止時效之進行（憲法§52、憲增§4Ⅷ）。

2.事實上之原因

(1)告訴乃論之罪，因告訴權人不為告訴或無告訴權人之告訴，致偵查起訴諸程序不能開始時，自可停止追訴權時效期間之進行（參照，27院1795解釋）。

(2)被告在逃經通緝者，其追訴權之時效，應停止進行。但所謂通緝，必須有權機關依刑事訴訟法規定之程序行之，始能認為有效。若對於普通刑事案件無偵查審判權之軍事機關，縱對於在逃之被告曾有通緝命令，既非合法程序，其追訴權之時效，仍不因而停止進行。

(3)因戰爭等非常原因，事實上不能開始繼續偵查者，停止時效之進行。

（二）追訴權時效之回復進行

時效制度原為使追訴權經過一定期間，歸於消滅，如時效停止之原因長期存在，將因長期停止進行，使時效期間永遠不能完成，刑罰權亦永遠陷於不確定之狀態，自與設立時效制度之原旨相違。§83Ⅱ將停止原因視為消滅的情形：

1. 諭知公訴不受理判決確定，或因程序上理由終結自訴確定者。

2. 審判程序依法律之規定或因被告逃匿而通緝，不能開始或繼續，而其期間已達§80Ⅰ各款所定期間三分之一者。

3. 依第一項後段規定停止偵查或通緝，而其期間已達§80Ⅰ各款所定期間三分之一者。

（三）時效停止與時效中斷不同

§83Ⅲ：「前二項之時效，自停止原因消滅之日起，與停止前已經過之期間，一併計算。」即「時效停止」僅在停止原因存在期間，暫停時效之進行，停止原因消滅後，前所進行之期間，與停止後繼續進行之期，合併計算。但「時效中斷」，自中斷原因消滅後，重行起算時效期間，即

中斷以前所經過之時效期間，一概不計入，對被告極為不利，因此為我國刑法所不採。

三、追訴權時效之法律效果

追訴權時效之期間一旦經過，追訴權因而喪失，對該行為人即不得開啟偵查程序，檢察官對之不得提起公訴，被害人亦不得對之提起自訴。如在偵查中發現時效已完成之案件，則應為不起訴處分（刑事訴訟法§252②）。如在審判中發現時效已完成之案件，則應諭知免訴之判決（刑事訴訟法§302②）。如已經判決，但尚未確定始發現者，則得為上訴之理由。如已判決確定始發現者，則得為再審之理由（刑事訴訟法§420Ⅰ⑥）。

肆、行刑權時效之相關問題

一、行刑權時效期間之起算

由於科刑裁判必須確定之後，始得執行，故行刑權時效期間應自裁判確定之日起算，§84Ⅱ但書：「但因保安處分先於刑罰執行者，自保安處分執行完畢之日起算。」

§84Ⅱ但書的規定，使得保安處分執行完畢後，仍可執行其刑罰。應注意的是，理論上，從刑具有從屬性，其時效期間，應以主刑行刑權之時效期間為準，不另計算。從刑依刑法之規定，僅有褫奪公權。依§37規定，「褫奪公權之宣告，自裁判確定時發生效力。」宣告褫奪公權終身者，自裁判確定時發生效力；非褫奪公權終身者，「其期間自主刑執行完畢或赦免之日起算」，故不發生時效之問題。

二、行刑權時效之停止

（一）刑之執行而停止

§85Ⅰ：「行刑權之時效，因刑之執行而停止進行。有下列情形之一而不能開始或繼續執行時，亦同。一、依法應停止執行者。二、因受刑人逃匿而通緝或執行期間脫逃未能繼續執行者。三、受刑人依法另受拘束自由者。」

（二）依法停止執行

1. 心神喪失者：受死刑、徒刑或拘役之諭知者，如在心神喪失中，應於其痊癒前停止執行（刑事訴訟法§465Ⅰ、§467①）。
2. 懷胎五月以上或生產未滿二月者：受死刑諭知之婦女懷胎者，於其生產前停止執行。受徒刑或拘役諭知之婦女，懷胎五月以上或生產未滿二月者，停止其執行（刑事訴訟法§465Ⅱ、§467②、③）。
3. 現罹疾病者：受徒刑或拘役之諭知，現罹疾病，恐因執行而不能保其生命者。於其治癒前停止執行（刑事訴訟法§467④）。
4. 開始再審者：提起再審經檢察官命令停止刑罰之執行，或法院裁定，停止刑罰之執行者，亦有停止時效進行之效力。（刑事訴訟法§435Ⅱ）。

（三）因受刑人逃匿而通緝或執行期間脫逃未能繼續執行者

因受刑人逃亡或藏匿而通緝，不能開始或繼續執行者，依司法院釋字第123號解釋意旨，認為行刑權時效應停止進行。另受刑人執行中脫逃，雖處於未執行狀況，然行刑權時效究不宜繼續進行。

（四）受刑人依法另受拘束自由者

受刑人因依法另受拘束自由者，例如：受拘束自由保安處分之執行、流氓感訓處分、少年感化教育、及民事管收等，致不能開始或繼續執行時，亦有列為行刑權時效停止進行原因之必要。

三、行刑權時效停止後之續行時效

行刑權時效停止後，如停止原因消滅，則時效繼續進行。§85 Ⅱ：「停止原因繼續存在之期間，如達於第八十四條第一項各款所定期間三分之一者，其停止原因視為消滅。」又§85 Ⅲ：「第一項之時效，自停止原因消滅之日起，與停止前已經過之期間，一併計算。」

四、行刑權時效完成後之效力

裁判確定之科刑，如於行刑時效期間內未執行者，則行刑權即因罹於行刑時效而消滅，故該確定裁判之刑，即不得執行，惟確定裁判對於罪與刑之宣告則不受影響，仍具效力。

第六章

保安處分

第六章　保安處分

【目次】

壹、保安處分之意義

保安處分，係指基於保障社會安寧，對於犯罪行為或其它具有反社會危險性之行為者，以防止侵害社會秩序及預防其犯罪為目的，所施予感化教育、監護、矯治、醫療、禁戒、強制工作、監禁、驅逐出境等方法，而由法院宣告具有司法處分性質之社會保安制度。這些保安處分，用以處遇不同的對象。感化教育對付少年犯，監護處分對付精神障礙犯，禁戒處分對付毒癮或酒癮的犯罪人，強制工作對付有犯罪習性的人，強制治療對付性犯罪人，保護管束主要對付假釋出獄或受緩刑宣告之人，驅逐出境對付的是境內的外國犯罪人。

保安處分基於防衛社會秩序的觀點，在刑罰以外，講求特殊手段，用以代替或補充刑罰。故保安處分建立在特別預防的基礎上，以預防再犯為主要考慮。因為既有的刑罰手段，對於犯罪的增加現象，毫無遏止績效，仍須輔以特殊處分，以奏其功。

貳、保安處分與刑罰本質之區別

保安處分是基於行為人或行為的社會危險性，所為之司法處分，係出於預防社會危險性的目的構想，提出的防衛措施；刑罰則係基於行為人的罪責，對之所為之制裁，係法律之制裁手段，具有懲罰性及社會倫理非難性，兼具報應、一般預防與特別預防的功能。

保安處分不含有惡害、痛苦的本質，而是重視被處分人將來的行為，至於被處分人實際上所感到的痛苦，是執行處分的副作用；刑罰則具有痛苦本質，藉以平衡犯罪的惡害，重視被科處者過去的行為。

保安處分的期間以不確定為原則，且於新舊法交替時一律適用新法；但刑罰的期間均經法律確定，法官僅在此範圍內決定一定的期間，採從舊從輕原則，且刑罰的時效制度不適用於保安處分。

參、保安處分之特點與要件

一、特點

保安處分是為了矯正犯人的惡性，感化其性格，或醫療其疾病，以期根本消弭犯罪。也因為保安處分的目的在於消除行為人的危險性，至無危害社會之虞時為止，故其處分期限，可以伸縮增減，而含有不定期限之特性。

另外，保安處分的對象為無責任能力人，減輕責任能力以及有特種危險的犯罪人，此種犯罪人或為刑罰所不及，或非僅賴刑罰所能矯正其惡性，故以保安處分為刑罰效用之替代或輔助。

二、要件

保安處分的宣告，刑法採選科原則，是否付保安處分，由法院酌為認定，非必為宣告。法院決定保安處分之宣告，應考慮者為保安處分之要件：

1. 須有犯罪行為之實施—保安處分之前提要件，須有應科刑罰之犯罪事實，對此事實雖非必科之刑罰，但如無廣義之犯罪行為，則不得宣告保安處分。故保安處分的宣告，必須注意比例原則（參照，100台上2002判決）。保安處分可能是替代刑的手段，例如：未滿十四歲人實施刑事不法行為，由於欠缺罪責，犯罪不成立，所以不能宣告刑罰，只能以感化教育對付。又例如：嚴重的精神障礙患者實施刑事不法行為，由於欠缺罪責，犯罪不成立，所以也不能宣告刑罰，只能用以監護處分對付。

2. 須有危險性格之存在—宣告保安處分之目的在預防將來之再犯，即必行為人所具有之性格，可能對社會繼續予以侵害之攻擊，始有宣告之必要。是其所注重者，厥為行為人將來之社會危險性，如無此危險性，則可免予宣告。

3. 須符合各個保安處分宣告之法定情形—依本法之規定，保安處分共分七種，分別為：感化教育、監護處分、禁戒處分、強制工作、強制治療、保護管束、驅逐出境。對每種保安處分，均分別列舉其法定要件，合於法定要件，始得宣告保安處分。保安處分可能與刑罰雙管齊下，用以削減犯罪人的再犯危險性，例如：對於有毒癮的犯罪人，除刑罰之外，可同時宣告禁戒處分；對於有犯罪習性的人，除刑罰外，可同時宣告強制工作。

肆、保安處分之種類

以下分述現行法中之保安處分的類型，及其相關內涵：

一、感化教育（§86）

§86：「因未滿十四歲而不罰者，得令入感化教育處所，施以感化教育。因未滿十八歲而減輕其刑者，得於刑之執行完畢或赦免後，令入感化教育處所，施以感化教育。但宣告三年以下有期徒刑、拘役或罰金者，得於執行前為之。感化教育之期間為三年以下。但執行已逾六月，認無繼續執行之必要者，法院得免其處分之執行。」

1. 目的：藉感化教育以改善其惡性。
2. 客體：未滿十四歲人，即因未滿十四歲而不罰者。未滿十八歲人，即因未滿十八歲而減輕其刑者。然而，實務上，凡未滿十八歲的少年犯，一律由少年法院審理。除非少年所犯為最輕本刑五年以上有期徒刑的罪（如殺人罪），或少年已滿二十歲，否則少年法院都可能依照「少年保護事件」審理。所以絕大多數的非重罪少年（如竊盜罪），均是依照少年保護事件審理。對於少年保護事件，少年法院裁定的感化教育，不是依據§86I，而是少年事件處理法§42的規定[8]。至於§86II則可能適

---

[8]　林山田，刑法通論（下），2008，頁587。

用。亦即，少年所犯為重罪，少年法院裁定移送於檢察官，檢察官依偵查的結果，向少年法院提起公訴，少年法院審判後除宣告刑罰外，同時又宣告感化教育。

3. 期間：三年以下。不過，執行已逾六月，認無繼續執行之必要者，法院得免其處分之執行。

4. 處所：有家庭式、學校式、兵營式之分。

二、監護處分（§87）

§87：「因第十九條第一項之原因而不罰者，其情狀足認有再犯或有危害公共安全之虞時，令入相當處所或以適當方式，施以監護。有第十九條第二項及第二十條之原因，其情狀足認有再犯或有危害公共安全之虞時，於刑之執行完畢或赦免後，令入相當處所或以適當方式，施以監護。但必要時，得於刑之執行前為之。前二項之期間為五年以下；其執行期間屆滿前，檢察官認為有延長之必要者，得聲請法院許可延長之，第一次延長期間為三年以下，第二次以後每次延長期間為一年以下。但執行中認無繼續執行之必要者，法院得免其處分之執行。前項執行或延長期間內，應每年評估有無繼續執行之必要。」

1. 目的：藉監視保護以防其危害社會。

2. 客體：監護處分主要用來治療行為人的精神障礙；(1)行為時因精神障礙或其他心智缺陷，致不能辨識其行為違法或欠缺依其辨識而行為之能力者；(2)行為時因精神障礙或其他心智缺陷，致其辨識行為違法或依其辨識而行為之能力，顯著減低者；(3)瘖啞人。（§87Ⅰ、Ⅱ）

保安處分之目標，在消滅犯罪行為人之危險性，藉以確保公共安全。對於因§§19ⅠⅡ、20之人，並非應一律施以監護，必於其情狀有再犯或有危害公共安全之虞時，為防衛社會安全，應由法院宣付監護處分，始符保安處分之目的。再犯可能性的高低，由精神醫師或心理學家做危險

評估。但是，精神障礙的行為人即使再犯可能性很高，如果預測行為人只可能反覆實施輕微的犯罪，則不應該宣告監護處分[9]。

監護並具治療之意義，行為人如有§19Ⅱ之原因，而認有必要時，在刑之執行前，即有先予治療之必要，故保安處分執行法§4Ⅱ、Ⅲ分別規定，法院認有緊急必要時，得於判決前將被告先以裁定宣告保安處分；檢察官於偵查中認被告有先付監護之必要者亦得聲請法院裁定之。

3. 期間：五年以下，但執行中認無繼續執行之必要者，法院得免其處分之執行（§87Ⅲ）。因對精神障礙者之監護處分，其內容不以監督保護為已足，並應注意治療（保安處分執行法§47）及預防對社會安全之危害。執行期間屆滿前，檢察官認為有延長之必要者，得聲請法院許可延長之，第一次延長期間為三年以下，第二次以後每次延長期間為一年以下。執行或延長期間內，應每年評估有無繼續執行之必要。

4. 處所：受處分人之家庭、學校、醫院或其他處所。

　　值得注意的是，我國於2022年1月修正§87，關於監護處分新制，與修法前的差別，主要體現於二處：（1）新制具有多元處遇性質，與過往監護處分重在拘束人身自由的保安處分不同，在§87Ⅰ、Ⅱ的「令入相當處所」施以監護之外，新增「以適當方式」為之，使得監護處分的措施，未必有拘束人身自由性質，進而顯現多元處遇特色。（2）改採定期延長制度，與過往監護處分期間至多五年不同，§87Ⅲ規定，監護處分的執行「期間屆滿前，檢察官認為有延長之必要者，得聲請法院許可延長之，第一次延長期間為三年以下，第二次以後每次延長期間為一年以下。但執行中認無繼續執行之必要者，法院得免其處分之執行。」並於同條Ⅳ規定，「應每年評估有無繼續執行之必要」。

　　同時，亦修正保安處分執行法§46，以配合刑法「令入相當處所或以適當方式，施以監護」的規定。此即，要求檢察官執行時，應按照個別受監護處分者的情形，指定受監護處分者，「一、令入司法精神醫院、醫院

---

[9]　張麗卿，司法精神醫學－刑事法學與精神醫學之整合，2018年，頁323-325。

或其他精神醫療機構接受治療。二、令入精神復健機構、精神護理機構接受精神照護或復健。三、令入身心障礙福利機構或其他適當處所接受照顧或輔導。四、交由法定代理人或最近親屬照顧。五、接受特定門診治療。六、其他適當之處遇措施。」由此可見，監護處分有拘束人身自由者，如「令入司法精神醫院、醫院」等；也有不具有拘束人身自由者，如「接受特定門診治療」，毋庸將精神障礙觸法者拘束於一定場域，只要接受特定門診自療，精神障礙觸法者的生活、工作、學習等，可以在社會進行，進而發揮社會復歸的效果。

不過，檢察官執行監護處分時，如何判斷精神障礙觸法者的個案狀況，進行最妥適的判斷，可能需要仰賴精神醫學相關領域的專家。是故，保安處分執行法的修法，新增§46-1以下的相關規定，設有評估機制、轉銜機制。前者係指，檢察官在決定監護處分的方式時，得參酌專家的評估意見，且於執行期間，每年評估是否有繼續執行的必要；後者則是，監護處分期間屆滿前三個月內，檢察機關應召開轉銜會議，視情況將個案轉銜予當地的衛生、警政、社福、教育、勞動等主管機關，使該主管機關能夠持續給予受監護處分人治療及其他復歸社會的必要協助。不過，監護處分的評估及轉銜機制，涉及跨部會的協力合作，所以總統公布保安處分執行法的修法時，一併令「施行之日期及區域，由行政院以命令定之」。

三、禁戒（§§88、89）

§88：「施用毒品成癮者，於刑之執行前令入相當處所，施以禁戒（Ⅰ）。前項禁戒期間為一年以下。但執行中認無繼續執行之必要者，法院得免其處分之執行（Ⅱ）。」

§89：「因酗酒而犯罪，足認其已酗酒成癮並有再犯之虞者，於刑之執行前，令入相當處所，施以禁戒（Ⅰ）。前項禁戒期間為一年以下。但執行中認無繼續執行之必要者，法院得免其處分之執行（Ⅱ）。」

1.目的：禁絕戒除不良嗜好，以根除犯罪之原因。

2. 客體：(1)煙毒犯；(2)酗酒犯。

　　值得一提的是，2005年修法時將毒品的使用修正為「施用」，因為毒品的使用方法包羅萬象，使用此一概括的詞彙使得囊括所有使用毒品的方法。禁戒處分的對象雖然包括酒癮的罪犯，但以毒癮犯罪人為主。然而，毒癮的犯罪人都是依照「毒品危害防制條例」，先送觀察勒戒（最長2個月），如經評估有繼續施用毒品的傾向，則由檢察官聲請法院裁定強制戒治。禁戒處分的規定，事實上已被毒品危害防制條例的「強制戒治」所架空。

3. 期間：

(1)對於煙毒犯部分：一年以下。§88Ⅱ「前項禁戒期間為一年以下。但執行中認無繼續執行之必要者，法院得免其處分之執行。」按禁戒處分，貴在盡速執行，以期早日收戒絕之效，故明定施用毒品成癮者，應於刑之執行前令入相當處所，施以禁戒。另參考毒品危害防制條例規定，行為人符合本條之要件時，法官即應義務宣告令入相當處所施以禁戒，以收成效。其次，施用毒品成癮者，有所謂身癮及心癮，其身癮當可於短期內戒除，欲解除施用毒品者身體內毒素，必須於其查獲後，即送往禁戒處所施以治療，始能達到禁戒之醫療功能。心癮之戒除則較費時，爰以一年以下為其禁戒治療之期間，執行中視治療之情況認已治癒或因其他情形，而無治療之必要時，自應賦予法院免其處分執行之權。

(2)對於酗酒犯部分：§89Ⅰ「因酗酒而犯罪，足認其已酗酒成癮並有再犯之虞者，於刑之執行前，令入相當處所，施以禁戒。」「酗酒」與「施用毒品」不同，其本身非為刑法所處罰之行為，須因酗酒以致犯罪，且已酗酒成癮及有再犯之虞者，基於維護社會公共安全之立場，始有考慮施以禁戒之必要。且禁戒處分，貴在盡速執行，故於刑之執行前為之。§89Ⅱ「前項禁戒期間為一年以下。但執行中認無繼續執行之必要者，法院得免其處分之執行。」。醫療上酒癮（酒精依賴）之治療可分為三階段：①酒精戒斷症狀之處

理；②因酗酒導致身體併發症之評估與治療；③復健。國內醫院所提供之治療，大抵為①與②之階段，如以全日住院方式進行，平均約須二週。至於③復健，因涉及戒酒、動機及個案需要，其治療期間應為長期。從而，對於此類行為人之禁戒，固然在於使行為人戒絕酒癮，去除其再犯之因子，惟其戒除標準，醫學上並無絕對禁絕之標準，爰訂以最長期間為一年，由執行機關或法院就具體個案判斷。

4. 處所：相當處所，普通之醫院或勒戒所為主。

四、強制工作（§90）

§90：「有犯罪之習慣或因遊蕩或懶惰成習而犯罪者，於刑之執行前，令入勞動場所，強制工作。前項之處分期間為三年。但執行滿一年六月後，認無繼續執行之必要者，法院得免其處分之執行。執行期間屆滿前，認為有延長之必要者，法院得許可延長之，其延長之期間不得逾一年六月，並以一次為限。」

1. 目的：以培育其刻苦耐勞之德行，俾糾正其不良積習。強制工作與其他保安處分不同，不只是剝奪自由，仍要從事體力的勞動。其目的，在袪除犯罪人的懶惰習氣，養成勞動習慣。

2. 客體：有犯罪之習慣或因遊蕩或懶惰成習而犯罪者（§90Ⅰ前段）。

3. 期間：於刑之執行前（§90Ⅰ），但為鼓勵向上，得免其處分之執行，所以執行滿一年六月後，認無繼續執行之必要者，法院得免其處分之執行（§90Ⅱ）。且執行期間屆滿前，認為有延長之必要者，法院得許可延長之，其延長之期間不得逾一年六月，並以一次為限（§90Ⅲ）。

4. 場所：公私營之農場、工廠、習藝所、教養院或其他勞動處所。

五、強制治療（§91-1）

　　§91-1：「犯第二百二十一條至第二百二十七條、第二百二十八條、第二百二十九條、第二百三十條、第二百三十四條、第三百三十二條第二項第二款、第三百三十四條第二項第二款、第三百四十八條第二項第一款及其特別法之罪，而有下列情形之一者，得令入相當處所，施以強制治療：一、徒刑執行期滿前，於接受輔導或治療後，經鑑定、評估，認有再犯之危險者。二、依其他法律規定，於接受身心治療、輔導或教育後，經鑑定、評估，認有再犯之危險者。前項處分期間為五年以下；其執行期間屆滿前，檢察官認為有延長之必要者，得聲請法院許可延長之，第一次延長期間為三年以下，第二次以後每次延長期間為一年以下。但執行中認無繼續執行之必要者，法院得停止治療之執行。停止治療之執行後有第一項情形之一者，法院得令入相當處所，繼續施以強制治療。前項強制治療之期間，應與停止治療前已執行之期間合併計算。前三項執行或延長期間內，應每年鑑定、評估有無繼續治療之必要。」關於條文中，「有再犯之危險」的規定，是否違反法律明確性，向來存有爭論。對此，2020年12月司法院釋字第799號解釋，認為並無違背，係合憲的規定。2023年有特別針對有關期間的部分修正，以下詳述條文相關內容：

1. 目的：以治療觸犯妨害性自主罪相關罪犯為目的。

2. 客體：受強制治療者，絕大多數屬於妨害性自主罪的行為人。犯妨害性自主罪與妨害風化罪等之罪，有施以治療之必要者。值得一提的是，2005年刑法對於犯性自主罪與妨害風化罪者之部分，擴張強制治療客體，增加§§332Ⅱ②、334Ⅱ②、348Ⅱ①及其特別法之罪。2023年修法時為配合性侵害犯罪防治法相關規定將§91-1Ⅰ後段修正為：「有下列情形之一者，得令入相當處所，施以強制治療：一、徒刑執行期滿前，於接受輔導或治療後，經鑑定、評估，認有再犯之危險者。二、依其他法律規定，於接受身心治療、輔導或教育後，經鑑定、評估，認有再犯之危險者。」

3. 期間：施以強制治療，處分期間為五年以下；其執行期間屆滿前，檢察官認為有延長之必要者，得聲請法院許可延長之，第一次延長期間為三年以下，第二次以後每次延長期間為一年以下。但執行中認無繼續執行之必要者，法院得停止治療之執行。加害人之強制治療是以矯正行為人異常人格及行為，使其習得自我控制以達到再犯預防的目的，為保障強制治療處分人的權益，參考刑法§87Ⅲ之規定，修正第二項，惟執行期間應每年鑑定、評估有無停止治療的必要，以避免流於長期監禁，影響加害人之權益。

4. 處所：如公私立醫院或其他相當處所均可，但實務見解認為強制治療的處所，應該在醫院。如最高法院100年度台抗字第460號裁定指出：「治療場所，以醫院最為適當。如將應於醫院治療之病人，送入囚禁犯人之監獄處遇，非但傷害其人性尊嚴，抑且引致旁人以負面之有色眼光對待，其非宜、欠妥，不待煩言。」

六、保護管束（§§92、93）

　　保護管束是唯一不剝奪自由的保安處分，在實務上運用也最多。§92：「第八十六條至第九十條之處分，按其情形得以保護管束代之。前項保護管束三年以下，其不能收效者，得隨時撤銷之，仍執行原處分。」

　　§93：「受緩刑之宣告者，除有下列情形之一，應於緩刑期間付保護管束外，得於緩刑期間付保護管束：一、犯第九十一條之一所列之罪者。二、執行第七十四條第二項第五款至第八款所定之事項者。假釋出獄者，在假釋中付保護管束。」

1. 目的：對於受保護管束人之行為，加以觀護規勸，使其營適法之生活。

2. 客體：(1)受緩刑宣告人：受緩刑之宣告者，在緩刑期內，得付保護管束；(2)假釋人：假釋出獄者，在假釋中付保護管束；(3)代替其他保安處分：即代替感化教育、監護、禁戒及強制工作之執行。緩刑制度在暫緩宣告刑之執行，促犯罪行為人自新，藉以救濟短期自由刑之弊，則緩

刑期內，其是否已自我約制而洗心革面，自須予以觀察，尤其對於因生理或心理最需加以輔導之妨害性自主罪之被告，應於緩刑期間加以管束，所以對此類犯罪宣告緩刑時，應於緩刑期間付保護管束之宣告，以促犯罪行為人之再社會化。惟為有效運用有限之觀護資源，並避免徒增受緩刑宣告人不必要之負擔，其餘之犯罪仍宜由法官審酌具體情形，決定是否付保護管束之宣告。

3. 期間：保護管束的期間，視對象而定。保護管束可能是其他保安處分的替代措施，如感化教育、監護處分、禁戒處分、強制工作，得視情形以保護管束代之，其期間為三年以下。此外，受緩刑宣告的人，如果接受保護管束，緩刑期間即為保護管束期間。有期徒刑的出獄人，殘餘刑期即是保護管束期間；無期徒刑的出獄人，保護管束期間為20年。

4. 處所：保護管束係屬執行程序事項，性質上應委諸保安處分執行法予以規範（保安處分執行法§64以下）。

七、驅逐出境（§95）

　　§95：「外國人受有期徒刑以上刑之宣告者，得於刑之執行完畢或赦免後，驅逐出境。」，驅逐出境主要為了對付境內的外國犯罪人。

1. 目的：純正預防犯罪。

2. 客體：受有期徒刑以上刑之宣告之外國人。

3. 期間：不受限制。

伍、保安處分之宣告與效力

　　茲將保安處分之宣告與效力分述如下：

一、保安處分之宣告

保安處分，應於裁判時併宣告之。並於主文內諭知保安處分之種類及其期間，並記載其理由。但是，本法或其他法律另有規定者，不在此限。

保安處分應否實施，由法院依法決定之，如其涉及人身自由之拘束者，原則上應於裁判時併為宣告；惟以下情形，則例外許其於「裁判外單獨宣告」：1.依法律規定，先於判決而為裁定者；2.依法律規定，許其事後補行裁定者；3.因無裁判，法律准許單獨裁定保安處分者。不過，依本法或其他法律之規定，關於保安處分於裁判以外單獨宣告之情形，尚有多種，故§96但書規定「本法或其法律另有規定者，不在此限。」以資涵蓋。

二、保安處分之效力

（一）保安處分與刑罰間之替代

關於保安處分之執行與刑罰之關係，§98區分了保安處分是否需在刑之執行前為之：

1.未有刑罰即施以保安處分

§98 I「依第八十六條第二項、第八十七條第二項、第三項規定宣告之保安處分，其先執行徒刑者，於刑之執行完畢或赦免後，認為無執行之必要者，法院得免其處分之執行；其先執行保安處分者，於處分執行完畢或一部執行而免除後，認為無執行刑之必要者，法院得免其刑之全部或一部執行。」，因依§§86 II、87 II、III所宣告之保安處分，得於刑之執行前執行之，亦得於刑之執行後執行之，其係先執行刑罰，而於刑之執行完畢或赦免後，認無執行處分之必要者，得免除處分之執行；其先執行保安處分者，於處分執行完畢或一部執行而免除後，認為無執行刑之必要者，法院得免其刑之全部或一部執行。

2.先施以保安處分再執行刑罰

§98Ⅱ「依第八十八條第一項、第八十九條第一項、第九十條第一項規定宣告之保安處分，於處分執行完畢或一部執行而免除後，認為無執行刑之必要者，法院得免除刑全部或一部之執行。」，及§98Ⅲ「依刑事訴訟法第一百二十一條之一第一項或第三項前段宣告之暫行安置執行後，認為無執行刑之必要者，法院得免其刑之全部或一部執行。」此二項所宣告之強制治療，其處分之執行均先於刑之執行，故處分執行完畢或一部執行而免除後，認為無執行刑之必要者，法院得免除刑全部或一部之執行。

§98Ⅳ「前三項免其刑之執行，以有期徒刑或拘役為限。」按刑罰之免除，應有其範圍，罰金刑無免除必要，無期徒刑免除於刑事政策上有所不宜，爰將免其刑之執行，限制在有期徒刑或拘役之範圍，以期公允。

（二）保安處分的許可執行

§99：「保安處分自應執行之日起逾三年未開始或繼續執行者，非經法院認為原宣告保安處分之原因仍繼續存在時，不得許可執行；逾七年未開始或繼續執行者，不得執行。」

本條採許可執行制度，則逾三年後是否繼續執行，應視原宣告保安處分之原因，是否繼續存在為斷，故規定非經法院認為原宣告保安處分之原因仍繼續存在時，不得許可執行；逾七年未開始或繼續執行者，不得執行，以維護人權。

沒 收

第七章　沒　收

【目次】

　　沒收，乃國家剝奪與犯罪有密切關係的特定物所有權，強制收歸國庫的法律效果。不過，長久以來，沒收的執行（2016年修法以前）遭遇許多困難，諸如沒收屬於從刑，若無主刑宣告，則從刑無所依附；沒收客體範圍狹隘，客體種類有所限制、沒收客體的所有人亦有所限制；欠缺沒收裁判時，影響國際司法互助，造成犯罪所得無法追討。

　　2013年以來，臺灣爆發一連串的食品安全問題，其中的混油事件可說是最為嚴重。當時，大統公司出產的橄欖油，其橄欖油的比例竟未達該油品的一半，有其他低成本的油品與不明物混雜其中，引起民眾憤怒。經司法審理後，對於大統公司高達數億元新臺幣的不法所得，法院認為依法無法宣告沒收；檢察總長為此提起非常上訴，但最高法院104台非269判決駁回。此時，立法者開始正視沒收制度的缺漏，先於食品安全衛生管理法§49-1增訂不法利得沒收新制，然後在2016年刑法修正中，於總則篇中增加沒收制度的獨立專章（第五章之一），徹底改變沒收制度的屬性、範圍與法律效果；自此沒收是獨立的法律效果，就不再依附主刑的宣告。換言之，即使沒有主刑的宣告，也可以宣告沒收。

第一節　沒收的修法重點

　　新沒收制度規定於§§38~40-2。立法理由明白指出，將沒收改為獨立的法律效果，是為了實踐「徹底剝奪犯罪所得」的原則；例如聯合國反貪腐公約、維也納公約、巴勒摩公約等，都是實踐這個原則；德國與日本刑法的規定，也都將沒收作為獨立的法律效果。

　　在修法以前，沒收屬於從刑之一，當時關於沒收的性質，多數看法是，雖是從刑，但兼有刑罰、保安處分的色彩。換言之，沒收作為從刑，自是刑罰的一種，用以剝奪犯罪利益，可將之與罰金類比；同時，沒收也有保安處分的手段，用以防範該物再次充作犯罪之物。不過，修法之後，立法者認為，「任何人都不得保有犯罪所得」是沒收的基本核心之一，亦

即犯罪所得並非行為人的正當財產，不受限於憲法的財產權保障，此類似於民事法的不當得利，具有衡平效用。最高法院105年度台上969號判決亦指出，犯罪所得之沒收、追繳或追徵，在於剝奪犯罪行為人之實際犯罪所得（原物或其替代價值利益），使其不能坐享犯罪之成果，以杜絕犯罪誘因及回復合法財產秩序，可謂對抗、防止經濟、貪瀆犯罪之重要刑事措施（Maβnahme），性質上屬類似不當得利之衡平措施（或稱準不當得利措施之衡平措施），著重所受利得之剝奪。

附帶一提，修法前，刑法的從刑，除了沒收、褫奪公權之外，還包括「追徵、追繳、抵償」。追徵、追繳或抵償，是沒收的替代措施；但修法後，僅剩下「追徵」，作為沒收不能實行時，唯一的替代措施。且沒收應適用裁判時的法律規定（§2Ⅱ），也不以成立犯罪為必要。縱然如此，沒收的發動前提，並非毫無限制，而應以行為人具有違法性，始得加以沒收，但毋庸判斷行為人的有責性或其他刑罰要件。

總而言之，沒收修正，計有19個條文，重點在於：(1)犯罪所得沒收之對象：犯罪行為人或三種特別情況下的其他自然人、法人或非法人團體；(2)犯罪所得沒收方法：沒收或追徵價額；(3)犯罪所得發還被害人優先；(4)犯罪所得價額得為估算，過苛時得酌減；(5)犯罪所得轉移為國家所有，具有訴訟程序中禁止處分的效果；(6)未能追訴行為人之犯罪或判決有罪者，得單獨宣告沒收；(7)沒收仍有時效限制。值得特別說明者如下：

1. 修正§38：所謂沒收，包含對違禁物的沒收；對供犯罪所用、犯罪預備之物或犯罪所生之物的以及犯罪所得沒收。雖屬於犯罪行為人以外之自然人、法人或非法人團體，而無正當理由提供或取得者，亦得沒收之（§38Ⅲ）。此外，全部或一部不能沒收或不宜執行沒收時，追徵其價額（§38Ⅳ）。不過，如有正當理由而提供或取得，即不得沒收。

2. 新增§38-1：本條是針對「犯罪所得的沒收」相關內容的修正。本條為新增，共計五項，分述如下：

(1) §38-1 I 規定，「犯罪所得，屬於犯罪行為人者，應沒收之」。如果犯罪所得屬於被害人，就不可以沒收，而要發還被害人。

(2) §38-1 II 規定，「沒收第三人的犯罪所得」。也就是說，行為人以外的自然人、法人或非法人團體，有以下情形之一時，取得的犯罪所得，應予以沒收，例如：明知他人違法行為而取得；因他人違法行為而無償取得，或以顯不相當的對價取得；或行為人為他人實行違法行為，他人因而取得。

(3) 對於犯罪人的犯罪所得，對於第三人取得的犯罪所得，如果全部或一部不能沒收或不宜執行沒收，「追徵」其價額（§38-1 III）。

(4) 所謂的犯罪所得，包括「違法行為所得、其變得之物或財產上利益及其孳息。」（§38-1 IV）也就是說，即便犯罪所得經過轉換，依然是犯罪所得。其中包括財產利益，如公務員接受性招待的利益、占用他人房屋的使用利益、接受免除債務的利益。也包括變得的孳息，如利息、租金。將犯罪所得存放銀行而取得利息，或購屋後取得的租金等。此外，應注意的是，犯罪所得來自於「違法行為」即可沒收，縱使行為不能被證明為犯罪，其所得亦可沒收，只要證明行為屬於違法所得即可。違法行為所得而變得之物，如利用販毒所得購買名車代步，名車即為變得之物；貪污受贈鑽石隨後變賣，賣得的現金即為變得之物。犯罪所得生出的利息或生出其他財產利益，如販毒所得5000萬元，出借地下錢莊獲得利息500萬元，利息屬於犯罪所得。又如公務員收受賄賂3000萬元，用以購買房屋，房價上漲成為3200萬元，多出的200萬財產利益，屬於生出其他財產利益，必須連同本來的犯罪所得一併沒收。這些犯罪所得擴大的沒收，是為了徹底剝奪犯罪利得。亦即，「依實務多數見解，基於徹底剝奪犯罪所得，以根絕犯罪誘因之意旨，不問成本、利潤，均應沒收。」明白揭示採取「總額沒收原則」（參照，106台上1009判決）。

(5) 刑法§38 V：「犯罪所得已實際合法發還被害人者，不予宣告沒收或追徵」。所謂實際合法發還，是指因犯罪而生民事或公法請求權

已經被實現、履行之情形而言。該情形，並不以發還扣押物予原權利人為限，其他如財產犯罪，行為人已依和解條件履行賠償損害之情形，亦屬之（參照，106台上791判決）。此係為了優先保障被害人因犯罪所生之求償權，限於個案已實際合法發還被害人時，始無庸沒收。故如犯罪所得已實際合法發還被害人，或被害人已因犯罪行為人和解賠償而完全填補其損害者，自不得再對犯罪行為人之犯罪所得宣告沒收，以免犯罪行為人遭受雙重剝奪。反之，若犯罪行為人雖已與被害人達成和解而賠償其部分損害，但若其犯罪直接、間接所得或所變得之物或所生之利益，尚超過其賠償被害人之金額者，為貫徹任何人都不能坐享或保有犯罪所得或所生利益的原則，仍應就其犯罪所得或所生利益超過其已實際賠償被害人部分予以宣告沒收。

3. 新增§38-2。若犯罪所得及追徵的範圍與價額，認定顯有困難，得以「估算認定」（§38-2 I）；值得注意的是，沒收並非刑罰，所以估算不適用嚴格證明法則。而且，如果沒收或追徵有過苛之虞、欠缺刑法上的重要性、犯罪所得價值低微，或為維持受宣告人的必要生活條件，法官可以不宣告沒收或酌減（§38-2 II），讓沒收制度的嚴屬性受到調整。例如：選舉行賄案件中有不屬於犯罪行為人以外之人，而無正當理由取得；有否於全部或一部不能沒收或不宜執行沒收時，追徵其價額；其沒收或追徵是否有同法第38條之2第2項過苛條款之適用，應詳加審酌（參照，106台上1599判決）。

4. 增訂§40 III，得單獨宣告沒收的理由：「犯罪所得，因事實上或法律上原因，未能追訴行為人之犯罪或判決有罪者，得單獨宣告沒收。」過去實務見解認為，因沒收是從刑，若行為人死亡、逃匿，不得單獨宣告沒收；如今沒收改為獨立的制度，故即使行為人死亡、逃匿被通緝（事實上原因），行為人精神障礙受不起訴處分，或不受理判決、免訴、無罪判決，或精神障礙而停止審判及免刑判決（法律上原因），均可單獨宣告沒收。

5. 有關沒收時效的規定（§40-2）。沒收涉及財產關係與交易安全，對於犯罪所得或犯罪所生之物等的沒收，不能遲不實行。因此本條規定，超過§80的時效期間，即不得沒收。但如果沒收標的在境外，延長五年的時效期間，因為境外的沒收涉及國際司法互助，需要更長的時間才能順利實行。此外，沒收的裁判確定之日起，如超過十年，未開始執行或未繼續執行，即不得執行。

第二節　沒收的種類

壹、違禁物的沒收

所謂違禁物（§38 I），是法令禁止私人製造、販賣、運輸、持有或行使之物，如爆裂物、軍用槍砲、子彈、鴉片、嗎啡及其代用品，或偽造、變造的通用幣券等。違禁物不問屬於犯罪行為人與否，一律沒收。此乃基於維護社會秩序的考量，也就是說，沒收違禁物，與犯罪是否成立無關，所以可知並無刑罰性質，而係考量違禁物的法益危害性，是為達到社會防衛目的的預防措施，具有（對物）保安處分的性質。

貳、物的沒收

供犯罪所用之物的沒收，是行為人用以完成犯罪的工具，如：殺人用的菜刀；**供犯罪預備之物**，是行為人欲實施犯罪而持有或保有之物。例如，用於預備殺人的菜刀。應注意的是，供犯罪預備之物的沒收，須法有處罰預備犯的規定者始可，故諭知無罪時，不得單獨宣告沒收。此外，這類沒收之物，可能是違禁物（槍枝），則不問何人所有均可沒收；亦可能非違禁物（菜刀），但若沒收非違禁品，2016年修法前，原則必須限於行為人所有，但修法後，**若應沒收之物**，屬於犯罪行為人以外之自然人、法人或非法人團體者，如係無正當理由提供或取得者，得沒收之，屬

「**對第三人宣告沒收**」（§38Ⅲ）。在相當程度上有近似財產刑的性質。這類沒收，有社會防衛的色彩，主要在於避免行為人再以該物犯罪，實是兼具刑罰與（對人）保安處分的性質。

　　因犯罪所生之物的沒收：沒收因犯罪所生之物，如偽造文書罪所生的虛假文書，偽造的貨幣、偽造的證件，若不沒收，可能對法益仍有危害性，所以這類沒收具有（對物、對人）保安處分性質；但同時也是剝奪行為人的財產，亦有些許財產刑的性質，應是兼具刑罰與保安處分的性質。不過，依§38Ⅲ規定，如要沒收因犯罪所生之物，必須限於行為人所有，除非法律有特別規定，例如偽造印章罪，按§219規定「不問屬於犯人與否，沒收之。」

　　對於供犯罪所用或犯罪預備之物或犯罪所生之物的沒收，於全部或一部不能沒收者，或不能執行沒收時，得追徵其價額。此係考量沒收之物，因為價額高昂，經變價獲利或轉讓予他人，而無法原物沒收，顯失公平，故得以追徵其價額作為替代沒收之方法（§38Ⅳ）。

參、因犯罪所得之物的沒收（利得沒收）

　　因犯罪所得之物，係指違法行為所得（§38-1Ⅰ），以及其變得之物或財產上利益及其孳息（§38-1Ⅳ），且不問其成本及利潤，皆得加以沒收，也稱為「利得沒收」。原則上，犯罪所得必須與犯罪行為具有直接關係；然而為了有效打擊犯罪，若係間接取得的變得之物、財產上利益及其孳息，仍得加以沒收。例如：行為人利用不法內線交易，獲取十億元新台幣不法所得，利用其中六億買下豪宅，該豪宅即為違法行為所得變得之物，屬於間接取得，故仍得加以沒收。

　　沒收罪犯的犯罪所得，是為避免行為人因犯罪而獲得財物，具有剝奪不當得利的性質。犯罪所得，指因犯罪行為而得到的金錢或利益。例如：販毒、販賣軍火、經營賭場、貪污、經營應召站、攙偽假冒食品，等等，都有犯罪的利得。

同樣地，修法前§38Ⅲ犯罪所得沒收規定，沒收犯罪所生之物，必須限於行為人所有，除非法律有特別規定。然而，若被告將其所得之物轉讓他人者，將使被告於未來坐享其成，恐無法杜絕犯罪，達到預防犯罪之效果。因此，2016年修法後，擴大沒收範圍及於第三人，若犯罪行為人以外之自然人、法人及非法人團體，若符合§38-1Ⅱ明文規定的情形，即明知他人違法行為而取得者；因他人違法行為無償或以顯不相當之對價取得；犯罪行為人為他人實行違法行為，他人因而取得者；此些情形屬於第三人非出於善意的情形，則仍得加以沒收。如果該沒收之物全部或一部不能沒收者，仍得以替代沒收之方式，追徵其價額（§38-1Ⅲ）[10]，例如已經設定抵押權而無沒收實益；或者因附合財產，非經毀損無法分離等，即可以追徵予以替代沒收。

關於犯罪所得及追徵的範圍，若認定顯有困難者，得以估算認定（§38-2Ⅰ）。就估算的方法而言，學理存有爭議：第一說為「淨額說」，係指沒收範圍僅及於真正所得，故應當扣除成本；第二說為「總額說」，係指沒收範圍，即指被告的全部所得，不需扣除成本計算，例如，為了販毒而租車，租車費用5萬，販毒所得50萬，租車費用，不予扣除[11]。如果採以淨額說為計算方式，運用上相當不便利，且無法有效打擊犯罪，故宜採總額說較為恰當。

不過，採以總額說的立法方式，會有過苛之嫌，因此§38-2Ⅱ規定，於宣告沒收時，若有過苛之虞、欠缺刑法上重要性、犯罪所得價值低微，或為了維持受宣告人生活條件之必要，得不宣告或酌減之，這是節制過苛條款的規定，這是仿原來德國刑法§73c的規定，但是2017年德國大幅變動刑法沒收規定後，這個節制過苛條款的思維，改於§74f中統一規定為「比例原則」的運用[12]。我國實務運用如：「……§38-2Ⅱ在闡釋沒收裁量權之

---

[10] Fischer, StGB, 70. Aufl., 2023, §73c , Rn. 2a.

[11] Fischer, StGB, 70. Aufl., 2023, §73d , Rn. 9ff.

[12] Fischer, StGB, 70. Aufl., 2023, §74f, Rn. 4.

行使，應符合比例原則，由法官裁量。因被告使用自小客車與人交易毒品
次數僅一次，數量微小（約一公克），交易價格僅新台幣六千元，而該車
僅係被告前往赴約之交通工具，具有替代性，若予以沒收，對犯罪之預防
難謂有何重大實益，考量該自用小客車價值較高，若諭知沒收，顯有過苛
之虞」採取「比例原則」的運用（參照，106台上267判決）。

此外，基於優先保障被害人的求償權，若犯罪所得之物，實際已合
法發還被害人者，則不得宣告沒收或追徵（§38-1IV）。例如：竊盜罪中，
就其所竊得之物，已經發還於被害人者，則不得再宣告沒收或追徵[13]。

由上述可知，舊法將沒收定位為從刑的一種，有相當大的討論空
間。既然沒收具有刑罰、保安處分及剝奪不當得利的多元性，無論將沒收
維持在從刑裡，或修改至保安處分中規範，都不是好的立法策略。較理想
的作法，似乎是將沒收制度獨立成為刑法總則的專章，並加以完善，使沒
收功能得以真正發揮。

第三節　沒收的裁判與執行

沒收的宣告，有併科沒收、專科沒收及單獨沒收。依§40 I規定，原
則上，沒收「於裁判時併宣告」，除非法律有特別規定，亦可不限於裁判
時併予宣告沒收的情形，如刑事訴訟法§259-1或其他可以單獨宣告沒
收，非必於裁判時需併予宣告的情形。

壹、併科沒收

併科沒收：不須依附於主刑之宣告，除有特別規定外，於裁判時，
併予宣告沒收（§40 I）。

---

[13] Fischer, StGB, 70. Aufl., 2023, §73e, Rn. 4.

貳、單獨沒收

　　單獨宣告沒收，具有獨立性，已經超出於原本的刑罰總類，故其宣告更不需依附於裁判，目前修法後，刑法的單獨宣告沒收有以下兩種類刑：

　　其一：§40Ⅱ規定，「違禁物或專科沒收之物得單獨宣告沒收。」犯罪雖不成立，或不知犯人為誰，得單獨對於查獲的違禁物沒收，以貫徹違禁物必須沒收之旨，如毒品、槍砲彈藥等違禁物，就算不知是何人所有，仍得就此違禁物單獨為沒收的宣告。又，刑法分則或刑事特別法關於專科沒收之物，例如偽造的貨幣（§200）、有價證券、郵票、信用卡、金融卡、儲值卡（§205）、印章、印文（§219）等，雖非違禁物，然這些物的性質不宜任令在外流通，就算犯罪不成立，或不知犯人是誰，仍有單獨宣告沒收的必要。

　　其二：§40Ⅲ規定，供犯罪所用、犯罪預備之物或犯罪所生之物的沒收；犯罪所得之沒收以及第三人之沒收，因事實上或法律上原因，未能追訴犯罪行為人之犯罪或判決有罪者，得單獨宣告沒收。例如：犯罪行為人死亡、或因§19而受不起訴處分、免訴或無罪判決者[14]；又或者逃犯經通緝，卻潛逃於國外，法院更可以不待其到庭陳述，逕行判決。

　　為了避免行為人脫產，而仍保有不法所得，故新法增訂沒收於裁判確定前，具有禁止處分之效力；若經裁判確定後，則犯罪所得或其他權利將歸於國家所有。為了兼顧交易安全，若第三人對沒收標的之權利或因犯罪而得行使之債權均不受影響。裁判確定後，宣告多數沒收者，應合併執行；沒收之宣告，自裁判確定之日起，逾十年未開始或繼續執行者，不得執行。

---

[14] Fischer, StGB, 70. Aufl., 2023, §76a, Rn. 3.

主要參考書目

一、中文（依作者姓氏筆畫順序）

1. 王皇玉，刑法總則，2022 年，新學林。
2. 甘添貴，刑法之重要理念，1996 年，中興大學圖書部。
3. 甘添貴、謝庭晃，捷徑刑法總論，2006 年，瑞興。
4. 余振華，刑法違法性理論，2010 年，自版。
5. 林山田，刑法通論（上／下），2008 年，元照。
6. 林山田，刑法各罪論（下），2006 年，元照。
7. 林東茂，刑法總則，2023 年，一品。
8. 林書楷，刑法總則，2022 年，五南。
9. 林鈺雄，新刑法總則，2022 年，元照。
10. 柯耀程，刑法釋論（Ⅰ／Ⅱ），2014 年，一品。
11. 柯耀程，刑法競合論，2012 年，元照。
12. 許恒達，法益保護與行為刑法，2016 年，元照。
13. 張麗卿，交通刑法，2002 年，學林。
14. 張麗卿，司法精神醫學：刑事法學與精神醫學之整合，2022 年，元照。
15. 張麗卿，醫療人權與刑法正義，2019 年，元照。
16. 張麗卿，新刑法探索，2022 年，元照。
17. 張麗卿，法律與文學：文學視野中的法律正義，2020 年，元照。
18. 張麗卿，食品安全的最後防線：刑事制裁，2016 年，元照。
19. 許澤天，刑總要論，2009 年，元照。
20. 黃源盛，中國法制史導論，2012 年，元照。
21. 黃榮堅，基礎刑法學（上／下），2012 年，元照。
22. 靳宗立，刑法總則Ⅰ：刑法基礎理論暨犯罪論，2010 年，自版。
23. 靳宗立，刑法總則Ⅱ：刑事法律效果暨適用論，2011 年，自版。
24. 蔡聖偉，刑法案例解析方法論，2020 年，元照。
25. 蔡墩銘，刑法精義，2007 年，漢蘆。
26. 韓忠謨，刑法原理，1992 年，自版。
27. 蘇俊雄，刑法總論（Ⅰ／Ⅱ／Ⅲ），1998 年／1998 年／2000 年，元照。

二、德文

1. Fischer, Thomas, Strafgesetzbuch, 70. Aufl., München, 2023.

2. Freund, George, Strafrecht, Allgemeiner Teil, 3. Aufl., Heidelberg, 2019.

3. Haft, Fritjof, Strafrecht, Allgemeiner Teil, 8/9. Aufl., München, 1998/2004.

4. Haft, Fritjof, Strafrecht Fallrepetitorium zum Allgemeinen und Besonderen Teil, 5. Aufl., München, 2004.

5. Hilgendorf / Valerius, Strafrecht Allgemeiner Teil, 3. Aufl., 2022

6. Jakobs, Günther, Strafrecht, Allgemeiner Teil, 2. Aufl., Berlin, 1991.

7. Jescheck/Weigend, Lehrbuch des Strafrecht, Allgemeiner Teil, 5. Aufl., Berlin, 1996.

8. Lackner/Kühl, Strafgesetzbuch mit Erläuterungen, Kommentar, 30. Aufl., 2023.

9. Philipps, Lothar, An der Grenze von Vorsatz und Fahrlässigkeit – Ein Modell multikriterieller computergestützter Entscheidungen, in: Festschrift für Claus Roxin zum 70. Geburtstag, 2001, 365

10. Roxin, Claus/Luis, Greco, Strafrecht, Allgemeiner Teil, Band I , 5. Aufl., München, 2020.

11. Roxin, Claus, Strafrecht, Allgemeiner Teil, Band II, 1. Aufl., München, 2003.

12. Rengier, Rudolf, Strafrecht, Allgemeiner Teil, 12. Aufl., München, 2020.

13. Schwind, Hans-Dieter/Nawratil, Heinz/Nawratil, Georg: Strafrecht - leicht gemacht, 17. Aufl., München, 2018.

14. Schönke/Schröder, Strafgesetzbuch, 30. Aufl., München, 2019.

15. Wessels/Beulke/Satzger: Strafrecht, Allgemeiner Teil, 52. Aufl., Heidelberg, 2022.

國家圖書館出版品預行編目資料

刑法總則理論與運用 / 張麗卿著；—11 版. —
臺北市：五南圖書出版股份有限公司, 2023.08
　面；　公分.
ISBN: 978-626-366-457-9 (精裝)

1. CST: 刑法總則

585.1　　　　　　　112013061

4T28

刑法總則理論與運用

作　　　者 — 張麗卿（224）

副總編輯 — 劉靜芬

責任編輯 — 林佳瑩

封面設計 — 陳亭瑋

出 版 者 — 五南圖書出版股份有限公司

發 行 人 — 楊榮川

總 經 理 — 楊士清

總 編 輯 — 楊秀麗

地　　　址：106 台北市大安區和平東路二段 339 號 4 樓

電　　　話：(02)2705-5066

網　　　址：https://www.wunan.com.tw

電子郵件：wunan@wunan.com.tw

劃撥帳號：0 1 0 6 8 9 5 3

戶　　　名：五南圖書出版股份有限公司

法律顧問　林勝安律師

出版日期　1999 年 7 月初版一刷
　　　　　2023 年 8 月十一版一刷
　　　　　2024 年 8 月十一版二刷

定　　　價　新臺幣 780 元